기독교사를 위한
교육과 공학

정한호

박영story

기독교사를 위한 교육과 공학을 출간하며

지난 10여 년간 총신대 교수로 있으면서 기독교사와 예비교사에 적합한 교재 집필에 대한 필요성을 느꼈다. 그러나 여러 학자들의 우수한 교재를 활용하면서 교재 집필보다는 강의와 연구에 중점을 두었다. 물론, 기독교사를 위한 교육학 교재 집필 및 출간에 대한 요구가 지속적으로 있었지만, 수많은 교재가 출간되고 사라지는 현실을 바라보면서, 기독교사 및 예비교사를 위한 교육학 교재 집필에 대한 특별한 의미를 찾지 못하였다. 특히, 기독교사를 대상으로 한 교재의 경우, 일반 교육학 교재와 비교하여 독자가 적을 수도 있다는 나의 짧은 선입견은 교재 집필을 망설이게 만들었다. 그런데, 이와 같은 생각은 COVID－19로 모두 바뀌게 되었다. 지난 2019년부터 확산하기 시작한 COVID－19에 따른 원격수업의 전면적인 시행과 이에 대한 기대와 우려, 그리고 비판을 목소리를 청취하면서, 지금까지 연구해 온 교육공학의 한계와 앞으로 올바른 방향으로의 발전에 대해서 심각하게 고민하게 되었다.

지금 이 책을 읽는 모든 독자들도 아는 것처럼, COVID－19로 인해, 모든 교육기관에서는 원격수업을 실시할 수밖에 없었다. 그런데, 교육기관에서의 원격수업은 ‘찬사’보다는 ‘비판’의 대상이 되었다. 물론, COVID－19로 인한 원격수업의 현실을 바라보면서, 불가항력적인 상황에서의 ‘교육활동 지속’이라는 ‘찬사’는 기대하지 않았지만, 교육계를 향해 날카롭게 던져진 ‘질 낮은 교육활동’이라는 ‘비판의 목소리’에 놀라지 않을 수 없었다. 그런데, 이와 같은 COVID－19로 인한 어려움은 교회에서도 발생하였다. 매주 드리는 예배는 한때 모두 중단되었으며 온라인 예배라는 초유의 사태까지 발생하게 되었다. 이에 따라 많은 교회에서는 올바른 해결방법보다는 임시 방편으로 대처하였으며 체계적으로 준비하지 못한 온라인 예배로 인해 혼란스러운 현실을 경험하게 되었다. 물론, COVID-19는 점차 감소하고 있으며 우리 사회는 다시 일상을 회복해 나가고 있다. 그러나 이번 사태는 기독교 대학에서 선생으로 후학을 양성하는 나에게 하나의 도전으로 다가왔다. 특히, 앞으로도 COVID-19와 같은 상황이 반복될 가능성이 높다는 여러 전문가들의 의견은, 이제 더 이상은 다른 교재에 안주하지 말고 기독교 대학에서 학업을 이어가는 기독교사들에게 적합한 교재를 집필하라는 '명령'으로 다가왔다.

그러나 지금까지 시중에 출판된 교재를 살펴보면, '기독교사'에만 초점을 두고 출간된 교재는 거의 없다고 볼 수 있다. 특히, 사범대학이나 사범학부에서 정규 교육과정을 밟으면서 교사 자격증을 취득하는 기독교사를 대상으로 한 교재는 거의 전무하다고 해도 과언은 아닐 것이다. 물론, 이와 같은 현실은 교원양성을 위한 교과목 구성 및 내용이 일반 교육학에 기반을 두기 때문에 나타난 자연스러운 현상이라고 볼 수 있다. 또한, 기독교 대학에서 양성된 예비교사들도 국공립학교나 사립학교, 또는 미션스쿨 교사로 임용되기 위해서는 일반 교육학을 중심으로 학습해야 하기 때문에 나타난 결과이다. 이와 같은 현실과 더불어, 내가 가르치는 기독 예비교사들 중 많은 수의 학생들이 국공립학교에 임용되기 위해 임용고사를 준비하는 현실도 고려하지 않을 수 없었다. 이와 같은 상황에서 '어떻게 하면 기독교사를 위한 교육학 교재를 집필할 수 있을까?' 하는 고민을 하지 않을 수 없었다. 이에 이 책의 주 독자층을 전국의 기독교 대학에 재학하는 모든 예비교사로 확대하고 이들에게 기독교사로서 교육학을 바라볼 수 있는 시각을 형성하도록 도움을 주는 방향으로 집필 방향을 설정하였다. 또한, 이와 동시에, 기독 예비교사들의 교육학에 대한 핵심적인 내용 습득에 도움을 주고자 기존의 관련 핵심 이론도 충실하게 다루기로 하였다. 그러나, 아직 일반 교육학 교재도 제대로 집필하지 못한 나에게는 상기와 같은 작업이 쉽지 않았다.

이에, 일반교사를 위한 교재를 먼저 집필하고 해당 내용에 바탕으로 기독교사를 위한 교재를 집필하기로 계획하였다. 그리고 지난 2021년 하반기부터 집필을 위한 준비 작업과 관련 자료 수집에 들어갔으며, 2022년 연구년을 맞이하여 집중적인 작업을 할 수 있었다. 물론, 앞에서도 언급한 것처럼, 수많은 일반 교육학 교재가 출간되고 활용되고 사라지는 현실에서 "'기독교사를 위한 교육과 공학'이 제대로 살아남을 수 있을까?" 하는 걱정에 망설이기도 하였지만, 주변의 격려와 도움으로 집필을 지속할 수 있었다. 그리고, 이번에 '기독교사를 위한 교육과 공학'과 '교사를 위한 교육과 공학'을 동시에 출간하게 되었다. 두 교재의 내용은 90% 정도 비슷하지만, '기독교사를 위한 교육과 공학'에 보다 초점을 두었으며 관련된 내용을 추가로 기술하였다. 따라서, 기독교 대학에 재학하는 기독교사 중에서 임용고사를 염두에 두고 있는 경우에도, 이 책을 통해서 임용고사 준비에 만전을 기할 수 있을 것이다. 또한, 기독교 대학에서 강의하는 교수자도 본 교재를 통해, 기존 일반 교육학에서는 다루지 못한 기독교사로서의 소양도 함께 지도할 수 있을 것으로 기대한다. 별도로 추가적인 교재 구입 없이 이 책 하나로 다룰 수 있을 것으로 조심스럽게 예측해 본다.

이 책의 특징은 크게, 각 장의 구조적인 측면과 전체적인 내용 구성으로 구분하여 제시할 수 있다. 먼저, 각 장의 구조적인 측면을 살펴보면 다음과 같다. 첫째, 신문기사와 함께 '기독교사의 시각'으로 각 장을 시작하며 각 장에 다루는 내용에 대한 흥미와 이해도를 높이고자 하였다. 여기서 해당 기사는 기독교 매체에서 발간한 것으로, 기사 내용을 교육학적으로 접근하였으며 기독교사로서 고민할 수 있도록 제시하였다. 둘째, 각 장의 본문은 교육과 공학 관련 핵심 이론 및 교육현장에서 유용하게 활용할 수 있는 실제적인 내용을 중심으로 구성되었다. 셋째, 각 장의 내용에 대한 실제적인 이해도 증진과 임용고사 준비에 도움을 주고자 국공립 중등학교 교사 임용고사 문항을 제시하였다. 넷째, 각 장 마지막에 '기독교사로서 고찰하기'를 첨가하여 해당 내용에 대한 기독교사로서의 시각을 형성하는 데 도움을 주고자 하였다. 이와 더불어, 이 책의 전체적인 내용 구성을 살펴보면 다음과 같다. 첫째, 교재의 명칭을 기존의 '교육공학 저서들'과는 달리 "기독교사를 위한 교육과 공학"으로 정하고, 기독교사에 초점을 두고 공학적 차원의 지원에 관해 구체적으로 살펴보았다. 둘째, 교육공학에서 다루어진 기존의 주요 이론들과 더불어, 공학의 의미와 기독교사로서 지녀야 할 시각에 대해 심도 있게 탐색하였다. 셋째, 기존 학자들의 이론뿐만 아니라, 교육에 도움을 줄 수 있는 국내 학자들의 이론도 적극적으로 수용하고 제시하였다. 상기와 같은 각 장의 구조적인 측면과 전체적인 내용 구성을 통해, 기독교사들의 교육과 공학에 대한 이론적인 이해와 더불어 실제적인 이해에 도움을 주고자 하였다.

이 책이 출간되는 시기인 2022년 하반기에는 COVID－19가 사라지는 시기가 될 것으로 기대한다. 앞에서도 언급하였지만, COVID－19에 따른 혼란과 문제가 교육계에 주는 비판과 우려를 겸허히 수용하는 마음으로 이 책을 집필하였다. 또한, 기존의 저서들에서 다루어진 핵심적인 내용 외에 팀기반 학습, 튜터링, 수업지도안, 플립 러닝, MOOC, 메타버스, 미네르바 스쿨 등에 대해서 다루었다. 그러나 막상 출간을 앞둔 시점에서 돌이켜보니, 아직도 미흡하고 부족한 부분과 심도 있게 다루지 못한 내용이 많음을 느끼게 된다. 이처럼, 보완할 내용이 많은 졸저이지만 추후 반드시 보완하고 보충할 것을 약속드린다. 이 책을 사용하는 기독교 대학의 교수자와 학습자, 그리고 현장의 기독교사들의 교육활동에 도움이 되기를 바라는 마음과 함께 이 책을 출간하고자 한다. 아무쪼록 이 책이 COVID－19 이후 교육의 올바른 방향 설정과 기독교사에게 실질적인 도움을 줄 수 있게 되기를 기대하는 바이다. 특히, 새로운 정부의 교육 개혁과 혁신에 이바지하며 교육공학이라는 학문이 바람직한 방향으로 나아가는 데 마중물이 되기는 바라는 바이다. 이와 더불어, 어려운 출판 시장의 현실에서도 이번 출판의 전 과정을 즐겁고 보람 있는 과정으로 만들어 주신 박영사 안종만 회장님과 안상준 대표님, 피와이메이트 노현 이사님께 감사를 드린다. 또한, 출판의 전 과정에 온 힘을 쏟으신 박영사의 정연환 선생님, 편집부의 김민조 선생님과 관계자 분들의 노고에도 깊은 감사의 말씀을 드린다. 아무쪼록, 이 책을 통해 학업을 이어가는 모든 기독교사 선생님들께 하나님의 은혜가 함께 하시기를 소망하는 바이다.

자! 그럼, 함께 들어가 봅시다!!!

2022년 8월

정한호 씀

차 례

CHAPTER

01

교육에 대한 공학적 접근

CHAPTER

01

교육에 대한 공학적 접근

1. 기독교사로서 교육에 대한 공학적 접근 바라보기

지금 1장을 읽는 독자들은 기독교 교원양성기관인 사범대학, 교육대학원 교원양성과정, 또는 교직과정을 이수하고 있는 예비 기독교사일 것이다. 물론, 기독교 세계관에 기초하여 학습자를 지도하는 기독교 유, 초, 중등학교에 근무하는 현직 기독교사도 있을 것으로 생각된다. 아마, 주변의 권유나 소개로 이 책을 접하게 된 교회학교 교사도 있을 것이다. 그리고, 가능성은 적지만 자녀를 양육하면서 올바른 자녀교육의 방향을 탐색하려는 학부모도 일부 있을 것이라고 예상한다. 물론, 이 책의 주 독자층은 대학, 또는 교육대학원에서 기독교사의 꿈을 품고 학업을 이어가는 예비교사들일 것이다. 그리고 여러분 대부분은 교육이란 무엇인지, 교육의 공학적 접근이 지닌 의미는 무엇인지에 대해서 의문을 가지고 있을 것이다. 본 장에서는 이러한 의문을 해결하고 공학적인 접근으로 교육을 바라볼 수 있는 시각에 대해 탐색하고자 한다.

여러분들은 아래와 같은 기사를 접한 적이 있는가? COVID-19로 인해, 학교교육뿐만 아니라 교회학교에서도 대면 예배 및 교육의 어려움이 발생하였으며 이를 해결하기 위한 시도와 노력이 나타났다. 아마, 여러분들이 섬기는 교회에서도 여러 가지 시도를 하였을 것이다. 특히, 아래 기사와 같은 새로운 시도를 계획하고 실행에 옮긴 예도 있을 것이다. 그런데, 공학적인 접근은 단순히 매체나 기기를 활용하는 것이 아니라, 당면한 문제를 공학적인 접근과 방법으로 해결하고자 노력하는 것이다. 아래와 같은 기사를 통해서 발견한 흥미로운 점은 교회학교에서 이루어지는 교육의 공학적 접근이 기존 일반학교에서 이루어지는 공학적인 접근보다 효과적으로 적용할 수 있다는 것이다. 아래 기사에서 강조한 **단어나 문구**에 집중하면서 천천히 읽어보기를 바란다.[1)]

실시간 소통과 랜선 캠프 강화 "주일학교 학생들이 달라졌어요"[2)]

[기독신문: 박용미 기자] 2021.02.19

코로나19로 주일학교 교육 역시 비상이 걸렸다. 어른들도 집중하기 어려운 영상예배를 우리 자녀들에게 어떻게 적용할 수 있을지, 각 교회마다 아이디어 마련에 고심 중이다. **영상예배**가 길어질수록 아이들의 참여율이 떨어지기도 한다. 이런 위기를 극복해 영상예배 출석률이 팬데믹 이전의 80%에 이르고, 새 신자 등록이 100명이 넘는 주일학교가 있다. **실시간 소통**과 과감한 시도로 아이들을 사로잡은 한성교회(도원욱 목사)다.

아이들과 소통하는 실시간 TV

한성교회 주일학교 영상예배의 특징은 댓글창이나 문자 등으로 아이들과 끊임없이 소통한다는 데 있다. **대면예배**에서는 아이들을 붙들어 놓기 위해 간식이라도 준비하는 미끼가 있는데, 영상예배에서는 그 이상으로 아이들의 흥미를 끄는 점이 있어야 했다. 찬양과 설교 등 예배가 끝나면 예능 프로그램과 같은 2부 순서를 진행했다. 성경 퀴즈를 내서 가장 먼저 댓글로 정답을 맞히는 아이들에

1) 교육의 공학적 접근과 관련된 기독교교육이나 교회학교 관련 사례를 찾기는 쉽지 않은 작업이었다. 그러나 교육의 공학적 접근을 일반교사가 아닌 기독교사로서 이해하기 위해서는 관련 사례를 통해 이해하는 과정이 요구된다. 이에 가능한 비슷한 사례를 찾아 제시하였으니 참고하기를 바란다.

2) https://www.kidok.com/news/articleView.html?idxno=210007&page=2&total=1014

게 아낌없이 선물을 투척했다. 아이들의 댓글 하나하나를 진행자가 읽어주며 반갑게 인사하고 반응했다. 아이들이 받고 싶어 하는 관심이 온라인에서도 가능했다. 한성교회 차세대 사역 팀장 유지혜 전도사는 "요즘 아이들은 게임도 서로 소통하는 온라인 게임을 좋아하고, TV 정규방송보다 실시간 방송을 더 즐겨 본다"면서 "사역자나 교사들이 어색해서 그렇지 아이들은 이런 방식에 익숙하기 때문에 금방 적응했다"고 설명했다.

이런 실시간 소통은 화~금요일 오후 2시에 아이들을 만나는 두끼TV로 이어지기도 했다. 영상예배가 길어지며 잠적하는 아이들이 늘어나게 되어, 생존 여부(?)를 확인하기 위한 프로그램이었다. 목사님과 전도사님이 실시간 방송을 진행하는데 댓글만 남겨도 선물을 받을 수 있다고 광고하자 참여 숫자가 점차 늘었다. 주일 설교 내용을 바탕으로 퀴즈를 냈더니 설교를 다시 듣기도 했다. 유지혜 전도사는 "처음엔 30분만 하기로 계획했는데 댓글 등을 통해 예상치 못한 재밌는 상황들이 계속 나와 방송시간이 늘어났다. 인사조차 못했던 아이들이 서로 알아가고 안부를 묻는 계기가 됐다"고 말했다.

랜선캠프로 아이들 영적 잠재력 발견

영상예배가 활성화되자 한성교회는 더 큰 도전을 했다. 온라인으로 8시간 동안 진행하는 랜선캠프였다. 아이돌 가수가 영상으로 연 콘서트에서 팬들이 몇 시간이고 함께 노래하며 즐기는 모습을 보고 교회도 할 수 있겠다 싶었다. 유튜브만 열면 만날 수 있는 유명 강사의 강의는 과감히 제외하고 아이들 스스로가 주인공이 되도록 참여형 프로그램을 다수 기획했다. '보이스 한성'이라는 오디션 프로그램을 열어 실시간 투표를 하고, 퀴즈나 미션을 통하 점수를 받으면 선물을 주고, 줌 화면에 2명 이상만 출연하면 햄버거 세트를 집으로 배달했다. 각 가정에 배달이 오는 장면이 실시간 중계되고, 먹고 떠들고 즐기는 모습이 계속되면서 분위기는 점차 달아올랐다.

이 텐션은 저녁에 열린 랜선기도회로 이어졌다. 현장보다 더 간절하게 기도하는 모습이 화면에 나타났다. 예배 후에는 미리 보내준 야광봉을 들고 뜨겁게 찬양하고 율동했다. 교회가 그동안 아이들의 가능성과 잠재력에 한계를 두고 있었다는 깨달음을 얻었다. 유지혜 전도사는 "코로나19가 믿음을 새로 점검하는 계기가 된 것 같다"면서 "모이는 캠프에서는 옆 사람에 휩쓸려 찬양하고 기도했다면 랜선캠프는 각자의 자리에서 일대일로 하나님을 만나는 깊은 신앙의 경험을 할 수 있었다"고 돌아봤다. 한성교회는 이 밖에도 각 가정에 선물을 전달하는 해피라이더스, 가족찬양경연대회인 방콕스타, 랜선 전도축제 등을 진행했다. 특히 랜선 전도축제는 태신자 작정→함께 예배→교사와 영상 통화→목회자와 영상 통화→영접기도 등을 미션 형식으로 참여하게 해 100명이 등록하는 역사가 일어났다.

[중략]

한성교회는 작은 교회도 온라인 사역이 충분히 가능하다고 강조했다. 한성교회 역시 작년 8월 스튜디오를 오픈하기 전에는 사역자가 혼자서 음악을 틀고 화면을 넘기고 설교하고 기도회를 인도했다. 처음 시작이 두려웠을 뿐, 해보니 어렵지 않았고 아이들의 반응도 좋았다. 아이들은 서툴러도 열심을 내고 최선을 다하는 모습에 감동을 받아 오히려 사역자들을 격려했다. 온라인 사역들은 재정도 훨씬 적게 드는 데다 준비하는 데 품도 적게 들기 때문에 의지만 있다면 시도해 볼 가치가 충분하다. 한성교회 도원욱 목사는 "지금의 교회는 모든 사역이 어른 중심에 맞춰져 있다. 특히 코로나19 이후 주일학교는 더욱 힘든 상황"이라며 "팬데믹이 지나가기를 그냥 기다리고 있으면 퇴보할 뿐이다. 이를 기회로 삼고 전략을 세워 길을 내어주시는 하나님을 경험하길 바란다"고 말했다.

상기 내용을 보면, '**코로나19, 주일학교 교육, 영상예배, 아이들과 소통하는 실시간 TV, 대면예배, 두끼TV, 랜선캠프로 아이들 영적 잠재력 발견, 랜선캠프, 랜선기도회, 온라인 사역**' 등과 같은 단어나 문장을 쉽게 찾아볼 수 있다. 한성교회 도원욱 목사님께서는 "지금의 교회는 모든 사역이 어른 중심에 맞춰져 있다. 특히 코로나19 이후 주일학교는 더욱 힘든 상황"이라고 언급한다. 또한, "펜데믹이 지나가기를 그냥 기다리고 있으면 퇴보할 뿐이다. 이를 기회로 삼고 전략을 세워 길을 내어주시는 하나님을 경험하길 바란다"라고 언급하고 있다. 이와 같은 측면을 고려해볼 때, COVID-19 사태는 우리 교회교육의 공학적 접근을 가속하게 하는 계기가 되었으며 새로운 도구로 활용하여 교회교육이 활성화될 수 있는 기회로 작용할 수 있음을 확인할 수 있다. 그런데, 이와 동시에 상기 기사를 보면서 우리 기독교사가 주일학교 교육에 어떻게 이바지할 수 있을까? 하는 의문이 들었다. 물론, 많은 기독교사들은 주일학교에서 교사, 또는 사역자로 자신의 역할을 다하고 있다. 특히, 지금 이 책을 읽고 있는 바로 당신은 교회에서 기독교사로서 역할을 다할 것으로 추측해 본다.

상기 기사에서 언급된 것처럼, 코로나와 같은 보편적이지 않은 상황에서 우리는 어떻게 우리의 역할을 다할 수 있을까? 만약, 여러분의 교회에서 랜선캠프, 랜선기도회, 실시간 TV 등과 같은 비대면 활동을 한다면, 어떤 역할을 할 수 있을 것인가? 그런데, 우리는 교육전문가로서, 임시 처방이 아닌 지속 가능하고 효과적인 역할을 해야만 한다. 코로나와 같은 비대면의 상황은 앞으로 일반교육뿐만 아니라 교회교육에서도 도전으로 다가올 가능성이 크다. 또한, 비대면교육에 따른 여러 문제가 발생하고 있지만, 원인에 대한 체계적인 이해나 접근, 그리고 앞으로 방향에 대한 탐색보다는 현실에 기반에 둔 임시적인 접근이 이루어지고 있다. 물론, 이러한 교회교육에 대한 새로운 접근과 관련하여 유발하는 문제들은 교회, 가정, 학교, 사회, 문화와 밀접한 관련이 있는 것으로 단순한 방법으로 해결하기는 쉽지 않다.

따라서 기존의 접근 방법과 더불어 공학적인 도구가 교육에 미치는 영향력에 대한 이해와 관계성 등을 탐색하려는 시도가 요구된다. 지금까지는 교육과 관련된 영역 간의 단순한 관계나 연관성에 초점을 두었지만 앞으로는 시스템적으로 접근하고 이해할 필요가 있다. 바로, 교육에 대한 공학적인 접근이 요구된다. 이에 본 장에서는 공학적 접근의 의미, 목적, 유형, 영역, 그리고 교육에 미치는 영향에 대해서 살펴보고자 한다.

앞으로 여러분들은 교육과 공학에 대해서 심도 있는 학습을 하게 될 것이다. 특히, 기독교사로서 학생들을 올바로 지도하기 위해서는 '일반교육에서의 공학'에 대한 깊이 있는 이해가 요구된다. 이에 본 책에서 '일반교육에서의 공학'에 대한 심도 있는 학습이 진행될 예정이다. 이와 더불어, 각 장 마지막에는 앞에서 학습한 내용에 대해 기독교사로서 정리하고 바라보는 관점에 대한 문제들이 제시될 예정이다. 이를 통해, 기독교사로서 일반교육과 교회교육을 바라보는 올바른 시각을 갖게 되기를 기대한다.

2. 교육에 대한 공학적 접근의 의미

우리가 기독교사로서 교육에 대한 공학적 접근을 제대로 이해하기 위해서는 교육에서의 공학이 의미하는 바가 무엇인지 명확하게 살펴볼 필요가 있다. 이로 인해, 교육에서의 공학적 접근과 관련된 본 장의 내용은 평소 알고 있는 교육학의 보편적인 내용과는 다소 상이하여 이해하는 데 어려움이 있을 수 있다. 이에 가능한 쉬운 용어와 설명을 기반으로 교육에서의 공학적인 접근이 무엇을 의미하는지를 기술하고자 한다.

교육에 대한 공학적 접근(Technological Approach to Education, TAE)의 의미를 각 단어를 기반으로 간략히 제시하면, '공학적인 접근 방법에 기반하여 교육을 바라보고 탐색하는 것'을 의미한다. 교육을 바라보고 탐색하는 접근 방법은 다양하다. 예를 들어, 철학적인 접근방식, 심리학적인 접근방식, 사회학적인 접근방식, 행정학적인 접근방식 등 여러 관점에서 살펴볼 수 있다. 또한, 교원양성기관에서는 교육의 철학적인 접근방식을 교육철학, 교육의 심리학적인 접근방식은 교육심리학, 교육의 사회학적인 접근방식은 교육사회학, 교육의 행정학적인 접근방식은 교육행정학 등과 같은 명칭으로 사용하고 있다.

상기와 같은 방식으로 교육에 대한 공학적인 접근방식은 교육공학(Educational Technology)이라는 용어로 지칭하여 사용하고 있다. 이와 더불어, 교원양성기관에서 예비교사를 지도하기 위한 여러 교직과목들도 상기 명칭을 근거로 명명되고 있다. 실제로, 교육부에서 발간한 2022년도 교원자격검정실무편람 '교직과목의 교수요목' 중 '교직이론 영역'을 살펴보면, <표 1-1>과 같은 교과목과 세부내용을 살펴볼 수 있다.

〈표 1-1〉 2022년도 교원자격검정실무편람 '교직과목의 교수요목' 중 '교직이론 영역' 일부 발췌

교과목	기본 교수요목
교육철학 및 교육사	▪ 교육의 철학적 기초, 교육의 역사적 기초, 특히 우리나라와 관련된 교육사 내지 교육철학에 역점을 둔다
교육심리	▪ 학습자의 이해, 학습 및 발달이론, 생활지도에 역점을 둔다
교육사회	▪ 교육의 사회적 기능, 특히 학교 내의 사회구조에 중점을 둔다

교육행정 및 교육경영	■ 교육제도 및 조직, 교원인사, 장학 및 학교행정, 학급경영 등에 역점을 둔다
교육방법 및 교육공학	■ 교수학습의 이론과 실제, 특히 교육기자재 활용방법에 중점을 두며, 교육용 소프트웨어의 활용에 관한 과목을 포함한다. ■ 다양한 교수·학습 방법을 적용한 교실 수업의 실제 등 교육현장과 밀접한 관련이 있는 교육방법을 반영한 내용을 포함한다.

상기 <표 1－1>을 보면, 몇 가지 흥미로운 점을 발견할 수 있다.

첫째, 교육공학이라는 명칭은 다른 교과목 명칭과 달리 단독으로 사용되지 못하고 있다. 예를 들어, 교육심리나 교육사회는 단독 명칭으로 사용되며 교육철학은 교육사라는 교과목과 함께, 교육행정은 교육경영과 함께 사용되고 있지만, 교육공학은 교육방법이라는 명칭과 함께 사용되며 교육방법에 밀려 뒷순위에 위치한다.

둘째, 교육공학에 대한 기본교수요목은 다른 교과목에 비해 길고 장황하다. 교육심리, 교육사회 등의 교과목을 살펴보면, 기본교수요목을 간결하고 명확하게 제시하고 있다. 이에 반해, 교육방법과 함께 사용되는 교육공학의 기본교수요목은 두 개의 문장으로 구성되어 있으며 교수학습이론부터 교육용 소프트웨어, 교실수업의 실제 등 여러 분야를 다루고 있다.

셋째, 교육공학을 제외한 교과목에서는 해당 교과목 명칭을 기반으로 기본교수요목을 제시하고 있다. 교육의 사회학적 접근이나 행정학적 접근과 관련된 교과목에서는 교육사회, 교육행정과 같은 교과목 명칭을 사용하여 기본교수요목을 설명하고 있다. 그러나 교육공학에서는 교육공학이라는 교과목 명칭을 사용하여 기본교수요목을 설명하고 있지 않다. 이처럼, 교육의 공학적 접근을 지칭하는 교과목 명칭인 교육공학은 다른 접근방식과는 상이한 측면을 드러내고 있다.

이상과 같은 교육의 공학적 접근에 대한 보편적인 실상을 하나의 문장으로 표현하면, '교육에 대한 공학적인 접근은 철학적 접근, 심리학적 접근, 사회학적 접근, 행정학적 접근과는 달리 그 의미가 다소 애매하고 불분명하다'라고 기술할 수 있다. 실제로, 대학이나 교육대학원에 재학 중인 예비교사 중에는 교육철학이나 교육심리학 등과 같은 교과목에 대해서는 쉽게 접근하는 반면, 교육공학에 대해서는 '공학'이라는 명칭에 의문을 갖거나 그 의미를 이해하는 데 다소 어려움을 겪는 사례가 있다. 물론 이와 같은 경향은 저자의 개인적인 경험에 기초한 것으로 일반화하기에는 무리가 있다.

그러나 '교육방법의 교육공학적 이해 5판'(박성익 외, 2015, p.16)을 살펴보면, "교육공학이라, 이거 공과대학에 있어야 하는 과목 아니야?, 교육학에서 무슨 공학이지?"와 같은 반응을 대학에서 '교직과목'으로 교육공학을 수강하는 학생들에게서 쉽게 들을 수 있다고 기술하고 있다. 이처럼 교육에 대한 공학적인 접근은 기존의 철학적, 사회학적, 심리학적인 접근과는 달리, 생소하고 낯선 표현이라고 볼 수 있다. 이와 더불어, 교육에 대한 공학적 접근은 앞의 <표 1-1>에서 제시한 교과목으로서의 일반적인 의미를 넘어서는 개념이라고 볼 수 있다. 이에 본 절에서는 공학의 사전적 의미, 공학적 접근의 의미를 바탕으로 교육에서의 공학적 접근을 살펴보고자 한다.

가. 공학의 사전적 의미

공학(工學)은 engineering, 또는 technology의 영어 단어를 번역한 것으로, '공업의 이론 · 기술 · 생산 따위를 체계적으로 연구하는 학문, 예를 들어, 전자 · 전기 · 기계 · 항공 · 토목 · 컴퓨터 따위의 분야를 지칭하는 사전적 의미를 지니고 있다.[3] 본래, engineering과 technology는 그 어원과 의미에 다소 차이가 있지만, 국내에서는 구분 없이 모두 공학으로 번역하여 사용하고 있다. 예를 들어, 공학을 의미하는 engineering은 'engine' 또는 'ingenious'에 어원을 둔 단어로 '발명 · 고안 · 창안하다'라는 뜻의 라틴어 'ingenerare'에서 유래하였다(한국민족문화대백과사전). 이에 반해, technology는 고대 그리스어 *τέχνη*(technē)와 *λόγος*(logos)에서 유래된 단어로 '기술. 특히 과학, 기계 관련 분야의 기술. 또는 기술 분야의 연구'를 의미한다(위키낱말사전).[4]

이처럼, 공학으로 번역되는 engineering과 technology의 사전적 의미를 살펴보면, engineering은 발명, 고안, 창안 등과 구체적인 아이디어(idea) 측면에 초점을 둔 반면, technology는 전반적인 기술, 과학 등의 광범위한 분야의 연구를 의

3) 민중국어사전 참조
4) https://ko.wiktionary.org/wiki/technology

미하는 경향이 있음을 탐색할 수 있다. 또한, 국내에서 사용되는 실제 사례를 통해서도 두 단어의 차이를 확인할 수 있다. 예를 들어, <표 1-2>에 제시된 것처럼 공과대학에 사용되는 단어를 살펴보면, engineering보다는 technology가 사용되는 경향이 높음을 확인할 수 있다. 또한, 현재까지 살펴본 바로는 공과대학의 명칭에는 모두 technology가 사용되는 것으로 나타나고 있다.

〈표 1-2〉 공과대학의 명칭[5)]

공과대학명(한글표기)	공과대학명(영어표기)	비고(국가)
난양공대	Nanyang Technological University	싱가포르
로잔공대	Swiss Federal Institute of Technology Lausanne	스위스
메사추체츠공대	Massachusetts Institute of Technology	미국
조지아공대	Georgia Institute of Technology	미국
취리히공대	Swiss Federal Institute of Technology in Zurich	스위스
카이스트	Korea Advanced Institute of Science and Technology	대한민국
캘리포니아공대	California Institute of Technology	미국

그런데, <표 1-3>에서 나타나는 바와 같이, 각 공과대학의 세부 전공을 지칭하는 단어를 살펴보면, technology가 아니라 engineering이 주로 사용되고 있음을 확인할 수 있다.

〈표 1-3〉 카이스트의 세부 전공 명칭[6)]

세부 전공명(한글표기)	세부 전공명(영어표기)
기계공학과	Mechanical Engineering
건설 및 환경공학과	Civil and Environmental Engineering
바이오 및 뇌공학과	Bio and Brain Engineering
산업 및 시스템공학과	Industrial & System Engineering
신소재공학과	Materials Science & Engineering
생명화학공학과	Chemical and Bio molecular Engineering
항공우주공학과	Aerospace Engineering

5) 특별한 의미는 없으며 가나다라 순으로 제시
6) 특별한 의미는 없으며 가나다라 순으로 제시

상기의 사례들을 통해, technology와 engineering 모두 공학이라는 명칭으로 번역되어 사용되지만, technology가 engineering을 포괄하는 사전적 의미를 지니고 있음을 확인할 수 있다. 그런데 여기서, 우리는 교육공학의 영문표기에서 'engineering'이 아니라 'technology'가 사용되고 있음에 주목할 필요가 있다. 이를 통해, 교육을 공학적인 접근(technological approach)으로 탐색하는 분야가 바로 교육공학이라고 볼 수 있다. 따라서 교육공학의 의미를 명확히 하기 위해서는 공학적인 접근(technological approach)의 의미와 교육분야에서의 공학적인 접근(technological approach)이 지닌 의미를 파악하는 것이 중요하다. 이에 상기 두 의미에 대해서 살펴보고자 한다.

나. 공학적 접근의 의미

앞에서 공학이 지닌 사전적인 의미와 실제 사용되는 일부 사례를 살펴보았다. 그러나 '공학적 접근'의 의미를 명확히 알기 위해서는 여기서 의미하는 '공학'의 실제적인 의미를 살펴볼 필요가 있다. 공학은 과학기술, 정보통신기술 자체를 의미하거나 과학기술, 정보통신기술의 발전 과정 및 결과물로 도출된 기계(machine)나 장치(device), 또는 새로운 창출 아이디어(idea) 등 다양한 의미로 사용된다.

이와 같은 공학의 실제적 의미는 여러 학자에 의해서 거론되고 있다. 기존 학자들의 주장을 바탕으로 공학의 의미를 탐색한 김종량(1985: pp.2－5)에 의하면, 공학의 실제적인 의미는 다양하게 제시된다. 예를 들어, 비어드(Beard, 1955)는 공학의 의미를 실험실습실, 기계, 그리고 이미 발명·활용하고 있는 장치로 정의한다. 또한, 더욱 넓은 의미에서, 비어드는 공학을 자연과 방법에 관한 철학, 즉 물질과 작업에 대한 태도로 정의한다.

이와 같은 비어드의 정의는 공학을 실험실이나 작업공간에서의 장치나 기계의 총체뿐 아니라 그 과정에서 유발하는 작업자의 사고까지를 포함한다. 비어드의 공학에 대한 정의는 핀(Finn, 1964)에 의해 더욱 발전적인 방향으로 구체화하여 제시된다. 핀은 공학의 의미를 결과물과 도출되는 발명품이나 기계, 장치 이상의 것으로 인식하였다. 핀은 공학을 사고의 과정이며 사고의 방법이라고 정의한다.

상기와 같은 비어드와 핀의 공학에 대한 정의는 갈브레이드(Galbraith, 1967)에 의해서 보다 명확하게 제시된다. 갈브레이드는 공학을 과학적, 또는 조직화된 지식을 실제적 과제(pratical tasks)를 해결하는 데 체계적으로 적용하는 과정으로 정의한다. 여기서 실제적 과제란 이론적 측면이나 인과관계 파악에 그치는 것이 아니라 실제로 해결해야 하는 문제를 지칭한다. 또한, 실제적 과제는 해결 과정에서 유기적인 관계를 지닌 여러 하위 요소로 분화될 수 있는 것을 의미한다.

이와 같은 갈브레이드의 공학에 대한 정의는 공학을 눈에 보이는 객체나 장치, 또는 기계로 보는 것이 아니라 주어진 과제를 해결하기 위해 과제를 조직화하고 체계화하여 문제를 해결해 나가는 공학적 과정(technological process)으로 보고 있다. 그런데 이와 같은 공학에 대한 갈브레이드의 정의는 이전의 다른 학자들의 공학에 대한 개념과 달리 공학의 의미를 장치나 장비가 아닌 '공학적인 접근'으로 해석한다는 특징이 있다.

갈브레이드의 관점에서 볼 때, 공학의 의미는 공학적 접근으로 해석할 수 있다. 즉, 갈브레이드의 공학에 대한 정의를 바탕으로 공학적 접근의 의미를 구체화할 수 있다. 갈브레이드의 정의를 통해, 공학이 지닌 특징적인 의미를 ①문제 해결 과정, ②조직화된 지식, ③체계적 관점 등으로 파악할 수 있다(박성익 외, 2021: pp.20－21).[7] 이에 여기서는 이를 바탕으로 공학적 접근의 의미를 제시하고자 한다.

① 공학적 접근은 주어진 과제나 문제 해결 과정에 초점을 둔다. 공학적 접근은 다른 접근과는 다르게 주어진 과제나 문제를 탐색하고 이를 효율적으로 해결하는 것에 관심을 지닌다. 예를 들어, 과학적 접근은 주어진 현상이나 상황에 대한 인과론적인 설명에 중점을 두는 경향이 있다. 그러나 공학적 접근은 주어진 과제나 유발된 문제 상황을 해결할 수 있는 방안(solution)에 초점을 둔다. 따라서 공학적 접근에서는 주변의 현상이나 상황을 하나의 문제로 인식하고 이를 해결하고자 한다.

   예를 들어, 과학적 접근에서는 특정 현상이나 행위에 대한 근거와 이를 논리적으로 설명하고 예측하는 과정 및 결과에 중점을 두고 해당 현상이나 행위에 접근한다. 이에 반해, 공학적 접근에서는 특정 현상이나 행위를 하나의 해결해야 할 문제로 인식하고 탐색한다. 만약, 특정 현상이나 행위가 문제로 인식되지 않는다면 공학적 접근은 요구되지 않는다. 따라서 코로나 치료제 개발처럼, 바이러스 박멸의 솔루션을 탐색하고 치료약을 도출하는 과정은 공학적 접근을

7) 박성익 외(2021)에서는 공학의 의미를 제시함. 여기서는 이를 바탕으로 공학적 접근의 특징을 제시함

통해서 가능하다고 볼 수 있다.

② 공학적 접근은 과제나 문제 해결에 유용하게 사용할 수 있는 조직화된 지식에 근거한다. 여기서 과제나 문제를 하위 요소로 분류할 때 적용되는 조직화된 지식은 '과학적 지식'을 의미한다. 따라서 공학적 접근은 '문제 해결을 위해 과학적 지식을 적용하고 응용한다'고 볼 수 있다. 다만, 공학적 접근에서는 과학적 지식을 그대로 적용하는 것이 아니라 과제나 문제 해결에 적용할 수 있게 응용하여 적용하거나 활용한다. 이와 같은 과학적 지식을 조직화된 지식이라고 지칭한다.

예를 들어, 코로나 치료제 개발을 위해서는 화학이나 생리학 등의 과학적 지식이 요구된다. 코로나 치료제 개발자는 과학적 지식을 활용하고 적용하여 코로나 바이러스라는 문제를 해결 가능한 수준으로 분류하고 이를 하나씩 해결하는 과정을 통해 치료제 구성 물질을 도출한다. 이처럼 공학적 접근에서의 조직화된 지식은 주어진 과제나 문제 해결을 위해서 해당 과제를 해결할 수 있는 수준으로 분류하고 해결하는 데 응용되는 과학적 지식의 적용 과정 자체를 의미한다.

③ 공학적 접근은 체계적인 관점을 중시한다. 공학적 접근에서는 조직화된 지식을 근거로 문제 해결을 위한 최적의 방안을 도출하며 그 일련의 과정은 체계적으로 구성된다. 따라서 공학적 접근에서의 문제 및 과제 해결을 위한 전 과정은 유기적으로 연결되어 있으며 상호 영향을 주고받는 하나의 체계적인(systematic) 과정이다. 따라서 공학적 접근에서의 문제 해결은 일련의 체계적이고 합리적인 과정과 일련의 절차에 따라 이루어진다. 또한, 공학적 접근에서의 문제 해결은 과학적 지식의 체계적인 적용 과정이라고 할 수 있다.

예를 들어, 코로나 치료제 개발을 위해서 요구되는 화학이나 생리학 등의 과학적 지식은 조직적이고 체계적으로 활용된다. 코로나 치료제 개발자는 상기 지식을 일련의 체계적인 과정에 근거하여 적용한다. 또한, 개발자는 코로나 바이러스를 무력화시킬 수 있는 물질을 도출할 때까지 투입되는 모든 과정 및 약물을 체계적으로 관리한다. 이와 같은 체계적이고 조직적인 절차와 과정을 통해, 개발자는 치료제를 도출한다. 이처럼 공학적 접근에서의 체계적인 관점은 마치 생태계에 존재하는 유기체가 당면한 위기상황이나 문제를 해결하기 위해 주변 환경과 상호작용하면서 자신의 하위 조직을 일시적으로 최적화하여 생존하는 것과 유사한 과정이다.

이처럼, 공학적인 접근은 ①문제 해결 과정, ②조직화된 지식, ③체계적 관점 등을 기반으로 주변 현상이나 객체, 상황을 바라보고 접근하는 방식을 의미한다. 본서에서는 이와 같은 공학적인 접근을 통해 교육을 바라보고 접근하고자 한다.

다. 교육에서의 공학적 접근

앞에서 ①문제 해결 과정, ②조직화된 지식, ③체계적 관점 등 세 가지 측면에서 공학적 접근의 의미를 살펴보았다. 이러한 세 가지 특징은 교육에서의 공학적 접근에도 의미 있는 관점을 제공한다. 그런데 여기서, '왜, 교육에 공학적 접근이 필요한가?'와 같은 의문을 가질 수 있다. 우리는 왜, 교육을 공학적인 접근으로 바라보고자 하는 것인가? 물론, 이와 같은 질문은 공학적 접근을 중심으로, 교육을 이해하고 관련 문제를 탐색, 해결하려는 측면에서 보면 다소 무모한 질문으로 보일 수 있다. 그러나 이와 같은 질문은 교육에서의 공학적 접근의 의미를 올바로 이해하는 데 도움을 준다.

예를 들어, 교육에서의 철학적 접근의 경우, '왜, 교육에서의 철학적 접근이 필요한가?'와 같은 의문을 제기할 수 있다. 이와 같은 의문은 철학적 접근의 의미와 교육에서의 필요성을 파악하는 데 도움이 된다. 학술정보서비스(RISS)를 검색해 보면, 교육의 철학적 접근의 필요성과 관련된 연구물을 다수 찾아볼 수 있다. 예를 들어, 학교(이태영, 2020), 새로운 학력관(이상은, 2019), 교육 자율성(김철, 2008), 학교교육(손경수, 1999), 교사교육(강숭규, 1995) 등 철학적 접근에 대한 연구들이 지속적으로 이루어지고 있다. 그런데, 교육철학에서는 상기와 같은 교육에서의 철학적 접근을 통해, 교육기관, 교육활동, 교육현상이나 교육정책 등에 대한 문제를 제기하고 이를 바탕으로 교육의 본질을 탐색한다. 궁극적으로는 교육철학에서는 '교육에서의 철학적 접근'을 바탕으로, 관련 문제를 올바로 이해하고 방향을 설정하는 데 도움을 받는다.

이와 같은 관점에서, 교육에서의 공학적 접근을 살펴볼 수 있다. '왜, 교육에서의 공학적 접근이 필요한가?'와 같은 질문을 할 수 있다. 학술정보서비스(RISS)를 검색해 보면, 교육의 철학적 접근처럼 교육에서의 공학적 접근과 관련된 연구물을 다수 찾아볼 수 있다. 예를 들어, 통역교육(진실희, 2017), NCS 학습모듈 활용

(김선태, 2015), 국제교육협력전문가 육성(이승진, 2013), 국어과 수업(임칠성, 2006)에서 공학적 접근에 대한 연구들이 다수 이루어지는 것을 확인할 수 있다. 또한 다양한 교육 분야에서 지속적으로 이루어지고 있음을 확인할 수 있다. 상기와 같은 관련 연구물을 통해, 교육에서의 공학적 접근의 필요성을 파악할 수 있다. 예를 들어, NCS 학습모듈 활용에서의 공학적 접근을 통해(김선태, 2015), NCS와 연계된 특성화고 수업혁신의 문제와 올바른 방향, 스마트 교육환경에 부응하는 교재도입 및 발전 방향 등에 대한 의미 있는 탐색을 살펴볼 수 있다.

그런데, 여기서 우리는 교육에서의 공학적 접근의 목적이 무엇인지를 생각해 볼 필요가 있다. 앞에서도 언급한 것처럼, 교육에서의 공학적 접근은 교육적 필요성에 전적으로 기인한다. 교육에서의 공학적 접근은 교육과 공학적 접근 간의 상호독립적인 관계보다는 교육적 필요에 따른 것이다. 교육에서의 공학적 접근은 교육의 필요에 따라 공학적 접근을 채택(adoption)하고 적응(adaptation)하는 것이라고 볼 수 있다(Holloway, 1984). 물론 홀로웨이(Holloway, 1984)는 교육에서의 공학적 접근보다는 교육과 공학 간의 관계를 중심으로 채택(adoption)과 적응(adaptation)의 관계를 제시한다.

홀로웨이에 의하면, 채택은 공학의 교육과의 적합성이나 교육적 가치 등을 고려하지 않고 교육 영역에 유입하는 것을 지칭한다(권성호 외, 2015). 그러나 교육의 필요로 도입된 교육에서의 공학적 접근이 단순히 모방이나 수단의 단계를 벗어나지 못하면 교육 문제 해결에 의미 있는 도구로 활용되지 못할 수 있다. 홀로웨이에 의하면, 이와 같은 어려움은 적응(adaptation)의 과정, 즉 공학적 접근이 이루어지는 교육현상의 특수성, 복잡성, 역동성 등을 바탕으로 지속적인 탐구와 연구를 통해 극복될 수 있다. 홀로웨이의 견해를 바탕으로, 교육에서의 공학적 접근의 적응 과정을 제시하면 크게 세 가지로 나타낼 수 있다(권성호 외, 2015).

① 교육에서의 공학적 접근은 획일적인 통합의 관계보다는 각 교육 분야와의 관련성을 기반으로 한다. 예를 들어, 교수 측면, 학습 측면, 매체 측면에서의 관련성에 기초하여 다루어질 필요가 있다.
② 교육에서의 공학적 접근은 교육의 장에서 나타나는 학습자 요구, 흥미, 관심 등에 대한 탐색을 기반으로 한다. 예를 들어, 공학적인 접근을 통해 학습자의 요구와 관심 등을 충족시키는 방안 및 가능성이 모색될 필요가 있다.

③ 교육에서의 공학적 접근은 교육현장에서 직면하는 문제 및 해결에 대한 체계적인 과정을 기반으로 한다. 예를 들어, 공학적 접근은 문제 해결의 결과 자체보다는 체계적인 과정을 통해 도출되는 결과를 중시한다.

이처럼, 교육에서의 공학적인 접근은 문제 해결 과정, 조직화된 지식, 체계적 관점 등을 기반으로 주변의 현상이나 객체, 상황을 바라보고 접근하는 방식을 의미한다. 따라서 교육에서의 공학적인 접근은 교육 영역에서의 문제 해결 과정, 조직화된 지식, 체계적 관점을 기반으로 교육 현상이나 상황에 접근하고 해결해 나가는 체계적인 과정을 의미한다.

3. 교육에 대한 공학적 접근의 목적

가. 학습 측면에서의 공학적 접근의 필요성

교육은 교수자의 교수활동과 학습자의 학습활동으로 구성되는 교수학습 활동에 기반을 둔다. 그런데 교수활동과 같은 교수 측면은 학습자의 학습 측면에 기반을 두고 구성된다. 따라서 교육에 대한 공학적 접근은 교수 측면보다는 학습 측면에 초점을 두고 있다.

그런데, 교육현장에서의 학습자의 학습활동은 학습에 관한 관심, 집중도, 참여도 등에 따라 구분할 수 있다. 첫째, 학습활동에 대한 관심에 따라 구분할 수 있다. 예를 들어, 교육활동에 참여하는 학습자의 모습은 '학습에 관심 있는 학습자와 관심 없는 학습자'로 구분할 수 있다. 둘째, 학습활동에 대한 집중도에 따라 구분할 수 있다. 예를 들어, 신체는 교육활동이 이루어지는 공간에 있지만, 정신이나 마음은 학습에 집중하지 못하고 그곳을 벗어나 다른 공간에 있는 산만한 학습자도 있다. 셋째, 학습활동에 대한 참여도에 따라 구분할 수 있다. 예를 들어, '적극적인 학습 참여'와 '소극적인 학습 참여'의 모습으로 구분할 수 있다(정한호, 2018). 그런데 교육에 대한 공학적 접근은 ①학습에 무관심 vs. 학습에 관심, ② 학습 산만 vs. 학습 집중, ③소극적인 학습 참여 vs. 적극적인 학습 참여 등 학습자의 다양한 학습참여 및 활동 모습에 초점을 둔다.

학습 측면에서의 공학적 접근은 학습에 무관심한 학습자를 학습에 관심 있는 학습자로, 산만한 학습자를 학습에 집중하는 학습자로, 학습 참여에 소극적인 학습자를 적극적인 학습자로 변화시키는 데 유용하게 적용될 수 있다. 또한, 학습 측면에서의 공학적 접근은 학습의 모습을 '①학습에 무관심 vs. 학습에 관심, ②학습 산만 vs. 학습 집중, ③소극적인 학습 참여 vs. 적극적인 학습 참여' 등과 같이 상호 대립적인 관계로 보는 것이 아니라, '학습에 무관심→학습에 관심→학습 산만→학습 집중→소극적인 학습 참여→적극적인 학습 참여' 등과 같은 연속선상에서 학습을 바라본다.

따라서, 교수자는 학습 측면에서의 공학적 접근을 통해, 첫째, 학습에 무관심한 학습자를 학습에 관심 있는 학습자로 변화시킬 수 있다. 둘째, 학습에 관심은 있지만, 학습에 집중하지 못하고 산만한 학습자를 학습에 집중하는 학습자로 변화시킬 수 있다. 셋째, 공학적인 접근은 학습에 집중하지만 자기 주도적으로 학습에 참여하기보다는 소극적인 학습 자세를 취하는 학습자를 적극적인 학습 참여자로 변화시키는 데 도움을 준다. 넷째, 공학적 접근은 학습에 무관심한 학습자를 학습에 적극적으로 참여하는 학습자로 변화시키는 데 도움을 준다. 이처럼, 학습 측면에서의 공학적 접근은 중요하며 의미가 있다.

상기와 같은 학습 측면에서의 공학적 접근의 중요성을 고려할 때, 교육에 대한 공학적 접근에 가장 크게 영향을 미친 이론이 학습 측면과 깊은 관련이 있음을 쉽게 추측할 수 있다(Richey et al., 2011). 학습 측면에 대한 공학적인 접근은 교육을 학습자 측면에서 탐구할 뿐만 아니라 인간학습의 측면으로까지 범위를 넓혀가고 있다(Sullivan, 1993). 학습 측면에서의 공학적인 접근은 학습 현상의 원리와 법칙을 탐색하고 학습자의 학습 촉진 및 환경 설계, 효과적인 학습방법에 관해 탐구한다(한국교육공학회, 2016). 한국교육공학회(2016)의 견해를 바탕으로, 학습 측면에 대한 공학적인 접근 관련 학습이론을 살펴보면, 크게 행동주의, 인지주의, 구성주의로 구분할 수 있다. 상기 세 가지 학습이론이 미친 영향력을 기술하면 다음과 같다(한국교육공학회, 2016).

① 행동주의 학습이론이 미친 영향력은 세 가지 이론 중 지배적일 정도로 강력하게 나타난다. 특히, 프로그램 수업 개발을 위한 목표의 구체화, 학습과제 세분화, 계열화, 자율적 학습속도, 적극적인 반응 유발, 피드백, 목표지향평가 등은 모두 행동주의 학습이론에서 도출된 원리들이다. 이에 따라 행동주

의 학습이론이 학습프로그램, 과제분석 및 행동목표 설정 등에 미친 영향은 지금도 지속되고 있다(p.36).

② 인지주의는 계획된 지식이나 정보를 학습자에게 전달할 수 있다는 전제에서 출발한다. 따라서 인지주의는 행동주의와 같은 객관주의적인 인식론에 바탕을 두고 있으며 행동주의처럼 교육에 커다란 영향을 미치고 있다. 또한, 인지주의는 행동주의에서의 지식 및 정보 전달 과정과 등일하게 학습과제 및 학습자 분석, 학습목표 설정, 교수전략 개발, 학습 결과평가 등의 절차를 준수한다. 다만, 인지주의는 학습내용의 위계나 계열에 증점을 두는 행동주의와는 달리, 정보처리과정 및 지식 단위에 중점을 둔다(p.39).

③ 학습자와의 상호작용과 학습자 중심의 매체 및 테크놀로지의 등장으로 구성주의 학습이론의 영향력이 점차 커지고 있다. 특히, 주관주의에 기반한 학습환경의 설계와 구성에 관한 관심이 높아지면서 구성주의의 영역도 점차 확장되고 있다. 다만, 구성주의는 인간의 마음과 학습의 본질에 관한 인식론에서 출발하기 때문에 학습현상에 대한 실증적인 근거나 자료에 기반을 두고 설명하지 못하는 한계가 있다(Driscoll, 2005). 그럼에도 불구하고 구성주의는 기존의 행동주의와 인지주의가 설명하지 못하는 학습 측면의 복잡한 현상을 설명하는 데 도움을 준다(p.45).

행동주의와 인지주의 학습이론의 시기에는 학습에 대한 공학적 접근에 변화가 크게 나타나지 않았다. 그러나 인지주의에서 구성주의로의 변화는 객관주의 인식론에서 주관주의 인식론으로의 이동을 의미하기 때문에 근본적인 패러다임의 전환을 가져왔다. 예를 들어, 교수설계이론, 모형개발에 변화를 초래하였다. 물론, 인지주의는 학습자 내부, 구성주의는 학습자 내부와 외부 환경 간의 상호작용에 초점을 둔다는 점에서 차이가 있다. 그러나 인식주의 이론 중 학습자의 유의미한 경험과 능동적 참여를 중시하는 측면은 구성주의 학습이론과 일부 동일한 부분이 있다. 특히, 행동주의, 인지주의, 구성주의는 학습에 접근하는 다양한 시각을 제공하는 데 유의미하다. 따라서 상기 세 가지 학습이론을 기반으로 이루어지는 학습에서의 공학적인 접근은 학습의 다양한 현상이나 상황에 효과적인 해결 방안 제시에 도움을 준다.

나. 교수 측면에서의 공학적 접근의 필요성

앞에서도 언급한 것처럼, 교육은 교수자와 학습자의 교수학습 활동에 기반을 둔다. 그런데 교수자의 교수활동은 학습자의 학습활동에 중심을 두고 계획한다. 따라서 교수(instruction) 측면에서의 공학적 접근은 본질적으로 학습 측면에서의 접근과 상이하지 않다.

교수는 학습자의 학습 측면에 적합한 목표를 수립하고 학습자의 효과적인 목표 도달을 지원하는 활동이다. 또한, 교수 측면에서의 공학적 접근은 학습자의 학습 내용, 활동, 평가, 피드백을 체계적으로 고려하는 접근이다(Dick & Reiser, 1989; Gagné, 1985; Merrill, 2002; Silber, 2007). 따라서 여기에서의 공학적 접근은 한 두 가지 이론이나(Gage & Berliner, 1984) 특정 원리나 절차로 설명하기는 쉽지 않다(Newmann, Marks & Gamoran, 1996).

본래 교수를 통해 이루어지는 수업은 계획을 바탕으로 가르치는 행위를 지칭하는 용어로, 내용 및 이론 전달을 넘어 교수목표 설정, 내용 선정, 매체 활용, 예시, 평가, 연습 및 피드백 제공 등 여러 요소를 포괄하는 종합적인 활동이다(임철일 외, 2010). 따라서 교수 측면에서의 공학적 접근은 교수목표 설정 및 수립, 관련 교과 내용 선정, 교육 매체 선정 및 활용, 사례 탐색 및 적용, 평가 계획 수립 및 실행, 연습 및 피드백 등을 바탕으로 이루어진다. 이와 같은 접근은 교실수업환경에서 학습자가 학습활동을 쉽게 이해하고 접근할 수 있도록 체계적으로 결합하는 역할을 한다(정주원, 이봉우, 2016).

이처럼 교수 측면에서의 공학적 접근은 수업목표 도달과 관련된 다양한 교수학습 활동을 교실 수업에서 실현하는 데 요구되는 '렌즈'이다. 교수 측면에서의 공학적 접근과 학습 측면에서의 접근은 이원화된 별개의 접근 방법이 아니라 상호 보완적이고 순환적인 접근이라고 볼 수 있다(정한호, 2009). 또한, 교수 측면에서의 공학적 접근은 통신이론, 체제이론, 수업개발이론에 영향을 받으며 발전하고 있다. 교수 측면에서의 공학적 접근에 영향을 미친 이론들을 살펴보면 다음과 같다(권성호 외, 2015: pp.45－52).

① 통신이론의 적용을 통해, 교수활동의 이론적 체계를 획기적으로 변화시킬 수 있었다. 통신이론은 눈에 보이는 현상이나 사물에 집중하는 대신 송신자

와 수신자 간의 소통 과정에 초점을 둔다. 통신이론은 소통의 핵심인 수신자, 송신자, 수단, 메시지에 초점을 두고 발전하였으며 하나의 모형으로 형성하게 된다. 통신모형은 데일의 경험의 원추에서 제시하는 일차원적인 정적인 분류 묘사보다 역동적인 과정으로서의 상호작용 관계를 제시한다. 이와 같은 통신이론은 '교수자를 송신자로 학습자를 수신자'로 볼 수 있는 안목을 제공하였으며 교수자와 학습자 간의 상호작용에 초점을 두는 이론적인 기반을 마련해 주었다.

② 체제이론의 적용을 통해, 교수는 관련 활동들의 부분의 연합체가 아니라 그 이상의 의미를 지니게 되었다. 특히, 초기의 체제이론이 결과를 강조한 것과는 달리, 결과와 더불어 과정 자체도 강조하게 되면서 교수를 보다 넓은 관점에서 조망할 수 있게 되었다. 체제의 개념은, 교수라는 활동이 체계적인 과정 속에서 모든 기능과 자원을 결합함으로써 나타나는 체제적인 측면에 초점을 두는 활동이라는 점을 명확하게 드러낸다. 또한, 교수에 적용되는 기능이나 자원들이 개별적으로 존재하거나 단순 합산할 때의 산출물보다 교수라는 활동 속에서 체계적으로 결합할 때 그 이상의 산출물이 도출되는 시너지(synergy)를 유발할 수 있음을 명확히 한다.

③ 수업개발이론을 통해 교수활동을 각 구성요소 및 관련 기능, 교수체제 설계, 제작, 실행, 평가 등으로 접근할 수 있게 되었다. 수업개발이론은 본래 학습자의 행동, 행동 결과, 강화 등과 관련된 행동과학이론들과 체제이론의 통합을 통해 발전되었다. 여기서 행동과학이론은 학습자에 초점을 둔 학습이론에 기초를 두고 있다. 따라서 수업개발이론은 학습자의 학습활동에 근간을 두는 교수활동을 공학적으로 접근하는 데 효율적인 이론이다. 예를 들어, 행동목표, 준거지향평가, 인적 자원 활용, 개별 및 자율학습, 완전수업체제 개발, 학습자 강조, 수업체제 개발 및 평가, 체제적 교수 관리 등 교수 관련 주요 구성 요인들 간의 유기적인 관계를 명확히 하는 데 도움을 준다.

교수 측면에 공학적인 접근이 유입되기 이전에는 교수활동에 커다란 변화는 나타나지 않았다. 예를 들어, 15세기 교수활동이나 20세기 교수활동에 본질적인 변화는 크지 않았다고 볼 수 있다. 그러나 통신이론, 체제이론, 행동과학이론에 기반한 수업개발이론 등이 교수 측면에 유입하게 되면서 교수활동에 근본적인 변화가 나타나기 시작하였다. 이와 같은 현상은 행동주의와 인지주의 학습이론처럼 객관주의 시기에는 학습활동에 변화가 크지 않았지만, 구성주의와 같은 주관주의 인식론의 도입으로 변화가 유발된 것과 비슷하다고 볼 수 있다. 교수 측면에서의 공학적 접근은 특정 교수목표에 따라 교수학습의 전 과정을 설계 및 실행하고 평가하는 데 효과적인 체제적인 접근이라고 볼 수 있다. 그러나 공학적 관점에서의 교수활동이 어떤 측면에서 복합적이며 통합적인지, 체제적으로 구성되어 있는지는 다소 한계점을 지니고 있다. 이와 같은 한계는 교육을 교수와 학습으로 이분화하지 않고 교육이라는 하나의 활동으로 접근하는 방식으로 해결될 수 있다. 앞으로 이 부분에 대해서 살펴보고자 한다.

다. 매체 측면에서의 공학적 접근의 필요성

매체는 교육에서의 공학적 접근을 다른 접근 방식과 구별하는 핵심적인 요소이다. 예를 들어, 교육의 철학적 접근, 사회학적 접근, 행정학적 접근 등과 쉽게 구별할 수 있는 핵심 요소가 바로 매체이다. 이에 따라 교육의 공학적 접근을 제시할 때, 일반인들이 쉽게 이해할 수 있는 부분이 바로 매체의 교육적 활용이다.

국내의 경우, OHP, 슬라이드 프로젝트, 녹음기, VCR 등과 같은 매체가 교육적인 목적으로 활용되었다. 또한, 1990년대 중후반에 시작된 교단 선진화의 영향으로, 모든 교실에는 인터넷, 컴퓨터, 대형 TV 등의 매체가 교육적인 목적으로 설치되었다. 그런데 이와 같은 교단 선진화 사업의 영향으로, 기존의 매체들은 컴퓨터 기반의 멀티미디어 매체와 결합하는 복합적인 매체 활용의 형태로 변화되었다(박주만, 2010). 기존과 다른 새로운 매체 도입으로, 교육 현장에서는 기호, 문자, 도식, 사진, 동영상, 애니메이션, 음향, 음악 등 멀티미디어를 활용한 교수학습활동이 가능하게 되었다. 이처럼 교육현장에서 활용되는 매체는 기호, 문자, 도식, 사진, 동영상 등과 같은 시각정보와 소리, 음향, 음악 등과 같은 청각정보가 복합적으로 제공되는 컴퓨터 중심의 매체(Gayeski, 1993)가 주류를 이루고 있다. 그런데 2020년부터 확산된 COVID－19의 영향에 따른 대면수업의 비대면수업으로의 전환은 매체의 교육적 활용에 커다란 전환점으로 작용하였다. 따라서 매체의 교육적 활용은 크게 COVID－19 이전과 이후로 구분하여 나타낼 수 있다.

COVID－19 이전의 매체는 대면교육의 보조적인 측면에서 활용되는 경향이 높았다. 여기서 '경향이 높았다'라고 표현한 이유는 COVID－19 이전에도 방송통신고등학교, 방송통신대학교, 사이버대학교 등 매체 중심의 교육활동이 이루어지고 있었기 때문이다. 다만, 상기와 같은 원격교육기관을 제외한 교육기관에서의 매체는 대면교육을 보조하는 역할을 주로 수행하였다. 예를 들어, 고등교육기관에서의 원격수업은 플립 러닝, 블렌디드와 같이 대면수업에 기반을 둔 수업유형으로 활용되는 경향이 높았다. 그러나 교육부에서는 전면적인 매체활용을 원격교육기관으로 제한하였으며 일반대학에서의 원격수업도 개설된 총 학점의 100분의 20을 초과할 수 없게 규정하였다(교육부, 2018). 이처럼, 매체는 대면수업의 보조적인 위치에 있었으며, 매체의 적극적인 활용은 일반수업과 구분하는 다른 수업으로 보는 경향이 있었다(정한호 외 2020).

그러나 COVID－19 이후의 매체활용은 대면교육과 비대면교육의 경계를 허무는 방향으로 나아가게 하였다. COVID－19는 교육활동에서의 매체활용을 수업의 보완재가 아니라 그 자체로 하나의 완성된 교육활동으로 인식하는 계기를 마련해주었다(정한호 외, 2020). COVID－19로 인한 등교 정지는 매체 중심의 원격수업을 전격 허용하게 하였다(교육부, 2020). 물론, 이와 같은 매체 중심의 100% 원격수업은 완성된 교수학습활동보다는 불가항력적 상황에서의 대안적인 교육활동으로 간주한다(이지연 외, 2020). 그러나 COVID－19는 대면수업의 보완재나 대체재로 인식되었던 매체의 교육적 활용을 일반적인 수업유형으르 인식하는 계기가 되었다. 특히, COVID－19 이전부터 기존 대면 중심의 교육기관과는 다른 미네르바스쿨이 주목을 받기 시작하면서 매체의 교육적 활용에 대한 시각이 점차 변하게 되었다(이혜정, 임상훈, 강수민, 2019). 이처럼, 주변 환경의 변화는 매체에 대한 패러다임에 변화를 유발하고 있다.

이처럼 COVID－19 상황은 교육계에 매체를 어떻게 접근할 것인지에 대한 근본적인 질문을 유발한다. 일반적으로 교육은 매체활용에 따른 외적인 측면보다는 교육목표 달성의 효과성과 효율성을 기반으로, 학습자에게 최적의 만족과 서비스를 제공하는 활동이다. 그러나 교육계는 아직도 매체 활용에 따른 대면, 비대면수업이라는 이분법적 사고의 틀에 머물러 있다. 이와 같은 관점에서 볼 때, COVID－19 사태는, 우리 교육계에 '대면수업, 비대면수업어 따라 수업형태를 구분하는 이분적인 사고'에서 벗어나, 교육의 본질이 무엇인지, 매체의 교육적 활용의 본질이 무엇인지 고민해 보는 계기를 제공하였다. 매체를 활용하는 교육의 장에서는 대면과 비대면교육활동이 자연스럽게 공존할 수밖에 없다. 따라서 교육활동에서 중요한 것은 대면, 비대면이라는 겉으로 드러나는 모습이 아니라 그곳에서 이루어지는 매체 활용의 교육적 측면이다. 그런데도 아직도 우리는 관습적으로 매체에 의해 보여지는 교육활동의 유형을 양분하는 경향을 지니고 있다. 교육은 본질적으로 교수자－학습자, 학습자－학습자의 대면 소통이 중심이며 교육의 효율성 차원에서 매체를 통한 보조적인 활동이 필요하다는 인식이 팽배해 있는 것은 아닐까?

이와 같은 상황에서 매체 측면에서의 공학적 접근은 반드시 필요하다. 매체 측면에서의 공학적 접근이 필요한 이유를 구체적으로 제시하면, 첫째, 공학적 접근을 통해, 대면, 비대면으로 구분하는 외적인 구분에서 자유로워질 필요가 있다. 둘째, 공학적 접근을 통해, 모든 교수자들은 대면수업과 더불어 비대면수업에 대한 이해도를 높일 필요가 있다. 셋째, 공학적 접근을 통해, 매체 활용의 최전선에 있는 교수자들의 반성과 성찰이 필요하다. 매체 측면에서의 공학적인 접근은 교육의 본질을 올바로 인식하고 이분법적인 인식에서 벗어나는 데 도움을 준다. 또한 수업을 대면, 비대면이 자연스럽게 공존하는 활동으로 인식하는 데 도움을 준다. 앞으로, 대면수업에 초점을 둔 교육과정도 대면, 비대면 모두를 고려한 교육과정으로 재편될 가능성이 크다. 매체 측면에서의 공학적 접근은 대면수업에 기반을 둔 교원양성기관의 교육과정 개편에 대한 해법 도출에도 도움을 줄 것으로 기대한다. 또한, 매체 측면에서의 공학적 접근은 대면중심으로 이루어지는 교회학교에서의 공과교육 및 수업방식에도 획기적인 변화를 주며 새로운 교회학교 수업모형을 제시하는 데도 도움을 줄 수 있을 것이다.

4. 2022학년도 중등학교교사 임용후보자 선정경쟁시험 교육학 문항 (1차시험, 20점, 60분)

매년 각 시도교육청에서는 국공립학교 교사를 경쟁 모집하고 있다. 이와 관련된 교육학 선발시험 문항(교육과정평가원 개발)을 탑재하니 읽어보고 간단히 답안을 작성해 보기 바란다. 처음에는 낯설수도 있지만, 본서를 통해 공부하면서 문항을 풀다보면, 익숙해질 수 있다. 자! 그럼, 한번 풀어봅시다!

다음은 ○○중학교에서 학교자체 특강을 실시한 교사가 교내 동료교사와 나눈 대화의 일부이다. 이 내용을 읽고 '학교 내 교사 간 활발한 정보 공유를 통한 교육의 내실화'라는 주제로 교육과정, 교육평가, 교수전략, 교원연수에 대한 내용을 구성 요소로 하여 서론, 본론, 결론을 갖추어 논하시오. [20점]

김 교사: 송 선생님, 제 특강에 관심을 가져 주셔서 감사합니다. 선생님은 올해 우리 학교에 발령받아 오셨으니 도움이 필요하시면 말씀하세요.

송 교사: 정말 감사합니다. 그동안은 교과 간 통합에 주로 관심을 가져왔는데, 김 선생님의 특강을 들어 보니 이전 학습 내용과 다음 학습 내용이 자연스럽게 연결되어야 한다는 수직적 연계성도 중요한 것 같더군요. 그래서 이번 학기에는 교과 내 단원의 범위와 계열을 조정할 계획입니다. 선생님께서는 교육과정을 어떻게 재구성하시는지 함께 이야기할 수 있을까요?

김 교사: 그럼요. 제가 교육과정 재구성한 것을 보내 드릴 테니 보시고 다음에 이야기해요. 그런데 교육 활동에서는 학생에 대한 이해가 중요하잖아요. 학기 초에 진단은 어떤 방식으로 하려고 하시나요?

송 교사: 이번 학기에는 선생님께서 특강에서 말씀하신 총평(assessment)의 관점에서 진단을 해 보려 합니다.

김 교사: 좋은 생각입니다. 그리고 우리 학교에서는 평가 결과로 학생 간 비교를 하지 않으니 학기 말 평가에서는 다양한 기준을 활용해 평가 결과를 해석해 보실 것을 제안합니다.

송 교사: 네, 알겠습니다. 이제 교실 수업에서 사용할 교수전략을 개발해야 하는데 딕과 캐리(W. Dick & L. Carey)의 체제적 교수설계모형을

적용하려고 해요. 이 모형의 교수전략개발 단계에서 개발해야 할 교수전략이 무엇인지 생각 중이에요.

김 교사: 네, 좋은 전략을 찾으시면 제게도 알려 주세요. 그런데 우리 학교는 온라인 수업을 해야 될 상황이 생길 수도 있어요. 제가 온라인 수업을 해 보니 일부 학생들이 고립감을 느끼더군요. 선생님들이 온라인 수업을 하는 데 필요한 정보를 공유하는 학교 게시판이 있어요. 거기에 학생의 고립감을 해소하는 데 효과를 본 테크놀로지 기반의 교수 · 학습 활동을 정리해 올려 두었어요.

송 교사: 네, 온라인 수업을 하게 되면 활용할게요. 선생님 덕분에 좋은 정보를 많이 얻을 수 있어 좋네요. 선생님들 간 활발한 정보 공유의 기회가 더 많아지길 바랍니다.

김 교사: 네. 앞으로는 정보 공유뿐만 아니라 교사들 간 실질적인 협력도 있었으면 해요. 이를 위해 학교 중심 연수가 활성화되면 좋겠어요

○ 논술의 내용 [총 15점]

- 송 교사가 언급한 교육과정의 수직적 연계성이 학습자 측면에서 갖는 의의 2가지, 송 교사가 계획하는 교육과정 재구성의 구체적인 방법 2가지 [4점]
- 송 교사가 총평의 관점에서 학생을 진단할 수 있는 실행 방안 2가지 제시, 송 교사가 활용할 수 있는 평가 결과의 해석 기준 2가지를 각각 그 이유와 함께 제시 [4점]
- 송 교사가 교실 수업을 위해 개발해야 할 교수전략 2가지 제시, 송 교사가 온라인 수업에서 학생의 고립감 해소를 위해 활용할 수 있는 구체적인 교수 · 학습 활동 2가지를 각각 그에 적합한 테크놀로지와 함께 제시 [4점]
- 김 교사가 언급한 학교 중심 연수의 종류 1가지, 학교 중심 연수를 활성화하기 위해 학교 차원에서 지원할 수 있는 구체적인 방안 2가지 [3점]

○ 논술의 구성 및 표현 [총 5점]

- 논술의 내용과 '학교 내 교사 간 활발한 정보 공유를 통한 교육의 내실화'의 연계 및 논리적 형식[3점]
- 표현의 적절성 [2점]

5. 기독교사로서 교육의 공학적인 접근 고찰하기

1장에서는 교육에서의 공학적 접근의 의미와 목적을 살펴보았다. 1장의 내용을 살펴보면서, 교육공학이 공학적 기술(technological skill)보다는 공학적인 사고(technological thinking)를 주로 다룬다는 점을 발견할 수 있었을 것이다. 또한, 여러분들이 기존에 지닌 공학에 대한 나름대로의 생각과 1장에서 기술된 내용 간에 다소 차이가 있음을 발견할 수 있었을 것이다. 이와 더불어, 교육에서의 공학적 접근이 단순히 컴퓨터를 다루거나 인터넷을 활용하는 측면이 아니라 당면한 교육 문제를 효과적이고 효율적으로 해결하는 방안을 탐색하는 과정임을 확인할 수 있었을 것이다. 이에 지금까지 학습한 내용을 바탕으로 몇 가지 문제를 제시하고자 한다. 기독교사로서 여러분의 생각을 간략하고 명확하게 제시해 보기 바란다. 혹시 아직 교육의 공학적 접근에 대한 이해가 부족한 것 같다면, 다시 한번 1장을 읽어보고 아래 문제에 대해 깊이 있게 생각해보기 바란다.

가. 일반교사로 교육에서의 공학적 접근을 어떻게 이해할 수 있는가? 본인이 이해한 내용을 본인의 용어로 간략히 작성하시오.

나. 교회학교 교사로서 공학적 접근을 어떻게 적용할 수 있는가? 본인이 경험한 내용을 바탕으로 작성하시오.

다. 기독교교육과 일반교육에서의 공학적 접근에는 공통점과 차이점이 있을 수 있다. 본인이 생각하는 공통점과 차이점을 사례를 들어 작성하시오.

참고문헌

강승규 (1995). 교사교육의 철학적 접근에 대한 토론. 한국교원교육연구, 11(11), 26－27.

교육부 (2018). 고등교육법 시행령 제14조의2 관련 일반대학의 원격수업 운영 기준. 교육부 대학학사제도과.

교육부 (2022). 2022년도 교원자격검정실무편람. 발간등록번호11－1342000－000406－10. 세종: 교육부.

권성호, 엄우용, 권혁일, 이준 (2015). 교육공학의 탐구(4판). 파주: 양서원.

김민환 (2013). 학교중심 실제적 교육방법론－교육방법 및 교육공학. 파주: 양서원.

김선태 (2015). NCS 학습모듈 활용의 교육공학적 접근과 NCS 기반 교수,학습 설계 사례. 한국교육공학회 학술대회발표자료집, 2, 251－273.

김종량 (1985). 교육공학의미(敎育工學意味)의 재조명(再照明)과 발전(發展)的 개념정립(槪念定立)을 위한 모색(摸索). 교육공학연구, 1(1), 40－49.

김철 (2008). 교육의 자율성에 대한 교육철학적 접근. 한국교육사학회 학술발표논문집, 2, 63－67.

박성익, 임철일, 이재경, 최정임 (2015). 교육방법의 교육공학적 이해. 파주: 교육과학사.

박성익, 임철일, 이재경, 최정임, 조영환 (2021). 교육공학과 수업. 파주: 교육과학사.

박숙희, 염명숙 (2009). 교수－학습과 교육공학. 서울: 학지사.

박주만 (2010). 초등학교 국악 감상수업을 위한 멀티미디어 교수－학습 자료의 개발 및 활용. 예술교육연구, 8(2), 81－98.

변영계, 김영환, 손미 (2011). 교육방법 및 교육공학(3판). 서울: 학지사.

손경수 (1999). 학교 교육 실천에 있어서 교육 철학적 접근자세의 비교연구. 한국교육사학, 21, 19－47.

유승우, 임형택, 권충훈, 이성주, 이순덕, 전희정 (2013). 교육방법 및 교육공학. 파주: 양서원.

이상은 (2019). 초복잡성 시대의 새로운 학력관에 대한 철학적 고찰. 교육문화연구, 25(6), 51－68.

이승진 (2013). 역량기반 국제교육개발협력 전문가 육성을 위한 교육공학적 접근

방법 구안. 국제교육협력연구지, 6(2), 27-46.
이신동, 조형정, 장선영, 정종원 (2015). 알기쉬운 교육방법 및 교육공학. 파주: 양서원.
이지연, 성은모, 이지은, 임규연, 한승연 (2020). 코로나19 시대 온라인 수업의 도전과 과제. 교육공학연구, 36(s), 671-692.
이태영 (2020). 정서공동체로서 학교에 관한 철학적 탐구. 교육문화연구, 26(5), 423-441.
이혜정, 임상훈, 강수민 (2019). 4차 산업혁명 시대 대학교육 혁신 방안 탐색: 미네르바스쿨 사례를 중심으로. 평생학습사회, 15(2), 59-84.
임철일, 최소영, 홍미영 (2010). 초등학교 초임 교사를 위한 교수 체제 설계 모형의 개발 연구. 교육공학연구, 26(4), 121-147.
정한호 (2009). 교육실습과정에서 나타난 중등 예비교사들의 수업설계 실태. 교육과정평가연구, 12(2), 1-30.
정한호 (2018). 교육막방: 교육은 무엇이든지 막을 수 있는 방패인가. 서울: 피와이메이트.
정한호, 노석준, 정종원, 조영환 (2020). Covid-19 확산이 교육계에 주는 도전: 모두를 위한 질 높은 원격수업. 교육공학연구, 36(s), 645-669.
정희영 (2014). 누리과정의 교육철학에 대한 기독교적 조명. 기독교교육논총, 38, 27-54.
진실희 (2017). 통역교육의 교육공학적 접근: CAIT 수업 설계를 위한 일 고찰. 통번역연구, 21(2), 133-162.
한국교육공학회 (2016). 교육공학 탐구(나일주, 조은순 편). 서울: 박영사.
함영주 (2020). 기독교세계관 교육프로그램의 만족도가 기독교세계관 형성 및 실천의도에 미치는 영향. 총신대논총, 40, 273-295.
홍기칠 (2012). 교육방법 및 교육공학. 고양: 공동체.

Beard, C. A. (1955). The idea of progress, introduction to the American edition, by J. B. Bury(ed.). NY: Dover Publication.
Dick. W., & Reiser, R. A. (1989). Planning effective instruction. 양영선(역), 교사를 위한 체제적 교실수업설계. 서울: 교육과학사.
Finn, J. D. (1964). The revolution in the school, technology and the instructional process, by R. Gross, & J. Murphy(ed.). NY: Harcourt, Brace World.
Gage, N. L., & Berliner, D. C. (1984). Educational psychology (3rd ed.),

Boston: Houghton Mifflin Co.

Gagné, R. M. (1985). The conditions of learning and theory of instruction. (4th ed.). NY: Holt, Rinehart, and Winston.

Galbraith, J . H. (1967). The new industrial state. Boston: Houghton Mifflin Co.

Gayeski, D. M. (1993). Multimedia for learning: Development, application, evaluation. Englewood Cliffs, NJ: Educational Technology Publication.

Holloway, R. E. (1984). Educational technology: A critical perspective. NY: ERIC Clearinghouse on Information Resources, Syracuse University.

Merrill, M. D. (2002). First principles of instruction. ETR&D, 50(3), 43-59.

Newmann, F. M., Marks, H. M., & Gamoran, A. (1996). Authentic pedagogy and student performance. American Journal of Education, 10(4), 280-312.

Richey, R. C., Klein, J. D., Tracey, M. W. (2011). The instructional dsign kowledge base theory, research, and practice. NY: Routledge.

Silber, K. H. (2007). A principle based model of instructional design. Educational Technology, 47(5), 5-19.

기사

기독신문(박용미 기자, 2021.02.19), 실시간 소통과 랜선 캠프 강화 "주일학교 학생들이 달라졌어요"(https://www.kidok.com/news/articleView.html?idxno=210007&page=2&total=1014)

기타

한국민족문화대백과사전(http://encykorea.aks.ac.kr/)

위키낱말사전(https://ko.wiktionary.org/wiki/technology)

한국교육과정평가원(https://www.kice.re.kr/boardCnts/list.do?boardID=1500212&s=kice&m=030306)

CHAPTER

02

교육에 대한 행동주의 학습이론

CHAPTER 02

교육에 대한 행동주의 학습이론

1. 기독교사로서 교육에 대한 행동주의 학습이론 바라보기

1장을 학습한 소감이 어떠한가? 아마, 예상보다 쉽다고 생각하신 분들도 있을 것이고, 예상보다 어렵다고 생각하신 분들도 있을 것이다. 그런데, 기독교사로서, 교육학을 학습할 때 중요한 것은 일반교육학의 내용을 이해하는 동시에 이를 기독교교육, 교회교육에서 어떻게 적용하고 활용할 것인가에 대한 방안도 함께 생각해야 한다는 점이다. 이를 위해서는 먼저, 해당 내용에 대한 정확한 이해가 요구된다.

앞에서도 언급한 것처럼, 교육의 공학적 접근에 기반을 둔 교육공학은 다양한 학문 및 관련 이론을 토대로 발전되어 온 학문이다. 예를 들어, 교육공학은 체제이론, 소통이론, 매체이론, 학습이론 등을 기반으로 형성된 응용학문이다. 그중에서 학습이론은 학습심리학을 배경으로, 학습을 바라보는 관점과 여기에 기반을 둔 교수설계 원리의 기초를 제공해주었다. 교원양성기관에 재학 중인 기독교사들 중에는 이미 교육심리 과목을 통해 학습이론에 대한 기본적인 내용을 습득하였을 것이다. 그러나 교육심리학 시간에 습득한 학습이론은 학습현상이나 발달과정을 있는 그대로 제시하는 기술적인 측면을 강조하는 경향이 있다. 이에 반해, 여기서는 학습이론을 토대로 실제 교육현장에서 '무엇을 어떻게 지도해야 할 것인가?'에 대한 구체적인 조건과 방법에 초점을 둔다.

특히, 이번 시간에 학습할 교육에 대한 행동주의적 접근에서는 학습자가 처한 외적조건 및 환경을 최적화시키고 수업을 진행하는 교사에게 '무엇을 어떻게 지도해야 하는지'에 대한 처방적인 측면을 강조한다(권성호 외, 2015). 학습이론은 학습자가 새로운 지식이나 능력을 획득하는 과정과 관련된 주요 요인들과 각 요인 간의 상호작용 등에 대해서 설명한다. 예를 들어, 행동주의는 관찰할 수 있는 외적인 행위들의 이전과 이후에 나타나는 일련의 사태에 초점을 두는 경향이 있다. 이에 반해, 인지주의는 겉으로 드러난 관찰 가능한 행위에 초점을 두기보다는 그 원인이 되는 내적인 인지과정에 중점을 두는 경향이 있다(Januszewski, et al., 2008). 이와 더불어, 구성주의는 학습자 측면에서의 지식의 구성적인 측면을 강조하면서 학습을 설명하는 경향이 있다. 본 장에서는 교육에서의 행동주의 학습이론을 다루고자 한다.

아래의 기사에서 강조한 **단어나 문구** 등에 집중하면서 천천히 살펴보기를 바란다.

[교육기획/말씀으로 디자인하는 주일학교] ④성경교육 현장: 인천제2교회 유년부1)

[기독신문: 정형권 기자] 2019.11.15

성경교육 구체화 '12개월 프로그램' 가동

매일 성경 읽는 훈련 강조… 분기별로 성경 골든벨대회

인천제2교회(이건영 목사) 유년부 2020년 표어는 '말씀과 함께 자라고 열매 맺어요'다. 교육 목표는 △성경이 **믿음과 삶의 기본**임을 알고, 매일 성경을 읽는 훈련을 한다 △말씀을 배우며 구원자이신 예수님을 믿고 하나님의 뜻을 깨닫는다 △배운 말씀을 순종하며 매주 1가지씩 열매를 맺는다로 정했다. [중략]

12개월 성경교육 계획안

1월 : 경건생활 실천확인표 배부. 매월 첫째 주일에 성경읽기와 실천이 포함되어 있는 경건생활 **실천확인표**를 배부하고 읽을 분량을 **스스로** 정하도록 한다.

말씀 다짐 캡슐 만들기. 1년 동안 하나님 앞에 드리는 다짐과 소원 1~2가지를 쓴다. 통에 담고 교역자가 축복해 주며, 연말에 하나님과의 약속을 얼마나 실천했는지 확인한다.

2월 : 성경 목록가 배우기. 성경읽기 시작과 함께 목록가 배우기를 병행한다. 1개월 정도 시간이 걸리는 작업이다. 반별 혹은 팀별로 목록가 이어 맞추기 등의 게임을 진행하면 더 효과적이다.

3월 : 성경 함께 읽기. 무슨 일이든 함께 하면 행복하다. 성경읽기도 혼자 하는 것보다 함께 진행하는 것이 더 쉽다.

4월 : 나만의 십자가 만들기. 고난주간을 활용해 성경을 오감으로 체험하는 교육이다. 일주일 전에 미리 광고해 어린이들이 다양한 재료와 방법으로 십자가를 만들고, 어떤 생각으로 십자가를 만들었는지 발표하고 전시한다. 나눔 저금통 배부. 주변에 있는 어려운 이웃에 대해 관심을 가지며, 교회나 부서에서 정한 사역을 위해 나눔을 실천하는 기회를 제공한다. 헌금이 실제로 어떻게 사용되었는지 사진이나 영상으로 보여주면 교육적 효과가 크다.

5월 : 미래 교회에서의 내 모습 그리기. 하나님께서 주신 은사를 생각하며 미래에 교회에서 어떻게 섬길 것인지 그림으로 표현한다. 가정의 달을 맞아 부모님 초청예배와 체육대회를 실시한다.

6월 : 롤링페이퍼. 안디옥교회 성도들이 '그리스도인'이라는 명칭을 얻게 된 것을 배우고, 부서 친구들과 롤링페이퍼를 쓰면서 어떤 그리스도인이 될 것인지 다짐한다. 선교사님을 초청해 말씀을 들으면서 선교비전을 키워간다.

7월 : 감사의 말, 불평의 말. 선물 상자에는 감사의 말을, 쓰레기통에는 불평의 말을 쓰고 넣는다. 이를 하나씩 꺼내 읽으면서 감사와 믿음의 말을 하기로 다짐한다.

8월 : 역사박물관 견학. 방학기간 동안 전쟁기념관, 서대문형무소 등 우리나라의 역사를 생각해볼 수 있는 곳을 다녀온다. 나라를 사랑했던 성경 인물들의 이야기를 함께 들려주면 좋다.

9월 : 결석 친구에게 편지 쓰기. 방학 후 후반기를 시작하면서 장기 결석 또는 잦은 결석을 하는 친구에게 함께 편지를 쓰면서 영혼 구원의 마음을 갖도록 한다.

10월 : 100가지 감사 쓰기. 11월 추수감사주일을 앞두고 1개월 동안 하나님께 감사한 일을 적는다.

11월 : 우리 교회를 소개합니다. 교회에서 봉사하고 있는 분들을 찾아가 취재해 그들의 사역을 소개하는 안내지를 만들어 전시한다.

12월 : 성탄 장식 및 발표회. 성탄 카드를 만들어 예배실 벽면을 장식한다. 예수님의 탄생을 축하하는 찬송이나 율동을 발표한다.

상기 내용을 보면, '**열매, 믿음과 삶, 실천확인표, 실천했는지 확인, 오감으로 체험, 내 모습 그리기, 역사박물관 견학, 편지 쓰기, 전시, 발표회, 찬송이나 율동**' 등과 같은 단어나 문구를 찾아볼 수 있다. 상기 기사를 보면, 인천제2교회 유년부 2020년 표어는 '말씀과 함께 자라고 열매 맺어요'로 열매에 초점을 두고 있다. 또한, 여기서 의미하는 열매가 무엇인지는 교육목표를 통해서 더욱 확실하게 파악할 수 있다. 예를 들어, 상기와 같은 표어를 실현하기 위한 교육목표를 살펴보면, '**성경이 믿음과 삶의 기본임을 알고, 매일 성경을 읽는 훈련을 한다**', '**말씀을 배우며 구원자이신 예수님을 믿고 하나님의 뜻을 깨닫는다**', '**배운 말씀을 순종하며 매주 1가지씩 열매를 맺는다**'와 같다. 이를 통해, 인천제2교회 유년부에서 맺고자 하는 '열매'가 무엇인지를 명확하게 확인할 수 있었다. 또한, 12개월 성경교육 계획안을 살펴보면, 열매와 관련된 실천이 무엇인지를 명확하게 파악할 수 있다.

상기 기사에서 나타나는 인천제2교회 유년부 활동은 실제 학습자의 실천을 중시하는 행동주의 학습이론을 교회교육 현장에서 실천하고 있는 하나의 사례라고 볼 수 있다. 물론, 교회교육은 단지 행위만을 강조하는 행동주의에 중점을 두지 않는다. 이는 일반 학교교육에서도 마찬가지이다. 다만, 학습자의 행위와 실천을 통해 드러내고 이를 바탕으로 습득한 내용을 내재화하는 기초를 세울 수 있다. 2장에서는 교육에 대한 행동주의적 접근, 행동주의에서의 교육활동, 고전적 조건형성이론, 조작적 조건형성이론 등을 살펴보고자 한다.

여러분들은 2장을 통해 행동주의 학습이론이 교육에 시사하는 점을 확인하고 교회교육, 기독교교육에서의 활용 가능성, 방향, 유의점 등을 생각해 보기 바란다.

---

1) https://www.kidok.com/news/articleView.html?idxno=204230&page=11&total=1014

2. 교육에 대한 행동주의적 접근

가. 행동주의 접근의 의미

교육에 대한 행동주의적 접근(Behavioral Approach to Education, BAE)의 의미를 각 단어를 기반으로 간략히 제시하면, '행동주의 심리학에 기반하여 교육에 접근하고 탐색하는 것'을 의미한다. 학습자 중에는 수업시간에 교수자의 설명이나 수업활동에 집중하지 않거나 제대로 참여하지 않으면서 수업에 관계없는 행동을 하는 경우가 있다. 아마 수업시간에 상기와 같은 학습자가 있으면, 교수자는 해당 학습자를 수업에 참여시키기 위해 여러 노력을 기울일 것이다.

예를 들어, 교수자는 학습자의 학습동기를 유발하고 지속시키는 데 효과적인 자료제시, 학습자 친화적인 학습활동 수립 등 수업과 직접 관계된 활동을 실시할 것이다. 또한, 교수자는 감동적인 예화나 사례, 도덕적인 훈화 등 수업과는 직접적인 관계는 없지만, 학습자의 주의를 집중시키는 방안을 마련하여 적용할 것이다. 물론, 이전에는 체벌 등 불쾌 자극을 부과하여 학습자의 학습 참여를 독려하는 방법을 활용하기도 하였다. 그러나 체벌의 비교육적인 측면과 교육적 효과 없음이 알려지면서, 불쾌 자극을 통해 학습에 참여하도록 유도하는 방식은 점차 사라지고 있다. 그런데, 초, 중, 고등학교로 갈수록, 교수자가 수업에 참여하기를 거부하거나 집중하지 못하는 학습자들의 학습동기를 유발하여 수업에 참여하도록 지도하기는 쉽지 않다. 이에 따라, 수업시간에 다른 학습자에게 피해를 주거나 학업에 방해하는 경우를 제외하고 학습자들의 수업 참여를 적극적으로 독려하거나 제재하는 경우는 드물다(정한호, 2018: pp.46–47).

특히, 교회학교의 경우, 교수자가 학습자에게 불쾌 자극을 가하거나 학습자의 행동에 통제를 주는 것은 쉽지 않다고 볼 수 있다. 그렇다면, 이와 같은 현실에서 교수자는 학습자들을 어떻게 지도하고 가르칠 수 있을까? 여기서는 행동주의 학습이론에 기초를 두고 학습자를 올바로 지도하는 방안에 대해서 살펴보고자 한다.

나. 행동주의 학습이론

일반적으로 수업시간에 나타나는 학습자의 행위는 자극과 반응의 연합과정에 기반한 조건형성 과정을 거치면서 유발된다. 즉, 학습자의 수업집중 및 참여는 교수자의 적절한 자극에 따른 조건형성에 따라 높아질 수 있다. 행동주의에서는 학습자를 '일정한 환경 아래서 주어지는 보상이나 강화에 기반하여 행동하는 수동적인 존재'로 인식한다. 또한 행동주의에서의 학습은 학습자의 이전 경험의 결과로 유발되는 관찰 가능한 행위의 변화로 정의하고 학습자 내부보다는 외부의 관찰 가능한 행위에 중점을 둔다(박성익 외, 2015). 이와 같은 행동주의는 수업시간에 나타나는 학습자들의 행위를 이해하는 데 도움을 준다. Merriam과 Caffarella(1999)에 의하면 행동주의 학습이론은 크게 세 가지 측면으로 살펴볼 수 있다(한국교육공학회, 2016: pp. 35－36).

첫째, 행동주의 학습이론은 내적인 사고의 과정보다는 이로 인해 겉으로 드러나는 관찰 가능한 외적 행위의 변화에 중심을 둔다. 따라서 수업시간에 나타나는 학습자의 학습은 겉으로 드러나는 행위로 판단할 수 있다. 이에 교수자는 학습자의 행위를 변화시키기 위해 학습자의 인지과정보다는 기계적 수용, 반복, 연습 등의 방법을 통해 학습자를 통제한다.

둘째, 행동주의 학습이론은 환경이 학습자의 행위를 어떻게 통제하는가에 초점을 둔다. 여기서는 학습자의 학습 행위가 개별 학습자에 의해 결정되기보다는 학습자를 둘러싼 환경에 의해 결정된다고 본다. 즉 행동주의에서의 학습은 외부 환경에 의해 철저히 영향을 받는 활동이다. 따라서 학습자가 학습하는 것이 아니라 학습환경이 학습자의 학습을 유발시키는 것이라고 할 수 있다.

셋째, 행동주의 학습이론은 빈도와 접근성 관련 이론을 바탕으로 학습을 설명한다. 따라서 행동주의에서는 반복적 연습 및 강화에 기반한 조건화를 통해 바람직한 행위를 유발할 수 있다고 설명한다. 예를 들어, Skinner(1968)는 조건화를 활용한 행동 형성 및 지속적인 관리를 위한 다양한 외적 강화 계획을 개발하여 적용하였다.

다. 행동주의 접근의 영향

이상과 같은 교육에 대한 행동주의적 접근을 하나의 문장으로 표현하면, '학습자의 학습환경을 통제하고 조절함으로써 학습자의 학습행위를 변화시킬 수 있다'라고 간주하는 학습이론이라고 할 수 있다. 이와 같은 행동주의적 접근은 교육공학의 발전에 커다란 영향을 미치고 있다. 특히, 행동주의적 접근은 현재 보편적으로 활용되고 있는 정보통신기반의 다양한 학습프로그램 설계, 과제분석의 세분화, 계열화, 학습속도, 반응유발 및 즉각적 피드백, 행동목표 설정 및 평가 등에 커다란 영향을 미치고 있다.

교육에 대한 행동주의적 접근은 지금도 교육현장에서의 ①교수설계의 체계적 접근, ②행동목표 진술, ③개별화수업, ④온라인교육프로그램 설계 및 개발 등에 커다란 영향을 미치고 있다. 그러나 교육에 대한 행동주의적 접근은 학습자의 내적 학습과정을 파악할 수 없다는 본질적인 한계를 지니고 있다. 이로 인해 행동주의 학습이론과 원리를 기초로 설계된 학습프로그램은 학습자의 사고력이나 창의력 신장과 같은 내적인 학습과정 및 결과보다는 겉으로 드러나는 행위 및 결과물에 초점을 둔다는 비판을 피하기 어렵다(Hannafin & Rieber, 1989). 특히, 앞에서도 언급하였지만, 행동주의 학습이론에 따른 반복 연습 및 강화 등에 기초한 학습은 단순 지식의 기계적인 암기나 단편적인 기술 등의 숙달에는 어느 정도 효과가 있을 수 있지만 복잡한 개념이나 원리, 실제에의 적용 등에는 유익하지 않은 것으로 밝혀졌다(Tennyson, 2010). 이와 더불어 학습자를 학습의 조절 및 통제하에 있는 수동적인 존재로 보는 관점은 여러 비판을 받고 있다. 그럼에도 불구하고 교육에 대한 행동적인 접근은 지금도 교육활동에 커다란 영향을 미치고 있는 핵심적인 이론이다. 이에 본 절에서는 행동주의에서의 교육, 조건화 이론에 대해서 살펴보고자 한다.

3. 행동주의에서의 교육활동

가. 행동주의 교육활동의 기본 전제

행동주의에서의 교육은 자극과 반응의 연합과정에 기반한 조건형성의 과정을 통해 발생하는 학습자의 반응강화(response strengthening)에 따른 행동 변화의 과정이다(한국교육공학회, 2016). 행동주의에 기반한 교육활동을 통해 나타나는 학습 행위는 외부 환경의 자극에 따른 반응에 기초한다. 따라서 행동주의에서의 학습 행위는 외부 환경 통제를 통해서 조절할 수 있다. 이와 같은 행동주의에서의 교육활동은 다음과 같은 몇 가지 가정을 전제로 이루어진다(Ormrod, 2004).

첫째, 행동주의에서는 인지과정, 동기, 정서 등과 같은 내적 과정에 관심을 두기보다는 외부로 드러나는 행위에 초점을 둔다. 여기서 내적인 과정은 모두 'black box'로 처리한다.

둘째, 행동주의에서는 동물을 대상으로 실시한 실험 결과를 교육상황에 있는 학습자에게 적용 가능하다고 간주하는 경향이 있다. 이와 같은 현상은 인간의 행위를 예측 및 통제 가능하다고 보며 인간을 하나의 유기체(organism)로 간주하기 때문에 나타난 결과이다.

셋째, 행동주의에서의 학습은 조건형성과 동일한 의미로 사용되는 경향이 있다. 즉, 학습 행위는 주변 환경의 자극에서 유발되는 반응과 결합한 것으로 하나의 조건에 따른 결과라고 본다.

넷째, 행동주의에서는 학습자의 행위를 학습원리로 설명할 수 있다고 가정한다. 이와 같은 현상은 행동주의가 학습자의 학습 및 관련 행위를 기술할 때 간단한 몇 가지 학습원리에 기초하는 간결성(parsimony)을 선호함을 드러낸다고 볼 수 있다.

물론 상기와 같은 행동주의에서 교육활동을 바라보는 몇 가지 가정은 모든 행동주의 학습이론에 동일하게 적용되지는 않는다. 그러나 행동주의의 밑바탕에는 상기와 같은 가정이 있음을 명확히 인식할 필요가 있다. 행동주의 학습이론은 학습자가 처한 환경에 대한 통제 및 조절을 기반으로 학습자의 행동을 변화시키는 데 초점을 둔다. 이와 같은 행동주의 이론은 자극과 반응의 연합이론으로, 파블로프(Pavlov)의 고전적 조건형성과 스키너(Skinner)의 조작적 조건형성이론을 바탕으로 발전하였다.

나. 자극과 반응의 연합

경험론과 과학적 실재론에 기초한 행동주의에서의 학습 조절 및 통제는 학습자 내부가 아니라 외부, 즉 학습자를 둘러싼 환경에 있다고 가정한다. 초기의 행동주의자들은 '학습'은 학습자의 '실제 행동'을 통해서만 발생할 수 있다고 인식하였다. 물론 점차 시간이 지나면서 학습자의 '실제 행동'뿐만 아니라 주변의 영향력 있는 사람들의 '행동'을 관찰하거나 모방함으로써도 간접 학습이 가능하다는 인식이 나타나기 시작하였다. 그러나 행동주의는 외부 환경에 의해 학습자에게 주어지는 시각, 청각, 미각, 후각, 촉각 등과 같은 자극(stimulus)과 이로 인해 유발되는 학습자의 반응(response)에 초점을 두는 이론이다(임규혁, 1996). 즉, 행동주의에서의 교육은 자극(S) – 반응(R) 이론에 따른 외부 환경에서의 자극과 학습자의 반응에 기초하는 행동에 초점을 둔다.

4. 고전적 조건형성이론(Classical Conditioning Theory)

가. 고전적 조건형성이론의 의미

고전적 조건형성(classical conditioning)이론은 러시아 생리학자인 파블로프에 의해 1920년대에 소개된 이론이다. 고전적 조건형성이론은 행동주의 이론의 핵심으로, 유기체로부터 특정 반응을 도출하지 못하는 자극(중성)이 무조건적인 반응을 유발하는 자극(무조건)과 반복적으로 연합하면서 의도한 반응을 유발하는 과정을 지칭한다. 파블로프는 무조건 자극(unconditioned stimulus: UCS)인 '먹이', 중립자극(neutral stimulus: NS)인 '종소리', 무조건 반응(unconditioned response: UCR)인 '침', 조건 반응(conditioned response: CR) 등을 바탕으로 고전적 조건형성이론을 제시하였다. 고전적 조건형성의 과정은 ①조건형성 이전, ②조건형성 중, ③조건형성 이후로 구분하여 설명할 수 있다.

① 조건형성 이전

강아지에게 무조건 자극(unconditioned stimulus: UCS)인 '먹이'를 제공해주면, '배고픈' 강아지는 무조건 반응(unconditioned response: UCR)인 '침'을 흘리게 된다. 여기서 강아지는 '배고픈' 상태에 있어야 한다. '배부른' 상태에서는 상기와 같은 무조건 반응이 나타나지 않을 가능성이 있다. 이때, '배고픈' 강아지에게 무조건 자극(unconditioned stimulus: UCS)인 '먹이' 대신에 '종소리'를 들려주면, 강아지에게는 아무런 반응이 나타나지 않는다. 이때 '종소리'를 중립자극(neutral stimulus: NS)으로 지칭한다.

② 조건형성 중

강아지에게 중립자극(neutral stimulus: NS)인 '종소리'를 먼저 들려주면서 무조건 자극(unconditioned stimulus: UCS)인 '먹이'를 제공해주면, '배고픈' 강아지는 무조건 반응(unconditioned response: UCR)인 '침'을 흘리게 된다. 여기서 강아지의 무조건 반응(unconditioned response: UCR)인 '침'은 '종소리'에 의한 것이 아니라 '먹이'에 의한 것이다. 상기와 같은 과정을 여러 차례에 걸쳐서 지속하게 되면, '먹이'를 주기 전에 '종소리'만 들려주어도 강아지는 '침'을 흘리게 된다. 이때 강아지가 흘리는 '침'은

'먹이'에 의한 것이 아니라 '종소리'에 의한 것으로, 조건 반응(conditioned response: CR)이라고 볼 수 있다. 따라서 '종소리'는 더 이상 중립자극(neutral stimulus: NS)이 아니라 '침'을 흘리도록 유도한 조건 자극(conditioned stimulus: CS)이다.

③ 조건형성 이후

무조건 자극(unconditioned stimulus: UCS)인 '먹이'와 조건 자극(conditioned stimulus: CS)인 '종소리'의 연합을 통해, 강아지는 '종소리'를 '먹이'가 오기 전의 하나의 중요한 '자극'으로 조건화하게 된다. 이와 같은 연합의 과정이 완벽하게 이루어지면, 강아지는 '먹이'가 없이 '종소리'만 듣게 되어도 '침'을 흘리게 된다. 여기에서 강아지는 '조건 자극'(conditioned stimulus: CS)인 '종소리'에 조건화가 되는 것으로, 새로운 행동을 학습한다. 그러나 강아지에게 '무조건 자극'(unconditioned stimulus: UCS)인 '먹이' 없이 '종소리'만 들려주게 되면, '종소리'를 들어도 '침'을 흘리지 않는다. 이때, 조건화가 소거(extinction)된 것으로 본다. 그러나 일정한 시간이 흐른 후에 '종소리'를 들려주면, 강아지가 갑자기 침을 흘리는 것을 목격할 수 있다. 사라진 것으로 보인 조건화가 일시적으로 자발적인 회복(spontaneous recovery)을 보이는 현상이 나타나게 된다.

나. 고전적 조건형성이론의 한계와 의의

이상과 같은 고전적 조건형성이론은 '배고픈' 강아지에게 '먹이'라는 '식욕'을 통해 표출되는 본능적인 행위에 기반을 두고 있다는 점에서 한계가 있다. 특히, 인간의 학습 행위는 '배고픈' 강아지의 '침'과 같은 단순한 원리보다는 더욱 체계적인 복잡한 구조를 띠고 있기에 그대로 설명하기에는 한계가 존재한다. 그런데도 파블로프의 실험은 고전적 조건형성을 통한 행동이론이 자극과 반응의 연합을 통해 설명될 수 있음을 가시적으로 실증하고 있다. 실제로 인간의 행위 중에는 고전적 조건형성과 비슷한 유형의 것들이 있다. 예를 들어, '빨간색 신호등'에는 멈추고 '파란색 신호등'에는 지나가는 행위, 4교시에 울리는 종소리는 일반 종소리가 아니라 '점심시간'을 알리는 반가운 종소리 등 우리 주변에서 고전적 조건형성과 관련된 사례들을 어렵지 않게 목격할 수 있다. 그러나 고전적 조건형성이론은 인간의 학습을 수동적으로 제시하며 행동의 원인을 조건-반사에 기초하여 설명한다는 본질적인 한계를 지니고 있다. 이와 같은 고전적 조건형성이론을 토대로 더 발전된 형태의 행동주의 이론이 조작적 조건형성이론이다.

5. 조작적 조건형성이론(Operant Conditioning Theory)

가. 조작적 조건형성이론의 의미

조작적 조건형성이론은 '자극에 의해 유발된 수동적 행위'에 초점을 둔 고전적 조건형성이론과는 달리 '능동적이고 자발적인 행위'에 초점을 둔다. 조작적 조건형성이론은 스키너(Skinner)에 의해서 체계화된 이론으로, 특정 자극에 의해 반사적으로 유발되는 것이 아니라 주변 환경에 영향을 미치는 자발적인 행위, 즉 조작적 행동을 설명한다. 스키너는 생리적인 특정 자극에 의해 형성되는 생리적인 반응보다는 유기체가 자발적으로 수행하는 조작적 행위에 초점을 두었다. 물론, 스키너의 조작적 조건형성이론도 파블로프의 고전적 조건형성이론과 마찬가지로, '스키너 상자(Skinner Box)'라는 동물실험을 통해 도출된 결과에 기초한다(Skinner, 1953). 다만, 조작적 조건형성이론은 기존의 고전적 조건형성이론의 확장이지만, 유기체의 행위는 수동적인 것이 아니라 능동적인 행위라는 가정에 기초한다. 즉, 조작적 조건형성이론에서 지칭하는 행위는 외부의 자극 없이 특정 환경에서 유발되는 자발적이고 능동적인 행위를 의미한다.

나. 스키너 상자

스키너 상자는 쏜다이크(Thorndike)의 퍼즐 상자(puzzle box)를 보완한 것으로 조작적 조건형성이론을 도출하기 위한 실험 도구다. 스키너 상자에 대해 구체적으로 제시하면 다음과 같이 나타낼 수 있다.

① 핵심 구성요소: 유기체(쥐), 먹이통, 지렛대
② 부가적인 요소: 스피커, 신호등, 충격 발생기 외
③ 주요 원리: 상자 안에 있는 쥐(유기체)가 지렛대를 누르면(조작) 먹이(강화물) 제공
④ 조건: 지렛대를 눌렀을 때만 먹이 제공

스키너 상자를 구체적으로 제시하면 [그림 2-1]과 같다.

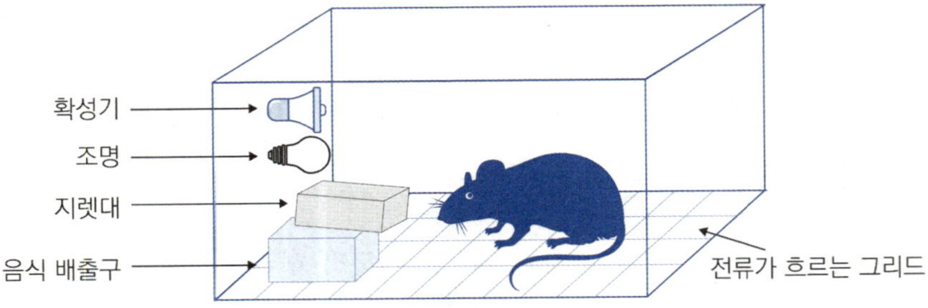

[그림 2-1] 스키너 상자

다. 변별자극

조작적 반응의 유발 가능성을 높일 수 있는 자극, 신호, 또는 단서를 의미한다. 변별자극은 조작적 조건형성 과정에서 특정 행위 유발을 높이기 위해 사용한다. 예를 들어, 수학시간에 교수자가 학습자에게 '문제'를 제시하면서, '다 푼 학생들은 조용히 왼손을 잠시 올리기 바란다'라는 언급은 변별자극의 한 예라고 볼 수 있다. 물론 학습자 중에는 문제를 푼 후 왼손을 잠시 올리거나 그렇지 않을 수 있다. 이때, 교수자가 문제를 풀고 난 다음에 왼손을 올린 학습자에게 토큰이나 강화물을 제공한다면, 앞으로 비슷한 상황에서 문제를 푼 후 왼손을 올리는 행위의 빈도는 증가할 가능성이 있다. 이에 반해, 문제를 푼 후에도 왼손을 들지 않거나 풀지 않고 왼손을 드는 행위에 대해서는 무시를 한다면, 교수자가 원하는 행위(문제를 푼 후 왼손을 올리는 것)는 학습자에게 강화될 가능성이 커진다. 이처럼, 변별자극의 제공은 해당 자극에 대한 적극적인 반응 유발에 도움을 준다.

라. 정적 강화 vs. 부적 강화

강화(reinforcement)는 조작적 조건형성의 핵심적인 원리로, 원하는 행동을 유발할 가능성을 높이거나 유발된 행동이 지속하는 것을 의미한다. 그런데 여기서는 '정해지거나 원하는 특정 행동'에 대한 기준을 명확하게 제시하는 것이 중요하며 강화는 '특정 행동'의 빈도나 비율이 증가하는 것을 의미한다. 또한, 이와 같은 강화가 지속하는 데 도움을 주는 보상물을 강화물(reinforcer)이라고 한다. 그런데 강화물은 '특정 행동'을 보이는 측면에서 볼 때, 선호 자극이나 혐오 자극으로 분류할 수 있다. 상기와 같은 강화물의 유형에 따라 정적 강화와 부적 강화로 구분한다(Woolfolk, 1993).

① 정적 강화: '특정 행동'에 선호(쾌) 자극을 부가함으로써 발생 빈도나 강도를 높이는 것으로, 이후에도 '특정 행동'이 일어날 확률이 증가하도록 하는 것
② 부적 강화: '특정 행동'에 혐오(불쾌) 자극을 제거함으로써 발생 빈도나 강도를 높이는 것으로, 이후에도 '특정 행동'이 일어날 확률이 증가하도록 하는 것

이처럼, 정적 강화와 부적 강화는 강화물에 차이가 있을 뿐, 모두 '특정 행동'의 빈도나 강도를 증가시킨다는 동일한 목적을 지니고 있다.

마. 강화 vs. 벌

강화가 '특정 행동'(교육적으로 바람직한 행동)의 발생 빈도나 확률을 증가시키는 것을 목적으로 하는 데 반해, 벌은 '특정 행동'(교육적으로 바람직하지 못한 행동)의 빈도와 발생 확률을 감소시키는 것을 목적으로 한다. 물론, 벌에서도 강화와 같은 선호(쾌) 자극, 혐오(불쾌) 자극 부여, 또는 제거하는 방식을 사용한다. 다만, 벌은 강화와 다르게 '특정 행동'을 약화, 또는 제거하는 것을 목적으로 한다. 이로 인해 강화와 벌의 의미를 혼동할 가능성도 상존한다.

① 제1 유형의 벌: '특정 행동(교육적으로 바람직하지 못한 행동)'에 혐오(불쾌) 자극을 부가함으로써 발생 빈도를 낮추거나 제거하는 것으로, 이후에 '특정 행동'이 일어날 빈도를 최대한 억제하는 것. 다만, 현재 상황에 초점을 둠
② 제2 유형의 벌: '특정 행동(교육적으로 바람직하지 못한 행동)'에 선호(쾌) 자극을 제거함으로써 발생 빈도를 낮추거나 제거하는 것으로, 이후에 '특정 행동'이 일어날 빈도를 최대한 억제하는 것. 다만, 현재 상황에 초점을 둠

그러나 벌은 강화와 달리, 지속적인 것보다는 현재의 일시적인 상황에 중점을 두는 경향이 있다. 또한, 벌은 '특정 행위'를 일시적으로 멈추거나 참음으로써 회피할 수 있으며 '벌'이 부과되지 않는 상황에서는 다시 재현될 가능성이 크다. 이

에 따라 강화는 교육적인 측면이 있지만, 벌은 비교육적인 측면이 존재한다.

바. 행동수정

행동수정은 '특정 행동'(교육적으로 바람직한 행동)을 유발할 수 있는 방향으로 반응을 유도하는 과정을 의미한다. 예를 들어, 행동수정은 교육적으로 바람직한 방향으로 행동을 변화시키기 위해, '①목표 행동 설정, ②정확한 피드백 제시, ③목표 행동 외 무시, ④목표 행동 유발 시 강화물 제공' 등과 같은 단계를 거친다(Tuckman, 1991). 따라서 행동수정을 위해서는 교육적으로 바람직한 행동, 올바른 방향으로 변화하는 행동의 과정에 대한 명확한 설정이 요구되며 목표 행동에 대해서만 강화물을 제공하며 그 외의 행동에 대해서는 무시해야 한다. 이와 같은 행동수정이 효과적으로 이루어지기 위해서는, 반드시 기준에 도달하는 행동에만 강화하고 이와 비슷한 행위에 대해서는 강화를 하면 안 된다(박성익 외, 2015). 즉 변별적인 강화를 제공해야 한다. 또한 시간이 흐를수록 목표로 하는 행동에 근접하게 하도록 변별적인 강화 기준을 조금씩 상향 조절하여야 한다. 예를 들어, 행동수정 초기 단계에는 목표 행동과 50% 정도 비슷한 행위에도 강화를 시행하였다면 점차 60%, 70%, 80%, 90% 순으로 상향 조절할 필요가 있다. 마지막에는 정확히 원하는 목표 행동에만 강화를 제공함으로써 당초 설정한 행동수정에 도달할 수 있게 된다.

6. 2021학년도 중등학교교사 임용후보자 선정경쟁시험 교육학 문항 (1차시험, 20점, 60분)

다음은 ○○ 고등학교에 재직하고 있는 김 교사가 대학 시절 친구 최 교사에게 쓴 이메일의 일부이다. 이 내용을 읽고 '학생의 선택과 결정의 기회를 확대하는 교육'이라는 주제로 교육과정, 교육평가, 수업설계, 학교의 의사결정을 구성요소로 하여 서론, 본론, 결론을 갖추어 논하시오. [20점]

보고 싶은 친구에게

… (중략) …

학생의 선택과 결정의 기회를 확대하기 위해 우리 학교가 학교운영계획을 전체적으로 다시 세우고 있어. 그 과정에서 나는 교육과정 운영, 교육평가 방안, 온라인 수업설계 등을 고민했고 교사 협의회에도 참여했어.

그동안의 교육과정 운영을 되돌아보니 운영에 대한 나의 관점이 달라진 것 같아. 교직 생활 초기에는 국가 교육과정의 내용을 있는 그대로 실행하는 관점으로 교육과정을 운영해 왔어. 그런데 최근 내가 새롭게 관심을 가지게 된 관점은 교육과정을 교사와 학생이 함께 생성하는 교육적 경험으로 보는 거야. 이 관점으로 교육과정을 운영하는 방안을 찾아봐야겠어.

오늘 읽은 교육평가 방안 보고서에는 학생이 주체가 되는 평가가 학습에 도움이 된다는 내용이 담겨 있었어. 내가 지향해야 할 평가의 방향으로는 적절한데 그 내용이 구체적이지는 않더라. 학생이 스스로 자신을 평가하게 하면 어떠한 효과를 거둘 수 있을지, 그리고 내가 수업에서 이러한 평가를 어떻게 실행할 수 있을지 더 자세히 알아봐야겠어.

… (중략) …

요즘 온라인 수업을 하게 되었어. 학기 초에 학생의 일반적인 특성과 상황은 조사를 했는데 온라인 수업과 관련된 학생의 특성과 학습 환경에 대해서도 추가로 파악해야겠어. 그리고 학생이 자신만의 학습 목표를 설정하고 학습의 주체가 되는 수업을 어떻게 온라인에서 지원할 수 있을지 고민하다가, 학습 과정 중에 나와 학생뿐만 아니라 학생들 간에도 소통이 이루어지도록 토론 게시판을 활용하려고 해.

교사 협의회에서는 학교 운영에 학생들의 요구를 반영하는 방안에 대해 논의했어. 다양한 의사결정 방식들이 제안되었는데 그중 A 안은 문제를 확인한 후에 목적과 세부 목표를 설정하고, 가능한 대안들을 모두 탐색하고, 각 대안에 따른 결과를 예측하고 비교해서 최적의 방안을 찾는 방식이었어. B 안은 현실적인 소수의 대안을 검토하고 부분적으로 수정해서 현재의 문제 상황을 조금씩 개선해 나가는 방식이었어. 많은 논의를 거친 끝에 B 안으로 결정했어. 나는 B 안에 따른 구체적인 방안을 다음 협의회 때 제안하기로 했어.

… (하략) …

○ 논술의 내용 [총 15점]

- 교육과정 운영 관점을 스나이더 외(J. Snyder, F. Bolin, & K. Zumwalt)의 분류에 따라 설명할 때, 김 교사가 언급한 자신의 기존 관점의 장점과 단점 각각 1가지, 새롭게 관심을 가지게 된 관점에 적합한 교육과정 운영 방안 2가지 [4점]
- 김 교사가 적용하고자 하는 평가 방식이 학생에게 줄 수 있는 교육적 효과 2가지, 이 평가를 수업에서 실행하는 방안 2가지 [4점]
- 김 교사가 온라인 수업을 위해 추가로 파악하고자 하는 학생 특성과 학습 환경의 구체적인 예 각각 1가지, 김 교사가 하고자 하는 수업에서 토론 게시판을 활용하여 학생을 지원할 수 있는 구체적인 방안 2가지 [4점]
- A 안과 B 안에 해당하는 의사결정 모형의 단점 각각 1가지, 김 교사가 B 안에 따라 학생들의 요구를 반영하기 위해 제안할 수 있는 구체적인 방안 1가지 [3점]

○ 논술의 구성 및 표현 [총 5점]

- 논술의 내용과 '학생의 선택과 결정의 기회를 확대하는 교육'의 연계 및 논리적 형식 [3점]
- 표현의 적절성 [2점]

7. 기독교사로서 교육의 행동주의적인 측면 고찰하기

2장에서는 교육에 대한 행동주의 학습이론에 대해서 살펴보았다. 본래 교육이라는 활동은 행동주의, 인지주의, 구성주의처럼 획일적으로 구분하기는 쉽지 않다. 따라서 2장에서 의미하는 행동주의적 접근은 교육활동을 행동주의 측면에 보다 초점을 두고 살펴본 것이라고 할 수 있다. 2장에서 학습한 내용을 바탕으로, 몇 가지 문제를 제시하고자 한다. 기독교사로서 여러분의 생각을 간략하고 명확하게 제시해 보기 바란다. 혹시 아직 교육의 행동주의적 측면에 대한 이해가 부족한 것 같다면, 2장을 다시 한번 읽어보고 아래 문제를 깊이 있게 생각해 보기 바란다.

가. 교회학교에서 나타나는 교육의 행동주의적 측면에는 무엇이 있을까? 본인이 경험한 사례를 바탕으로 작성하시오.

나. 교회학교 교사로서 행동주의 학습이론을 어떻게 적용할 수 있는가? 효과적으로 적용 가능한 행동주의 학습이론을 제시하고 이를 바탕으로 작성하시오.

다. 기독교교육과 일반교육에서의 행동주의적 접근에는 공통점과 차이점이 있을 수 있다. 본인이 생각하는 공통점과 차이점을 구체적인 사례를 들어 작성하시오.

참고문헌

권성호, 엄우용, 권혁일, 이준 (2015). 교육공학의 탐구(4판). 파주: 양서원.

김민환 (2013). 학교중심 실제적 교육방법론-교육방법 및 교육공학. 파주: 양서원.

박성익, 임철일, 이재경, 최정임 (2015). 교육방법의 교육공학적 이해. 파주: 교육과학사.

박숙희, 염명숙 (2009). 교수-학습과 교육공학. 서울: 학지사.

변영계, 김영환, 손미 (2011). 교육방법 및 교육공학(3판). 서울: 학지사.

유승우, 임형택, 권충훈, 이성주, 이순덕, 전희정 (2013). 교육방법 및 교육공학. 파주: 양서원.

이신동, 조형정, 장선영, 정종원 (2015). 알기쉬운 교육방법 및 교육공학. 파주: 양서원.

임규혁 (1996). 교육심리학. 서울: 교육과학사.

한국교육공학회 (2016). 교육공학 탐구(나일주, 조은순 편). 서울: 박영사.

홍기칠 (2012). 교육방법 및 교육공학. 고양: 공동체.

Hannafin, M. J., & Rieber, IL. P. (1989). Psychological foundations of instructional design for emerging computer-based instructional technologies: Part I. ETR&D, 37(2), 91-101.

Merriam, S. B., & Caffarella, R. (1999). Learning in adulthood: A comprehensive guide (2nd ed.). San Francisco, CA: Jossey-Bass.

Ormrod, J. E. (2004). Human learning (4th ed.). Upper saddle river, NJ: Pearson Educational, Inc.

Skinner, B. F. (1953). Some contributions of an experimental analysis of behavior to psychology as a whole. American Psychologist, 8(2), 69-78.

Skinner, B. F. (1968). The technology of teaching. NY: Appleton-Century-Crofts.

Tennyson, R. D. (2010). Historical reflection on learning theories and instructional design. Contemporary Educational Technology, 1(1), 1-16.

Tuckman, B. W. (1991). Educational psycology: From theory to application.

FL: Orlando: Harcourt Brace Jovanovich.

기사

기독신문(정형권 기자, 2019.11.15.). [교육기획/말씀으로 디자인하는 주일학교] ④성경교육 현장:인천제2교회 유년부(https://www.kidok.com/news/articleView.html?idxno=204230&page=11&total=1014)

기타

한국교육과정평가원(https://www.kice.re.kr/boardCnts/list.do?boardID=1500212&s=kice&m=030306)

CHAPTER

03

교육에 대한 인지주의 학습이론

CHAPTER

03

교육에 대한 인지주의 학습이론

1. 기독교사로서 교육에 대한 인지주의 학습이론 바라보기

교육은 궁극적으로 학습자의 지적인 사고와 관련 있는 인지적인 활동이다. 그런데 인지적인 활동은 겉으로 드러나지 않기 때문에 행동주의적 접근과는 달리 관찰하기가 쉽지 않다. 예를 들어, 주일학교 공과시간에 학생들이 교사의 설명을 듣고 있다면, 이 학생들은 지금 수업에 참여하고 있는 것일까? 아닐까? 행동주의적 관점에서 볼 때, 학생들이 다른 활동을 하지 않고 선생님의 말씀이나 지시에 따라 활동을 한다면, 그들은 학습에 참여하고 있는 것으로 볼 수 있다. 그런데, 눈과 귀로는 선생님을 응시하고 설명을 듣고 있지만, 다른 생각에만 집중하여 선생님의 설명이 무엇인지를 알지 못한다면, 해당 학생의 모습은 학습에 참여하고 있다고 볼 수 있는가? 아마 겉모습은 학습에 참여하는 것처럼 보일 수 있어도 실제로 학습에 참여하는 것이 아닐 것이다. 우리는 학습자의 행위나 겉모습을 보고 학습활동의 참여 여부를 예상할 수 있다. 때로는 직접 학습자에게 관련 질문을 하고 이에 대한 답변을 통해, 참여 여부를 확인하는 경우도 있다. 그런데 인지주의에서는 행동주의와는 달리, 학습자의 행동이 아니라 학습자의 인지구조에 관심을 둔다. 인지주의에서의 학습은 행동주의에서의 학습과는 달리, 겉으로 드러나지 않는 학습자의 인지구조에 초점을 둔다.

아래의 기사에서 강조한 **단어나 문구** 등에 집중하면서 천천히 살펴보기를 바란다.

"기독교 세계관 충실한 창의적 삶 도와야"[1)]

[기독신문: 이미영 기자] 2020.12.01

'성경적 진로 찾기' 도우미로 나선 권진하 대표

"공부를 못 해서 죽고 싶어요." "신앙이 제 삶과 무슨 관련이 있는지 모르겠어요." "뭘 하고 싶은지 모르겠어요." "대학입시 준비에 숨이 막혀요."

부모가 원하는 성공적인 삶과 거리가 멀고, 친구들 사이에서도 인정이나 주목을 받지 못하고, 자기 자신조차 자신을 이해할 수도, 사랑할 수도 없다는 절망감에 사로잡혀 있는 청소년들. 청소년들이 **잃어버린 자신감**을 되찾고 삶의 희망을 발견하기 위해 어떤 도움이 필요한 걸까?

교회교육훈련개발원(대표: 권진하 목사)은 예수님의 명령을 따라 어린이와 청소년에게 꿈을 주고, 부모교육과 교회교육에 관한 사역자 및 전문교사를 양성함으로써 한국교회 교육의 질적 향상을 도모하고, 나아가 전 세계 교회와 선교사와의 상호협력을 통해 교육선교를 이루는 것을 사명으로 하는 단체이다. 권진하 대표는 "청소년들의 고민은 굉장히 다양하지만 대다수 아이들을 고통스럽게 하는 문제는 학업성적과 진로 문제이고, 대부분 꿈도 없이 **왜 공부해야 하는지 모른 채 공부를 강요당하는 상황**에서 **무기력하고 고통스러운 시간**을 보내고 있다"며 "교회교육훈련개발원은 기독청소년들이 하나님 안에서 진정한 '소명'을 발견하고 스스로 '행복'을 찾아갈 수 있도록 돕고자 한다"고 말했다.

이를 위해 교회교육훈련개발원은 최근 〈진로, 성경에서 답을 찾다〉(권진하 정은웅 최선애 박희락/교회교육훈련개발원)라는 책을 펴냈다. 책 표지를 보면 알 수 있듯, 이 책은 부모와 자녀가 함께 성경 속에서 자녀의 소명과 진로를 찾아갈 수 있도록 돕는 길라잡이 역할을 하고 있다. 책은 **'진로'를 배낭여행의 하루**

일과로 비유해 각 과를 구성했다. 가령, 배낭여행을 하려면 매일 준비해야 할 것이 있다. 첫째, 아침에 일찍 일어나 하루 여행하기에 알맞은 배낭을 싸는 일부터 해야 한다. 둘째, 지도를 펴서 어느 길로 갈지, 어디서 쉴지, 빠른 길은 어디일지 '루트'를 정한다. 셋째, 여행의 마무리로 그날 여행을 끝내고 하루 여정을 돌아보는 시간을 갖는다.

이처럼 각 과의 '배낭 싸기'에서는 본 주제를 다루기 전 먼저 마음을 열고 주제에 쉽게 접근할 수 있는 이야기로 시작한다. '루트 짜기'에서는 본격적으로 진로와 관련된 주제를 성경말씀에서 살펴보고, 다양한 사례들을 통해 심도 있게 다룬다. 마지막 단계인 '일과 마무리'에서는 앞부분에서 배우고 알게 된 내용들을 실제 생활에서 구체적으로 어떻게 적용할지를 결단하는 시간을 가진다. 이러한 각 단계를 통해 기독청소년의 무너진 자존감을 세워주고, 하나님이 주신 나만의 달란트와 소명 안에서 스스로의 가능성을 찾고 올바른 진로선택과 방향 설정을 돕는 것을 목적으로 하고 있다.

특히 이 책의 전체적인 전개 방식은 소그룹 수업에서 교사와 학생이 대화하는 형식으로 구성돼 있어서 교회뿐 아니라 기독교대안학교와 일반 가정에서도 쉽게 활용할 수 있으며, 일방적인 지도가 아닌 쌍방향의 소통과 능동적인 실천이 가능하다는 장점을 가지고 있다. 권진하 대표는 "진로를 단순히 성공의 도구로 인식하고 접근하는 태도를 버리고, 자녀들에게 '너는 하나님이 사랑하시는 소중한 존재이며, 세상을 변화시켜 나가는 중요한 통로'라는 것을 깨닫게 해주는 것이 중요하다"며 "자녀들이 기독교세계관에 따라 행복하고 창의적인 삶을 살 수 있도록 부모들이 자녀와 함께 이 책을 사이에 두고 소통하길 기대한다"고 밝혔다.

상기 내용을 보면, '자신감, 왜 공부해야 하는지 모른 채 공부를 강요당하는 상황, 무기력하고 고통스러운 시간, 진로, 배낭여행의 하루 일과로 비유, 본 주제를 다루기 전 먼저 마음을 열고 주제에 쉽게 접근할 수 있는 이야기로 시작, 다양한

1) https://www.kidok.com/news/articleView.html?idxno=209103&page=4&total=1014

사례, 앞부분에서 배우고 알게 된 내용들을 실제 생활에서 구체적으로 어떻게 적용할지, 쌍방향의 소통, 행복하고 창의적인 삶' 등과 같은 단어나 문구를 찾아볼 수 있다. 상기 기사는 기독교 세계관을 바탕으로 학습자를 지도하는 것의 중요성을 강조하고 있다. 교회교육훈련개발원의 권진하 대표는 "청소년들의 고민은 굉장히 다양하지만, 대다수 아이를 고통스럽게 하는 문제는 학업성적과 진로 문제이고, 대부분 꿈도 없이 왜 공부해야 하는지 모른 채 공부를 강요당하는 상황에서 무기력하고 고통스러운 시간을 보내고 있다"라고 언급하면서 기독청소년들이 하나님 안에서 진정한 '소명'을 발견하고 스스로 '행복'을 찾아갈 수 있도록 도와주어야 한다고 강조한다. 이것이 바로 우리 기독교사의 사명이다. 우리는 교회학교에서 학습자들이 예수님을 인격적으로 만나고 겉으로 드러나는 모습뿐만 아니라 본질의 의미를 제대로 알고 최선을 다하는 모습을 드러낼 수 있도록 도와주어야 한다. 3장에서는 교육에 대한 인지주의적 접근, 인지주의에서의 교육활동, 형태주의 심리학, 정보처리이론, 인지주의에서의 주요 전략 등을 살펴보고자 한다.

여러분들은 3장을 통해 인지주의 학습이론이 교육에 시사하는 점을 확인하고 교회교육, 기독교교육에서의 활용 가능성, 방향, 유의점 등을 생각해 보기 바란다.

2. 교육에 대한 인지주의적 접근

가. 인지주의 접근의 의미

교육에 대한 인지주의적 접근(Cognitive Approach to Education, CAE)의 의미를 각 단어를 기반으로 간략히 제시하면, '인지주의 심리학에 기반하여 교육에 접근하고 탐색하는 것'을 의미한다. 학습자 중에는 수업시간에 교수자의 설명에 반응하고 수업활동에는 참여하지만 머릿속으로는 해당 수업과 관련 없는 생각을 하는 경우가 있다. 이와 같은 경우, 교수자가 학습자에게 수업 내용을 다시 설명하게 하거나 문제풀이 등을 통해 수업 내용을 설명하게 하기 전까지는 해당 학습자를 구별하기는 어렵다. 따라서 상기와 같은 상황에 직면한 교수자의 경우, 학습자들이 학습의 과정을 제대로 이해하면서 참여하는지를 확인하고자 노력하게 된다.

예를 들어, 교수자는 학습자에게 수업내용과 관련하여 본인이 이해하고 있는 부분이 무엇인지를 발표하게 하거나 문제의 정답뿐만 아니라 해결 과정까지 작성하게 하는 활동을 실시할 것이다. 교수자의 입장에서는 학습자들이 수업시간에 배운 지식이나 새로운 정보를 어떻게 습득하고 이해하며 이를 문제 해결 과정에 어떻게 적용하는지를 파악하는 것이 중요하다. 인지주의적 접근은 학습자의 행위를 자극과 반응의 단순한 연합관계로 간주하고 설명하려는 행동주의적 접근에 대한 반발이다(한국교육공학회, 2016). 행동주의적 접근과는 달리, 학습의 내적 과정은 겉으로 드러나지 않기 때문에 직접적으로 목격하기가 쉽지 않으며 구체적인 행위나 결과로 표현하기도 쉽지 않다. 교육에 대한 인지주의적 접근은 행동주의와 달리 학습자의 겉으로 드러나는 눈에 보이는 행위에 초점을 두지 않는다. 인지주의적 접근에서는 교육을 통해 드러나는 겉모습보다는 그 겉모습의 근본 원인, 즉 인지적 측면에 중점을 둔다.

나. 인지주의 학습이론

교수자는 학습자들을 어떻게 지도하고 가르칠 수 있을까? 행동주의에서는 학습자의 수업집중 및 참여는 교수자의 적절한 자극에 따른 조건형성에 따라 가능하다고 본다. 따라서 행동주의적 접근에서는 수업시간에 나타나는 학습자의 학습활동을 자극과 반응의 연합과정에 기반한 조건형성 과정의 하나로 설명한다. 그러나 인지주의에서는 학습자를 '일정한 환경 아래서 주어지는 보상이나 강화에 기반하여 행동하는 수동적인 존재'로 인식하지 않는다. 인지주의 학습이론에서는 학습의 외적인 측면보다는 내적인 인지과정, 학습자들이 정보를 받아들이고 해석하고 생각하고 문제를 어떻게 해결하는지에 중점을 둔다(박성익 외, 2015). 이와 같은 인지주의는 수업시간에 나타나는 학습자들의 내적인 학습과정을 이해하는 데 도움을 준다. 양용칠(2016)에 의하면 인지주의 학습이론은 크게 세 가지 측면에서 살펴볼 수 있다(한국교육공학회, 2016: pp.38-39).

첫째, 인지주의 학습이론은 관찰 가능한 외적 행위보다는 내적인 사고 과정에 중심을 둔다. 따라서 인지주의에서는 학습자들이 생각하고 행동하는 방법을 설명하기 위해서 지각 및 인지 체계로 들어오는 자극에 대하여 작동하는 정신과정을 탐색해야 한다(Anderson, 1983). 교수자는 수업시간에 나타나는 학습자의 학습을 겉으로 드러나는 행위로 학습자의 학습참여 여부를 판단할 수 없다. 이에 따라, 교수자는 기계적 수용, 반복, 연습 등의 방법보다는 정보의 정교화, 조직화, 유의미화, 초인지 등에 기초한 인지과정을 염두하면서 수업을 실시하는 방안을 고려해야 한다.

둘째, 인지주의 학습이론은 정보처리과정을 통해 복잡다단한 인간의 학습을 설명한다. 정보처리과정에서는 '감각기관을 통해 주의를 기울인 정보가 단기기억에 저장, 시연을 통한 장기기억 저장, 그리고 저장된 정보가 외부 자극에 반응하여 인출하는 과정'에 초점을 두면서 인간의 학습과정을 설명한다. 여기서는 이러한 정보처리과정을 기반으로 외부에서 관찰 가능한 행동의 내부에 존재하는 인지과정을 논리적으로 설명한다. 인지주의에서의 학습은 의미와 기억 간의 순환적 관계를 통한 내적 인지과정에 기초한 활동이다(Winn, 2004). 따라서 학습자의 학습 활동은 학습내용을 얼마나 내적으로 의미 있게 인식하는가에 영향을 받으며 그 의미는 학습자의 기존 도식에 영향을 받는다. 물론 기존 도식은 학습자가 기존에 학습한 것에 의해 형성되는 것이다.

셋째, 인지주의 학습이론은 학습과 경험을 통해 형성된 지식의 표상, 또는 정신모형인 기존 도식(schema)의 재구조화로 학습을 설명한다. 예를 들어, 학습경험의 재구조화는 학습자 내부에서 능동적으로 발생하며 이 과정을 통해 새로운 지식이 기존의 지식구조와 새롭게 결합하여 기존과 다른 도식을 형성하게 된다. 인지주의에서는 이러한 도식을 새로운 정보를 이해하고 저장하고 구조화할 때 필요한 핵심적인 요소, 즉 지식의 표상, 또는 정신모형으로 간주한다(Winn, 2004). 따라서 인지주의 학습이론은 새로운 지식과 기존 지식의 결합, 결합한 지식의 저장, 저장된 지식의 표상과 변형, 그리고 이들 지식의 인출에서 일어나는 인지처리과정을 통해 학습을 바라본다(Mayer, 2001).

다. 인지주의 접근의 영향

교육에 대한 인지주의적 접근을 하나의 문장으로 표현하면, '학습자의 외적인 행동이나 학습환경보다는 학습자 내부에서 발생하는 정보의 수용 및 해석, 도식의 재구조화, 문제 해결 등의 인지과정에 초점'을 두는 학습이론이라고 할 수 있다. 이와 같은 인지주의적 접근은 교육공학의 발전에 커다란 영향을 미치고 있다. 특히, 인지주의적 접근은 선행조직자, 암기, 부호화 및 정교화 전략 개발에 영향을 미치고 있다. 그러나 인지주의도 본질적으로는 행동주의 접근과 동일한 객관주의 인식론을 지니고 있기 때문에 교육계에 미친 영향은 행동주의와 일치하는 경향이 있다. 물론, 앞에서도 여러 차례 언급한 것처럼, 인지주의가 행동주의 접근과의 가장 큰 차이점은 학습과정에서의 발생하는 내적인 측면에 초점을 둔다는 점이다(Winn, 2004).

교육에 대한 인지주의적 접근은 지금도 교육현장에서의 ①학습의 과정, ②유의미학습, ③메타인지 과정, ④내재적 학습동기, ⑤과정 중심의 평가 등에 커다란 영향을 미치고 있다. 그러나 교육에 대한 인지주의적 접근은 본질적으로 행동주의와 인식론을 함께 하기 때문에 교수자 중심의 수업에 중점을 둔다는 한계(Mayer, 2001)를 지니고 있다. 예를 들어, 인지주의 접근에서도 행동주의 접근과 동일하게 사전에 구체적으로 제시된 수업목표를 바탕으로 하기 때문에 학습자의 잠재성과 가능성에 제한이 있을 수 있다. 이로 인해 행동주의 접근과 마찬가지로 인지주의에 기초한 학습프로그램은 교수자 중심으로 구성될 수밖에 없다는 비판을 피하기 어렵다. 특히, 인지주의에서는 행동주의와 달리 학습자의 내적인 학습과정을 강조하며 사고력, 창의력 신장, 복잡한 개념이나 원리 습득에 유용한 접근이라고 강조하지만, 현실적으로는 행동주의와 마찬가지로 교수자 중심의 학습활동에 초점을 둘 수밖에 없다는 한계를 지니고 있다. 물론, 교수자 중심의 구체적인 수업목표를 통해 학습내용을 조직화, 구조화하여 학습자의 학습활동에 도움을 준다는 점은 의미가 있다. 그러나 학습자에 대한 고정적인 기대감과 의도된 학습활동은 학습자의 잠재성을 제한하며 학습활동와 일상을 분리하여, 궁극적으로 학교에서의 학습활동의 실생활 적용에 어려움을 겪게 하는 원인으로 작용할 가능성이 있다. 그럼에도 불구하고 교육에 대한 인지주의는 행동주의와 함께 지금까지도 교육활동에 커다란 영향을 미친 핵심적인 이론이다. 이에 앞으로 살펴볼 인지주의 관련 이론 및 내용에 집중해서 학습하기 바란다.

3. 인지주의에서의 교육활동

가. 인지주의 교육활동의 기본 전제

인지주의에서의 교육은 지각 및 인지 체계로 유입하는 자극에 대하여 작용하는 내적인 정보처리 과정이다(Anderson, 1983). 인지주의에서의 교육은 행동보다는 학습자 내부에서 발생하는 인지과정, 예를 들어, 어떻게 정보를 수용하고 해석 및 사고하며 이를 바탕으로 당면한 문제를 해결하는 과정에 중점을 둔다(박성익 외,

2015). 따라서 인지주의는 인간의 행위를 외부 환경의 자극과 이에 따른 반응의 단순한 연합으로 설명한 행동주의와는 교육을 바라보는 시각이 상이하다. 인지주의에서의 학습 행위는 외부 환경이나 자극보다는 이를 수용하고 해석하고 여기에 반응하는 내적인 과정에 따른 결과라고 본다. 이와 같은 인지주의에서의 교육활동은 몇 가지 가정을 전제로 한다(Eggen et al., 2009).

첫째, 인지주의에서는 외부로 드러나는 행위보다 그러한 행위를 도출한 외부 자극에 대한 수용 및 저장 등 내적 과정에 초점을 둔다. 여기서 내적 과정은 행동주의에서 'black box'로 처리한 외부 환경에 대한 자극과 학습자 반응의 중간과정인 내적인 인지과정을 의미한다.

둘째, 인지주의에서는 학습을 외부에서 유입된 정보를 내적으로 기억하고 조작하는 과정으로 본다. 즉 여기서는 학습자의 행동을 설명하기 위해 외부 자극과 학습자의 지각 및 인지 체제에 작동하는 내적인 과정을 기술한다.

셋째, 인지주의에서의 학습은 학습자의 기존 경험이나 흥미에 의해서 이루어지므로 동일한 자극에 대해서도 학습자에 따라 상이하게 나타난다. 인지주의에서는 학습을 기존 지식과의 연결을 통해 재구조화하는 과정에 초점을 둔다. 따라서 인지주의에서의 학습은 학습자가 지닌 지식의 구조(schema)와 새로운 지식 간의 연합하는 과정에서 발생한다.

넷째, 인지주의에서는 학습자를 외부 자극에 단순하고 기계적으로 반응하는 존재가 아니라 해당 자극에 대해 능동적으로 지각 및 해석, 기존 지식과 재구조화하는 능동적인 존재로 가정한다. 다만, 인지주의도 행동주의와 마찬가지로 인식론이 동일하기 때문에 여기서 의미하는 능동적인 존재는 한계를 지니고 있으며 이는 구성주의에서 비판을 받게 된다.

물론 상기와 같은 인지주의에서 교육을 바라보는 몇 가지 가정은 모든 인지주의 학습이론에 동일하게 적용되지는 않는다. 그러나 인지주의에서는 본질적으로 상기와 같은 가정을 지니고 있음을 명확히 인식할 필요가 있다. 궁극적으로 인지주의 학습이론은 외부 자극의 지각 및 수용, 해석 및 기존 지식과의 재구조화 과정에 초점을 둔다. 이와 같은 인지주의 이론은 형태주의 심리학과 정보처리이론을 바탕으로 발전하였다.

나. 외부 자극과 기존 지식의 연합

인지주의에서는 학습을 외부 자극과 기존 지식의 연합으로 간주한다. 인지주의에서는 감각 기관을 통해 유입되는 자극을 수용하고 이를 다시 부호화, 파지, 재생, 인출하는 일련의 과정에 중점을 둔다. 형태주의 심리학자들은 '하나의 행동'을 독립되거나 고립된 단순한 반응이 아니라 학습자의 지식을 바탕으로 체계적이고 조직화된 복잡한 반응로 본다. 예를 들어, 새로운 지식을 습득, 저장, 변화, 활용하는 일련의 인지과정을 통해 학습이 가능하다는 관점이다. 따라서 인지주의에서는 학습자가 지닌 내부의 장(기존 지식)과 외부의 장(외부 자극) 간에 나타나는 기존 지식의 재구조화를 학습이라고 본다(이신동 외, 2015). 또한, 인지주의에서는 외부 자극과 기존 지식 간의 연합을 통한 내적인 처리 과정, 즉 동화(assimilation)와 조절(accommodation)과 같은 두 가지의 기제를 통해 지식을 재구조화하는 인지발달에도 관심을 가진다. 따라서 인지주의에서의 교육은 자극(S)－반응(R) 이론에 따른 외부 환경에서의 자극과 학습자의 반응에 기초하는 것이 아니라 외부 자극(S)과 학습자의 반응(R) 사이에 존재하는 내적인 인지구조의 변화, 인지과정의 변화라고 볼 수 있다.

4. 형태주의 심리학(Gestalt Psycology)

가. 형태주의 심리학의 의미와 학습

형태주의 심리학은 독일의 심리학자인 베르트하이머(Wertheimer)에 의해 소개된 이론이다. 형태주의는 본래 어떤 객체의 모양이나 형태를 지칭하는 것으로, 부분과 전체 간의 관계에 초점을 둔다. 따라서 형태주의에서는 학습자의 행위를 자극과 반응의 이원론적인 측면이 아니라 전체적인 형태로 통찰한다. 여기에서 학습은 사물과 그 배경에 의해 전체적인 인식의 장을 조직하는 것이고 이러한 과정은 순차적으로 발생하는 것이 아니라 단번에 발생하는 것이라고 주장한다(박성익 외, 2015: p.65). 이와 같은 형태주의 심리학은 ①베르트하이머(Wertheimer, 형태이론), ②쾰러(Köhler, 통찰), ③레빈(Lewin, 장이론) 등의 주장을 통해 더 명확하게 이해할 수 있다. 특히 상기 세 가지 이론 및 주장은 인지주의의 기본 개념을 이해하는 데 도움을 준다. 여기서는 이와 같은 이론을 학습과 관련하여 살펴보고자 한다.

나. 형태이론(베르트하이머)에서의 학습

학습은 유사성, 근접성, 폐쇄성에 기반하여 이루어진다. 여기서는 세 가지 원리에 기초를 두고 학습자가 대상을 지각하고 학습하는 현상을 설명한다. 먼저, 유사성(similality)이란 학습자가 유사하게 인식하는 모양이나 색상 등을 몇 가지 유형으로 분류하고 이를 중심으로 사물들을 바라보고 인식한다는 원리이다. 유사성의 원리에 따르면 각각의 사물이 지닌 모양이나 색상보다는 전체적인 관점에서 유사하게 인식되는 사물들의 형태가 중요하다. 둘째, 근접성(proximity)이란 학습자가 사물들을 관찰할 때 서로 근접해 있는 객체들을 하나의 묶음으로 분류하고 이를 중심으로 사물들을 바라보고 인식한다는 원리이다. 근접성에 따르면 각각의 사물이 지닌 모양이나 색상보다는 전체적인 관점에서 서로 근접한 공간에 있는 사물들의 묶임이 중요하다. 셋째, 폐쇄성(closure)이란 학습자가 사물을 관찰할 때, 비록 해당 사물이 물리적으로 불완전한 상태에 있을지라도 이를 다시 완전한 형태, 닫혀진 상태로 인식한다는 원리이다. 근접성에 따르면 사물이 지닌 객관적으로 일부 불완전한 형태나 일관성이 없어 보이는 외형보다는 학습자가 기존에 가진 완전한 형태로 인식하려는 주관적인 인식이 중요하다. 이처럼 형태이론에 따른 학습은 사물의 부분적인 관찰이나 이해보다는 전체적인 관점에서의 이해를 통해 완성될 수 있다고 본다. 여러분의 생각은 어떠한가?

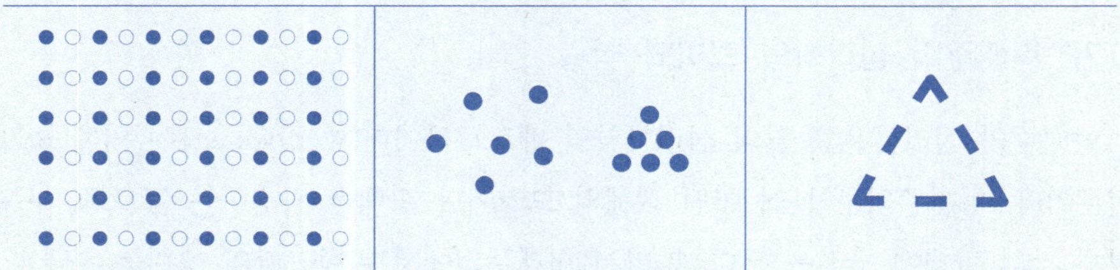

Similality[2]	Proximity[3]	Closure[4]

2) https://upload.wikimedia.org/wikipedia/commons/8/8f/Similarity.jpg
3) https://i.pinimg.com/474x/eb/68/31/eb683124052bce19263b83b3f8e085ff－－principles－of－design－perception.jpg
4) https://static.thenounproject.com/png/119744－200.png

다. 통찰(쾰러)에서의 학습

형태이론은 학습을 바라보는 관점에 커다란 변화를 주었다. 특히, 형태이론에서는 학습활동이 분절된 부분들의 결합으로 인식하기보다는 전체적인 측면에서 인식하는 것의 중요성을 강조한다. 이와 같은 형태주의에서의 학습은 통찰(insight)을 통해 구체화되고 발전된다. 통찰은 그 용어가 의미하는 것처럼, 단번에 '아하' 하고 인식하게 되는 것이다. 여러분들 중에는 잘 풀리지 않았던 문제를 여러 차례 시도하다가 '어느 순간의 고민 끝'에 '아하' 하면서 풀었던 경험이 있는 사람이 있을 것이다. 물론, 여기에서 여러 번의 시도는 '고민'과 결합한 것이라고 볼 수 있다. 고민 없이 기계적으로 이루어지는 여러 번의 시도는 '아하'로 이어지기 어렵다. 쾰러는 침팬지의 실험(천장에 매달린 바나나, 여러 개의 나무상자 등)을 바탕으로 통찰의 의미를 증명하였다. 배고픈 침팬지는 천장 위에 매달려 있는 바나나를 따기 위해 여러 차례 시도하였지만 모두 실패하였다. 행동주의의 시행착오 이론에 의하면, 여러 차례의 시행과 착오를 바탕으로 새로운 학습을 할 수 있다는 점을 강조한다. 그러나 몇 차례 바나나 따기에 실패한 침팬지는 잠시 행동을 멈추고 고민을 하는 것 같은 모습을 보인 후 주변에 있는 여러 개의 상자를 이용하여 바나나를 따서 먹었다. 이 장면을 목격한 쾰러는 침팬지가 잠시 행동을 멈추고 고민한 것을 '통찰'이라고 하였으며 이 과정을 통해 주변의 도구를 이용할 수 있었다고 언급한다. 여러분의 생각은 어떠한가?

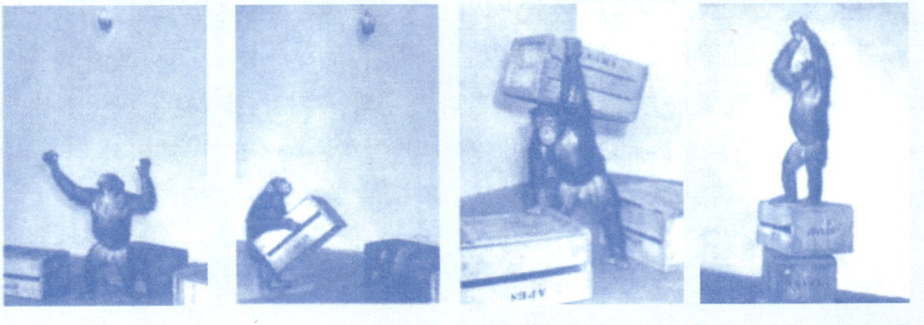

[그림 3-1] 쾰러의 침팬지를 통한 통찰[5)]

5) https://pbs.twimg.com/media/C85fOVRWAAYC2Fo.jpg

라. 장(레빈)에서의 학습

이 글을 읽는 독자들은 형태주의 심리학을 통해 기존의 행동주의와 다른, 인지주의의 세계로 들어가고 있을 것으로 생각한다. 물론, 책 내용을 자세하게 읽지 않은 경우, 인지주의에 대한 본질보다는 피상적으로 인식할 가능성이 있다. 지금까지의 내용을 살펴보면, 형태주의에서는 객체나 사물 자체보다는 그것의 위치가 놓여 있는 공간에 초점을 두고 있음을 확인할 수 있다. 여기서 언급하려는 장(field, 場)도 앞에서 언급한 공간과 다소 유사한 의미를 지닌다. 다만, 레빈에 주장하는 장(field, 場)은 학습자의 주체성을 보다 강조하여 제시한다. 레빈은 개인의 지각인 내적인 '심리적 장'과 외부에 존재하는 '외부의 장'의 관계를 바탕으로, 학습자의 행위를 'f(개인 + 환경)'와 같은 함수 관계로 설명한다. 여기에서 개인의 학습행위는 학습자 개인과 그 개인이 속한 주변 환경 간의 상호작용에 의해서 결정된다고 본다. 장(field, 場)에서는 학습자가 자신이 생활하는 공간, 즉 생활공간(life space)에서 자신이 지닌 특성과 주변 환경과의 상호작용을 통해 자신만의 행위를 하게 된다. 특히, 여기서 중요한 것은 이 생활공간은 물리적인 공간 자체보다는 학습자 개인이 중요하게 인식하는 공간, 개인적이면서 심리적인 공간을 의미한다. 따라서 장(field, 場)은 단순히 학습자가 처해 있는 물리적인 공간이라기보다는 개인의 욕구와 신념, 학습목적에 의해 의미가 부여되는 심리적인 환경이라고 볼 수 있다. 또한, 장(field, 場)은 고정되거나 정체된 공간이 아니라 개인의 역동적인 상호작용에 따라 변화하고 발전해 나가는 공간이다. 여기에서 학습자의 행동은 개인의 요구나 동기, 그리고 주변 환경의 영향 및 강도에 따른 상호작용에 따라 방향과 크기가 결정된다. 여러분의 생각은 어떠한가? 여러분은 지금 어떤 생활공간에 있는가? 또한, 여기서 의미하는 학습의 의미에 대해서 동의하는가?

마. 형태주의 심리학의 의의와 한계

이상과 같은 형태주의 심리학은 '배고픈' 동물에게 '먹이'라는 '식욕'을 바탕으로 설명하는 고전적 행동주의와는 달리, 학습자의 인지를 중심으로 학습을 바라볼 수 있게 한다. 앞에서도 언급하였지만 여기서는 물리적인 객체나 현상보다는 학습자의 지각에 의해 인식되고 수용되는 과정에 초점을 둔다. 이와 같은 형태주의 심리학은 몇 가지 측면에서 학습을 바라보는 시각 형성에 도움을 준다. 첫째, 형태주의 심리학은 학습을 부분이 아니라 전체, 학습자에게 자극으로 주어진 것이 아니라 학습자에 의해 적극적으로 해석되고 이해되는 과정의 중요성을 일깨워 준다. 둘째, 형태주의 심리학은 학습자가 어떻게 자신이 처한 전체적인 학습환경 속에서 각각의 개별적인 학습을 효율적으로 수행할 수 있는지에 대해 논리적으로 설명한다. 셋째, 형태주의 심리학은 '부분과 전체, 전체 속에 존재하는 부분, 전체는 부분의 연합 이상'이라는 전체론적인 관점을 통해 학습을 분절이 아닌 통째로 인식할 수 있는 계기를 마련해 준다. 그런데, 형태주의 심리학에서 의미하는 인식은 학습자의 이전 경험의 지배를 받게 된다. 예를 들어, 학습자가 물리적으로 불완전한 상태에 있는 사물을 관찰하면서 이를 완전한 상태, 폐쇄성(closure)을 지닌 형태로 인식하기 위해서는 해당 사물의 본질을 알고 있어야 한다. 또한, 유사성과 근접성 등은 사물에 대한 학습자의 인식이라기보다는 사물을 볼 때 편향적으로 보는 인지적 착시로 해석할 개연성도 있을 수 있다. 그렇다면, 형태주의 심리학에서의 인지와 인지적 착시와는 어떤 차이가 있는가? 아래 그림을 보면서 한번 여러분의 생각을 정리해 보기 바란다.

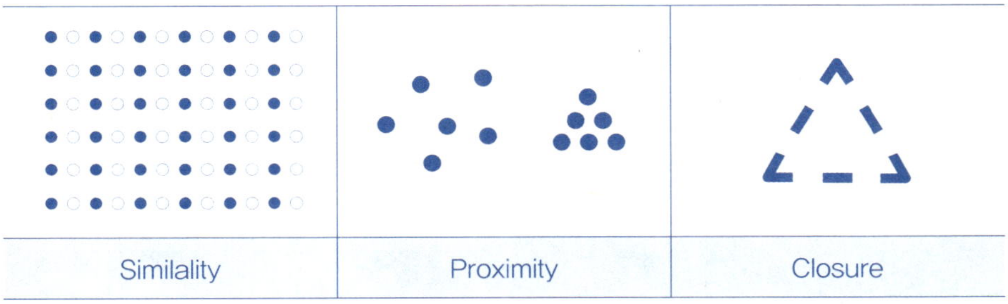

[그림 3-2] 형태주의 심리학에서의 주요 원리

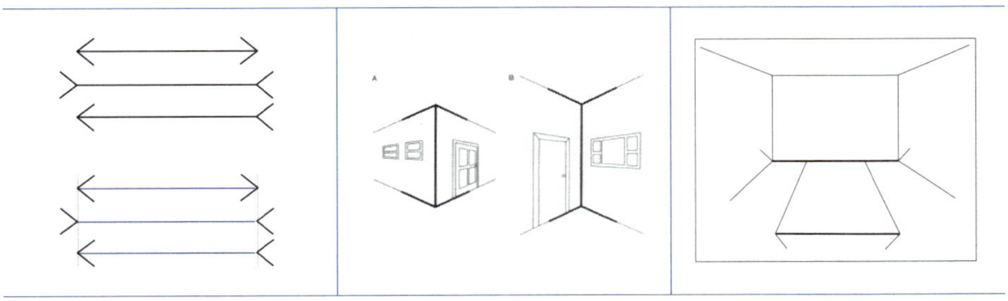

[그림 3-3] 인지적 착시[6]

5. 정보처리이론(Information Processing Theory)

가. 정보처리이론의 의미

정보처리이론은 본래 1970년대에 발달한 컴퓨터 시스템 발달의 영향을 받은 인간의 학습과 기억에 관한 주요 이론이다. 특히, 정보처리이론은 컴퓨터 정보처리과정을 토대로 인간의 인지과정을 제시한 아트킨슨과 쉬프린(Atkinson & Shiffrin, 1971)을 비롯한 여러 학자에 의해서 하나의 모형으로 발전한 이론이다. 정보처리이론에서는 학습자를 능동적인 존재로 간주하며 겉으로 드러난 행위보다 눈에 보이지 않는 내적인 인지과정에 초점을 둔다. 예를 들어, 정보처리이론에서는 학습자가 외부로부터 유입된 정보에 대한 지각, 이해, 기억 과정에 관하여 다룬다. 정보처리이론에서의 학습은 외부로부터 유입된 정보를 학습자가 획득하고 저장하는 과정으로 가정한다.

나. 정보처리모형

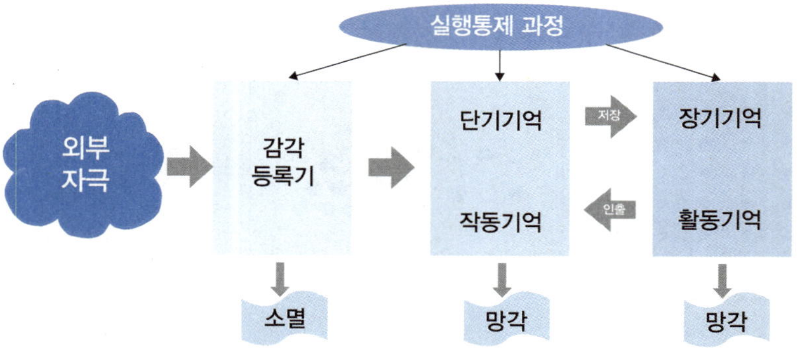

[그림 3-4] 정보처리모형

6) https://encrypted-tbn0.gstatic.com/images?q=tbn:ANd9GcRTsMrZhhMjO3lvtUZpFtGaS3il-xBz10Xxjg&usqp=CAU
https://encrypted-tbn0.gstatic.com/images?q=tbn:ANd9GcR9ezQG3TNlr7nWlNiZADEFGn7ztIgJ2EhIZA&usqp=CAU
http://oceanswebsite.com/Muller-Lyer4.jpg

정보처리모형은 크게 감각등록기(sensory registrators), 단기기억(short−term memory), 장기기억(long−term memory)으로 구성된다.

첫째, 감각등록기는 학습자가 외부 환경으로부터 유입되는 다양한 자극을 인간의 감각기관인 시각, 청각, 후각, 촉각, 미각 등의 감각기관을 통해 수용하는 것을 의미한다. 여기서 한 가지 유의할 점은 외부 환경에서 유발되는 다양한 자극 중 수용되고 등록할 수 있는 자극은 시각, 청각, 후각, 촉각, 미각에 불과하다는 점이다. 따라서 인간의 감각기관에 의해 수용되지 못하는 자극은 인간에 의해 수용 및 등록될 수 없다. 또한, 인간의 감각기관에서 수용할 수 있는 상기 자극은 거의 무한하다고 볼 수 있지만 이를 기관에서 유지할 수 있는 시간은 보통 4초 이내로 알려져 있다. 따라서 잠시 수용되고 대부분은 소멸한다.

둘째, 단기기억은 인간의 감각기관에 의해 등록된 자극 중 주의집중을 통해 잠시 기억 속에 머무르는 기억을 의미한다. 단기기억은 감각기관으로부터 새로 유입된 정보를 인지과정을 통해 처리하기 때문에 작동기억(working memory)으로 지칭하기도 한다. 단기기억은 보통 7±2개 정도의 정보를 한꺼번에 처리하며 지속시간도 매우 짧다. 따라서 감각등록기와 단기기억 간에는 정보 이동의 심각한 병목현상이 있으며 감각등록기에 의해 주의집중을 유지한 정보만이 단기기억으로 이동할 수 있다. 또한, 단기기억의 용량과 정보의 유지 시간을 지속하기 위해 묶음화(chunking), 시연(rehearsal) 등과 같은 전략을 사용하기도 한다.

셋째, 장기기억은 단기기억에서 처리된 정보가 저장되는 공간이다. 장기기억의 용량은 제한이 없으며 기간 제한 없이 영구적으로 보존한다. 다만, 단기기억의 모든 정보가 장기기억으로 이동하지 않으며 자극 상태 그대로 저장되기보다는 시연(rehearsal)이나 정교화(elaboration) 등을 통해 부호화(encoding)하여 영구히 보존된다. 특히, 장기기억에 저장된 정보들은 무작위적인 접근(random access)이 이루어지므로 각 정보 간의 유의미한 연결망을 구축하는 것이 필요하다. 유의미한 연결망으로 구축된 정보는 수시로 인출(retrieval)이 가능하다. 그러나 유의미한 의미체계가 구축되지 못한 정보는 외부로 인출되지 못할 가능성이 있다.

6. 인지주의에서의 주요 전략

가. 기억술(Mnemonics)

기억술은 정보나 사실 등을 기억할 때 기존의 사실이나 정보가 지닌 본질적인 의미와 관계없는 체계를 만들어 부호화하는 기술을 의미한다. 기억술은 고대 희랍어인 mneme에 어원을 두고 있으며 기억 시스템이 원활하게 작동할 수 있도록 도움을 주는 보조 장치이다. 기억술은 특정 정보나 사실들을 기억하기 위한 인위적인 활동으로 기억전략이라고 부른다. 여러분들도 학창 시절에 중간고사나 기말고사를 앞두고 잘 외워지지 않는 단어나 용어 등을 노래로 만들거나 특정 장소나 선호하는 객체에 빗대어서 암기한 경험이 있을 것이다. 예를 들어, 원자번호 순서대로 원자들을 열거하면서 화학적 성질에 따라 나열한 표인 주기율표를 외울 경우, 아래와 같이 '수헬리베붕탄질산플네나마알규인화염아칼카'처럼 원소의 앞 글자만 외웠던 기억이 있을 것이다.

수(H) 헬(He)
리(Li) 베(Be) 붕(B) 탄(C) 질(N) 산(O) 플(F) 네(Ne)
나(Na) 마(Mg) 알(Al) 규(Cu) 인(P) 황(S) 염(Cl) 아(Ar)
칼(Ca) 카(K)

나. 유의미 학습전략

학습자가 학습한 새로운 지식이나 개념은 기존의 인지구조, 또는 학습 체계 속으로 통합한다. 유의미 학습은 학습자가 '새로 학습한' 내용을 '기존에 학습한' 내용에 연결해줌으로써, 새로 학습한 내용에 의미를 부여하는 학습전략이다. 따라서 유의미 학습은 상기에 언급한 암기 학습과는 다소 구별되는 학습전략으로, 새로 학습한 지식이나 개념은 기존의 지식 체계 속에서 의미 있는 한 부분을 차지하며 이는 다시 이후의 학습과 의미 있게 연결되는 기존 지식으로 작용한다. 그런데 유의미 학습이 이루어지기 위해서는 학습자가 습득한 지식이나 정보에 나름대로 의미가 있어야 한다. 또한, 학습자는 새로운 지식과 관련된 기존 지식, 즉 정착 지식을 가지고 있어야 한다. 물론, 학습자에 따라 관련성이 있는 인지구조의 범위와 양은 차이가 나타날 수도 있다. 이처럼 유의미 학습에서는 학습자가 지닌 인지구조, 즉 학습 체계가 중요한 역할을 하며 학습의 양이 늘어날수록 상하 위계가 점차 복잡해지는 구조를 지닌다.

다. 선행조직자(Advanced organizer)전략

선행조직자는 유의미 학습을 위해 필요한 인지구조 내에 존재하는 정착 지식을 지칭하는 것으로, 추상적, 일반적, 포괄적 선수 자료를 의미한다. 학습자가 새로 학습하는 개념이나 정보는 학습자에게 친근하거나 그렇지 않은 내용으로 구분할 수 있다. 이에 선행조직자는 학습자에게 친근한 내용을 학습할 때 작동하는 비교 선행조직자(comparative advanced organizer), 친근하지 않은 내용을 습득할 때 작동하는 설명 선행조직자(expository advanced organizer)로 구성되어 있다. 여기서 설명 선행조직자는 학습자에게 생소한 내용에 대한 개념적 근거를 제공하며 비교 조직자는 친근한 내용을 기존에 지닌 것과의 유사점과 차이점을 비교하면서 습득하는 데 도움을 준다. 따라서 학습자에게 새로 습득할 내용이나 과제와 관련 있는 선행지식을 제공해주는 것은 중요하다.

라. 메타인지(Meta cognition)전략

학습자가 새로운 지식이나 정보를 부호화하여 저장 및 다시 회상하기 위해서는 사고의 과정, 즉 메타인지(meta cognition) 과정이 요구된다. 메타인지란 메타와 인지가 결합한 용어로 '사고 자체를 일컫는 것이 아니라 사고 과정에 대한 지식을 의미하며 발췌(abstracting), 정교화(elaborating), 도식화(schematizing), 조직화(organizing), 인지적 감지(monitoring) 등을 포함한다. 여기서 발췌는 학습자가 내용을 이해하기 쉽도록 주요 내용을 추출하는 기법을 의미한다. 정교화는 학습내용에 대한 이해를 돕기 위해 그림, 비유, 은유 등을 사용하여 주어진 내용을 상세하게 표현하는 것을 의미한다. 도식화는 그림을 그리는 것처럼 새로운 내용이나 정보를 구조화하여 그림으로 제시하는 방식을 의미한다. 조직화는 새로운 내용을 위계적인 관계로 구분하여 제시하는 기법을 의미한다. 인지적 감지는 학습자 스스로 학습과정을 점검, 조절, 피드백하여 효과적인 방향으로 이끌어 가는 것을 의미한다. 메타인지는 이상의 여러 기법을 바탕으로, '새로운 정보를 장기기억에 부호화하여 저장하고 그것을 회상하기 위한 체계적인 과정'이다. 이 같은 의미를 지닌 메타인지는 '학습 계획, 수행, 평가, 피드백의 전 과정을 체계적으로 사고할 수 있는 능력'을 의미한다(정한호, 2018: pp.72－73).

이상 간략히 인지주의에서 활용할 수 있는 주요 전략을 살펴보았다. 여기서 우리는 유의미 학습전략, 선행조직자전략, 메타인지전략 등에 초점을 둘 필요가 있다. 또한, 학습자에게 특정한 내용을 지도할 때, 상기 전략을 활용하면 더욱 효과적인 수업을 진행할 수 있다. 특히, 교실에서 학습자를 지도할 때, 교수자는 가르치려는 내용이 학습자들에게 어떤 의미로 다가오는지를 먼저 명확하게 파악할 필요가 있다.

7. 2020학년도 중등학교교사 임용후보자 선정경쟁시험 교육학 문항 (1차시험, 20점, 60분)

오늘날과 같은 초연결 사회에서는 다수의 사람이 소통하면서 협력하는 것이 중요하다. 이러한 시대적 추이를 반영하여 ○○고등학교에서는 토의식 수업 활성화를 위한 교사협의회를 개최하였다. 다음은 여기에서 제안된 주요 의견을 정리한 것이다. 그 내용은 지식관, 교육내용, 수업설계, 학교문화의 변화 방향에 관한 것이다. 이를 바탕으로 '토의식 수업 활성화 방안'이라는 주제로 서론, 본론, 결론을 갖추어 논하시오. [20점]

구분	주요 의견
A 교사	○ 토의식 수업을 활성화하려면 먼저 지식을 보는 관점의 변화가 필요함 ○ 교과서에 주어진 지식이 진리라는 생각이나, 지식은 개인이 혼자 만드는 것이라는 생각에서 벗어나는 것이 중요하며, 이와 관련하여 비고츠키(L. Vygotsky)의 지식론이 많은 시사점을 줄 수 있음 ○ 이 지식론의 관점에서 보면, 교사와 학생의 역할도 기존의 강의식 수업에서의 역할과는 달라질 필요가 있음
B 교사	○ 교육과정 분야에서는 교육내용의 선정과 조직방식에 대한 교사의 전문성이 강화될 필요가 있음 ○ 교육내용 선정과 관련해서는 '영 교육과정'에 관심을 가지는 것이 도움이 됨 ○ 교육내용 조직과 관련해서는 생활에 필요한 문제를 토의의 중심부에 놓고 여러 교과를 주변부에 결합하는 방식을 활용할 필요가 있음
C 교사	○ 토의식 수업이 활발하게 이루어지기 위해서는 수업방법과 학습도구도 달라져야 함 ○ 수업방법 측면에서는 학생이 함께 다양한 관점에서 문제를 탐색하며 해답을 찾아가는 데 있어서 정착수업(Anchored Instruction)을 활용할 수 있음

	○ 학습도구 측면에서는 학생이 상호 협력하여 지식을 생성하기 위해 인터넷에서 수집한 정보를 공유하고, 공동으로 수정, 추가, 편집하는 데 위키(Wiki)를 이용할 수 있음(예: 위키피디아 등) - 단, 위키를 활용할 때 발생할 수 있는 문제점에 유의해야 함
D 교사	○ 학교문화 개선은 토의식 수업 활성화를 위한 토대가 됨 ○ 우리 학교의 경우, 교사가 학생의 명문대학 합격이라는 목표 달성에 필요한 수단으로 간주되는 학교문화가 형성되어 있어 우려스러움 ○ 이런 학교문화에서는 활발한 토의식 수업을 기대하기 어려움

○ 논술의 내용 [총 15점]

- A 교사가 언급한 비고츠키 지식론의 명칭, 이 지식론에서 보는 지식의 성격 1가지와 교사와 학생의 역할 각각 1가지 [4점]
- B 교사가 말한 '영 교육과정'이 교육내용 선정에 주는 시사점 1가지, B 교사가 말한 교육내용 조직방식의 명칭과 이 조직방식이 토의식 수업에서 가지는 장점과 단점 각각 1가지 [4점]
- C 교사의 의견에서 제시된 토의식 수업을 설계할 때 활용할 수 있는 정착수업의 원리 2가지, 위키를 활용할 때 발생할 수 있는 문제점 2가지 [4점]
- 스타인호프와 오웬스(C. Steinhoff & R. Owens)가 분류한 학교문화 유형에 따를 때 D 교사가 우려하는 학교문화 유형의 명칭과 학교 차원에서 그러한 학교문화를 개선하는 방안 2가지 [3점]

○ 논술의 구성 및 표현 [총 5점]

- 논술의 내용과 '토의식 수업 활성화 방안'의 연계 및 논리적 형식 [3점]
- 표현의 적절성 [2점]

8. 기독교사로서 교육에 대한 인지주의적인 측면 고찰하기

3장에서는 교육에서의 인지주의 학습이론에 대해 살펴보았다. 3장의 내용을 살펴보면서, 행동주의와 더불어 인지주의 측면에서의 학습이론은 교육현장에서 적극적으로 활용되고 있음을 확인할 수 있었을 것이다. 3장의 내용을 바탕으로, 몇 가지 문제를 제시하고자 한다. 기독교사로서 여러분의 생각을 간략하고 명확하게 정리해 보기 바란다. 혹시 아직 교육의 인지주의적 측면에 대한 이해가 부족한 것 같다면, 다시 한번 읽어보고 아래 문제를 생각해 보기 바란다.

가. 교회학교에서 나타나는 교육의 인지주의적 측면에는 무엇이 있을까? 본인이 경험한 사례를 바탕으로 간략히 기술하시오.

나. 교회학교 교사로서 인지주의 학습이론을 어떻게 적용할 수 있는가? 본인이 경험한 사례를 바탕으로 기술하시오.

다. 기독교교육과 일반교육에서의 인지주의적 접근에는 공통점과 차이점이 있을 수 있다. 본인이 생각하는 공통점과 차이점을 구체적인 사례를 들어 기술하시오.

참고문헌

권성호, 엄우용, 권혁일, 이준 (2015). 교육공학의 탐구(4판). 파주: 양서원.

김민환 (2013). 학교중심 실제적 교육방법론–교육방법 및 교육공학. 파주: 양서원.

박성익, 임철일, 이재경, 최정임 (2015). 교육방법의 교육공학적 이해. 파주: 교육과학사.

박숙희, 염명숙 (2009). 교수–학습과 교육공학. 서울: 학지사.

변영계, 김영환, 손미 (2011). 교육방법 및 교육공학(3판). 서울: 학지사.

유승우, 임형택, 권충훈, 이성주, 이순덕, 전희정 (2013). 교육방법 및 교육공학. 파주: 양서원.

이신동, 조형정, 장선영, 정종원 (2015). 알기쉬운 교육방법 및 교육공학. 파주: 양서원.

한국교육공학회 (2016). 교육공학 탐구(나일주, 조은순 편). 서울: 박영사.

홍기칠 (2012). 교육방법 및 교육공학. 고양: 공동체.

Anderson, J. R. (1983). The architecture of cognition. Cambridge, MA: Harvard University Press.

Atkinson, R. C., & Shiffrin, R. M. (1971). The control of short–term memory. Scientific American, 225(2), 82–91.

Eggen, P. D., & Kauchak, D. P. (2009). Educational psychology: Windows on classrooms. Upper saddle river, NJ: Pearson Education, Inc.

Mayer, R. E. (2001). Changing conceptions of learn– ing: A century of progress in the scientific study of learning. In L. Corno (Ed.), Education across a centry: The centennial volume(pp. 34–75). Chicago, Ⅱ: National Society for The Study of Education.

Winn, W. (2004). Cognitive perspectives in psychology. In D. H. Jonassen(ed.), Handbook of research on educational communications and technology(pp. 79–112). Mahwah, NJ: LEA.

기사

기독신문(이미영 기자, 2020.12.01.). “기독교 세계관 충실한 창의적 삶 도와야” (https://www.kidok.com/news/articleView.html?idxno=209103&page=

4&total=1014)

기타

한국교육과정평가원(https://www.kice.re.kr/boardCnts/list.do?boardID=1500212&s=kice&m=030306)

사이트

https://upload.wikimedia.org/wikipedia/commons/8/8f/Similarity.jpg
https://i.pinimg.com/474x/eb/68/31/eb683124052bce19263b83b3f8e085ff--principles-of-design-perception.jpg
https://static.thenounproject.com/png/119744-200.png
https://pbs.twimg.com/media/C85fOVRWAAYC2Fo.jpg
https://encrypted-tbn0.gstatic.com/images?q=tbn:ANd9GcRTsMrZhhMjO3lvtUZpFtGaS3il-xBz10Xxjg&usqp=CAU
https://encrypted-tbn0.gstatic.com/images?q=tbn:ANd9GcR9ezQG3TNlr7nWlNiZADEFGn7ztIgJ2EhIZA&usqp=CAU
http://oceanswebsite.com/Muller-Lyer4.jpg

CHAPTER

04

교육에 대한 구성주의 학습이론

CHAPTER

04

교육에 대한 구성주의 학습이론

1. 기독교사로서 교육에 대한 구성주의 학습이론 바라보기

교육은 학습자의 겉으로 드러나는 행위와 인지적인 사고 활동을 기반으로 이루어진다. 교육을 통해 이전에 알지 못했던 사실이나 정보, 지식 등을 습득하게 되면, 동일한 상황에서 이전과는 다른 사고를 하게 되고 다른 행동을 보이게 될 가능성이 있다. 그런데, 교회학교에서 학습한 내용이 일상에서 적용되지 않고 일상의 삶이 변화되지 않는다면, 그 교육은 어떤 의미가 있을까? 우리가 학생들에게 예수님의 사랑을 전하고 우리의 이웃들과 어떻게 서로 사랑하면서 살아가야 하는지에 대해서 지도하여도 학생들의 사고와 삶에 변화가 없다면, 우리는 기독교사로서 무엇을 가르치고 지도한 것인가? 구성주의는 교육과 실제 삶과의 연관성을 중요하게 생각한다. 특히, 학습자 중심의 학습을 강조한다. 따라서, 교수자가 지도하는 지식보다는 이를 바탕으로, 학습자가 자기 나름대로 형성하고 구성한 지식을 중요하게 다룬다. 최근, 일반교육계뿐만 아니라, 교회교육에서 학습자 중심의 교육을 강조하고 있다.

그런데, 우리는 기독교사로서 구성주의를 다룰 때, 반드시 유의해야 할 것이 있다. 그중의 하나는 구성주의가 다원주의로 나아갈 수 있다는 점이다. 기독교사로서 구성주의를 다룰 때, 이 점에 유의해야 한다. 구성주의에서는 학습자 중심의 학습을 강조하지만, 이것이 극단적인 방향으로 가면, 세상에는 절대적인 진리가 없으며 학습자들이 각자 자기의 소견대로 이해하고 해석한 지식만 존재하게 된다. 이와 같은 현상은, 현재 일반교육현장의 모습과 각 개인의 의견과 해석을 중시하는 현대 사회의 모습을 보면 이해하기 쉬울 것이다. 따라서, 우리는 구성주의 학습을 통해, 구성주의의 본질이 무엇이며 이를 교육에 어떤 관점에서 적용해야 할지에 대해서 명확히 이해해야 한다. 행동주의에서는 겉으로 드러나는 행동, 인지주의에서의 겉으로 드러나지 않는 학습자의 인지구조에 초점을 둔다. 이에 반해, 구성주의에서는 학습자 중심의 해석에 초점을 둔다. 따라서 우리는 기독교사로서 기독교 세계관을 바탕으로 구성주의를 올바로 이해하고 학습자를 지도해 나갈 필요가 있다.

아래의 기사에서 강조한 **단어나 문구** 등에 집중하면서 천천히 살펴보기를 바란다.

실감나는 성경 세계로 안내한다[1)]

[기독신문: 정재영 기자] 2020.03.03.

액션메소드연구소, '비블리오드라마' 활용한 신앙교육 제시

복음서에는 혈루병을 앓던 여인이 예수님의 옷자락을 만지는 사건이 등장한다. 대부분 이 이야기에서 주목받는 부분은 등장인물인 예수님과 문제의 여인, 그리고 그녀의 믿음을 칭찬하신 말씀 정도이다. 그런데 우리들의 관심을 예수님께 몰려드는 군중들, 그들을 막아서는 제자들, 그 밖에 바깥에서 이 광경을 지켜보는 구경꾼들로까지 확대해보면 성경은 어떻게 읽힐까.

액션메소드연구소(소장: 이영미 · blog.naver.com/actionm0301)는 이처럼 **색다른 접근**으로 성경의 세계에 다가간다. 일단의 그룹 전원이 주어진 성경 속 **상황**에서 각자 **배역을 수행**하며, 당시 상황과 메시지를 입체적으로 학습하는 이른바 '비블리오드라마'라는 방식을 동원한다. 예를 들어 예수께서 물 위를 걸으신 기사를 **시연**하기 위해 누군가는 예수님과 제자 베드로의 역할을, 그 밖의

멤버들은 다른 제자들의 역할을 맡아 스토리를 전개하며 각자의 입장에서 상상의 여백을 채우고 논리와 감정을 표현하는 것이다. 이런 방식으로 마치 VR처럼 성경 속 세계를 실감 나게 체험할 수 있다.

맡은 역할이 꼭 인물이어야 할 필요는 없다. '겨자씨의 비유'를 다룰 때면 장성한 하나님 나라를 상징하는 커다란 나무의 모습을 집단적으로 표현하기도 한다. 새가 깃들이고, 가지를 뻗으며, 풍성한 열매를 맺는 풍경을 묘사하는 장면이 연출될 때면 말 그대로 장관이 펼쳐진다. "우리가 성경을 배워온 전형적인 방식은 설교자나 교사가 일방적으로 메시지를 주입하는 형태였죠. 비블리오드라마는 배우는 쪽에서 두뇌뿐 아니라 감성과 신체까지 활용하며 성경을 폭넓게 이해하고, 전인적으로 체험하는 새로운 형태의 교육방식입니다. 또한 주인공 중심으로 성경을 바라보는 차원을 넘어 주변 인물들의 입장까지 폭넓게 탐색하는 시각을 제시하지요." [중략]

완주 샘물교회 이명렬 목사의 아내인 이 소장은 먼저 샘물교회 중고등부와 청년대학부를 대상으로 비블리오드라마를 활용한 성경교육 프로그램을 실시했다. 여기서 좋은 반응이 나오자 구역장들 등 소그룹 리더들의 훈련프로그램으로 활용하는 등 성인 대상의 사역도 시작했다. "놀랍게도 비블리오드라마에 대한 호응은 어른들을 대상으로 할 때 더욱 적극적으로 나타나요. 공동체적으로 함께 작업하는 가운데 스킨십이랄지 감정적 교류처럼 평소에 쉽게 접하기 힘들었던 경험을 얻기 때문일 겁니다. 그래서 성경교육의 효과와 함께 집단치료의 효과도 함께 거둘 수 있습니다." 드라마 시연을 전후해 말씀을 연구하고 나누는 시간에 연륜이 오랜 성도들 못지않게 새 신자들도 적극 참여하는 분위기가 만들어진다는 게 이 교육프로그램의 큰 장점 중 하나라고 이 소장은 설명한다.

얼마 전부터는 목회자나 선교사 등 전문 사역자들을 대상으로 한 공개강좌 형식의 프로그램도 실시하고 있다. 보수적인 신앙을 지닌 이들에게서 행여 거부 반응이 나타나지는 않을까 걱정했지만 4기에 걸친 일정 모두에서 다행히 괜찮은 평가가 나왔다. 이에 힘입어 지역교회들이 성경교육과 공동체훈련에 활용할 수 있도록 직접 찾아가 코칭을 해주는 사역에도 착수했다. [후략]

상기 내용을 보면, '**색다른 접근, 성경 속 상황, 배역을 수행, 시연, 스토리를 전개, 성경 속 세계를 실감 나게 체험, 전인적으로 체험, 새로운 형태의 교육방식, 주변 인물들의 입장까지 폭넓게 탐색하는 시각, 적극 참여**' 등과 같은 단어나 문장을 찾아볼 수 있다. "예수께서 물 위를 걸으신 기사를 **시연**하기 위해 누군가는 예수님과 제자 베드로의 역할을, 그 밖의 멤버들은 다른 제자들의 역할을 맡아 **스토리를 전개**하며 각자의 입장에서 상상의 여백을 채우고 논리와 감정을 표현하는 것이다. 이런 방식으로 마치 VR처럼 **성경 속 세계를 실감 나게 체험**할 수 있다"와 같이, 학습자들은 자신의 역할을 통해 성경 내용을 생생하게 접근할 수 있는 기회를 갖게 된다. 그동안 선생님의 일방적인 설명을 통해 수동적으로 참여하였던 성경공부가 체험의 장으로 변화하게 된 것이다. 이영미 소장의 "우리가 성경을 배워온 전형적인 방식은 설교자나 교사가 일방적으로 메시지를 주입하는 형태였죠. 비블리오드라마는 배우는 쪽에서 두뇌뿐 아니라 감성과 신체까지 활용하며 성경을 폭넓게 이해하고, **전인적으로 체험**하는 새로운 형태의 교육방식입니다. 또한 주인공 중심으로 성경을 바라보는 차원을 넘어 **주변 인물들의 입장까지 폭넓게 탐색하는 시각**을 제시하지요"와 같은 언급처럼, 상기 기사에 나온 내용은 이전과 다른 색다른 체험을 학습자에게 제공한다. 그러나 "보수적인 신앙을 지닌 이들에게서 행여 거부반응이 나타나지는 않을까 걱정했지만"과 같은 이영미 소장의 언급을 통해 알 수 있듯이 기존과 다른 방식의 접근 방법에는 우려와 주의해야 할 부분이 존재한다.

4장에서는 교육에 대한 구성주의적 접근, 구성주의에서의 교육활동, 인지적 구성주의와 사회적 구성주의 이론을 살펴보고자 한다. 4장을 통해, 우리 기독교사들이 구성주의에 초점을 둔 학습자 중심 교육의 장단점과 문제점 등을 올바로 파악하고 이를 기독교 세계관에 기초하여 올바로 이해하고 적용할 수 있게 되기를 기대한다.

2. 교육에 대한 구성주의적 접근

가. 구성주의 접근의 의미

교육에 대한 구성주의적 접근(Constructive Approach to Education, CAE)의 의미를

1) https://www.kidok.com/news/articleView.html?idxno=205547&page=10&total=1014

단어를 기반으로 간략히 제시하면, '구성주의에 기반하여 교육에 접근하고 탐색하는 것'을 의미한다. 수업시간에 교수자가 제시하는 지식은 학습자 중심보다는 교수자에 의해 이해되고 적용된 교수자 중심의 지식이다. 따라서 학습자 측면에서 바라보면, 교수자가 설명하는 내용 중 이해가 되지 않는 것도 있으며, 교수자가 의도한 것과는 상반된 방향으로 이해하는 학습자도 발생할 수 있다. 또한, 학습자가 처한 상황에 따라 수업시간에 습득한 지식이나 정보가 다른 의미로 다가올 가능성도 있다. 물론, 많은 교수자는 학습자의 상황과 처지, 학습 수준을 고려하여 학습자의 눈높이에서 수업을 설계하고 진행하려고 노력한다. 그러나 우리의 교육 현실을 고려해 볼 때, 교수자가 모든 학습자의 눈높이에 적합한 수업을 계획하고 진행하는 것은 불가능에 가깝다. 이로 인해, 수업내용을 이해하지 못한 학습자는 교수자의 눈을 피해 다른 활동이나 행동을 하는 경우도 발생한다. 또는 겉으로는 교실에 있지만, 마음 또는 생각은 수업 외 다른 상상이나 공상을 하면서 시간을 보내는 경우도 발생한다. 앞에서 우리는 행동주의와 인지주의를 배웠는데, 여기에는 교수자의 교수활동이 모두 학습자의 학습활동으로 전달될 수 있음을 가정하고 있다.

그러나, 현실은 어떠한가? 예를 들어, 만약 수업시간에 나타나는 학생들의 모습을 구분한다면, 크게 두 가지, '교수자의 수업에 참여하는 학습자', '참여하지 않는 학습자'로 나타낼 수 있을 것이다. 물론 보는 관점에 따라서는 '수업에 관심 있는 학습자'와 '관심 없는 학습자'로 구분할 수 있을 것이다. 동일한 교실에서, 동일한 교재로, 동일한 교수자에게 지도를 받는데, 수업시간에 보이는 학습자들의 모습이 서로 다르게 나타나는 이유는 무엇일까? 대부분의 학습자는 교수자의 수업에 집중하고 학습활동에 참여하는데 그렇지 않은 학습자가 존재하는 이유는 무엇일까? (정한호, 2018: pp.45-46) 만약 여러분들이 지금 누군가를 지도하고 있는데 여러분들의 지도에 집중하지 않고 다른 행동을 하거나 수업을 방해한다면 어떻게 할 것인가? 구성주의적 접근은 지금까지 교육이라는 활동에서 크게 관심을 두지 않았던 학습자에 초점을 둔 접근 방법이다. 앞에서 학습한 행동주의적 접근에서는 학습자의 행위를 자극과 반응의 연합관계로 보았으며 인지주의적 접근에서는 학습자의 내적인 인지과정, 학습자들이 정보를 받아들이고 해석하고 생각하고 문제를 어떻게 해결하는지에 중점을 두었다. 그런데 상기 두 이론은 공통점을 지닌다. 행동주의와 인지주의에서는 학습할 가치가 있다고 검증된 객관적인 내용을 가르치고 처방하고 성취 여부를 평가하는 공통점을 지닌다(변영계, 김영환, 손미, 2011).

그런데 구성주의에서는 상대주의 인식론에 기초를 두고 객관적으로 검증된 지식의 존재를 부정한다. 따라서 구성주의에서의 학습은 교수자가 아닌 학습자의 개인적인 이해와 관심에서 출발하며 학습자 개인의 흥미와 경험에 따라 지식의 가치를 판단하는 경향이 있다(Duffy & Bednar, 1991). 구성주의적 접근은 객관적 지식을 중심으로 학습을 설명하려고 하는 절대주의에 대한 반발로, 주관주의로 불리어진다. 교육에 대한 구성주의적 접근은 행동주의나 인지주의와 달리 객관적인 지식의 습득, 교수자 중심의 교수에 초점을 두지 않는다. 구성주의적 접근에서는 학습자가 본인의 경험과 흥미에 따라 어떻게 학습을 하고 지식을 스스로 구성해 나가는지에 초점을 둔다. 이에 대해 여러분들은 어떻게 생각하는가? 여러분들은 행동주의, 인지주의, 구성주의적 접근에 따른 학습이론에 대해 동의하는가?

나. 구성주의 학습이론

이전까지 우리는 교수자 측면에서 학습자들을 어떻게 가르칠 것인가?에 대해서 고민하였다. 또한, 행동주의와 인지주의 관점에서 학습자의 학습을 바라보는 시각에 중점을 두고 살펴보았다. 예를 들어, 행동주의 관점에서, 우리는 학습자의 학습을 교수자의 학습 자극에 따른 조건형성에서 살펴보았다. 행동주의에서의 학습활동은 자극과 반응 간의 연합에 기초한 조건형성 과정으로 보았다. 인지주의 관점에서, 우리는 학습자의 학습을 외부자료 및 정보의 수용 및 처리와 같은 내적인 정보처리 과정에서 살펴보았다. 이처럼, 행동주의에서는 학습의 결과, 인지주의에서는 그와 같은 행동의 결과가 도출하게 된 인지처리과정 및 절차에 관심을 가지고 학습을 탐색한다. 그런데 구성주의 학습이론은 행동주의나 인지주의 학습이론과는 다른 차원의 학습관을 지니고 있다. 구성주의에서 의미하는 학습은 교수자 중심으로 계획된 자극에 따른 행동 반응의 결과, 또는 행동 반응을 유발하는 내적인 정보처리 과정과 관련된 인지구조의 변화가 아니라 학습자가 자기 주도적으로 계획하고 설계하면서 자신만의 지식을 만들어가는 과정 자체를 지칭한다. 따라서 구성주의 학습이론에서는 학습자 본인의 경험이나 흥미에 따라 선정한 학습 내용을 스스로 구성해 나가는 과정(변영계, 김영환, 손미, 2011)에 관심을 지닌다. 이와 같은 구성주의 학습이론은 행동주의와 인지주의와는 다른 특징을 지니고 있다. 이와 같은 특징을 세 가지 측면에서 살펴보면 다음과 같다(한국교육공학회, 2016: pp.41－44).

첫째, 구성주의 학습이론은 학습자의 능동적인 측면에 초점을 둔다. 여기서는 정보를 처리하는 수동적인 학습이 아니라 주변 환경과 상호작용을 하면서 학습자 스스로 지식을 구성하고 인지구조를 재정립하는 상호작용 과정에 중심을 둔다. 따라서 구성주의에서의 학습은 자극에 반응하거나 정보를 저장하고 기록하므로 발생하는 것이 아니라 학습자 스스로 해석함으로써 일어난다(Resnick, 1989). 따라서 학습자는 교수자에 의해 전달받은 지식을 수동적으로 수용하고 저장하는 지식의 수용자가 아니라 지식의 의미를 형성하는 능동적인 존재이다. 예를 들어, 초등학교 시절, 풀리지 않은 계산 문제를 해결하기 위해 고민해 본 경험이 있을 것이다. 물론, 수학 자체를 싫어해서 그러한 고민이 없을 수도 있겠지만, 초등학교 저학년 시절에는 그래도 수학, 좀 더 직접적으로 표현하면 산수 문제를 해결하기 위해 손가락 등을 사용하면서 풀었던 경험이 있을 것이다. 이때, 잘 풀리지 않아서 자기 나름대로 새로운 방법과 시도를 하면서 문제를 해결하였던 경험이 있을 것이다. 또한, 여러분 중 중고등학교 시절, 수학을 좋아하거나 잘했던 경험이 있는 경우, 교과서에서 제시한 공식이나 문제풀이가 아니라 본인이 나름 개발한 방식으로 문제를 풀었던 경험도 있을 것이다. 물론, 이와 같은 경험이 구성주의에서 의미하는 학습자 자신의 해석과 능동적인 학습에 완전히 부합하는 것은 아니지만, 비슷한 사례의 하나로 볼 수 있다.

둘째, 구성주의 학습이론은 학습자의 주관적인 측면에 초점을 둔다. 여기서는 지식이 교수자로부터 모든 학습자에게 객관적이고 동일하게 전달되는 것이 아니라 학습자 개개인의 주관적인 상황에 따라 다르게 전달된다고 본다. 즉, 지식은 교수자에게 속한 것이 아니라 학습자의 상황에 국한하여 존재한다. 따라서 구성주의 학습이론에서의 학습자는 기존의 행동주의나 인지주의와 달리 지식을 객관적 차원이 아닌 주관적 차원으로 인식한다. 행동주의와 인지주의에서의 지식은 학습자와 독립적으로 존재할 수 있는 객관적인 측면이 강조되지만, 구성주의에서는 학습자 개인의 이해와 경험 수준에 따라 구성하는 주관적인 활동으로 본다. 따라서 행동주의와 인지주의 학습이론에서의 지식은 학습자 외부에 존재하는 지식이 학습자 내부로 전이하는 과정에 중점을 둔 반면, 구성주의에서는 학습자 내부의 능동적인 의미 구축 과정에 초점을 둔다. 예를 들어, 대도시에 소재한 초등학교 5학년 교실, 여름 방학을 며칠 앞둔 수업시간에 '여름 바다'에 대해서 학습을 한다고 가정해 보자. 선생님이 학생들에게 "여러분, '여름 바다' 하면 가장 먼저 떠오르는 단어가 있나요? 생각나는 단어가 있으면 손들고 말해 보세요"라고 질문하면, 아마 학생들은 저마다 "백사장, 파도, 파라솔, 휴가, 바나나 보트, 텐트…." 등 '여름 바다'에 대한 단어와 관련 경험을 이야기할 것이다. 또한, "여러분, 빨리 방학이 와서 바다에 가고 싶죠?"라는 선생님의 질문에 아마 학생들 대부분은 "네"라고 즐겁게 대답할 것이다. 그런데 선생님과 학생들 모두 '여름 바다'를 생각하며 즐거워하는 그 순간에, 한 학생이 조용히 손들면서, "선생님, 저는 태풍, 무서운 파도가 생각나요"라고 한다면 교실 분위기는 어떻게 될까? 또한, 선생님은 이 상황을 어떻게 정리하면서 나갈까? 그리고 선생님은 이 학생의 대답을 틀렸다고 할 수 있을 것인가? 특히, 작년까지 해안가 마을에서 살았고 몇 년 전에 있었던 늦여름 태풍으로 커다란 피해를 본 경험이 있는 학생이라면 어떻게 할 것인가? 행동주의와 인지주의에서는 지식에 대해 객관적으로 정해 놓은 의미가 존재할 수 있지만, 구성주의에서는 학습자의 주관적인 상황에 중심을 두고 접근한다.

셋째, 구성주의 학습이론은 학습자의 개별성을 강조한다. 구성주의 학습이론에서의 학습활동 및 결과는 모든 학습자에게 동일하게 나타나지 않는다. 구성주의에서 학습은 학습자가 경험하는 사물이나 사상에 의미를 붙이는 개별적인 과정이다(유완영, 2014). 여기서 의미를 부여한다는 것은 학습자가 경험한 사상이나 사물에 대한 선행 경험, 스키마, 또는 신념에 기초하여 해석하는 것을 의미한다(Jonassen, 1991). 따라서 모든 학습자가 동일한 교실에서 함께 학습활동을 수행한다고 하여도 모든 학습자가 동일한 의미를 습득하는 것이 아니고 학습자 내부에 개별적으로 일어나는 이해 및 해석에 따라 전혀 다른 지식을 형성할 수 있다. 물론, 기존의 선행 경험이 비슷할 경우, 학습자 간의 지식 형성에 유사성이 나타날 가능성도 있다. 앞에서 언급한 대도시 소재 초등학교 5학년 교실, 여름 방학을 며칠 앞둔 수업시간 관련 예시도, 하나의 사례라고 볼 수 있다. 선생님과 학생들 모두 대도시에 거주하고 '여름 바다'에 대한 선행 경험이 비슷하다고 가정할 경우, '여름 바다'에 대한 지식 형성은 비슷하게 나타날 가능성이 있다. 그러나 학생들의 개인적인 성향이나 특성에 따라 다르게 나타날 가능성도 있다. 예를 들어, '물' 이나 '수영장'에 대한 좋지 않은 경험이나 기억이 있는 학생의 경우, 여름 바다에 대한 해석과 이해는 다를 수 있다. 특히, 앞의 사례에서 나온 "선생님, 저는 태풍, 무서운 파도가 생각나요"라고 대답한 학생의 경우, 다른 학생들과 다른 선행 경험을 하였으며 이로 인해 '여름 바다'에 대한 해석과 이해는 다르게 나타날 수밖에 없다. 그리고 선생님은 이와 같은 다른 경험을 지닌 학생의 의견도 존중할 필요가 있다. 그러나 행동주의와 인지주의에서는 객관적인 지식을 바탕으로, 이를 제대로 수용하지 않을 경우, '틀리다'라고 규정하고 그대로 수용할 것을 암묵적으로 권고하는 경향이 있었다. 그러나 구성주의 학습이론에서는 지식을 객관적 기준으로 판단할 수 없는 주관적인 특성이 있는 것으로 간주한다.

다. 객관주의 vs. 주관주의

교육에 대한 구성주의적 접근을 하나의 문장으로 표현하면, '학습자의 겉으로 드러나는 행위, 또는 학습자 내부에서 발생하는 정보의 수용 및 해석, 도식의 재구조화, 문제 해결 등의 인지과정에 초점을 두기보다는 학습자의 주관적인 상황에 초점을 두고 학습자 스스로 지식을 구성해 나가는 과정에 초점'을 두는 철학적 접근이라고 할 수 있다. 이와 같은 구성주의적 접근은 기존의 행동주의와 인지주의에 중점을 둔 심리학적 접근인 객관주의와 구별된 철학적 접근이라고 볼 수 있다. 앞에서 언급한 객관주의, 예를 들어 행동주의와 인지주의는 본질적으로 지식은 학습자 외부에 존재한다는 동일한 인식론을 지니고 있으며 이는 주관주의적 접근인 구성주의와는 구별된다. 따라서 구성주의가 객관주의적 접근인 행동주의와 인지주의와 다른 가장 큰 차이점은 지식을 바라보는 주체를 학습자 외부에 두느냐 아니면 학습자 내부에 두느냐에 따른 인식론의 차이라고 볼 수 있다. 그런데, 행동주의와 인지주의 등 객관주의는 자극과 반응, 강화, 학습의 과정, 유의미 학습, 메타인지, 학습동기, 평가 등 교육활동의 전 영역에 영향을 미치고 있다. 그러나 이와 같은 객관주의는 절대적 지식이라는 인식론을 지니고 있으며 교수자 중심의 수업에 초점을 두는 본질적인 한계를 지니고 있다. 예를 들어, 행동주의와 인지주의 모두 사전에 구체적으로 제시된 수업목표 및 여기에 도달하기 위한 교수자의 수업에 초점을 두기 때문에 학습자가 지닌 가능성 및 잠재성 발달에는 제한이 있다. 이로 인해 객관주의에 초점을 둔 교수학습프로그램이나 교육과정은 교수자 중심으로 구성 및 운영할 가능성이 크다. 물론, 행동주의와 달리, 학습결과보다는 내적인 학습과정에 초점을 두며 학습자의 사고력 및 창의력 신장에 유용한 인지주의도 근본적으로는 외부에 있는 지식의 학습자 전달이라는 교수자 중심의 한계가 있다. 따라서 객관주의와 주관주의는 근본적으로 교육관, 학습자 접근, 교육과정, 학습에 대한 인식에 차이가 있다. 특히 행동주의와 인지주의는 학습이 이루어지는 과정에 관심을 가지는 데 반해, 구성주의는 지식이란 무엇이며 그 지식이 어떻게 구성되는지에 초점을 둔다(유승우 외, 2013). 또한, 교육을 바라보는 패러다임도 객관주의에서는 교수(행동주의), 교수학습과정(인지주의)에 중심을 두는 반면, 구성주의는 지식을 의미 있게 구성하는 학습과정 자체에 초점을 둔다. 이를 구체적으로 제시하면 다음과 같다.

〈표 4-1〉 객관주의 vs. 주관주의 비교[2)]

	객관주의		주관주의
구분	행동주의	인지주의	구성주의
철학	학습자 개인의 경험과는 별도로 객관적으로 존재하는 외부 세계 존재		학습자가 경험하는 세계는 존재하나 학습자 개인에 의해 의미가 부여됨
학자	Skinner	Ausbel, Bruner	Piaget, Vygotsky
관점	교수	교수학습 과정	학습
교수	교수자에 의한 외부 진리 전달		학습자 스스로 지식을 구성하도록 보조 및 지원
교수자	지식 및 진리의 전달자		학습자 보조/지원자
학습	행동 변화	인지구조 변화	주관적 의미 구성
학습자	수동적 존재	적극적 존재	적극적 존재
수업 전략	자극반응의 외현적 전략	사고 및 정보처리 전략	의미 있는 환경 조성 및 과제 제시
수업 중심	교수자	교수자, 학습자	학습자
수업 방법	강의		PBL, 발견학습, 토의
학습 결과	동일 수준에 도달		학습자에 따라 상이
수업 설계	행동목표 강조 내용의 계열화	정보 구조화 인지과제	학습상황 강조 맥락, 문제 중심

2) 권성호(2002), 박성익 외(2015)를 참고하여 정리

라. 구성주의 접근의 영향

앞에서 언급한 행동주의와 인지주의와 더불어 구성주의는 교육에 커다란 영향을 주고 있다. 교육에 대한 관점이 교수자에서 학습자로 이동하면서 구성주의는 교육을 바라보는 패러다임에 영향을 미치고 있다. 1970년대, 80년대만 해도, 자녀들이 등교할 때, 부모님은 주로 "학교에서 선생님 말씀 잘 듣고, 친구들과 사이좋게 지내라"와 같은 말을 하였다. 물론, 가정의 분위기와 학습자의 상황에 따라 다소 차이가 있겠지만, 교육에 있어서 교수자의 지도는 가장 커다란 부분을 차지하였다. 이 당시 교육학 서적 앞부분에 보면, "교육의 질은 교사의 질을 넘지 못한다"와 같은 문구가 있는 것을 어렵지 않게 볼 수 있었다. 이처럼, 이전에는 교수자 중심의 패러다임이 교육계에 만연되어 있었다. 물론, 2020년대인 지금도 교육에 있어서 교수자의 역할은 크다. 그러나 교수자를 바라보는 관점은 이전과 다르다. 또한, 상호작용 기반의 교육환경과 교육 매체의 등장으로 구성주의에 바탕을 둔 학습환경 설계와 구성이 점차 중요해지고 있다. 예를 들어, 인터넷을 비롯한 정보통신기술의 발달과 다양한 교육 매체의 등장은 구성주의의 영향력을 강화하고 있다. 최근에는 학습자 중심의 플립 러닝, 원격수업 등이 보편화되고 있으며 메타버스와 같은 기존과 다른 학습자 중심의 가상 공간이 교육계에 유입되고 있다. 물론, 매체 활용에 대한 의견과 교육적 차원의 의미는 긍정적, 부정적인 측면이 있지만, 교육에 미치는 구성주의 영향은 더욱 커지고 있다. 이와 같은 구성주의는 학습자 중심 학습환경설계, 협동학습 및 문제스캐폴딩(Problems Scaffolding), 목표기반시나리오(Goal Based Scenario), 문제중심학습(Problem Based Learning), 인지적 도제학습, 시뮬레이션 등(한국교육공학회, 2016)에 영향을 미치고 있다.

3. 구성주의에서의 교육활동

가. 구성주의 교육활동의 기본 전제

구성주의에서의 교육은 외부로부터 유입된 지식 자체에 초점을 두기보다는 학습자의 주관적인 지식 구성에 중심을 둔다. 구성주의에서의 교육은 외부의 행동, 학습자 내부에서 발생하는 인지과정보다는 학습자의 지식 구성과 주변 환경과의 상호작용에 중점을 둔다. 이와 같은 구성주의는 외부 환경의 자극과 반응의 단순한 연합이나 인지구조의 변화로 교육활동을 설명한 행동주의나 인지주의와는 근본적으로 다른 관점을 지닌다. 구성주의에서의 학습 행위는 외부 환경이나 자극의 반응이나 이를 인지구조에서 수용, 해석, 반응하는 내적인 인지과정의 결과가 아니라 학습자의 주관적인 해석, 의미부여로 본다. 이와 같은 구성주의는 교육에 대해 기존의 객관주의와는 전혀 다른 전제를 지닌다. 첫째, 교육은 학습자의 환경에 절대적인 영향을 받는다. 예를 들어, 어느 특정 환경 속에서 생활하는 학습자의 교육활동은 그곳의 사회적, 문화적, 역사적 환경에 영향을 받는다. 교육활동은 학습자가 속한 특정한 사회적 환경과 배경을 기반으로 그 위에 학습자 개인의 인지적 작용을 통해 지식을 구성하고 주변 환경과의 상호작용을 바탕으로 지속적으로 발전시켜 나간다(유승우 외, 2013). 둘째, 교육은 외부로부터 주어지는 것이 아니라 학습자 개인과 개인이 인식한 주변 환경과의 결합을 통해 발생한다. 교육은 학습자 개인의 인지적 요소와 주변 사회적 환경과의 연합을 통해 학습자 개인이 보편적이고 일반적인 성격을 부여하는 활동이다(강인애, 1997). 따라서 교육활동을 통해 구성된 지식은 학습자 고유의 결과물이며 고정적이거나 정체된 것이 아니라 지속적으로 발전한다. 셋째, 교육은 학습자의 지식 구성을 돕는 스캐폴딩, 또는 코칭 등을 통해서 유발된다. 구성주의에서의 학습은 학습자 개인과 주변 환경과의 소통을 바탕으로 이루어지지만 순수한 발견학습과정은 아니다. 구성주의에서는 누군가의 조력과 지지, 지원 등의 도움이 필요하다. 또한, 학습자가 자연스럽게 학습을 할 수 있는 환경 조성이 필요하다. 따라서 구성주의에서의 교육은 기존의 교수자 중심 교수환경에서 학습자 중심 학습환경으로의 변화를 전제로 한다.

나. 구성주의와 학습

구성주의는 앞에서도 언급한 것처럼, 행동주의와 인지주의 학습관인 객관주의와는 근본적으로 다른 학습관을 지니고 있다. 그런데 한 가지 흥미로운 점은 구성주의는 인지주의적 사고 '형식'과 일부 관련을 맺고 있다. 예를 들어, 인지주의에서는 학습을 '외부 자극과 기존 지식의 연합'으로 간주한다. 그런데 구성주의에서는 학습을 '학습자 개인 경험에 바탕을 둔 세계에 대한 해석'으로 간주한다. 즉, 기본적인 학습관은 객관주의와 상대주의와 상반된 관점을 지니지만 학습에 대한 기본적인 '형식'은 일정 부분 '공유'하고 있다. 즉, 구성주의에서의 학습은 학습자 개인이 중심이 되지만 학습자가 해석할 수 있는 '외부 세계'가 반드시 존재해야 한다. 또한, 객관주의적 관점에서의 학습은 기존에 이미 존재한 지식('외부 세계')이 교수자에 의해 학습자에게 획일적으로 전달되고 학습자는 이를 그대로 습득하는 것이라고 가정한다. 그런데, 우리의 '경험상' 교수자가 전달한 지식('외부 세계')을 학습자가 있는 그대로 수용하고 받아들인 경험이 있는가? 또한, 그렇게 수용하였다고 가정하더라고 그것이 그대로 학습자 '내부'에 '보존'되거나 '유지'될 수 있는가? 아마 거의 불가능할 것이다. 학습역량에 따라 교수자가 전달한 내용을 50%도 이해하지 못한 학습자가 있는가 하면, 100%를 이해한 학습자도 있을 것이다. 또한, 교수자의 착오나 오류로 인해, 잘못 전달된 내용으로 이해한 학습자도 있을 것이다. 따라서 기존의 객관주의 관점의 학습도 객관주의가 가정하는 '형태'의 학습은 이루어지기 쉽지 않다. 물론, 교수자가 전달한 내용을 기억하거나 암기할 수는 있지만 교수자의 의도와 100% 일치하는 학습활동은 이루어지기 쉽지 않다.

다. 구성주의에서의 학습과 객관주의 학습과의 차이

그렇다면, 구성주의에서의 학습과 객관주의에서의 학습은 어떤 차이가 있을까? 이 책을 읽는 독자들은 기본적으로 구성주의와 행동주의, 그리고 인지주의 간의 개념상 의미와 학습을 바라보는 관점을 올바로 이해하고 있을 것이다. 따라서 주변에서 누군가 구성주의와 객관주의의 차이에 대해서 질문을 하면 나름대로 의미 있는 답변을 할 수 있을 것이다. 다만, 실제 교육현장에서 나타나는 학습의 차이가 무엇인지 묻는다면 다소 고민하게 될 가능성이 크다. 학교교육현장에서는 기존의 교수자 중심 수업방법에서 학습자 중심으로 변화한다고 '선언'하며 관련 교육활동을 지속하지만, 학습자, 또는 이해관계자 입장에서는 무엇이 어떻게 변화되었는지 '파악'하기 쉽지 않다. 물론, 구성주의에서는 기존과 달리, '학습은 학습자 개인의 경험과 흥미에 따라 정해진 학습 내용을 학습자 스스로 구성해 나가는 과정'이며 '이 과정을 수행할 수 있는 능력을 갖추었는가에 관한 확인으로, 학습활동 종료 단계에서 평가된다'(이신동 외, 2015: p.88)라고 언급한다. 그런데 학습자들 중에는 자신의 경험과 흥미에 따라 학습활동에 참여하거나 참여하지 않는 경우가 있다. 따라서 구성주의 관점에서 의미하는 학습이 일어날 가능성이 있는 학습자가 있는 반면, 그렇지 않은 학습자도 발생할 수 있다. 또한, 앞에서 언급한 구성주의 학습 과정을 수행할 수 있는 능력을 갖추었는지를 평가하는 주체는 누구인가? 학습자 본인이 학습을 자신의 흥미와 경험에 따라 주어진 외부 세계에 대해서 자신만의 지식을 구성하였다면, 학습자 본인 이외의 그것을 평가할 수 있는 '외부 평가자'가 존재할 수 있는가? 또한, 본인 이외의 '외부 평가자'가 존재한다면, 학습자가 구성한 학습자 본인만의 '지식의 세계관'을 평가하는 기준은 어디에 존재하며 제대로 평가할 수 있는가? 여기서 우리는 구성주의에서의 학습을 '지식의 본질'적인 측면보다는 여기에 접근하는 '방법'의 측면으로 바라볼 필요가 있다. 객관주의에서는 학습을 학습자가 절대적인 외부 세계에 포함된 학습내용을 그대로 학습자 내부로 이식시키는 활동으로 간주하였다면, 구성주의에서는 학습자가 다양한 유형의 외부 세계를 학습자 중심으로 구성하는 활동으로 볼 수 있다.

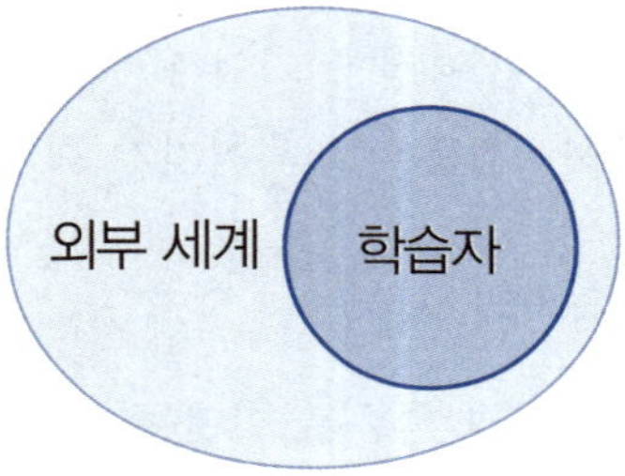

객관주의에서의 학습

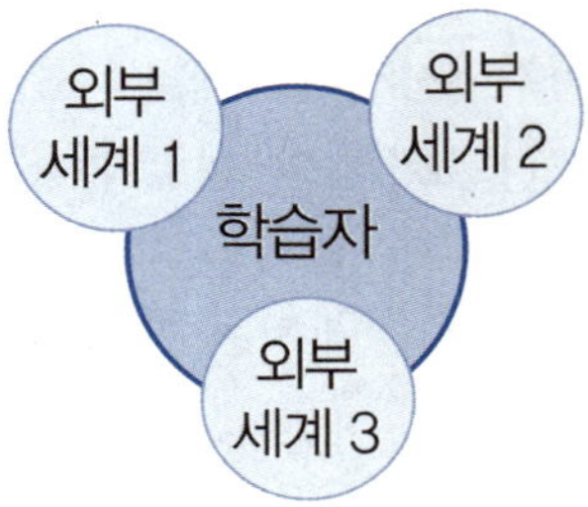

구성주의에서의 학습

4. 인지적 구성주의와 사회적 구성주의

가. 인지적 구성주의

인지적 구성주의는 피아제(Piaget)의 인지발달이론에 기초를 두는 것으로 개인적 구성주의로 지칭한다. 여기서는 지식 구성을 학습자가 지닌 기존의 선행지식과 새로운 지식 및 정보 간의 인지과정의 산물로 본다. 따라서 인지적 구성주의에서는 학습이 개인에 속해 있는 내부 경험세계에서 구성되므로 외부 환경은 개인의 지식 구성에 의미 있는 영향을 주지 못한다. 그러나 외부 환경과의 단절은 학습자 개인이 속한 현실적인 세계와의 단절을 의미한다는 점에서 다소 급진적인 학습결과를 도출할 가능성도 배제하기 어렵다. 물론, 이러한 인지적 구성주의에서 가정하는 '외부 세계와의 단절 및 상황과 독립적으로 발생하는 학습'은 다소 비판의 여지가 있다. 그런데도, 인지적 구성주의에서 지칭하는 학습에 의미를 부여하는 것은 학습의 과정, 즉 개인의 학습과정을 구성주의 관점에서는 명확하게 제시하기 때문이다. 인지적 구성주의에서의 학습은 학습자 개인의 경험과 이해 수준에 따라 다르며 학습은 지식을 구성하는 과정에서 발생한다. 여기서 학습자는 내부에서 발생하는 심리적 과정에 기초하여 지식을 구성하는 능동적인 존재이다. 피아제(Piaget)는 학습을 동화와 조절을 바탕으로, 학습자만의 지적 도식을 구성하는 과정으로 보았다. 따라서 학습자는 본인의 눈에 보이는 세계를 이해하고 반응하고 여기에 응답하기 위해 사용하는 자신만의 지식이나 절차, 관계의 총체를 지니고 있으며 이를 개인적으로 형성시켜 나간다. 그런데, 피아제가 주장한 동화와 조절의 과정도 학습자 개인 내부의 인지적 과정만으로는 이루어지지 않는다. 반드시 새로운 외부 세계의 정보와 경험이 요구된다. 다만, 인지적 구성주의에서는 학습의 초점을 학습자 개인의 인지적 측면에 두었다는 데 의의가 있다.

나. 사회적 구성주의

사회적 구성주의는 비고스키(Vygotsky)의 심리발달이론에 기초를 두는 것으로 주변 환경과의 상호작용에 중점을 둔다. 학습자는 주변 환경과 단절한 상태로 홀로 있는 존재가 아니라 주변의 사람들과의 관계를 바탕으로 영향을 주고받으며 성장·발달하는 사회적 존재이다. 따라서 학습도 개인적 인지과정의 산물이라기보다는 학습자 개인의 역사적, 사회적 배경에 의해 형성된 사회적 산물로 볼 수 있다. 이와 같은 사회적 구성주의는 학습자 환경, 학습환경의 실제에 대한 탐색을 유발하였으며 학습자가 처해 있는 환경의 사회적, 맥락적 특성에 관심을 두는 계기를 마련해 주었다. 사회적 구성주의에서의 학습은 학습자 개인의 인식과 더불어 주변 환경과의 사회적, 문화적 맥락 간의 상호작용을 통해서 이루어진다. 여기서 의미하는 학습은 학습자 주변의 환경 및 문화와 학습자 간 상호작용의 산물이다. 이에 비고스키는 피아제의 동화와 조절도 학습자 개인의 인지발달이라기보다는 학습자가 주변 환경과 상호작용하여 도출하는 사회적 맥락화 과정이며 동화와 조절도 학습자 개인과 주변 동료들과의 상호작용을 통하여 촉진한다고 보았다. 이와 같은 관점에서 볼 때 사회적 구성주의에서의 학습을 이해하기 위해서는 '근접발달영역(Zone of Proximal Development: ZPD)의 의미를 살펴볼 필요가 있다. 근접발달영역은 학습자 스스로 해결할 수는 없지만, 주변의 동료나 성인, 또는 교수자와 함께 노력하면 해결할 수 있는 학습 영역을 의미한다. 물론, 수준에 따라 학습자의 개인적인 역량으로 해결할 수 있는 경우도 있지만, 누군가의 도움이 필요한 상황이 보다 일반적이라고 할 수 있다. 따라서 학습자의 학습역량을 신장시키기 위해서는 주변의 뛰어난 동료나 교수자의 지원이 필요하다. 여기서 개인 혼자서 해결할 수 있는 영역은 인지적 구성주의에 가깝다고 볼 수 있으며, 누군가의 도움을 필요로 하는 학습 영역은 사회적 구성주의에 가깝다고 할 수 있다. 이와 같은 사회적 구성주의에서 중요하게 생각하는 개념 중에 하나는 발판(scaffolding)이다. 발판은 학습자 스스로 당면한 과제나 문제를 해결할 수 있는 단계에 도달할 때까지 지속적으로 제공하는 도움이나 보조를 의미한다. 즉, 사회적 구성주의에서의 학습은 근접발달영역에서의 발판 제공을 통해 이루어지는 문제 해결의 과정이라고 볼 수 있다. 이와 같은 사회적 구성주의는 기존의 구성주의에서 강조하는 주관주의와 상대주의와는 다소 차이가 있다. 다만, 기존의 교수자 중심의 일방적인 교육에서 학습자 중심의 학습활동으로 초점을 이동시켰다는 점은 동일하다.

다. 구성주의의 기본 가정과 한계

앞에서도 언급한 것처럼, 인지적 구성주의와 사회적 구성주의와 관계없이, 구성주의는 몇 가지 기본 가정인 ①학습자 중심의 학습, ②학습자의 자기주도학습역량, ③학습자의 상호작용, ④학습자의 문제 해결 의지 등을 전제로 한다. 첫째, 구성주의에서의 학습자는 학습의 종속자가 아니라 주체자이다. 둘째, 학습자는 기본적으로 자기주도학습역량을 지니고 있다. 셋째, 학습자는 주변 환경과 끊임없는 상호작용을 하는 존재이다. 넷째, 학습자는 문제 크기에 관계없이 자신이 처한 문제를 스스로 해결하려는 의지를 지니고 있다. 그런데 이와 같은 기본 가정은 그대로 구성주의의 한계로 작용한다. 만약 학습자에게 자기주도학습 역량이 없으면 주변과 상호작용하기보다 혼자 있기를 선호하고 주변과 교류를 하지 않을 가능성이 크다. 또한, 학습자가 자신에게 부여된 문제에 대한 해결보다 회피하려는 성향이 강하다면, 구성주의에서의 학습은 이루어지지 않을 것이다.

특히, 구성주의에서의 학습은 기존의 객관주의보다 어렵게 다가올 수도 있으며 인식론적인 관점에서도 다음과 같은 몇 가지 비판을 피하기는 어렵다(한국교육공학회, 2016: p.45). 첫째, 구성주의는 인간의 마음과 학습의 본질에 관한 인식론에서 출발하기 때문에 학습현상을 나타내는 실증적인 근거나 자료에 기반을 두고 설명하기 어렵다(Driscoll, 2005). 물론, 구성주의를 철학적 인식론 차원으로 접근하느냐, 아니면 심리학적 인식론으로 접근하느냐에 따라 다소 차이는 있을 수 있지만(Krischner, 2009), 학습의 구성 과정에 관한 깊은 이해와 정교한 처리에 대한 이론적, 경험적 측면에서는 기존의 객관주의, 즉 행동주의와 인지주의와 비교하면 부족하다. 둘째, 학습자의 지식 구성 과정에 대한 실증적인 설명이 부족하다. 특히, 지식의 구성 과정에 관한 깊은 이해와 정교한 처리에 대한 이론적·경험적 탐색이 미흡하여, 구성주의를 심도 있게 이해하는 데 어려움이 있다. 이로 인해 지식 구성의 과정을 발견의 과정으로 설명하려는 관점은 기존의 발견학습에 의존하여 구성주의 학습을 설명하고 있다는 비판을 받는다.

그렇다면, 교육계에 구성주의 영향력이 지속되고 있는 현실은 무엇을 의미하는 것일까? 한 가지 확실한 것은 구성주의가 구체적인 교육방법이나 기법에 대한 접근보다는 교육을 바라보는 시각의 대전환을 제공해주었다는 점이다. 구성주의적 시각이 교육의 제공자 중심에서 수혜자 중심으로 관점을 이동하는 이론적 근거를 제공하기 때문이다. 지금까지의 교육은 학습자보다는 교수자에게 초점을 두고 진행되었다. 특히, 학습자의 학습 동기나 흥미 유발과 같은 학습자 측면의 요소도 교수자 중심으로 접근하는 경향이 있었다. 또한, 교수자는 학습자 이해보다는 가르치기 쉬운 형태로 지식을 재구성하여 전달하는 데에 초점을 두는 경향이 있었다. 이로 인해, 교육현장에서 습득한 지식은 교수자 중심의 단편적이고 현실 상황이 배제된 '박제된 지식'으로, 학습자가 현실에서 적용하고 활용하기에는 한계로 작용하였다. 이와 같은 현실에서, 구성주의에서 제시하는 학습자 중심의 지식 구성이라는 '획기적인 발상의 전환'은 지금까지의 교육문제를 해결하는 '실마리'를 제공하였다. 그러나, 이와 동시에 구성주의는 일반적인 측면에서 극단적인 측면까지 다양한 이론 및 인식론적 관점들이 존재하고 있으며 학습자 중심의 학습에 대한 효과성에 대한 논쟁도 여전히 진행 중이다(한국교육공학회, 2016; Tobisa & duffy, 2009). 앞으로 언급하는 학습자중심학습, 문제중심학습, 프로젝트 기반학습, 팀학습 등은 모두 구성주의의 실천적 방법이라고 볼 수 있다. 또한, 정보통신기술과 인터넷 등 유무선 통신의 혁신적 발달, 다양한 학습 디바이스의 출현 등은 객관주의적 시각으로 접근하기 어렵다. 앞으로 구성주의와 이후의 관점에 대한 관심과 심도 있는 탐색이 요구된다.

5. 2019학년도 중등학교교사 임용후보자 선정경쟁시험 교육학 문항 (1차시험, 20점, 60분)

다음은 ○○중학교 김 교사가 모둠활동 수업 후 성찰한 내용을 기록한 메모이다. 김 교사의 메모를 읽고 '수업 개선을 위한 교사의 반성적 실천'이라는 주제로 학습자에 대한 이해, 교육과정의 편성과 운영, 평가도구의 제작, 교사의 지도성에 대한 내용을 구성 요소로 하여 논하시오. [20점]

#1 평소에 A 학생은 언어 능력이 뛰어나고 B 학생은 수리 능력이 우수하다고만 생각했는데, 오늘 모둠활동에서 보니 다른 학생을 이해하고 도와주면서 상호작용을 잘 하는 두 학생의 모습이 비슷했어. 이 학생들의 특성을 잘 살려서 모둠을 이끌도록 하면 앞으로 도움이 될 거야. 그런데 C 학생은 모둠활동에 참여하는 것을 좋아하지 않았지만 자신의 감정과 장단점을 잘 이해하는 편이야. C 학생을 위해서는 자신의 강점을 살릴 수 있는 개별 과제를 먼저 생각해 보자.

#2 모둠활동에 적극적으로 참여하지 못한 학생들이 몇 명 있었지. 이 학생들은 제대로 된 학습경험을 갖지 못한 것이 아닐까? 자신의 학습경험에 대하여 어떻게 느꼈을까? 어쨌든 모둠활동에 관해서는 좀 더 깊이 고민해 봐야겠어. 생각하지 못했던 결과가 이 학생들에게 나타날 수도 있고…….

#3 모둠을 구성할 때 태도나 성격 같은 정의적 요소도 반영해야겠어. 진술문을 몇 개 만들어 설문으로 간단히 평가하고 신뢰도는 직접 점검해 보자. 학생들이 각 진술문에 대한 반응을 등급으로 선택하면 그 등급 점수를 합산할 수 있게 해 주는 척도법을 써야지. 설문 문항으로 쓸 진술문을 만들 때 이 척도법의 유의점은 꼭 지키자. 그리고 평가를 한 번만 실시해서 신뢰도를 추정해야 할 텐데 반분검사신뢰도는 단점이 크니 다른 방법으로 신뢰도를 확인해 보자.

#4 더 나은 수업을 위해서 새로운 지도성이 필요하겠어. 내 윤리적 · 도덕적 기준을 높이고 새로운 방식으로 학생들을 대하자. 학생들의 혁신적 · 창의적 사고에 자극제가 될 수 있을 거야. 학생들을 적극 참여시켜 동기와 자신감을 높이고 학생 개개인의 욕구에 특별한 관심을 가지며 잠재력을 계

발시켜야지. 독서가 이 지도성의 개인적 신장 방안이 될 수 있겠지만, 동료교사와 함께 하는 방법도 찾아보면 좋겠어.

○ 논술의 내용 [총 15점]

- #1과 관련하여 가드너(H. Gardner)의 다중지능이론 관점에서 A, B 학생의 공통적 강점으로 파악된 지능의 명칭과 개념, 김 교사가 C 학생에게 제공할 수 있는 개별 과제와 그 과제가 적절한 이유 각 1가지 [4점]
- #2와 관련하여 타일러(R. Tyler)의 학습경험 선정 원리 중 기회의 원리로 첫째 물음을 설명하고 만족의 원리로 둘째 물음을 설명, 잭슨(12P. Jackson)의 잠재적 교육과정의 개념을 쓰고 그 개념에 근거하여 김 교사가 말하는 '생각하지 못했던 결과'의 예 제시 [4점]
- #3에 언급된 척도법의 명칭과 이 방법을 적용하기 위하여 진술문을 작성할 때 유의할 점 1가지, 김 교사가 사용할 신뢰도 추정 방법 1가지의 명칭과 개념 [4점]
- #4에 언급된 바스(B. Bass)의 지도성의 명칭, 김 교사가 학교 내에서 동료교사와 함께 이 지도성을 신장할 수 있는 방안 2가지 [3점]

○ 논술의 구성 및 표현 [총 5점]

- 서론, 본론, 결론 형식의 구성 및 주제와의 연계성 [3점]
- 표현의 적절성 [2점]

6. 기독교사로서 교육에 대한 구성주의적인 측면 고찰하기

4장에서는 교육에서의 구성주의 학습이론에 대해 살펴보았다. 4장의 내용을 살펴보면서, 최근 우리 교육계에 구성주의 학습이론이 적극적으로 활용되고 있음을 확인할 수 있을 것이다. 이에 4장의 내용을 바탕으로, 몇 가지 문제를 제시하고자 한다. 기독교사로서 여러분의 생각을 간략하고 명확하게 제시해 보기 바란다. 혹시 아직 교육의 구성주의적 측면에 대한 이해가 부족한 것 같다면, 다시 한번 읽어보고 아래 문제를 생각해 보기 바란다.

가. 교회교육에서 나타나는 구성주의적 측면에는 무엇이 있을까? 본인이 경험한 사례를 바탕으로 간략히 기술하시오.

나. 교회학교 교사로서 구성주의 학습이론을 적용할 때 유의할 점은 무엇인가? 본인이 경험한 사례를 바탕으로 기술하시오.

다. 기독교교육과 일반교육에서의 구성주의 접근에는 공통점과 차이점이 있을 수 있다. 본인이 생각하는 공통점과 차이점을 구체적인 사례를 들어 기술하시오.

참고문헌

강인애 (1997). 왜 구성주의인가? 서울: 문음사.

권성호 (2002). 교육공학의 탐구(개정판). 파주: 양서원.

권성호, 엄우용, 권혁일, 이준 (2015). 교육공학의 탐구(4판). 파주: 양서원.

김민환 (2013). 학교중심 실제적 교육방법론-교육방법 및 교육공학. 파주: 양서원.

박성익, 임철일, 이재경, 최정임 (2015). 교육방법의 교육공학적 이해. 파주: 교육과학사.

변영계, 김영환, 손미 (2011). 교육방법 및 교육공학(3판). 서울: 학지사.

유완영 (2014). 구성주의에서 의미의 의미. 교육공학연구, 30(1), 1-18.

이신동, 조형정, 장선영, 정종원 (2015). 알기쉬운 교육방법 및 교육공학. 파주: 양서원.

조인진 (2006). 기독교 세계관에서 본 구성주의 교수·학습이론. 총신대논총, 26, 453-477.

한국교육공학회 (2016). 교육공학 탐구(나일주, 조은순 편). 서울: 박영사.

함영주 (2012a). 학습자 중심의 교육원리에 대한 기독교교육학적 통합과 비평. 기독교교육정보, 33, 61-85.

함영주 (2012b). 학습자 친화적 교육환경에 대한 인식과 기독교적 영성활동 참여도의 상관성 연구. 기독교교육정보, 35, 141-168.

홍기칠 (2012). 교육방법 및 교육공학. 고양: 공동체.

Driscoll, M. P. (2005). Psychology of learning for instruction(3rd ed.). Boston, MA: Pearson Education.

Duffy, T. M., & Bendar, A. K. (1991). Attempting to come to grips with alternative perspectives. Educational Technology, 31(9), 12-15.

Jonassen, D. H. (1991). Objectivism versus constructivism: Do we need a new philosophical paradigm? Educational Technology Research and Development, 39(3), 5-14.

Krischner, P. A. (2009). Epistemology or pedagogy, that is the question. In S. Tobias & T. M. Duffy. Constructivist instruction: Success or failure? (pp. 144-157). New York: Routledge.

Resnick, L. B. (1989). Introduction. In L. B. Resnick(ed.), Knowing,

learning and instruction: Essays in honor of Robert Glaser(pp. 1－24). Hillsdale, NJ: Erlbaum.
Tobias, S., & Duffy, T. M. (2009). The success or failure of constructivist instruction: An introduction. In S. Tobias & T. M. Duffy(eds.), Constructivist instruction: Success or failure? (pp. 3-10). NY: Routledge/Taylor & Francis Group.

기사

기독신문(정재영 기자, 2020.03.03.). 실감나는 성경 세계로 안내한다(https://www.kidok.com/news/articleView.html?idxno＝205547&page＝10&total＝1014)

기타

한국교육과정평가원(https://www.kice.re.kr/boardCnts/list.do?boardID＝1500212&s＝kice&m＝030306)

CHAPTER

05

수업설계

CHAPTER

05

수업설계

1. 기독교사로서 수업설계 바라보기

수업설계는 수업 준비의 필수 요건이다. 물론, 교회학교의 경우 교사용 공과와 관련 자료가 제공되기 때문에 일반학교에 비해 수월하게 수업을 준비할 수 있을 지 모른다. 그런데, 교회학교 교사 중 공과 준비를 위해 지속적이고 체계적인 준비와 수업설계와 관련된 교육을 받는 경우는 어느 정도가 될까?

일반 예비교사의 경우, 교육대학, 사범대학, 또는 교직과정 이수 후, 공립학교나 사립학교 교사로 임용되면 수습 기간 없이 바로 학생들을 지도해야 한다. 이에 따라 예비교사들은 각 전공교과에서 개설된 교수법이나 교과교육지도법 등의 과목을 통해 간접적이지만 수업내용을 설계하고 지도하는 방법을 배운다. 그러나, 일반교사들도 수업을 설계하고 지도하는 방법에 대한 경험은 미흡한 편이다. 예를 들어, 국내 교원양성기관에서 개설한 교직과목 중 수업설계에 중점을 둔 과목은 적은 편이다. 물론, 교육학과가 있는 교원양성기관의 경우 관련 교과가 개설되는 경우도 있지만, 교사로서 학생들을 지도하는 실제적인 내용보다는 이론에 초점을 두는 경향이 있다. 또한, 지금까지 본 교과를 학습해서 알겠지만, 여기서도 수업설계는 일부에 불과하다. 또한, 본 교과에서 다루는 수업설계 관련 내용도 실제보다는 이론 중심으로 기술되어 있다. 이에 교육부에서는 교원양성기관에서의 수업설계 교육이 제대로 시행되는지를 평가를 통해서 확인하고 있다. 예를 들어, 교육부에서 시행하는 교원양성기관 기본역량진단에서 예비교사의 '수업설계와 수업실행 능력'은 평가의 주요 항목으로 다루어지고 있다(이충원, 2009). 이처럼, 예비교사의 수업설계는 교원양성기관 교육의 중요한 부분이지만, 실제 예비교사의 교육에서는 비중이 높지 않은 실정이다.

이처럼, 수업설계는 일반교사들에게도 낯설고 생소한 영역이다. 따라서 수업설계는 교회학교 교사들에게는 더욱 낯설고 생소할 것이다. 그런데, 교회교육에서도 수업의 방향을 설정하고 가르칠 내용을 설계하는 것은 중요하다.

아래 기사에서 강조한 **단어나 문구** 등에 집중하면서 천천히 살펴보기 바란다.

교회학교 교육과정 디자인하라 ①[1)]

[기독신문: 장대은 목사] 2020.12.18

교회교육 디자인에 있어 가장 중요한 것은 **방향**을 정하고, 그곳을 **향해** 갈 과정을 **설계**하는 것이다. 우선 '왜 교회교육, 기독교교육이 필요한가?'에 대한 분명한 답변이 준비되어야 한다. 목회자의 분명한 교육가치와 철학, 방향성 설정이 없는 교육은 배가 산으로 가는 법이다. 교육의 방향, **주춧돌**이 세워졌다면 다음으로 필요한 것은 '어떻게' 그것을 실현할 것인가이다. 교육과정은 목표한 방향을 향해 '어떻게' 나아갈 것인지에 대한 **지도**요, 프로세스다. 현장에서 열매를 맺기 위한 교육의 '**모판**'이라고나 할까. 한마디로 교육의 큰 그림이다. [후략]

나는 행복한 교사입니다 ② 흔들리는 교사, 흔들리는 교사교육[2)]

"소명감과 실력 겸비한 교사가 교회 뒤흔든다"

[기독신문: 정형권 기자] 2018.06.08.

'교육방법 몰라 주일학교 그만두고 싶다' 고백… 교육현장 고충 적극 수용해야

"전도사님, 오늘도 우리 선생님 안 와요?" "교사대학을 해도 나오지를 않아요." 교회교육 현장에서 쉽게 나오는 말이다. 인구절벽으로 학생만 줄어드는 게

아니다. 교사도 덩달아 줄어들고 있으며, 사명감마저도 떨어지고 있는 것이 현실이다.

주일학교 위기, 어디에서부터 시작됐나? 교회교육 전문가들은 △세대별 주일학교 분리 △장년목회 중심의 사역구조 △학부모의 세속화 △기독교 부정적 인식 △교사자질 및 사명감 결여 △인구감소 등을 원인으로 지목하고 있다.

그렇다면 부흥하는 주일학교의 원동력은 무엇일까? 교회교육 전문가들은 △헌신된 교사 △다음세대 중심목회를 지목한다. 주일학교 프로그램이나 교회시설 등은 주일학교 부흥과 거리가 멀다. 기독교학교교육연구소 박상진 소장은 "교사는 교회학교 성장의 원동력도 되지만, 반대로 침체의 결정적인 요인이기도 하다"고 지적했다. [후략]

상기 내용을 보면, '교회교육 디자인, 방향, 그곳을 향해 갈 과정을 설계, 주춧돌, 지도, 교육의 '모판', 큰 그림, 장년목회 중심의 사역구조, 교사자질 및 사명감, 부흥하는 주일학교의 원동력, 교사는 교회학교 성장의 원동력도 되지만, 반대로 침체의 결정적인 요인' 등과 같은 단어나 문구를 찾아 볼 수 있다. "교회교육 디자인에 있어 가장 중요한 것은 방향을 정하고, 그곳을 향해 갈 과정을 설계하는 것이다. 우선 '왜 교회교육, 기독교교육이 필요한가?'에 대한 분명한 답변이 준비되어야 한다"처럼, 기독교사는 가르칠 내용을 구체적으로 설계해야 한다. 아니 내용뿐만 아니라, 교회교육의 전반적인 방향도 설정할 필요가 있다. 그런데, 이를 위해서는 앞에서도 언급한 것처럼 교사교육이 필요하다. 그런데, 현실은 "전도사님, 오늘도 우리 선생님 안 와요? 교사대학을 해도 나오지를 않아요"처럼, 교회학교 교사로서의 사명감이 급속도로 떨어지고 있다. 이와 같은 현실에서, '공과 전에 수업내용을 설계하고 가르치라'라고 하다면, 누가 여기에 충실하게 따르겠는가? 기독교학교교육연구소 박상진 소장의 언급처럼, "교사는 교회학교 성장의 원동력도 되지만, 반대로 침체의 결정적인 요인"으로 작용할 수 있다.

---

1) https://www.kidok.com/news/articleView.html?idxno=209291
2) https://www.kidok.com/news/articleView.html?idxno=109765&page=3&total=233

여러분들은 어떠한가? 그래도 여러분들은 지금 이 책을 읽고 공부하고 있으니, 우리 기독교교육, 교회교육의 미래라고 할 수 있을 것이다. 5장에서는 수업, 수업 설계, 예비교사와 수업설계 등에 대해 살펴보고자 한다.

2. 수업

가. 수업의 의미

수업은 교육적 사실 및 정보의 전달, 적용, 분석, 해석 과정을 바탕으로, 학습자의 지적 수준을 정해진 목표에 도달하도록 노력하는 계획적이고 객관적인 활동이다(임철일, 이지현, 장선영, 2007; Newmman, 1996). 즉, 수업은 특정 교과 내용 및 목표, 그리고 수업에 참여하는 학습자에게 최적화된 방식으로 이루어지는 객관적인 교육활동이다. 수업은 교과의 교육과정 및 내용을 정확히 파악한 존재인 교수자와 한 단계 성장하고자 노력하는 존재인 학습자 간의 상호작용을 기반으로 이루어지는 실제적인 교육활동이다. 수업은 학습자의 역량 및 수준에 적합한 활동으로 구성되며 학습자의 선행 지식이나 경험을 효과적으로 연결하여, 학습자를 수업 이전보다 한 단계 발전시키는 활동이다(Mims, 2003). 수업은 교수자 중심의 정보나 지식의 일방적인 전달을 통해 학습자를 수동적인 존재로 만드는 활동이 아니라 학습자의 흥미와 동기를 바탕으로 적극적인 참여를 유도하여 이루어지는 학습자중심의 활동을 의미한다(Newmann, Marks & Gamoran, 1996, p.284). 따라서 수업은 학습자의 학습흥미를 유발하는 학습자료 및 매체, 학습안내, 실사례, 학습자 수준에 적합한 학습활동을 고려하여 이루어지는 종합적인 교육활동을 의미한다(Silber, 2007; Shulman, 2005). 또한, 교육현장에서의 수업은 교수자와 학습자가 함께 만들어가는 교육활동이라고 볼 수 있다. 이와 같은 관점에서 볼 때, 수업은 특정 지식이나 정보를 객관적으로 전달하는 교육활동이 아니라 교수자의 교직관, 학생관, 신념이나 교육적 가치, 그리고 학습자의 흥미 및 동기, 주관적인 요구에 따라 시행되는 주관적이고 예술적인 독창적인 활동이다(Eisner, 1979).

나. 좋은 수업의 의미

좋은 수업은 수업목표 도달에 효과적인 수업전략, 교수자와 학습자 간의 원활한 소통(고창규, 2013), 학습자의 적극적인 참여(Johnson–Farmer & Frenn, 2009)를 기반으로 이루어지는 수업활동을 의미한다. 또한, 좋은 수업은 학습자의 인지 및 정의적 측면을 긍정적인 방향으로 변화시키는 자기 주도적인 학습활동에 기반한 수업활동을 의미한다(엄미리 외, 2009; McMahon, 2006). 물론, 좋은 수업은 학습자의 역량, 교육 상황 및 여건, 교과목의 특징, 수업목표, 수업내용, 수업환경 등에 따라 다르게 제시될 수 있다. 따라서, 특정 학습자나 환경에서 좋은 수업으로 간주된 수업활동이 다른 학습자나 환경에서는 그대로 통용되지 않을 가능성도 있다. 따라서, 좋은 수업의 의미는 학교급, 학습자, 교과목, 수업목표 및 내용, 학습자 수준, 교수자의 교직경력 등에 따라 차이가 있다(권성연, 2010). 특히, 좋은 수업의 의미는 교수자의 수업에 대한 관점, 판단 기준, 교수역량, 교직경험, 수업상황 및 맥락에 따라 다양하게 제시할 수 있다. 좋은 수업은 교수자와 학습자 간의 소통 및 관계, 교수자 특성, 학습자 특성에 따른 주관적인 측면에 영향을 받는다고 볼 수 있다. 교수자는 자신의 수업에 가능한 많은 학습자가 참여하고 의미 있는 활동으로 인식될 수 있도록 내적동기를 자극하며(Mims, 2003) 학습자 모두가 만족하는 수업을 진행하기 위해 노력한다. 또한, 교수자는 이론적인 사례나 개념을 학습자 스스로 자신의 생활과 일상에서 탐색하고 이해할 수 있도록 학습자 맞춤형 사례를 개발하고 적용한다. 또한, 주변 교수자들의 효과적인 수업방법이나 동기유발 등을 참고하여 자신의 수업을 보다 효율적인 방향으로 만들어 나간다. 이처럼 좋은 수업은 교수자의 노력을 통해 실현되는 교육활동의 산물이라고 볼 수 있다.

다. 수업을 바라보는 관점

수업을 바라보는 관점은 학습자, 교수자, 교수학습 측면에서 그 의미를 살펴볼 수 있으며(정한호, 2016: p.235) 이를 통해 수업의 의미를 보다 명확하게 탐색할 수 있다.

① 학습자 측면

수업은 학습자중심의 사고 및 활동에 기반한 핵심 아이디어 탐색, 기본개념 및 원리 습득, 고차원적 사고, 지식의 실제 적용, 피드백 등을 통해 학습자의 자발적인 참여를 증진하는 학습활동을 의미한다(Brophy, 2000). 학습자 측면에서의 수업은 지식의 심화, 쉬운 설명, 교수자나 주변 동료들과의 원활한 소통, 다양한 수업매체를 통한 학습, 공정하고 객관적인 평가 등과 같은 학습자에 초점을 둔 측면으로 제시되는 경향이 있다(윤소정, 2012). 이처럼, 수업은 학습자중심의 실제적, 경험적, 협력적, 도전적 학습활동을 가능하게 도와주는 학습활동이다.

② 교수자 측면

수업은 교수자 열정, 자세한 설명, 학습자와의 친밀감, 피드백 등을 바탕으로 이루어지는 교수활동을 의미한다(Reid & Johnston, 1999; Zimitat, 2006). 수업은 '학습자의 오개념 파악 및 교정 역량', '사고촉진발문 역량', '학습자 아이디어 활용 및 적절한 피드백 제공 역량' 등과 같은 교수자의 수업역량과 깊은 관련을 지닌다(강현영 외, 2011). 따라서 교수자 측면에서의 수업 실행을 위해서는 교수자의 교과 전문성이 중요하며, 교수자는 교과개념 및 수업내용과 이들 사이의 상호 관계에 대한 명확한 지식과 역량을 지니고 있어야 한다.

③ 교수학습 측면

수업은 다양한 교수전략과 방법을 기반으로 수업내용을 학습자에게 효과적으로 전달하는 교수학습활동을 의미한다(이상수, 이유나, 리리, 2008). 수업은 학습자중심의 구성주의 수업활동, 학습자 참여와 소통, 자기 주도적인 학습활동이 가능한 교수학습활동을 의미한다(McMahon, 2006). 물론, 교수학습 측면에서의 수업은 학습자 수준 및 능력, 자기주도학습, 창의적 문제 해결 및 협동학습, 학습주제에 적합한 수업모형 적용 등을 최우선으로 고려하기 때문에 학습자 측면과 다소 상충할 수 있다. 그러나, 앞에서 언급한 학습자 측면에서의 수업이 주로 학습자 개인의 인지적인 측면과 학습활동, 소통 등에 중점을 두었다면, 여기서는 교수학습활동 자체에 초점을 둔다는 점에 차이가 있다.

상기와 같은 여러 관점을 고려해 볼 때, 수업은 교수자가 학습목표 및 방향을 학습자에게 명확하게 제시하고 안내하는 전략, 체계적인 교수방법, 학습자의 흥미와 동기 등을 바탕으로, 학습자의 적극적인 참여와 상호작용을 유발하여 정해진 수업목표에 도달하는 교수학습활동을 의미한다고 볼 수 있다.

라. 수업 분석 도구

앞에서도 언급하였지만, 수업을 바라보는 관점에 따라 좋은 수업의 의미는 차이가 있다. 그런데, 지금까지는 교육현장에서 이루어지는 수업을 분석하거나 탐색하기보다는 수업의 의미, 수업의 질, 수업에 대한 논의 등 수업의 의미나 개념 정립, 수업에 대한 주관적 인식 및 해석에 의의를 두는 경향이 높았다. 이로 인해, 실제 교육현장에서 수업을 평가하고 탐색하는 활동이 다소 미미하였으며 수업을 객관적으로 분석할 수 있는 도구도 부족하였다. 이에 정한호(2013)는 기존의 연구(이선, 장경숙, 2012)를 토대로 수업준비, 교수자 측면, 교수자-학습자 상호작용, 교수활동 등과 같은 비평 범주를 도출하였으며 수업준비(수업 구성, 수업목적, 학습목표, 교실 배치와 정돈), 교수자활동(수업 진행, 발문 및 발화, 수업 열정, 긍정적 강화, 학습자 통제), 학습자활동(수업목표 달성, 학습활동 및 참여), 교수자-학습자 상호작용(학습자 질문과 발화에 대한 교수자 반응, 상호작용 과정, 학습자 이해도), 수업계획(교수자 설명, 활동 간 연계, 교수활동의 구성과 제시 순서, 교구 및 ICT 자료, 학습자 참여 유발 활동, 학습목표 달성여부 점검, 시간 배분)등 범주별 세부 분석요인을 도출하였다. 이와 같은 수업분석 도구를 제시하면 다음과 같다(정한호, 2013)

〈표 5-1〉 수업 분석 도구(정한호, 2013)[3)]

영역	항목	주요 내용(5점 척도)
설계 측면	수업단계구성	전반적인 교수학습 단계 및 내용 구성에 관해 기술하고 있는가?
	수업목표	교수(학습)목표의 내용 및 제시 방법에 관해 기술하고 있는가?
	교수학습활동	교수학습과정안에 제시된 교수학습 활동 계획에 관해 기술하고 있는가?
	평가계획	평가계획에 관해 기술하고 있는가?
	수업환경구성	전반적인 교실구조, 학습자의 좌석배치, 모둠편성, 기자재 배치 등에 관해 기술하고 있는가?
수업 실행	학습동기유발	학습자의 학습동기유발을 위한 활동에 관해 기술하고 있는가?
	수업안내	학습자에게 제시하는 수업목표 및 활동 안내와 관련된 활동이 있는가?

3) 정한호(2013)의 분석 틀을 일부 수정·보완하여 제시함

	교수학습전략	교수학습활동 과정에서 다양한 전략을 사용하는가?
	상호작용	교수자－학습자, 학습자－학습자 간에 활발한 상호작용이 이루어지는가?
	수업분위기	수업분위기가 효과적으로 유지되고 있는가?
	교수학습자료	수업에서 다양한 교수학습자료를 활용하고 있는가?
	교수학습활동	수업목표 도달과 관련된 효과적인 활동이 이루어지고 있는가?
	평가수행	평가내용 및 방법, 평가활동 등이 적절하게 실행되고 있는가?
	피드백 및 정리	피드백 및 정리활동이 이루어지고 있는가?
교수자 측면	발문 및 설명	교수자의 발문내용 및 방법, 교수자의 설명 및 표현방식, 발문이나 설명 등이 적절하게 이루어지고 있는가?
	학습자에 대한 태도	학습자에 대한 교수자의 태도(관심) 및 칭찬 등이 나타나고 있는가?
	학습자 이해도 점검	학습자가 수업내용을 올바로 이해하였는지를 파악하는 교수자의 확인 및 노력 등이 나타나고 있는가?
	수업참여를 위한 노력	학습자를 수업에 참여시키기 위한 교수자의 노력이 나타나고 있는가?
학습자 측면	질문 및 응답	학습내용에 대한 학습자 질문 및 교수자 응답, 교수자 물음에 대한 학습자 응답이 적절하게 이루어지고 있는가?
	학습 태도	학습자의 학습태도가 적절한가?
	학습활동 및 내용에 대한 이해	학습활동 및 내용에 대한 학습자의 이해 수준이 적절하게 이루어지고 있는가?
	학습활동참여	학습자의 학습활동 참여 모습이 적절하게 나타나고 있는가?

3. 수업설계

가. 수업설계의 의미

수업설계는 정해진 수업목표에 도달하기 위해서 교수자가 사전에 계획하고 준비한 전략이다(변영계, 이상수, 2003; 신영미, 이경화, 2021; 정한호, 2009a). 수업설계는 크게 교수자 측면과 학습자 측면으로 구분하여 살펴볼 수 있다. 먼저, 교수자 측면에서의 수업설계는 교수자의 실제적인 교수역량을 신장시켜 수업개선을 지원한다(이경화 외, 2017). 학습자 측면에서의 수업설계는 학습자 수준에 적합한 학습활동을 수립하고 이를 통해 적극적인 참여 및 학습성취에 효과적으로 작용한다(정한호, 2009b; Smith & Ragan, 2004). 따라서 수업설계는 교수자 본인의 수업 관련 장단점 및 유형, 학습자의 수준 및 학습환경 등을 고려하며 궁극적으로 이전보다 개선된 수업활동 및 결과를 도출하는 방향으로 이루어진다(박기용, 2007). 이와 같은 수업설계의 의미를 구체적으로 제시하면 다음과 같다(정한호, 2017).

첫째, 수업설계는 학습자의 수준 및 학습역량을 고려한 목표를 설정하고 학습내용 및 구체적인 활동, 평가 및 피드백 등을 종합적으로 고려하여 계획하는 고차원적 인지활동(Silber, 2007; Sims, 2015)이다. 둘째, 수업설계는 교수자 스스로 자신의 교수활동을 체계적으로 계획하여 학습자의 적극적인 학습 참여를 유발하기 위한 실천기반 교수활동으로(정한호, 2009b), 학습자의 효과적인 학습활동 실현을 위한 수업계획의 과정이며 결과물이다. 셋째, 수업설계는 바람직한 학습자 중심의 수업 실현의 전제조건(변영계, 1997)으로, 계획자체보다는 학습자의 내적동기 신장 및 수업참여(Mims, 2003)를 토대로 이루어지는 실천적인 과정이다. 넷째, 수업설계는 수업계획과 학습목표 도달 관련 교수학습활동 간의 체계적인 연결(Jordan, 2016; Tokmak, Yelken, & Konokman, 2013)을 위한 사전에 준비된 체계적인 과정이다. 따라서 수업설계는 실제 교수학습활동과 동떨어진 별개의 준비과정이 아니라 실제 수업활동과 상호 보완적인 순환과정(정한호, 2009a)이다. 또한, 수업설계는 수업목표 도달에 적합한 교수학습활동의 구성요소들을 체계적으로 결합한 종합적이고 복합적인 수업준비 과정이다.

나. 수업설계 실제

교수자에게 수업설계는 수업을 위한 체계적인 준비과정인 동시에 다소 정형화되고 복잡한 절차로 인식되고 있다. 이러한 수업설계의 실제적인 의미는 교수자의 교직경력에 따라 상이하게 나타난다. 예를 들어, 고경력의 교사일수록 체계적인 수업설계보다는 자신의 교직경험을 통해 형성된 독특한 방식으로 수업을 계획하고 실행하려는 특성(박기용, 2014; Moallem, 1998)이 있다. 학교현장에서 이루어지는 수업설계의 실태를 연구한 정한호(2009a: p.183)에 의하면, 교수자들은 체계적인 수업계획보다 교수자의 학습자에 대한 열정, 가르칠 내용에 관한 지식과 상식, 또는 수업상황에 발생할 수 있는 돌발적인 상황에 대처하는 역량을 중요하게 인식하는 것으로 나타났다. 수업설계 관련 연구들(정한호, 2009a; Rose, 2002)을 살펴보면, 교수자는 수업설계를 자신의 교수활동에 실제적인 영향을 미치지 않는다고 인식하며 수업설계와 관련된 교수자의 활동 정도는 낮은 것으로 나타났다. 또한, 수업설계는 평소에 실시하기보다는 연구수업이나 공개수업 등과 같은 특별한 수업을 위해 작성하여 제출하는 문서(박기용, 2014)의 하나로 인식하는 경향이 있었다. 물론, 이와 같은 현상은 수업설계 자체에 대한 교수자의 인식부족이라기보다는, '수업설계를 위한 시간의 부족, 관련 연수나 지식의 부족, 수업설계 자체의 어려움' 등과 같은 교수자의 상황(박기용, 2007)이나 '수업 이외의 다양한 업무', '자신의 수업설계나 계획을 학교차원에서 서로 교류하고 협의하는 공유문화의 부족'과 같은 학교 현실(정한호, 2009a)과 일정 부분 관련이 있다. 이와 같은 여러 원인들로 인해, 학교현장에서는 수업설계라는 '공식적인 틀' 내에서 수업을 체계적으로 준비하고 계획하기보다는 교수자 개개인의 역량에 의존하는 '비공식적인 틀'에 의존하는 경향이 있음을 확인할 수 있다. 특히, 교수자의 수업설계 역량강화와 관련된 학교현장의 어려움과 현실을 고려할 때, 교원양성기관에서 예비교사를 대상으로 이루어지는 수업설계 교육의 중요성을 파악할 수 있었다. 따라서 지금 본서를 통해 수업설계의 의미를 학습하는 예비교사들은 본인의 전공교과에서 이루어지는 수업설계 관련 내용에 보다 중점을 둘 필요가 있다.

다. 교원양성기관에서의 수업설계 교육

예비교사를 위한 수업설계 교육은 어떻게 수업을 계획하고 설계하는지에 관한 절차, 방법 등을 가르치는 중요한 교육과정이다(박인우, 2015). 일반적으로 교원양성기관에서의 수업설계 교육은 수업설계 관련 이론, 수업설계 과정 및 절차를 토대로 이루어지는 수업설계 실행, 수업시연, 상호 피드백 등으로 구성된다(박기용, 2014). 또한, 수업설계 교육은 수업에 직간접적으로 영향을 줄 수 있는 관련 요인들에 대한 분석, 활동의 구성, 수업에 필요한 자료 제작, 수업시연 및 평가 및 피드백 등과 같은 수업개발이론의 세부 영역 중 하나로 분류한다(박인우, 2015). 국내 교원양성기관에서 시행하는 수업설계 교육의 특징을 제시하면 다음과 같다(정한호, 2017: pp.287－289).

첫째, 국내 교원양성기관에서의 수업설계 교육은 별도의 교육과정으로 운영되기보다 교직과목이나 교과교육과목의 일부 과정으로 실시되는 경향이 있다. 수업설계 교육은 예비교사의 수업시연 등 학교현장의 실천적인 지식 함양과 관련 있는 중요한 과정이지만, 교원양성기관에서는 다소 소홀히 진행되는 경향이 있다(김민정, 2015). 또한, 교원양성기관에서의 예비교사 교육은 전공교과와 관련된 전문적인 지식에 초점을 둔 '교과내용학'을 중심으로 실시하는 경향이 있다(김민정, 2015; 박기용, 2013). 이에 따라 국내 교원양성기관에서의 수업설계 교육은 '교육방법 및 교육공학', '교과교육연구법', 또는 교수법 관련 과목의 일부 과정으로, 이론적인 내용을 중심으로 이루어지는 경향이 있다(김민정, 2015; 박기용, 2014). 그러나, 수업설계 교육은 관련 교과목의 일부 과정으로 실시하는 수업설계모형 등 이론적인 측면의 지도만으로는 부족하며(Reiser, 1994; Weber, 2015) 수업설계 연습 및 실습, 마이크로티칭, 수업시연, 동료 및 교수자 피드백 등의 실질적인 과정을 통해 이루어질 필요가 있다. 특히, 교원양성기관에서의 수업설계 교육이 효과적으로 실시되기 위해서는 설계한 수업지도안을 토대로 이루어지는 수업시연과 피드백 등과 같은 실제적인 적용이 필요하다. 즉, 예비교사가 수업설계를 통해 수립한 교수학습활동을 직접 실행하고 성찰하는 실제적인 방법을 바탕으로, 효과적인 수업설계 교육을 실행하는 방안이 요구된다.

둘째, 국내 교원양성기관에서의 수업설계 교육은 '학교현장실습'과 직접적인 관련성을 지니고 있다. 그러나 '학교현장실습' 전, 일부 교직과목에서 수행하는 수업설계 교육은 설계모형, 원리 등 이론적인 측면에 초점을 두기 때문에, 예비교사의 수업설계 및 이를 통한 수업실행은 미흡한 실정이다(김민정, 2015). 이에 따라 국내 교원양성기관에서 실시하는 수업설계 교육이 예비교사의 현실적인 수업설계 역량, 교수 전문가로서의 역량 신장에 크게 기여하지 못한다는 주장(양찬호 외, 2015)이 제기되고 있다. 이 같은 현실에서, '학교현장실습'은 예비교사들이 대학에서 습득한 수업설계모형 및 원리, 이론으로만 접했던 내용 등을 실제 학교현장에서 수행 및 실현하고 내면화하는 유일한 과정(정한호, 2013)이라고 볼 수 있다. 그러나 현직교사도 어려워하는 수업설계를, 예비교사가 '학교현장실습'이라는 짧은 기간 동안 효과적으로 이해하고 실행, 내면화하는 것은 불가능에 가깝다(임철일, 1999; Driscoll, Klein, & Sherman, 1994; Reiser, 1994). 특히, '학교현장실습'을 통해 이루어지는 수업설계 및 실행과 관련된 지도교사의 한계, 피드백 부족(한혜숙, 2014)은 도리어 수업설계에 대한 예비교사의 인식을 부정적인 방향으로 형성하는 계기로 작용할 우려도 있다. '학교현장실습'을 통해 형성된 예비교사의 수업설계를 연구한 양찬호 외(2015)에 의하면, 교원양성기관에서의 수업설계 교육이 체계적으로 실시되지 않는다면, '학교현장실습'은 예비교사의 수업설계 전문성 신장에 크게 기여하기 어려운 것으로 나타났다. 이에 따라 교원양성기관에서는, '학교현장실습' 이전과 이후에 예비교사 스스로 수업계획, 수업시연, 피드백 및 반성적 평가 등을 수행할 수 있는 현실적인 수업설계 기회를 제공해 주어야 한다.

셋째, 국내 교원양성기관에서의 수업설계 교육은 체계적인 교육과정보다는 특별 프로그램 중심으로 실시하는 경향이 있다. 수업설계는 학교현장에서의 교수활동의 성패를 결정할 수 있는 중요한 실천적 지식이지만, 예비교사 교육에서는 이론중심으로 다루어지고 있다(김민정, 2015). 또한, 앞에서도 언급하였지만, 공식적인 교육과정보다는 예비교사들의 요구와 요청에 따른, 수업시연대회와 같은 특별한 프로그램에 의존하는 경향이 있다. 이에 따라, 예비교사의 실천적 지식을 신장시키는 데 적합한 수업설계 교육과정은 찾아보기 어려운 실정이다(박기용, 2014). 이와 같은 현실에서, 국내 교원양성기관에서는 예비교사를 위한 체계적인 교육과정을 수립하여 시행할 필요가 있다. 예를 들어, 예비교사의 수업설계를 위한 효과적인 교육모형을 탐색한 박기용(2014)은 "Motivate(동기)－Reflect(성찰)-Plan(계획)-Learn(학습)-Practice(실습)－Review(검토)" 등 여섯 단계로 이루어진 수업설계 교육프로그램을 제안하였다. 또한, 예비교사의 수업설계 역량 신장 및 강화에 대한 방안을 연구한 김민정(2015)은 티칭 포트폴리오를 기반으로, 교수자와 학습자 간 소통을 통해 수업설계 지식과 실천적 사고를 정교화할 수 있는 효과적인 교육 프로그램을 제안하였다. 수업계획과 실제 수업실행 간의 불일치를 탐색한 정주원, 이봉우(2015)는 수업설계와 이를 바탕으로 시연하는 수업 간의 차이를 분석하고 성찰할 수 있는 수업설계 교육 프로그램의 효과성을 제시하였다.

이와 같은 국내 교원양성기관에서의 수업설계 교육과 관련된 현실 탐색을 통해, 보다 체계적이고 실천적인 수업설계 교육의 필요성을 확인할 수 있다.

라. 미국 교원양성기관에서의 수업설계 교육

미국 교원양성기관에서 이루어지는 예비교사를 위한 수업설계 교육에 대해 살펴보면 다음과 같다(정한호, 2017: pp.289－290).

첫째, 미국에서는 예비교사를 위한 수업설계 교육을 교육개혁의 핵심 동력으로 간주한다. 특히, '실패한 미국교육제도에 관한 보고서(reports of America's failing education system)'를 살펴보면, 예비교사의 수업설계 및 수업실행 역량 강화의 중요성이 드러난다(Futrell, 2010). 특히, 상기 보고서에서는 미국교육체제의 전면적인 개혁과 더불어, 우수한 자질을 지닌 교사양성의 중요성을 강조한다. 또한, 수업설계 교육의 강화(Reiser & Radford, 1990)를 통한 수업혁신의 필요성을 주장한다. 또한, 효과적인 수업방법 및 학습자 중심의 교육을 실행하기 위해 수업설계를 교원양성과정의 필수교과로 선정(Morrison, Ross, & Kemp, 2001)해야 함을 주장한다. 예를 들어, Darling－Hammond(2010)는 예비교사를 양성하는 대학에서의 교육과 현직교사의 수업전문성 강화가 미국교육체제 전반에 커다란 영향을 미치고 있음을 입증하면서, 미국교육제도의 혁신은 예비교사를 위한 실제적인 교육과정의 강화에서 시작되어야 한다고 주장한다. 이처럼, 미국에서는 예비교사 교육과정과 그 가운데서 이루어지는 수업설계 교육의 중요성을 교수자의 역량 신장뿐만 아니라 국가교육개혁과 연계하여 강조하고 있다.

둘째, 미국에서는 이러닝, 플립러닝 등 테크놀로지의 교육적 활용에 적합한 수업설계 교육의 중요성(Davidson－Shivers & Hulon, 2013, Hoffman, 2014)을 강조한다. Davidson－Shivers & Hulon(2013)에 의하면, 교원양성기관에서는 교육현장에 새롭게 소개되는 테크놀로지의 효과적인 활용과 관련된 수업설계 교육을 반드시 실시해야 하며 수업설계이론 및 과정에 대한 정규 교육과정을 반드시 개설해야 한다고 주장한다. iNACOL 보고서(2013)에 의하면, 아리조나주립대학교(Arizona State University), 플로리다주립대학교(Florida State University), 유타 주립대학교(Utah State University), 웨인주립대학교(Wayne State University) 등 미국의 주요 공립대학에서는 테크놀로지의 효과적인 활용과 관련된 수업설계 교육을 시행하는 것으로 나타났다. 또한, 이와 같은 수업설계 교육은 'A 21st Century Model for Teacher Preparation(Kennedy & Archambault, 2013)'과 연관성을 가지면서 실시되는 것으로 나타났다. 다만, 이와 같은 수업설계 관련 강좌가 대학원 수준에서 이루어지고 있으며, 대학 수준의 교원양성차원에서는 다소 미흡한 수준으로 보인다.

셋째, 미국에서의 수업설계 교육은 비정기적이고 비공식적인 방식에서 보다 체계적인 방식으로 변하고 있지만, 기존의 전통적인 형식을 일부 유지하려는 경향(Weber, 2015)도 공존한다. 예를 들어, 미국교육은 아직도 기존의 전통적인 '산업혁명 실천(industrial revolution practices)'을 토대로 한 '교육의 팩토리 모형(factory model of education)'에 기반을 두고 있다(Christensen, Horn, & Johnson, 2011). 물론, 범 국가차원에서 새로운 시대에 적합하게 K－12 교육체제의 질을 높이고자 노력하였지만, 수업설계 차원에서의 본질적인 변화는 도출되지 못하고 있다. Futrell(2010)에 의하면, K－12 교육체제와 관련된 많은 교육개혁방안이 협의되고 시행하였지만, 가장 중요한 대학 교원양성기관에서의 교사 교육프로그램, 특히 수업설계와 관련된 교육과정의 혁신에는 영향을 주지 못한 것으로 나타났다. 이로 인해, 미국 교원양성기관의 예비교사 교육은 혁신적으로 변화하지 못하였으며 기존의 오랜된 산업혁명시대의 패턴이나 관행에 기초한 교사교육이 유지된다는 주장(Crawford & Smith, 2012)도 제기되고 있다.

상기와 같은 내용을 통해, 미국의 교사교육에서는 수업설계의 혁신을 통한 본질적인 수업방법 개선, 플립 러닝 등과 같은 새로운 테크놀로지의 도입에 따른 적합한 수업설계 교육의 필요성 등이 중요하게 논의되고 있음을 확인할 수 있었다. 특히, 국가 전체의 교육체제의 혁신을 위해 예비교사의 수업설계 및 방법 개선에 중심을 두고 있음을 확인할 수 있었다. 물론, 미국에서도 국내와 마찬가지로, 대학 교원양성기관 수준에서의 효과적인 수업설계 교육, 교육 전문성 신장 및 역량 강화, 교육체제의 변화를 통한 수업의 질 향상에는 저항 및 어려움을 겪고 있다는 점을 확인할 수 있었다. 이와 더불어, 수업설계 교육의 중요성과 이를 통한 교육 혁신의 방향성도 고찰해 볼 수 있었다.

4. 예비교사와 수업설계

가. 예비교사의 수업설계 특징

예비교사가 수업을 설계할 때 나타나는 일반적인 특성은 다음과 같다(정한호, 2017: pp.290－291).

첫째, 예비교사들은 수업을 설계할 때, 교수학습활동이나 시간적인 흐름, 학습자 반응 및 적절한 피드백 등과 같은 전체적인 수업상황보다는 교과내용 전달 및 습득 자체에 초점을 두는 경향이 있다. 예비교사가 수업을 설계할 때 나타나는 사고의 과정을 연구한 박기용(2013)에 의하면, 전형적인 수업모형을 바탕으로 단계적이고 순차적으로 수업을 설계하는 것으로 나타났다. 특히, 1차적으로 작성된 수업설계를 전체적인 관점에서 수정, 보완, 구체화, 정교화하기보다는 일회적으로 작성하고 마무리하는 특징을 지닌 것으로 나타났다. 수업설계에 대한 예비교사의 안목을 탐색한 정한호(2013)의 연구에서도, 예비교사들은 교수학습활동의 전반적인 과정이나 수업목표 도달 간의 연계성 측면에서 수업을 설계하기보다는 학습자 중심의 교수자 인식 및 태도, 학습자와의 상호작용에 초점을 둔 수업방법, 교과의 핵심내용 전달에 초점을 두는 설명 및 질문 등 각각의 분절적인 측면에 중심을 두는 경향이 있는 것으로 나타났다. 이처럼, 예비교사의 수업설계는 수업의 전체적인 측면보다 특정 부분에 초점을 두는 특성을 지니고 있다고 볼 수 있다.

둘째, 예비교사들은 수업을 설계할 때, 수업시연을 고려하기보다는 수업계획 수립 자체에 중심을 두는 경향이 있다. 물론, 이와 같은 현상은 수업설계를 수업시연과 직접적으로 연계하는 활동 부족에 기인한다고 볼 수 있다. 예비교사의 수업설계와 수업시연 간에 존재하는 불일치를 탐색한 정주원, 이봉우(2016)의 연구에 의하면, 예비교사는 교수학습 과정 및 단계, 차시별 계획 수립에 중점을 두는 경향이 있지만, 수업상황에서 나타나는 교수자와 학습자 간의 상호작용을 체계적으로 계획하는 것에는 미흡한 것으로 나타났다. 예비교사의 수업설계 과정을 연구한 서선진, 박경옥(2012)에 의하면, 예비교사들은 학습목표의 설정, 교수학습활동의 구체적인 수립, 수업자료의 선정과 제작, 개별적인 지원, 평가와 피드백 등을 설계할 때 어려움을 느끼는 것으로 나타났다. 또한, 교수학습과정에서의 학습자 흥미유발, 학습자의 질의에 대한 응답, 토의와 토론, 적절한 시간 조절 등에 어려움(양찬호 외, 2015)을 느끼는 것으로 나타났다. 이처럼, 예비교사는 교육현장에서 일어나는 실제적인 수업과정과 관련된 측면을 설계할 때 어려움을 느끼며 계획수립 자체에 초점을 두는 특성을 지니고 있다고 볼 수 있다.

셋째, 예비교사들은 수업을 설계할 때, 학습자의 학습목표 도달에 관심을 두지만, 실제 학습자의 목표 도달 여부를 평가하고 피드백을 제시하는 측면에서는 다소 미흡한 경향이 있다. 예비교사의 수업설계 과정을 연구한 박기용 외(2009)에 의하면, 예비교사는 학습자의 목표 도달과 깊은 관련이 있는 학습자 수준, 특성, 반응과 학습자의 질의에 대한 피드백에 초점을 두는 반면, 학습자가 학습활동을 통해 목표에 실제 도달하였는지의 여부를 탐색하는 형성평가에 대해서는 다소 부족한 측면이 있는 것으로 나타났다. 이처럼, 예비교사는 학습자의 목표도달 자체에 관심이 높으며 이와 관련된 세부적인 활동을 수립하는 반면, 평가계획 수립 및 피드백 등 평가와 관련하여서는 다소 미흡한 것으로 나타났다. 예비교사를 대상으로 수업설계의 실태를 조사한 정한호(2013)에 의하면, 조사에 참여한 전체 예비교사 중 20% 정도만, 수업목표 도달 여부를 평가하는 측면을 간략하게 계획하는 것으로 나타났다. 이처럼, 예비교사는 수업 마무리 단계에서의 평가 및 피드백을 소홀히 하는 경향이 있다.

상기와 같은 예비교사의 수업설계 특성은, 국내 대학에서 이루어지는 수업설계 교육의 현실을 있는 그대로 드러낸다. 다만, 수업설계는 교실환경, 교수자와 학습자 관계 등 다양한 수업 맥락을 고려하여 종합적으로 수립해야 하기 때문에(정주원, 이봉우, 2016), 학교현장 경험이 거의 없는 예비교사가 실제적인 수업을 설계하기는 어렵다고 볼 수 있다. 따라서, 교원양성교육에서는 수업설계에 대한 이론적인 측면에 대한 교육과 더불어, 학교수업의 현실을 반영한 현실적인 교육체험의 기회를 제공하여, 예비교사 스스로 현장기반의 수업설계 역량을 신장시켜 나가는데 도움을 줄 수 있어야 한다(이선, 장경숙, 2012). 이를 위해, 교원양성기관에서는 현재의 수업설계 관련 교육과정을 전면 개편해야 하며, 학교현장의 요구를 반영한 현실적인 수업설계 교육과정을 신설하여 운영할 필요가 있다.

지금까지 살펴본 내용을 토대로, 예비교사의 수업설계 시 중점을 두어야 하는 측면을 간략히 제시하면 아래와 같다.

첫째, 예비교사는 수업의 각 부분과 더불어 전체적인 관점에서 수업을 설계해야 한다.

둘째, 예비교사는 실제 수업실행을 고려하면서 수업을 설계해야 한다.

셋째, 예비교사는 동기유발, 수업활동과 더불어, 형성평가 및 이에 대한 구체적인 피드백도 고려한 구체적인 과정도 설계해야 한다.

나. 예비교사를 위한 협력적 수업설계

수업설계는 본래 교수자가 자신의 수업을 체계적으로 계획하고 준비하는 것이다. 그러나 교원양성기관에 재학 중인 예비교사가 자기 주도적인 수업설계를 실행하기는 쉽지 않다. 따라서 예비교사들은 본인의 전공교과를 지도하기 위한 수업설계 방안에 대한 고민을 지속할 필요가 있다. 특히, 교과교육학 관련 강좌를 수강할 때, 본인의 전공에 적합한 수업설계모형을 심도 있게 탐색하고 이를 바탕으로 교수학습과정안을 구성하는 연습을 지속해야 한다. 예비교사들이 동료들과 함께 협력적으로 교수학습과정을 설계할 수 있는 사례를 소개하면 다음과 같다 (이은상, 김현진, 2020: pp.1076－1079).

〈표 5-2〉 예비교사를 위한 협력적 수업설계 연습 단계

단계	주요 활동
팀준비	① 예비교사들의 생각을 바탕으로 협력적 수업설계 비전 및 방향 설정
	② 협력적 수업설계를 위한 팀 활동 환경 조성
분석	③ 협력적 수업설계 비전에 적합한 주제 선정
	④ 협력적 수업설계 주제의 상세내용 분석
설계	⑤ 학습자에게 제공할 평가 계획, 문제상황, 수행활동 계획 작성
	⑥ 학습자와 교수자의 활동을 지원할 도구와 스캐폴딩 설계
개발 및 실행	⑦ 동료들이 협력적으로 설계한 내용을 토대로 학습자료 탐색 및 개발
	⑧ 동료들의 설계안과 수업자료를 활용하여 수업 실행
평가	⑨ 동료들과의 협력적인 수업설계를 통해 실행한 수업과 설계 과정 평가
	⑩ 동료들과 함께 협력적으로 설계한 수업과정 및 결과에 대해 종합적으로 성찰하고 평가

① 준비 - 협력적 수업설계 비전 및 방향 설정

- 협력적 수업설계를 통해 실현하려는 교육목적에 대해 자유로운 논의 및 비전 설정
- 협력적 수업설계의 교육목적을 달성하기 위해 지향해야 할 수업 방향 설정

② 준비 - 수업설계 환경 조성

- 협력적 수업설계에 필요한 역할을 나열하고, 동료들의 특성과 희망을 고려하여 역할 배분
- 동료들과 수업설계 시 필요한 자원에 대해 논의하고, 주어진 조건을 고려하여 결정
- 협력적 수업설계를 위한 규칙에 대해 논의하고, 동료들의 상황을 고려하여 결정
- 협력적 수업설계를 위한 일정에 대해 논의하고, 동료들의 상황을 고려하여 결정

③ 분석 - 수업설계 주제 선정

- 협력적 수업설계를 위한 주제들을 나열하고 각각의 주제에 관하여 설명
- 비전/설계방향/협력방식 등을 고려하여 나열된 주제의 적합성 논의 및 최종 선정

④ 분석 - 수업설계 주제의 구체적인 내용 분석

- 수업에서 반드시 다루어야 할 핵심적인 지식과 기능 나열, 그리고 반영할 요소 탐색
- 내용요소, 기능요소, 역량 등을 결합하여 통합된 수업목표로 진술

⑤ 설계 - 평가계획, 문제상황, 수행활동 계획

- 수업설계안에 대한 평가내용 및 방법을 설정하고, 활동과정상의 평가내용 및 방법 조정
- 문제상황에 대한 아이디어를 나열하고, 동료들과의 협의를 통해 조정
- 수업시간에 학습자들이 수행해야 할 활동 아이디어를 나열하고 협의를 통해 조정

⑥ 설계 - 교수학습 활동 지원 도구 및 스캐폴딩 설계

- 학습활동과 평가활동을 지원하는 도구들을 연결하고 공동의 논의를 통해 조정
- 각 활동에서 학습자들에게 필요한 스캐폴딩을 나열하고 공동의 논의를 통해 조정

⑦ 개발 및 실행 - 협력적으로 도출한 수업설계안을 토대로 수업자료 탐색 및 개발

- 협력적으로 구성한 설계안 및 개별 설계안에 근거하여 수업자료 목록을 나열하고 공동의 논의를 통해 조정
- 학습자 입장에서 동료의 탐색 자료 및 아이디어에 대해 검토의견 제시, 자료 제작 및 수정

⑧ 개발 및 실행 - 수업설계안과 수업자료를 활용하여 수업 실행

- 협력적 수업설계안에 근거하여 수업 실행
- 학습자들의 학습과정 및 결과를 파악할 수 있는 자료를 수집하고 공유

⑨ 평가 - 수업설계안에 기반하여 실행한 수업 및 설계과정 평가

- 수업과정에서 수집한 자료에 근거하여 성찰 및 평가 내용 공유, 수업설계 개선
- 단계별 협력적 수업설계 목표(미션)에 근거하여 활동결과 성찰 및 평가

⑩ 평가 - 수업설계 과정, 수업설계안, 수업실행, 결과에 대한 종합적인 성찰 및 평가

- 수업과정에서의 학습(평가)결과 검토 후 수업목표에 근거하여 종합적으로 평가
- 협력적 수업설계의 전 과정에 대한 성찰 및 평가

상기 단계는 현직 교사가 자신의 경험을 바탕으로, 구성한 협력적 수업설계 단계이다. 본 협력적 수업설계 단계를 바탕으로, 예비교사들이 수업설계를 연습한다면 한 단계 신장한 수업설계 역량 함양에 도움이 될 것으로 기대한다.

다. 학교현장에서 활용 가능한 수업설계 과정

학교현장에서는 수업설계보다는 주로 수업지도안을 작성한다. 그런데 교수자가

수업지도안을 체계적으로 작성하기 위해서는 반드시 수업설계를 선행할 필요가 있다. 교수자는 실제 수업이 이루어지는 수업환경의 탐색 및 분석을 바탕으로 효과적인 수업설계를 실시할 수 있다. ADDIE모형을 기반으로 학교현장에서 효과적으로 활용 가능한 수업설계 과정의 사례를 소개하고자 한다. 본 수업설계모형은 수업 전, 수업 중, 수업 후 등 각 상황을 바탕으로 설정되었으며 구체적인 내용은 다음과 같다(김태기, 2021: pp.216－221).

① 수업 전 상황 관련

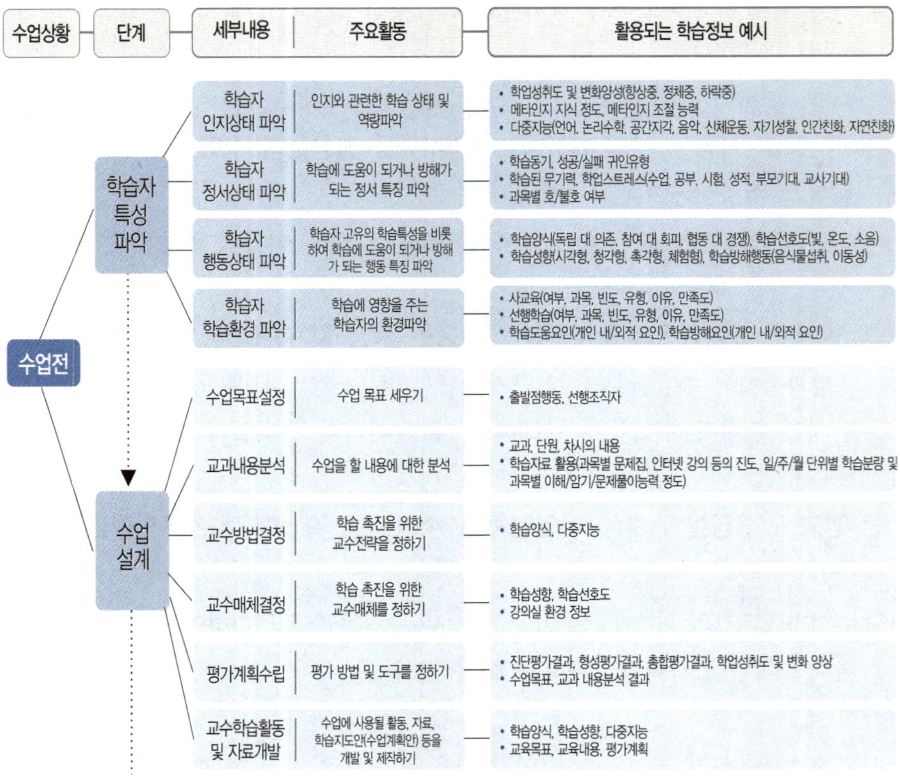

[그림 5-1] '수업 전 상황'과 관련된 수업설계의 과정(김태기, 2021: p.217)

교수자는 학습자의 인지, 정서, 행동 상태와 더불어 학습자의 학습환경을 탐색한다. 먼저, 교수자는 학업성취, 메타인지, 다중지능 등을 활용하여 학습자의 인지

상태 및 기본 역량을 확인한다. 둘째, 교수자는 학습자의 학습동기, 성공 및 실패 관련 귀인 유형, 학업스트레스, 과목에 따른 호불호 등 정서 상태를 파악한다. 셋째, 교수자는 학습자의 학습양식, 선호도, 성향, 방해행동 등 학습에 도움이나 방해가 되는 행동 상태를 파악한다. 또한, 교수자는 상기와 같은 학습자 특성 분석 결과를 바탕으로, 학습자에 최적화된 수업목표 설정, 교과내용 분석 및 수업방법 설정, 매체 선정, 평가계획을 수립한 후 여기에 적합한 교수학습활동, 자료 등을 개발한다. 교수자는 학습자의 출발점행동, 선행조직자 등을 확인하여 수업목표를 설정한다. 또한, 학습자에게 적합한 교수방법을 결정하고 학습자의 성향, 선호도, 교실환경 등을 고려하여 매체를 결정하고 평가방법 및 도구도 결정한다. 상기와 같은 과정을 마무리한 후 교수자는 실제 수업에서 적용할 교수학습활동 및 각종 자료를 제작한다.

② 수업상황 관련

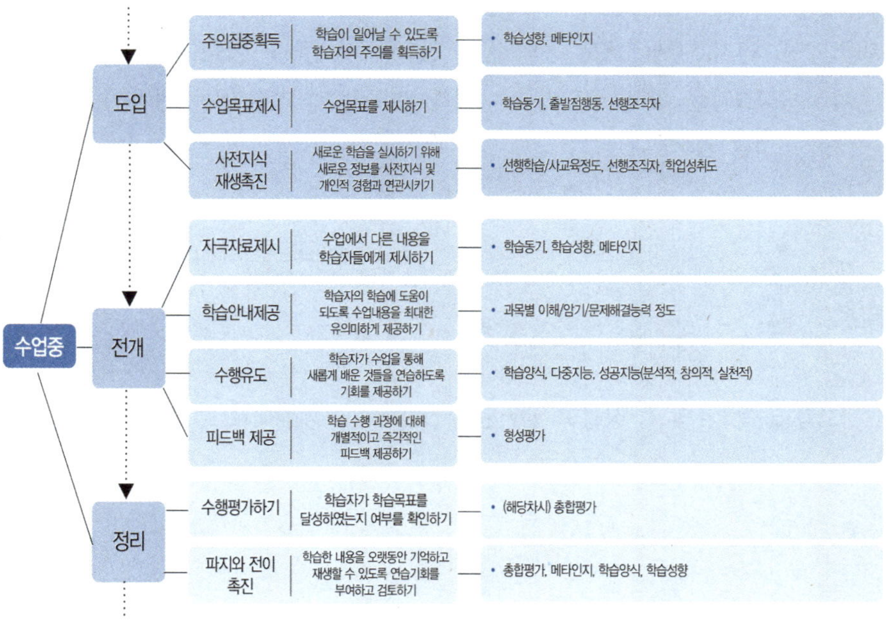

[그림 5-2] '수업 중 상황'과 관련된 수업설계의 과정(김태기, 2021: p.217)

교수자는 실제 수업에서 도입, 전개, 정리 등의 단계로 수업을 진행한다. 먼저, 수업 첫 부분에 해당하는 도입부분에서는 학습이 일어날 수 있도록 학습자의 성향과 메타인지를 고려하여 주의를 집중시킨 후 학습동기, 출발점행동, 선행조직자를 참고하여 학습자에게 설정된 수업목표를 제시한다. 여기서 수업목표는 학습자에게 수업 이후에 학습자가 도달하게 될 결과로서의 역할을 하기 때문에, 교수자는 학습자가 명확히 이해할 수 있는 방식으로 제시한다. 둘째, 교수자는 자극자료 제시, 구체적인 학습활동 안내, 수행유도, 피드백 등을 구체적으로 제공한다. 특히, 교수자는 학습자의 특성에 따른 맞춤형 수업활동을 제시하여 학습자에게 도움이 되며 유의미한 학습활동이 가능하도록 전개한다. 셋째, 교수자는 간단한 형성평가(수행평가)와 피드백, 그리고 수업성과를 지속할 수 있는 파지와 전이를 촉진하는 활동을 수행한다.

③ 수업 후 상황 관련

교수자는 수업 후 수업결과 및 과정 등을 평가하고 성찰한다. 교수자는 학습자의 변화양상, 인지, 정서, 태도 등의 변화 정도를 파악하고 이를 통해 수업의 전반적인 과정 및 결과를 평가하고 이후 수업을 계획할 때 반영한다. 여기서 학습자의 만족도를 조사할 수 있다.

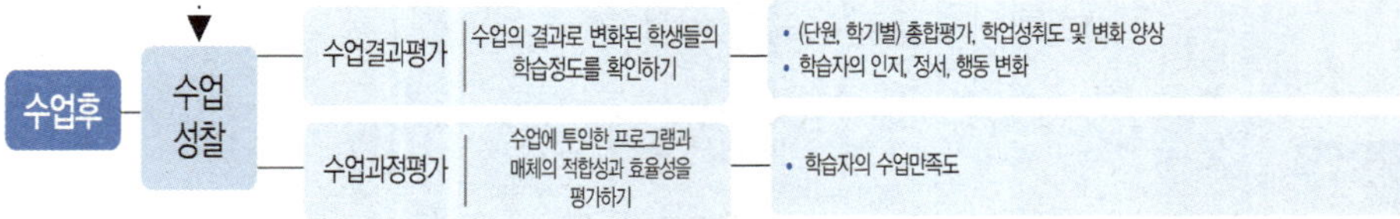

[그림 5-3] '수업 후 상황'과 관련된 수업설계의 과정(김태기, 2021: p.217)

5. 2018학년도 중등학교교사 임용후보자 선정경쟁시험 교육학 문항 (1차시험, 20점, 60분)

다음은 A 중학교 학생들의 학업 특성 조사 결과에 관해 두 교사가 나눈 대화 중 일부이다. 대화의 내용은 (1) 교육과정, (2) 수업, (3) 평가, (4) 장학에 관한 것이다. (1)~(4)를 활용하여 '학생의 다양한 특성을 고려하는 교육'이라는 주제로 논하시오. [20점]

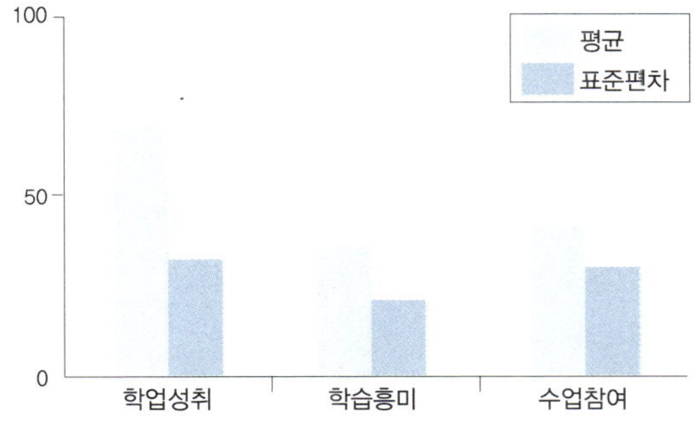

박 교사: 선생님, 우리 학교 학생의 학업 특성을 보면 학습흥미와 수업참여 수준이 전반적으로 낮아요. 그리고 학업성취, 학습흥미, 수업참여의 개인차가 크다는 것이 눈에 띄네요.

김 교사: 학생의 개인별 특성이 그만큼 다양하다는 것을 의미하겠죠. 우리 학교 교육과정도 이를 반영해야 하지 않을까요?

박 교사: 그렇습니다. 그런데 교육과정을 개발하는 과정에서 학생의 개인별 특성을 중시하는 의견과 교과를 중시하는 의견 간에 차이가 있습니다. 이를 조율하기 위해서는 시간이 걸리겠지만 적절한 논쟁을 거쳐 합의에 이르는 심사숙고의 과정이 필요합니다.

김 교사: 네, 그렇다면 학생의 다양한 특성을 반영하기 위한 수업 방법으로 어떤 것이 있을까요?

박 교사: 우리 학교 학생에게는 학습흥미와 수업참여를 높이는 수업이 필요할 것 같아요. 제가 지난번 연구수업에서 문제를 활용한 수업을 했는데,

수업 중에 학생들이 무엇을 해야 하는지 모르는 것 같았어요. 게다가 제가 문제를 잘 구성하지 못했는지 별로 흥미를 보이지 않더라고요. 문제를 활용하는 수업에서는 학생의 역할을 안내하고 좋은 문제를 개발하는 것이 중요하다는 것을 알게 되었어요.

김 교사: 그렇군요. 이처럼 수업이 학생의 다양한 특성을 반영하게 되면 평가의 방향도 달라질 필요가 있습니다. 앞으로의 평가에서는 학생의 능력, 적성, 흥미에 적합한 목표를 설정하고 그에 따라 수업과 평가가 이루어지는 것도 의미가 있어 보입니다.

박 교사: 동의합니다. 그러기 위해서는 평가결과를 해석하고 판단하는 기준도 달라질 필요가 있습니다. 예컨대 학생의 상대적 위치가 어느 정도인지를 판단하기보다는 미리 설정한 학습목표에 도달했는지 여부를 중시하는 평가유형이 적합해 보입니다.

김 교사: 네, 저도 그렇게 생각합니다. 그리고 말씀하신 유형 외에 능력참조평가와 성장참조평가도 제안할 수 있겠네요.

박 교사: 좋은 생각입니다.

김 교사: 그런데 저 혼자서 학생의 다양한 특성을 고려해서 교육과정을 개발하고 수업을 설계하고 평가하는 것은 힘들어요. 선생님과 저에게 이 문제가 공동 관심사이니, 여러 선생님과 경험을 공유하고 협력해서 피드백을 주고받는 것이 좋겠어요.

○ 논술의 내용 [총 15점]

- 박 교사가 제안하는 워커(D. F. Walker)의 교육과정개발모형의 명칭, 이 모형을 교육과정 개발에 적용하는 이유 3가지 [4점]
- 박 교사가 언급하는 PBL(문제중심학습)에서 학습자의 역할 2가지, PBL에 적합한 문제의 특성과 그 특성이 주는 학습 효과 1가지 [4점]
- 박 교사가 제안하는 평가유형의 명칭과 이 유형에서 개인차에 대한 교육적 해석 1가지, 김 교사가 제안하는 2가지 평가유형의 개념 [4점]
- 김 교사가 언급하는 교내장학 유형의 명칭과 개념, 그 활성화 방안 2가지 [3점]

○ 논술의 구성 및 표현 [총 5점]

- 논술은 서론, 본론, 결론으로 구성하고 [1점], 주어진 주제와 연계할 것 [2점]
- 표현이 적절할 것 [2점]

6. 기독교사로서 수업의 설계적인 측면 고찰하기

5장에서는 수업설계와 수업설계 교육의 현실, 학교현장에서 활용 가능한 수업설계의 과정에 대해서 살펴보았다. 5장의 내용을 살펴보면서, 일반교육에서도 교수자의 수업설계가 쉽지 않음을 확인할 수 있었다. 이와 동시에 수업설계의 중요성에 관해서도 확인할 수 있었다. 5장의 내용을 바탕으로, 몇 가지 문제를 제시하고자 한다. 기독교사로서 여러분의 생각을 간략하고 명확하게 제시해 보기 바란다. 혹시 아직 수업설계에 대한 이해가 부족한 것 같다면, 다시 한번 읽어보고 아래 문제를 생각해 보기 바란다.

가. 예비교사의 수업설계 및 관련 교육이 어려운 이유는 무엇일까? 본인이 경험한 사례를 바탕으로 간략히 기술하시오.

나. 교회학교 교사로서 수업설계를 어느 수준까지 실시하는 것이 가능하겠는가? 본인이 경험한 사례를 바탕으로 기술하시오.

다. 기독교교육과 일반교육에서의 수업설계에는 공통점과 차이점이 있을 수 있다. 본인이 생각하는 공통점과 차이점을 구체적인 사례를 들어 기술하시오.

참고문헌

강현영, 고은성, 김태순, 조완영, 이경화, 이동환 (2011). 좋은 수학수업을 위해 수학교사에게 필요한 역량과 교사교육에 대한 현직교사의 인식조사. 학교수학, 13(4), 633－679.

고창규 (2013). 초등교사들이 교수－학습지도안 작성 시 고려하는 '좋은' 수업 특성. 인문논총, 31, 183－213.

권성연 (2010). 학교급과 교사 경력에 따른 좋은 수업에 대한 중요도 및 실행수준 인식차이. 열린교육연구, 18(4), 78－103.

권성호, 엄우용, 권혁일, 이준 (2015). 교육공학의 탐구(4판). 파주: 양서원.

김기용 (2014). 중등 예비교사의 수업설계 학습 지원을 위한 수업모형 개발. 교육공학연구, 30(2), 285－306.

김민정 (2015). 교수자 티칭 포트폴리오의 공개와 수업개선 참여활동이 예비교사의 티칭 포트폴리오 작성 및 수업설계 전문성에 미치는 영향. 학습자중심교과교육연구, 15(11), 267－288.

김민환 (2013). 학교중심 실제적 교육방법론－교육방법 및 교육공학. 파주: 양서원.

김태기 (2021). 학습분석 수업설계모형 개발. 아시아교육연구, 22(2), 201－228.

남선우 (2021). 에듀테크를 활용한 상호작용적 비대면 실시간 수업 설계 및 개발 연구: 기독교교육과 수업 사례를 중심으로. 기독교교육논총, 66, 343－382.

박기용 (2007). 교수설계 모형과 실천 간의 차이와 원인 분석. 교육공학연구, 23(4), 1－30.

박기용 (2013). 교사의 수업설계 사고과정 분석 연구. 한국교원교육연구, 30(3), 175－196.

박기용, 배영직, 강이철 (2009). 교육실습에서 예비교사의 수업설계 과정에 관한 사례연구. 한국교원교육연구, 26(3), 169－197.

박성익, 임철일, 이재경, 최정임 (2015). 교육방법의 교육공학적 이해. 파주: 교육과학사.

박숙희, 염명숙 (2009). 교수－학습과 교육공학. 서울: 학지사.

박인우 (2015). 교수와 수업, 수업이론, 수업설계이론에 대한 개념적 분석. 교육공학연구, 31(3), 633－ 653.

변영계 (1997). 수업장학. 서울: 학지사.

변영계, 김영환, 손미 (2011). 교육방법 및 교육공학(3판). 서울: 학지사.

변영계, 이상수 (2003). 수업설계. 서울: 학지사.
서선진, 박경옥 (2012). 교육실습 중 경험한 수업설계 활동에 대한 예비특수교사의 인식 및 수행실태에 대한 연구. 학습장애연구, 9(2), 143-166.
신영미, 이경화 (2021). 학습자중심수업설계 지원의 협력과 성찰기반 GM(Global Motion) 모형 개발. 초등교육연구, 34(4), 107-128.
양찬호, 배유진, 노태희 (2015). 과학관 활용 수업을 위한 중등 예비과학교사의 교수 설계에서 나타나는 특징. 한국과학교육학회지, 31(1), 95-107.
엄미리, 김명랑, 장선영, 박인우 (2009). '좋은 수업'에 대한 현직교사와 예비교사의 인식 연구: 지양해야 할 수업 형태와 관련하여. 한국교육학연구, 15(1), 107-132.
유승우, 임형택, 권충훈, 이성주, 이순덕, 전희정 (2013). 교육방법 및 교육공학. 파주: 양서원.
유은희 (2018). 한국 기독교 사립고등학교 종교수업 유형에 관한 탐색적 질적 연구. 기독교교육논총, 55, 231-270.
윤소정 (2012). 다면적 접근을 통한 대학의 좋은 수업 특성 분석. 수산해양교육연구, 24(6), 963-976.
이경화, 전주성, 유기웅 (2017). 교과별 차별화된 플립드 러닝 수업이 대학생의 학업성취 향상 및 수업만족도에 미치는 효과. Global Creative Leader, 7(1), 1-22.
이상수, 이유나, 리리 (2008). '좋은 수업'에 대한 한·중 고등학교 교사와 학생의 인식 비교 연구. 비교교육연구, 18(3), 27-47.
이선, 장경숙 (2012). 수업분석을 통한 초등영어 예비교사들의 영어 수업에 대한 교육적 안목 발달에 대한 연구 .초등영어교육, 18(2), 295-321.
이신동, 조형정, 장선영, 정종원 (2015). 알기쉬운 교육방법 및 교육공학. 파주: 양서원.
이은상, 김현진 (2020). 학습자 중심 학습을 위한 교사 간 협력적 수업 설계모형(T-CID) 개발 연구. 교육공학연구, 36(4), 1057-1086.
이충원 (2009). 교육실습생에 대한 협력교사의 지도 프로그램 연구. 한국스포츠교육학회지, 16(2), 1-20.
임철일 (1999). 수업지도안 설계의 의의: 교육공학적 관점. 함께하는 영어 교육(창간호), 22-31.
임철일, 이지현, 장선영 (2007). 교육프로그램 개발을 위한 '간편 교수체제설계'모형에 관한 개발연구. 기업교육연구, 9(2), 55-76.
정주원, 이봉우 (2016). 교육실습에서 중등 예비과학교사들의 수업계획과 실제수업의 불일치 분석. 한국과학교육학회지, 26(3), 435-443.
정한호 (2009a). 초등학교 교사들의 수업설계 실태에 대한 질적 고찰. 교육공학연구, 25(3), 157-191.
정한호 (2009b). 교육실습과정에서 나타난 중등 예비교사들의 수업설계 실태. 교육과정평가연구, 12(2), 1-30.
정한호 (2013). 중등 예비교사의 수업분석 관점 탐색: 수업비평문을 바탕으로. 교사교육연구, 52(2), 267-295.
정한호 (2016). 대학교육에서 이루어지는 좋은 수업에 대한 중요도 및 실행도에 관한 연구 : 사범계열을 중심으로. 한국교육, 43(1), 231-259.
정한호 (2017). 교원양성기관에서의 수업설계 교육을 통해 나타난 중등 예비교사의 수업설계 특징 탐색. 교육방법연구, 29(2), 285-312.
한국교육공학회 (2016). 교육공학 탐구(나일주, 조은순 편). 서울: 박영사.
한혜숙 (2014). 수학과 수업실습에서 실습지도교사의 지도 활동 및 역할에 관한 교육실습생들의 인식 연구. 한국학교수학회논문집, 17(4), 747-769.
함영주 (2016). 기독교교육방법으로서의 액션러닝에 대한 이해와 활용 가능성에 대한 연구. 신학과 실천, 48, 415-441.
홍기칠 (2012). 교육방법 및 교육공학. 고양: 공동체.

Christensen, C., Horn, M., & Johnson, C. (2011). Disrupting class: How disruptive innovation will change the way the world learns. New York, NY: McGraw.
Crawford, C., & Smith, R. (2012). Rethinking teacher education programs: Engaging in traditional face-to-face instructional modeling with integrated, parallel online instructional modeling. In P. Resta (Ed.), Proceedings of Society for Information Technology & Teacher Education International Conference 2012 (pp. 291-298). Chesapeake, VA: Association for the Advancement of Computing in Education (AACE).
Darling-Hammond, L. (2010). Teacher education and the American future. Journal of Teacher Education, 61(1-2), 35-47.
Davidson-Shivers, G., & Hulon, S. (2013). Using instructional design principles to prepare college instructors and preservice teachers to integrate technology into the classroom. Paper presented at the Proceedings of World Conference on Educational Multimedia,

Hypermedia and Telecommunications, 1940−1945.

Driscoll, M., Klein, J., & Sherman, G. (1994). Perspectives on instructional planning: How to teachers and instructional designers conceive of ISD planning practices? Educational Technology, 34(3), 34−42.

Eisner, E. W. (1979). The educational imagination: On the design and evaluation of school programs. New York: Macmillan.

Futrell, M. (2010). Transforming teacher education to reform America's P−20 education system. Journal of Teacher Education, 61(5), 432−440.

Hoffman, E. (2014). Prospects for instructional design and teacher education. In J. M. Spector, M. D. Merrill, J. Elen, & M. J. Bishop (Eds.), Handbook of research on educational communications and technology (4th ed., pp. 895−907). NY: Springer.

International Association for K−12 Online Learning. (2013). Fast facts about online learning. Vienna, VA: iNACOL.

Johnson−Farmer, B. J. & Frenn, M. (2009). Teaching excellence: What great teachers teach us. Journal of Professional Nursing, 25(5), 267−272.

Jordan, M. (2016). Teaching as designing: Preparing pre−service teachers for adaptive teaching. Theory Into Practice, 55, 197−206.

Kennedy, K., & Archambault, L. (2013). Partnering for success: A 21st century model for teacher preparation. Vienna, VA: iNACOL.

McMahon, T. (2006). Teaching for more effective learning: Seven maxims for practice. Radiography, 12(1), 34−44.

Mims, C. (2003). Authentic learning: A practical introduction & guide for implementation. Meridian, 6(1). Available from: http://www.ncsu.edu/meridian/win2003/authentic_learning

Moallem, M. (1998). An expert teacher's thinking and teaching and instructional design models and principles: An ethnographic study. Educational Technology Research & Development, 46(2), 37−64.

Morrison, G., Ross, S., & Kemp, J. (2001). Designing effective instruction (3rd ed.). New York, NY: John Wiley & Sons, Inc.

Newmann, F. M. (1996). Authentic achievement: restructuring schools for intellectual quality. San Francisco, CA: Jossey−Bass.

Newmann, F. M., Marks, H. M., & Gamoran, A. (1996). Authentic pedagogy and student performance. American Journal of Education, 10(4), 280－312.

Reid, D. J. & Johnston, M. (1999). Improving teaching in higher education: Student an teacher perspectives. Educational Studies, 25(3), 269－281.

Reiser, R. (1994). Examining the planning practices of teachers: Reflections on three years of research. Educational Technology, 34(3), 11－16.

Reiser, R., & Radford, J. (1990). Preparing preservice teachers to use the systems approach. Performance Improvement Quarterly, 3(4), 40－52.

Rose. E. (2002). Boundary talk: A cultural study of the relationship between instructional design and education. Educational Technology, 42(6), 14－22.

Shulman, L. S. (2005). To Dignify the Profession of the Teacher: The Carnegie Foundation Celebrates 100 Years. The Magazine of Higher Learning, 37(5), 22－29.

Silber, K. H. (2007). A principle based model of instructional design. Educational Technology, 47(5), 5－19.

Sims, R. (2015). Beyond instructional design: Making learning design a reality. Journal of Learning Design, 8(3), 33－42.

Smith, P. L., & Ragan, T. L. (2004). Instructional design (3rd ed). NY: John Wiley & Sons.

Tokmak, H., Yelken, T., & Konokman, G. (2013). Pre－service teachers' perceptions on development of their IMD competencies through TPACK－based activities. Educational Technology & Society, 16(2), 243－256.

Weber, V. (2015). Instructional design for online lerning are pre－service teachers prepared? Unpublished doctoral dissertation. Capella University.

Zimitat, C. (2006). First year students' perceptions of the importance of good teaching: Not all things are equal. Research and Development in Higher Education, 29, 386~392.

기사

기독신문(장대은 목사, 2020.12.18.). 교회학교 교육과정 디자인하라① (https://www.kidok.com/news/articleView.html?idxno=209291)

기독교사(정형권 기자, 2018.06.08.). 나는 행복한 교사입니다 ②흔들리는 교사, 흔들리는 교사교육 "소명감과 실력 겸비한 교사가 교회 뒤흔든다" (https://www.kidok.com/news/articleView.html?idxno=109765&page=3&total=233)

기타

한국교육과정평가원(https://www.kice.re.kr/boardCnts/list.do?boardID=1500212&s=kice&m=030306)

CHAPTER

06

수업설계이론 및 모형

CHAPTER

06

수업설계이론 및 모형

1. 기독교사로서 수업설계이론 및 모형 바라보기

5장에서 수업설계에 대해 살펴보았다. 예비교사의 수업설계 특징과 학교현장에서 활용 가능한 수업설계의 과정에 대해서 구체적으로 탐색하였다. 6장에서는 5장에 이어 교육현장에서의 수업전략 수립에 효과적인 수업설계이론과 모형에 대해서 살펴보고자 한다. 수업설계이론은 학습자의 학습 참여 및 참여를 효과적으로 촉진하기 위해 수업 실제에 적용하여 유용하게 활용할 수 있는 처방적인 지식체계를 의미한다. 그런데, 5장에서도 언급한 것처럼 교육현장에서는 수업설계에 대한 체계적인 접근보다는 교수자 개인의 역량에 기반한 수업이 이루어지는 경우가 있다. 물론, 이와 같은 현상은 의도적인 것이라기보다는 수업설계이론에 대한 기본적인 이해가 부족하기 때문에 나타나는 결과이다. 이로 인해, 개인의 역량이 우수한 교수자와 초임교사처럼 가르치는 기술이 뛰어나지 않은 교수자 간에는 수업설계와 실제 수업실행에서 차이가 나타날 수밖에 없다. 특히, 초임교사의 경우 학교현장에서의 가르치는 경험이 절대적으로 부족하기 때문에 여러 시행착오를 겪게 된다. 또한, 이러한 교수자의 시행착오는 교수자의 문제로 국한되는 것뿐만 아니라 학습자에게도 직접적인 영향을 미친다.

그런데, 교회교육에서의 수업설계는 본질적인 어려움에 처해 있다. 먼저 교사 수급에 어려움이 있으며 기독교사들의 사명감 저하로 수업설계 관련 교육의 참여도가 현저히 떨어지고 있다. 그렇다면, 상기와 같은 어려움을 최소화할 수 있는 현실적인 방안은 무엇일까? 어떻게 하면 기독교사들의 수업설계 역량을 높여 양질의 공과교육을 실시할 수 있을까? 국공립, 사립학교 교사들은 교원양성기관에서 교사양성 교육을 이수하고 정식교사 자격증을 취득하였다. 또한, 국공립학교 교사는 교사임용시험을, 사립학교 교사는 자체 전형을 통과하였다. 따라서 이들이 수업설계와 관련된 이론과 모형을 바탕으로 수업을 설계하는 연습을 하고 이를 자신의 상황에 처방적으로 적용하여 활용한다면, 보다 효과적인 수업을 실행할 수 있을 것이다. 이에 반해, 교회학교에서는 공식적인 기독교사 자격증이나 체계적인 연수과정이 미흡한 상황이다. 이와 같은 현실에서, 기독교사들의 공과 준비를 체계적으로 지원할 방법은 무엇일까?

COVID-19로 인해 대부분의 교회에서는 비대면 중심으로, 또는 대면과 비대면을 혼합한 수업을 진행하였다. 그런데 이와 같은 비대면수업의 질은 대면에 비하여 현저히 떨어지는 것으로 나타났다. 일반교육에서도 비대면으로 인한 수업의 질에 대한 문제가 거론되고 있다. 이와 더불어, 비대면 수업에 대한 수업설계의 어려움도 가중되고 있다.

아래의 기사에서 강조한 **단어나 문구**에 집중하면서 내용을 천천히 살펴보기 바란다.

"학교현장 원격수업 이후 교육격차 오히려 커졌다"[1)]

[기독신문: 이미영] 2020.10.08

설문조사서 학부모 79.1% '사교육 필요' '균등한 교육기회 보장하라' 요구 높아져

코로나19로 학교 현장에 **원격수업이 도입된 이후 교육격차**가 **커지고 있다는** 우려가 확대되고 있다. 최근 발표된 설문조사에 따르면, 학부모 10명 중 8명이 원격수업 이후 '사교육이 필요하다'고 답했으며, 실제로 절반가량의 학부모가 원격수업 후 사교육 참여율이 커졌다고 답했다. 사교육걱정없는세상(공동대표:

정지현 홍민정)이 9월 8~15일 전국 학생, 학부모, 교사 1,501명을 대상으로 실시한 설문조사에 따르면, 응답자의 63%가 '2학기 원격수업에 불만족한다'고 답했다. 불만족의 원인으로는 원격수업에서 질의응답, 피드백, 학습 동기부여에서의 불만족이 75.7%, 선생님과 친구와의 소통 부족이 78.6%, 원격수업에서의 평가 방식 및 횟수에 대한 불만족이 72%로 확인됐다.

이에 더해, '원격수업에 의한 사교육이 필요하다'는 응답은 79.1%에 달했다. 그리고 실제로 원격수업 전후 응답자의 48.3%가 "사교육 참여율의 변화를 체감한다"고 답했다. 또 교육정책디자인연구소가 8월 26일부터 9월 4일까지 서울 · 경기 · 인천 지역 교사, 학생, 학부모, 교장 · 교감 등 7,178명을 대상으로 실시한 설문조사에서도 "원격수업으로 학생들 간의 학력격차가 커졌다"라는 질문(4점 척도)에 학부모(3.14점), 교사(3.1점), 교장 · 교감(3.05점) 등으로 나타났다.

이와 관련, 교육정책디자인연구소, 좋은교사운동, 참교육을 위한 전국학부모회, 교사노동조합연맹, 사교육걱정없는세상 등 교사 · 학부모 연대단체는 지난 9월 24일 서울 국회의사당 정문 앞에서 기자회견을 열고 '코로나19 위기 극복을 위한 교육 6대 핵심대책'을 촉구했다. 이들은 "학교 현장에 원격수업이 도입된 이래 교육 격차 심화에 대한 우려와 원격수업의 질에 대한 불만이 지속적으로 불거져 왔다"면서 "균등한 교육기회 보장을 위해 긴급히 추진돼야 할 5대 핵심대책을 정부에 요구한다"고 밝혔다. [후략]

상기 내용을 보면, '원격수업이 도입된 이후 교육격차가 커지고 있다, 질의응답, 피드백, 학습 동기부여, 평가 방식 및 횟수, 좋은교사운동, 참교육, 교육 격차 심화' 등과 같은 단어나 문구를 찾아 볼 수 있다. "학교 현장에 원격수업이 도입된 이래 교육 격차 심화에 대한 우려와 원격수업의 질에 대한 불만이 지속적으로 불거져 왔다"처럼, 교육현장에서의 원격수업은 질적인 저하와 학습자 간의 교육격차를 이전보다 크게 늘린 것으로 보인다. 이를 통해, 교회교육에서의 공과의 질 하락과 학습자 간의 격차도 이전보다 크게 나타났을 것으로 예상된다. 물론, 이러한 문제

1) https://www.kidok.com/news/articleView.html?idxno=208434&page=5&total=1679

는 기독교사 개인이나 개별교회에 국한되었다기보다는 대부분의 기독교육기관에서 당면하는 문제라고 볼 수 있다.

따라서 이와 같은 원격교육에 따른 질 하락과 교육격차의 문제는 교회학교 개별로 해결하기에는 다소 무리가 있을 수 있다. 이를 위해, 동일한 지역에 있는 교회학교 간의 협력체계 구축과 같은 생태계 조성을 바탕으로 이루어지는 현실적인 접근이 필요하다. 특히, 수업설계 관련 모형에 대한 교사교육이나 연수가 활성화될 필요가 있다.

2. 수업설계이론

가. 가네의 수업사태이론

가네(Gagné)는 행동주의와 인지주의 원리를 바탕으로, 학습자 내부에서 발생하는 학습과정(learning process)을 효과적으로 지원하는 외적인 수업사태(instructional events)를 제시하였다. 여기서 학습자 내부에서 유발하는 학습과정은 내적조건으로, 교수자는 학습자의 학습과정을 촉진시키기 위해 이를 이해하고 여기에 적합한 외적조건, 적절한 수업사태를 제공해야 한다. 따라서 가네의 수업사태이론을 제대로 파악하기 위해서는 학습자의 학습과정과 교수자가 외부에서 지원하는 수업사태에 대한 이해가 선행되어야 한다.

① 내적인 학습과정

학습자의 학습은 내적인 인지과정을 거치면서 나타난다. 인지이론에 따르면, 학습자의 학습은 외부로부터의 자극을 인지과정을 거치면서 수용한 후 다시 외부로 드러나는 행위 등 일련의 과정을 거치면서 발생한다. 그런데, 이러한 학습의 과정은 학습자 개인의 인지적인 활동만으로는 어렵고 힘들다고 볼 수 있다. 가네는 학습과정을 올바로 이해해야 학습자의 학습을 효과적으로 지원할 수 있는 외적인 수업사태를 제공할 수 있다고 본다. 이와 같은 내적인 학습과정을 제시하면 다음과 같다.

〈표 6-1〉 내적인 학습과정

학습과정	주요 내용	관련 교수사태
주의	학습을 시작하기 위해 외부로부터의 자극에 집중하여 주의를 기울이는 과정	주의집중
기대, 동기화	학습활동의 결과로 획득하게 될 결과에 대한 기대 과정	수업목표 제시
작동기억으로 재생	학습과 관련된 기존 지식의 재생 과정	선수학습상기
선택적 지각	목표나 기대에 따라 새로운 정보에 선택적으로 지각하는 과정	학습자료 제시
부호화	새로운 정보나 지식을 잘 기억하기 위하여 유의미하게 조직하는 과정	학습안내
수행 반응	학습한 내용을 외부로 드러내는 연습의 과정	성취행동 유도
강화	수행 반응이 주어진 상황의 요구 조건이나 목표와의 일치 정도를 만족시켰는지 확인하는 과정	피드백 제공
재생단서제공	학습한 내용의 재생을 위한 단서를 제공하는 과정	성취행동 평가
일반화	학습을 통해 습득한 기능이나 지식을 영구히 기억할 수 있도록 요약, 정리하고 일반화하는 과정	파지 및 전이 형성

② 외적인 수업사태

교수사태는 학습의 과정을 외적으로 지원하는 교수조건, 또는 외적인 교수상황을 의미한다. 여기서 우리는 '사태'를 의미하는 영어 단어 '이벤트(event)'의 의미에 주의를 기울일 필요가 있다. 모두 아는 것처럼, 이벤트는 특별한 행사, 중요한 사건 등을 의미한다. 우리는 흔히 누군가를 위해 특별한 자리를 마련하는 것을 이벤트라고 부른다. 여기서 의미하는 외적인 수업사태에서의 '사태'는 바로 이러한 '중요하고 특별한 행사나 자리'를 의미한다고 볼 수 있다. 모두 아는 것처럼, 학습의 과정은 고독하고 외롭고 힘든 내적인 과정이다. 누군가가 도와준다고 해도 학습의 과정은 전적으로 학습자의 몫이다. 이때 필요한 것이 바로 '이벤트'이다. 즉, 학습자들의 학습과정을 외부에서 지원하고 도와주는 것이다. 그런데, 이러한 외부지원은 딱딱하고 형식적이고 엄숙한 지원이 아니라 이벤트와 같은 즐거운 과정이 되어야 한다. 따라서 수업사태이론에 기반한 수업설계는 학습자의 학습과정을 활성화하고 지원하는 측면에 초점을 둔다. 물론, 여기서는 학습자 측면보다는 교수자 측면에서의 지원이 더욱 강조되는 경향이 있다. 또한, 수업사태이론에 따른 수업설계는 단계별로 중요한 핵심적인 교수활동, 9개의 수업사태를 중심으로 구성된다.

학습자의 학습과정을 지원하는 외적인 수업사태를 제시하면 다음과 같다.

〈표 6-2〉 외적인 수업사태

교수사태	주요 내용	관련 학습과정
주의집중	주의집중은 학습자의 동기를 유발시킬 수 있는 기본적인 요소. 교수자는 다양한 시각 및 청각자료, 기존과 다른 독특한 자료를 사용하여 학습자의 주의를 끌 수 있어야 함	주의
수업목표 제시	학습의 결과로 획득하게 될 성과가 무엇인지를 구체적으로 제시하는 것. 교수자는 가능하면 학습자의 기에 부응할 수 있는 매력적인 방법으로 목표를 제시할 필요가 있음	기대, 동기화
선수학습상기	본 차시의 학습활동을 수행하는 데 도움이 되는 의미 있는 지식이나 정보의 재생을 도와주는 것	작동기억으로 재생
학습내용 제시	본 차시에서 다룰 학습내용, 정보 등을 제시하는 것으로, 학습할 내용의 독특한 특징이나 사례들을 구조화하여 명료하게 제시하는 것	선택적 지각
학습안내	학습과제의 모든 내용을 통합적으로 안내하는 방법. 학습과제를 효과적으로 수행하는 데 요구되는 규칙이나 모형을 제공하거나 단서나 힌트 등을 제시하는 것	부호화
수행행동 유도	학습자에 의해 학습한 내용들이 연습으로 실행되는 것. 학습자가 무엇을 새로 학습하였는지를 증명하는 단계. 연습문제 풀기, 과제 수행, 질문에 대한 응답, 실습 등이 포함됨	수행 반응
피드백 제공	성취행동이 얼마나 성공적이었는지에 대한 정확성 여부를 알려주는 것. 성공적인 수행결과에는 긍정적인 피드백을 제공하여 수행을 강화하는 기능을	강화

	함. 다만 평가는 이루어지지 않음	
성취행동 평가	수행행동에 대한 연습과 강화를 통해 도출된 학업성취에 대해 평가를 시행하는 것. 평가를 통해 다음 단계로의 학습이 가능한지 아닌지를 판단함	재생단서제공
파지 및 전이 형성	수업사태의 마지막 단계로 학습결과가 다른 상황으로 적용되거나 일반화할 수 있는 경험을 제공하는 것. 반복과 적용을 통해 기억의 활성화를 지원하며 새로운 상황에서의 활용이 가능하도록 지도함	일반화

나. 라이겔루스의 수업정교화이론

라이겔루스(Reigeluth)는 수업에서 다루어지는 내용들의 위계와 순서적인 위치에 중심을 두면서, 전체적인 측면에서 가르칠 내용을 위계적으로 구성하는 조직전략인 수업정교화이론을 제시하였다. 수업정교화이론은 교수내용의 선정(selecting), 계열화(sequencing), 종합화(synthesizing), 요약화(summarizing)를 위한 적절한 방안을 처방하는 수업설계이론이다. 그런데, 여러분들도 알고 있는 것처럼, 교수자 중에서 수업시간에 다루는 내용을 위계적인 순서 없이 지도하는 경우는 거의 없다고 볼 수 있다. 또한, 내용 자체가 위계적으로 구성된 수학과와 같은 교과의 경우, 교수자는 가르칠 내용의 전체적인 위계를 파악한 후 수업을 설계할 수밖에 없다. 앞에서 살펴본, 가네도 가르칠 내용의 위계성을 학습의 중요한 조건으로 강조하였다. 예를 들어, 가네는 학습과제의 위계성을 언급하면서(박성익 외, 2015), 특정 학습과제를 수행하기 위해서는 사전에 습득해야 하는 내용이 있음을 강조하였다. 따라서 라이겔루스가 언급하는 위계성에 기초한 수업정교화이론은 일반적인 수업설계이론이라고 볼 수 있다. 그러나, 라이겔루스의 수업정교화이론은 수업내용의 위계성에 초점을 둔 기존의 관점과는 다소 차이가 있다. 예를 들어, 가네가 언급한 학습의 위계성은 가르칠 내용의 위계에 초점을 두는 경향이 있으며, 학습위계에 따라 순차적으로 내용을 습득해 나가야만 최종 단계에 이를 수 있다. 또한, 모든 내용의 학습을 완료하였을 때, 비로소 전체적인 내용의 구조, 위계적인 측면을 파악할 수 있다. 이에 반해, 라이겔루스가 언급하는 위계성은 단순히 내용을 순차적으로 가르치는 것에 초점을 두기보다는 가르칠 내용의 핵심적인 아이디어, 즉 가장 단순하면서 전체를 대표할 수 있는 정수(epitome)에 초점을 둔다. 이와 같은 관점에서 라이겔루스가 언급한 수업정교화이론은 수업내용을 조직하고 선정할 때, 정수를 먼저 다루고 순차적으로 관련 세부 내용을 지도하여 학습자의 학습에서 의미 있는 정교화가 일어나도록 하는 수업설계이론이다. 따라서 수업정교화이론에서 정수를 중심으로 수업내용을 조직하고 위계화하는 것은 단순한 요약(abstract)이나 정리가 아니다. 수업정교화이론에 의하면, 교수자는 수업 중에 반드시 다루어야 할 내용 중 가장 대표적이고 일반적(general)이고 간단(simple)하면서 구체적인(concrete) 아이디어를 선정한 후(권성호 외, 2015) 이를 기반으로 수업을 설계해야 한다.

수업정교화이론을 기반으로 수업을 설계하는 전략을 살펴보면 다음과 같다.

〈표 6-3〉 수업정교화이론에 기반한 수업설계전략

전략	주요 내용
정교화된 계열화	가르칠 내용을 단순하거나 일반적인 것부터 복잡하고 세부적인 내용으로 구성하는 계열화 전략. 예를 들어, 정수와 같은 가장 단순하고 기본적인 내용을 중심으로 세분화하고 상세한 내용으로 점진적으로 계열화하는 것을 의미함
선수학습의 계열화	가르칠 내용의 학습을 위해 필요한 선행지식을 구성하는 계열화 전략. 예를 들어, 새로운 내용의 학습을 위해 사전에 학습하거나 습득하고 있어야 하는 내용을 중심으로 계열화하여 제공함. 모든 학습자의 선수학습 능력이 갖추어지도록 수업내용을 계열화하는 것을 의미함
요약자 활용	이미 학습한 내용을 체계적으로 검토 및 복습하도록 사용하는 수업전략. 한 차시의 수업에서 활용하는 내부 요약자와 단원별로 제시하는 단원 요약자로 구분함. 예를 들어, 이미 습득한 주요 아이디어나 사실들에 대한 간단한 예문, 전형적인 사례, 적절한 평가문항 등을 제공할 수 있음. 학습자들에게 체계적으로 검토 및 요약할 기회를 제공하는 전략을 의미함
종합자 활용	개별적인 아이디어를 유기적으로 연결하고 통합하는 수업전략. 여기서는 개념적으로, 절차적으로, 이론적으로 연결하는 전략을 사용함. 예를 들어, 특정 수업을 통해서 획득한 아이디어 간의 관련성이나 기존의 아이디어와의 관련성을 유기적으로 연결하는 전략을 활용할 수 있음. 개별 수업, 단원, 또는 전체적인 측면에서 개별 아이디어들의 연결성을 제시함으로 학습동기 및 파지를 증가시키는 전략을 의미함

비유 활용	수업시간에 제시하는 새로운 정보(topic)를 학습자의 인지구조 속에 존재하는 친숙한 아이디어나 맥락과 연결하여 이해하도록 지원하는 수업전략. 예를 들어, 다소 복잡하고 추상적인 정보를 제공할 경우, 학습자에게 친밀하고 친숙한 내용으로 전달하는 전략을 활용할 수 있음. 학습자에게 생소한 내용을 기존에 습득한 내용과 관련지어서 설명하는 전략을 의미함
인지전략 활성자	학습자가 자신의 인지전략이나 과정에 대하여 인식하고 조절하도록 지원하는 수업전략. '그림, 도식, 비유, 기억술' 등과 같은 내재된 전략활성자(embedded strategy activator)를 활용하거나 '학습자 스스로 구성하도록 유도'하는 지시문을 제시하는 분리된 전략 활성자(detached strategy activator)가 있음. 원격수업을 설계할 때 학습자 스스로 본인의 학습과정에 대해 인지하고 조절하도록 지원하는 전략을 활용하면 더욱 효과적일 수 있음
학습자 통제전략	학습자 스스로 학습내용, 학습전략 등을 선택하고 계열화하는 통제 역량을 갖도록 지원하는 수업전략. 예를 들어, 학습자 스스로 학습할 내용과 적합한 학습전략을 계열화하고 조직화하여 최적의 맞춤형 학습방법을 구축하도록 제공하는 전략. 여기서는 크게 학습내용에 관한 통제와 학습전략에 대한 통제로 구분됨. 원격수업을 설계할 때 활용하면 효과적인 수업설계전략임

다. 켈러의 ARCS이론

켈러(Keller)의 ARCS이론은 Attention(주의), Relevance(관련성), Confidence(자신감), Satisfaction(만족감)과 같은 학습자 개인의 동기유발 및 유지와 관련된 4가지 요소로 구성된 수업설계이론이다(Keller, 1979). ARCS이론은 본래 학습동기 관련 기대－가치이론에 영향을 받은 것으로, 학습자 개인의 필요, 믿음, 기대가 학습 행위에 미치는 영향력에 초점을 둔다. 앞에서 언급한 가네의 수업사태이론이나 라이겔루스의 정교화 이론은 모두 행동주의와 인지주의를 근거로, 학습자에게 가르치는 방법, 즉 '어떻게 지도하는 것이 효과적인가'와 같은 교수자 측면의 수업설계에 관심을 둔다. 이에 반해, 켈러의 ARCS이론은 학습자가 교수자의 수업을 통해 학습하는 이유, 즉 '왜 교수자의 수업에 참여하는가'와 같은 학습자의 동기에 기반한 설계에 중점을 둔다. 물론, 켈러의 ARCS이론에서도 학습자의 학습참여 및 동기 자체에 초점을 두기보다는 교수자 관점에서 학습자의 학습동기를 유발하고 지속하는 방안에 중심을 둔 것이라고 볼 수 있다. 따라서 켈러의 ARCS이론에서는 학습자의 동기를 유발시켜 학습성과를 도출하고 지속적으로 동기를 유지시키는 것에 초점이 있다. 그런데, 학습동기는 학습자의 학습 방향과 강도를 결정하는 핵심적인 요소로, 개인적인 측면이 강하게 드러난다. 특히, 학습동기는 수업의 질, 학습 환경 및 분위기와 함께 학업성취에 유의미한 영향을 미칠 수 있는 중요한 핵심적인 심리 기제이다(Covington, 2000; Kreitner, 1995). 따라서 수업설계를 통해 학습자의 학습 관련 의욕을 높이고 학습활동 참여 및 성취를 통해 만족감을 느끼는 가운데 동기를 유발하고 유지한다는, ARCS이론은 기존의 수업설계이론과는 다소 차이가 있다. 또한, 켈러의 ARCS이론은 학습동기, 학업수행에 관한 것으로, 학습자가 개인적으로 과제를 해결하려는 '노력'과, 실제 실행하는 '수행', 수행의 '결과'에 영향을 미치는 개인 특성 변인과 환경 변인을 통합하는 거시적인 이론이다(박성익 외, 2021: p.115). 켈러의 ARCS이론은 관점에 따라, 여러 가지 차원으로 해석할 수 있다. 여기서는 Attention(주의) ⇨ Relevance(관련성) ⇨ Confidence (자신감) ⇨ Satisfaction(만족감) ⇨ Attention(주의) 와 같은 순환적인 차원에서 살펴보도록 하겠다.

〈표 6-4〉 ARCS이론에 기반한 수업설계전략[2)]

전략	주요 내용
Attention1 (주의)	학습동기의 첫 번째 요소이면서 가장 중요한 핵심 구성요소. 학습자의 주의를 끌어내기 위한 자극을 제시하며 유발된 주의는 지속되어야 함. 여기에는 지각적 주의환기, 인식적 주의환기, 다양성 전략 등이 있음. 예를 들어, 독특한 시청각 자료를 통해 학습자의 외적 호기심과 주의를 유발하거나(지각적 주의 환기), 학습자의 내적인 호기심이나 탐구심을 자극하여 스스로 새로운 정보를 탐색하는 등 학습에 대한 기대감을 유발하거나(인식적 주의환기), 수업형태나 수업자료에 변화를 주어 학습자의 흥미를 유지하는 것(다양성)을 의미함. 학습자의 연령대가 낮을수록 지각적 주의환기를 중심으로 연령대가 높을수록 인식적 주의환기에 초점을 둘 수 있음. 그러나 여기서의 핵심은 주의나 호기심의 유발이 아니라 지속시키는 것에 있음. 또한, 이렇게 유발되고 유지된 주의는 다음 단계인 관련성으로 전달되어야 함

2) ARCS모형에서는 하위 구성요소를 단계별로 제시하는 것을 명시하지 않았음. 다만, 여기서는 순환적인 단계의 측면을 고려하여 제시함

⇩	
Relevance (관련성)	수업시간에 주어지는 학습과제나 활동이 학습자의 개인적인 흥미에 어느 정도 부합하거나 연관성을 맺고 있는지에 대한 정도와 관련된 구성요소. 학습자의 학습이 이루어지기 위해서는 학습자의 호기심 유발만으로는 어려움. 학습자의 주의를 유발한 후 관련 학습과제가 학습자의 개인적인 차원에서 어떤 연관성이 있는지가 중요함. 여기서 의미하는 관련성은 일반적으로, '결과'와 '과정'으로 구분됨. 예를 들어, '결과' 측면에서의 관련성은 학업결과, 또는 성과가 학습자에게 어떤 도움을 주는가에 초점을 둠. '과정' 측면에서의 관련성은 학업의 과정이 학습자의 성취욕구를 충족시켜 주는 정도에 중점을 둠. 이와 같은 결과와 과정 측면에서의 관련성을 높이기 위한 구체적인 전략으로는 학습자에게 친밀감을 제공하는 친밀성 전략, 학습자가 지향하는 목표 도달에 도움을 주는 목표지향성 전략, 학습자의 필요나 동기에 부합하는 전략 등으로 구분할 수 있음. 학습관련 활동이 학습자와의 관련성이 높을수록, 앞 단계에서 유발된 주의는 지속되고 강화될 수 있음
⇩	
Confidence (자신감)	학습자에게 학습과제 및 활동을 성공적으로 마무리할 수 있다는 기대감을 갖게 하는 구성요소. 주의와 관련성으로 유발되고 유지된 학습동기가 지속되기 위해서는 학습을 통해 성공의 계기를 마련할 수 있다는 인식을 갖게 할 필요가 있음. 주의와 관련성 중심으로 유발된 학습동기가 학습자의 자신감으로 연결되지 않는다면, 해당 동기는 소멸할 수밖에 없음. 따라서 수업을 설계할 때 학습자에게 적절한 수준의 도전감을 유발하고 자신의 노력에 따라 성취할 수 있다는 자신감을 심어줄 필요가 있음. 예를 들어, 학습자 스스로 자신의 능력을 인지하고(지각된 능력) 자신의 노력에 따라 결과가 달라질 수 있으며(지각된 조절감) 가능한 노력을 통해 성공할 수 있는 기대감(성공에의 기대감) 형성 전략이 필요함. 이를 위해 학습의 필요조건을 구체적으로 제시하고 성공의 기회를 제공하며 개인적인 조절감을 높이는 전략을 수립할 필요가 있음
⇩	
Satisfaction (만족감)	학습의 결과가 기대와 일치하는 정도를 의미하는 네 번째 구성요소. 만족감은 학습결과에 대한 학습자의 가치 판단으로, 기대수준 이상의 학습성과에 대한 즐거움을 의미. 따라서 만족감은 학습과제 수행 및 활동 참여 등의 개인적인 노력을 통해 획득한 성과에 대한 인지적인 충족 정도와 밀접한 관련이 있음. 예를 들어, 만족감에 미치는 요소는 크게 학습의 내적 결과(학습결과나 성과에 대한 인지적 평

	가, 내적 보상)와 외적 결과(강화, 피드백, 외적 보상)로 구분할 수 있음. 내적 결과와 외적 결과 모두 만족감의 주요한 영향 요인. 다만, 외적 결과의 경우, 개인차가 있을 수 있음. 만족감을 증진시키는 구체적인 전략으로는 새롭게 습득한 지식이나 기능을 적용해 볼 기회의 제공(자연적 결과 강조), 성과에 대한 긍정적인 피드백 제공(외적 보상), 학업성취에 대한 기준과 결과의 일관성 유지(공정성 강조) 등이 필요함. 이를 통해 만족감이 유발되면 학습동기는 유지되며 관련 수업이나 활동으로 전이될 수 있음
⇩	
Attention2 (주의)	앞의 4단계의 학습동기 구성요소가 적절하게 유지된 학습자의 경우, 비슷한 유형의 학업이나 활동을 시작할 때 비슷한 수준의 학습동기를 유지할 수 있음. 이에 반해, 기존의 학습에서 좌절을 느끼고 학업에 대한 동기가 저하된 학습자들도 다수 존재함. 교수자는 이와 같은 점을 고려하여 수업을 설계할 필요가 있음. 또한, 교과목에 따라 학습자의 주의정도가 다르게 나타날 수 있음. 예를 들어, 수학교과와 체육교과에서 유발되는 학습자의 주의에는 커다란 차이가 있음. 따라서 교수자는 이점을 고려하면서 수업설계전략을 수립할 필요가 있음

3. 수업설계모형

가. ADDIE모형

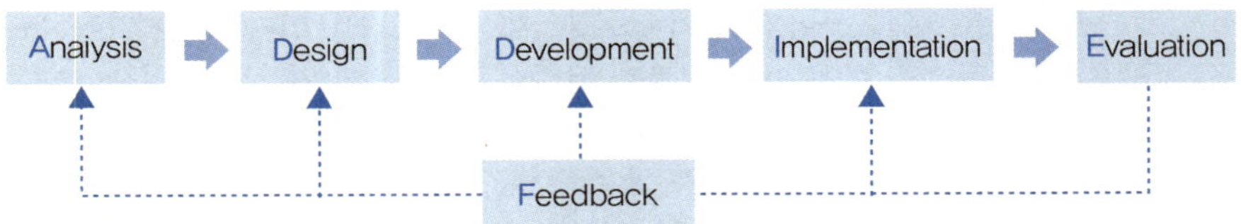

[그림 6-1] ADDIE모형의 흐름도

ADDIE모형은 대부분의 교수체제설계(Instructional System Design, ISD) 모형의 기본 모형으로, 분석(Anaiysis), 설계(Design), 개발(Development), 실행(Implementation), 평가(Evaluation) 등 다섯 단계로 구성된다. 이와 같은 ADDIE모형은 각 단계를 지칭하는 영문 알파벳의 맨 앞글자를 약어로 구성하여 ADDIE로 지칭한다. 또한, ADDIE모형은 지금까지 개발된 대부분의 교수체제설계(ISD) 모형에서 보편적으로 확인할 수 있는 핵심 요소로 구성된다. 따라서 ADDIE모형은 수업을 체계적으로 설계하기 위한 기본 모형으로, 각 교과 및 교육활동에 따라 적합하게 변형하여 활용할 수 있다. ADDIE모형의 주요 내용을 구체적으로 살펴보면, 아래와 같다.

〈표 6-5〉 ADDIE모형의 주요 내용

전략	주요 내용
Analysis (분석)	요구분석, 학습자분석, 환경분석, 직무 및 과제분석 시행. 수업설계 초기에 이루어지는 설계의 목적, 비전, 범위, 가능성 등에 대한 체계적인 계획 수립 및 결정 과정. 기대하는 상태와 현재 상태 간의 격차를 분석하는 요구분석을 바탕으로, 학습자가 습득해야 하는 지식과 기능을 탐색하며 학습자, 학습환경, 직무 및 과제 등을 분석함
⇩	
Design (설계)	수업목표 명세화, 평가도구 설계, 프로그램의 구조화와 계열화, 교수전략 수립, 수업매체 선정. 분석과정을 통해 도출된 결과를 기반으로, 수업의 구체적인 세부 요소를 기획하는 활동. 수업 전반의 구체적인 청사진, 설계방안 도출. 수업 종료 후 도달할 성취목표를 행동 용어로 기술하는 수업목표 명세화를 통해, 평가도구를 설계하며 세부적인 활동을 구조화함. 구체적인 교수학습활동 전략 수립 및 수업매체를 선정함
⇩	
Development (개발)	수업자료개발, 형성평가 및 수정, 수업자료 제작 시행. 수업설계 명세서에 기반하여 실제 수업에서 활용할 자료들을 개발하고 제작하는 활동. 초안을 먼저 개발하고 형성평가를 통해 수정 및 보완하고 최종 산출물 개발. 교육현장에서는 설계자와 개발자가 동일한 경우도 있음. 다만, 다를 경우, 설계자와 개발자 간의 원활한 소통 필요. 상황에 따라 수업설계안이 변경 및 일부 수정되는 경우도 발생할 수 있음
⇩	

Implementation (실행)	활용 및 설치, 유지 및 관리 실행. 개발된 수업자료 및 매체, 그리고 수업활동을 실제 수업시간에 활용하면서 지속적으로 유지 및 관리하는 활동. 여기서는 새로 개발된 수업자료의 활용과 더불어 수업 현장에서 새로운 자료가 정착하고 유지하는 활동이 중요함. 효과적인 자료도 실제 교육현장에서 제대로 수용되지 못하면 기존 자료를 반복적으로 사용하는 현상이 발생할 수 있음. 따라서 새로 개발된 자료가 현장에서 활용될 수 있는 인적, 물적 지원이 필요함
⇩	
Evaluation (평가)	수업성과에 대한 총괄평가 시행. 최종 수업성과가 당초 계획한 목적을 충실하게 달성하였는지를 판단하는 과정. 수업과정의 효과성, 효율성, 적절성 등을 최종적으로 평가함. 가능하면 외부 전문가를 통하여 수업프로그램 전반에 대한 가치를 평가하고 결과에 따라 해당 프로그램의 지속적인 활용이나 중단, 또는 폐기를 결정할 수 있음. 이와 더불어, 유사한 수업프로그램을 설계할 때, 평가결과를 관련 자료로 제공하여 반영할 수 있음

나. 딕과 캐리의 모형

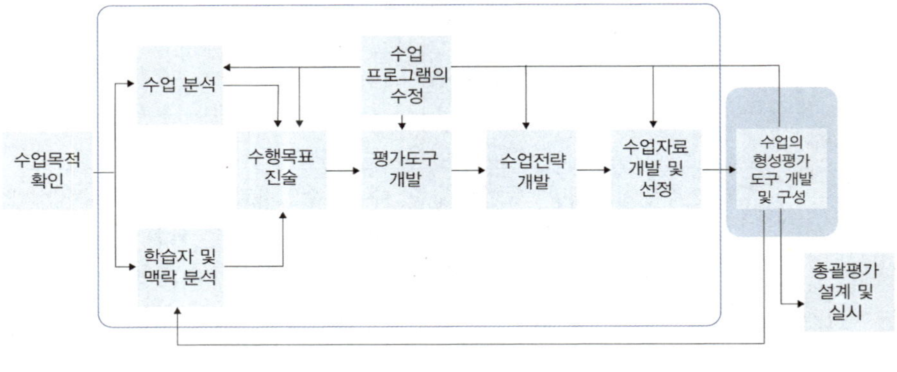

[그림 6-2] 딕과 캐리의 수업설계모형(Dick & Carey, 2015)

딕과 캐리(Dick & Carey, 2015) 모형은 대표적인 거시적 수업설계모형으로, 효과적인 수업프로그램을 개발하는 데 필요한 10개의 단계와 각 단계 간의 역동적인 관련성에 초점을 맞추고 있다. 딕과 캐리 모형은 1978년 최초로 개발된 후, 여러 차례의 수정과 보완을 거쳐 [그림 6-2]처럼 제시되었다. 특히, 본 모형에서는 수업목적 확인과 총괄평가 설계 및 실시를 제외한 모든 활동을 '수업프로그램의 수정'으로 연결하고 있다. 이를 통해, 투입과 산출로 묶여 있는 각 단계가 역동적으로 상호작용할 수 있는 관계임을 드러내고 있다. 따라서 딕과 캐리 모형에서는 수업의 계획, 실행, 평가, 수정의 각 단계가 전체적으로 통합된 하나의 체제 속에서 이해되고 파악된다. 이와 같은 딕과 캐리 모형의 주요 내용을 구체적으로 살펴보면, 아래와 같다.

〈표 6-6〉 딕과 캐리 모형의 주요 내용

전략	주요 내용
Assess Needs to Identify Goal(s) (수업목적 확인)	수업을 마친 시점에서 학습자가 할 수 있는 것이 무엇인지를 명확하게 결정하는 단계. 학교현장의 수업에서는 보편적으로 수업 목적이 정해진 상태이기 때문에, 교수자는 수업목적을 확인하는 차원에서 실시함. 다만, 본 단계는 추후 실행하는 수행목표 진술보다는 포괄적인 용어로 진술함
⇩	
Conduct Instructional Analysis (수업분석)	수업목적이 확정되며 해당 목표의 유형을 정하고 여기에 도달하기 위한 수업내용 및 절차를 단계별로 분석하고 결정함. 또한, 수업목적을 효과적으로 달성하기 위한 하위기능을 분석하고 해당 기능들의 학습 절차를 명확하게 규명하는 과정. 분석 결과는 하위기능 간의 관계를 일목요연하게 정리한 도식이나 차트로 제시함
⇩	
Analyze Learners and Contexts (학습자 및 맥락 분석)	학습자 특성, 출발점 행동, 학습맥락 등을 분석하는 단계. 학습자 수준, 선호도, 태도 등을 진단하며 학습이 수행되는 맥락에 대한 심도 있는 탐색 및 분석이 시행됨. 여기서 수집되는 모든 학습자 관련 정보는 후속 단계에서 이루어지는 각종 활동 및 수업전략을 수립하고 개발하는 데 커다란 영향을 줌
⇩	
Write Performance Objectives	앞 단계에서 실시한 수업분석, 학습자 및 맥락 분석을 통해, 수업이 종결되었을 때 학습자가 할 수 있는 구체적인 결과를 행동

Write Performance Objectives (수행목표 진술)	용어로 진술하는 단계. 일반적으로 수행목표는 '성취행동', 성취행동이 실행될 '조건', 학습의 성공 여부를 판단하는 '준거'로 기술함. 여기서는 최대한 수행목표를 명세화하여 제시해야 함
⇩	
Develop Assessment Instruments (평가도구 개발)	수행목표에서 달성하고자 한 기능들을 학습자가 성취하였는지를 확인하는 평가도구 개발 단계. 여기서는 수행목표에서 기술한 행동유형과 평가도구 간의 일관성에 초점을 둠. 즉, 성취목표와 평가도구에서 측정하는 것은 반드시 일치해야 함. 이를 위해 수행목표 진술 후 바로 본 단계인 평가도구 개발을 실시함(중요)
⇩	
Develop Instructional Strategy (수업전략 개발)	앞 단계를 통해 얻은 정보를 바탕으로, 수업의 최종 목표를 달성하기 위해 활용 가능한 교수학습전략을 확인하고 개발하는 단계. 여기서는 동기유발, 목표제시, 출발점 행동 확인 등 '수업 전 사전활동', 수업계열, 자료제시, 사례 등 '정보제시', '연습 및 피드백', '시험', '추수 활동' 등에 관한 세부적인 전략이 도출되어야 함
⇩	
Develop and Select Instructional Materials (수업자료 개발 및 선정)	직전 단계에서 수립한 수업전략에 근거하여 수업자료를 제작 및 선정하는 단계. 수업자료를 새로 개발할 경우, 기존 자료의 유무, 개발에 소요되는 각종 자원의 가용성 등을 고려하여 결정. 기존 자료 선정의 경우, 수업전략의 적합성을 고려하여 선정하거나 일부 수정·보완하여 활용할 수 있음
⇩	
Develop and Construct Formative Evaluation of Instruction (수업의 형성평가 도구 개발 및 구성)	수업프로그램의 1차 개발이 완료되면, 일대일 평가, 소집단 평가, 현장 평가 등을 통해 완성도를 높이기 위한 자료 수집 단계. 여기서는 수업프로그램의 미비점을 보완하고 한 단계 개선하기 위한 교정적인 평가를 실시함. 수업프로그램 수정이 체계적으로 수행될 수 있는 상세한 평가결과를 도출할 필요가 있음
⇩	
Revise Instruction (수업프로그램의 수정)	형성평가를 통해 수집한 자료들을 바탕으로, 1차 개발한 수업프로그램을 수정·보완하는 단계. 여기서는 단순히 형성평가 결과만을 반영하여 수정하기보다는 이미 시행한 전 단계의 타당성을

	종합적으로 다시 검토하고 이를 바탕으로 최종적으로 수정 및 보완. 효과적인 수업프로그램을 위해 검토하고 수정 및 보완함
⇩	
Design and Conduct Summative Evaluation (총괄평가 설계 및 실시)	수업프로그램의 가치를 최종적으로 평가하며 수업의 절대적, 또는 상대적인 가치와 효과를 총체적으로 검증하는 단계. 특히, 형성평가 및 수정·보완 후에 실시하는 평가로, 외부 전문가를 통해서 면밀한 평가가 이루어짐. 여기서는 해당 수업프로그램의 유지, 또는 폐기를 결정함

다. 기타 모형

지금까지 대표적인 수업설계이론 및 모형에 대해서 알아보았다. 그러나 앞에서 살펴본 모형 외에도 다양한 모형들이 거론되고 있다. 이에 몇 가지 의미 있는 모형을 추가로 살펴보고자 한다. 여기서 제시하는 모형은 세부적인 내용보다는 해당 모형에서 추구하는 바가 무엇인지에 초점을 두고 살펴보면 의미가 있을 것이다.

① 캠프의 수업설계모형

캠프(Kemp, 1985)는 기존의 논리적 흐름의 단계별 수업설계모형의 형식을 벗어난 타원형의 순환구조로 이루어진 수업설계모형을 제안하였다. 캠프는 학습요구, 목적, 우선순위 및 제한요소를 중심으로, 10개의 핵심 요소로 구성된 수업설계모형을 제시하였다. 예를 들어, 본 모형은 '학습요구, 목적, 우선순위 및 제한요소', '주제 및 과제, 일반목표의 설정', '학습자 특징 분석', '교과내용 및 과제분석', '학습목표', '교수학습활동', '자원활동', '수업에 요구되는 지원체제', '수업성과 평가', '사전평가' 등으로 구성된다. 특히, 여기서는 수업환경에 따라 수업설계 과정에서 상기 요소를 모두 반영하지 않아도 됨을 명시한다. 예를 들어, 학습자의 요구가 명확하게 드러나는 수업의 경우, 관련 요구분석이나 사전검사 등은 생략할 수 있다. 또한, 수업설계에서 가장 먼저 다루어지는 사전평가도 마지막 단계에서 다룰 수 있다. 이처럼, 캠프 모형에서는 정형화된 수업설계보다는 실제 수업상황에서 적용 가능한 타당하고 유용성 높은 수업설계 방안을 강조한다.

② 조나슨의 구성주의 수업설계모형

조나슨(Jonassen, 1997)이 제안한 수업설계모형으로, 학습자의 수업활동 참여를 지원하기 위한 학습지원체제와 교수지원활동으로 구성된다. 첫째, 학습지원체제는 문제중심학습을 위한 학습환경을 지원하며, 제시한 문제와 관련있는 사례의 제공, 각종 정보자원의 제공, 인지도구 제공, 대학 및 협력도구 지원, 사회적/맥락적 지원 등으로 구성된다. 둘째, 교수지원활동은 학습자의 탐색활동에 모형을 제시하는 모델링과 학습자 스스로 지식을 명료화하는 데 도움을 주는 코칭, 학습자의 수행을 체계적으로 지원하기 위해 비계를 제공하는 스캐폴딩으로 구성한다. 물론, 모든 수업환경이 구성주의 학습을 지원하기에 적합하지는 않지만, 학습자가 능동적으로 지식을 구성하고 문제 해결에 참여할 수 있도록 고려할 필요가 있다.

③ 메린보어의 수업설계모형

메린보어(Merriënboer, 1997)가 제안한 수업설계모형은 기술분야에서의 복합적인 인지 기능에 초점을 둔 학습과제, 지원정보, 적시정보, 부분 과제 연습 등으로 구성된다. 이에 본 모형은 4개 구성요소 수업설계모형(Four Component Instructional Design Model)으로 지칭되기도 한다. 본 모형에서는 적시정보와 부분 과제 연습을 중요한 단계로 언급한다. 이와 같은 단계는 기존의 수업설계모형에서는 크게 초점을 두지 않는 것으로, 복합적 인지 기능에 중심을 두는 본 모형에서는 중요하게 작용한다고 제안한다. 적시정보는 특정 영역에서 요구하는 절차나 규칙에 의거하여 알고리즘차원에서 실시할 수 있는 학습과제의 순환적 부분 기능을 습득하는 데 중요하다. 따라서 적시정보는 학습에 필요한 정보를 적시에 제공하도록 설계하는 데 중요한 구성요소이다. 또한, 부분 과제 연습은 자동화가 요구되는 특정 순환적 기능을 습득하는 데 필요한 구성요소이다. 예를 들어, 부분 과제 연습은 학습자가 과제를 전체적으로 수행한 후 자신에게 유의미한 맥락에 초점을 두고 시행하는 활동을 의미한다. 이처럼, 메린보어의 수업설계모형은 문제에 대한 미시적 수준의 계열화를 포함하는 전체 과제 연습과 특정 부분을 구성하는 사례들에 초점을 두는 경향이 있다. 다만, 여기서는 수업설계의 전체 과정을 지원하지 않으며 요구분석, 자료 제작 및 개발, 형성평가 및 총괄평가 관련 지침을 제공하지 않는다. 따라서 본 모형은 수업의 특정 부분을 설계할 때 활용할 수 있는 대안적인 측면이 강하다.

4. 2017학년도 중등학교교사 임용후보자 선정경쟁시험 교육학 문항 (1차시험, 20점, 60분)

다음은 신문 기사의 일부이다. 이를 바탕으로 '2015 개정 교육과정의 실질적 구현 방안'이라는 주제로 서론, 본론, 결론의 형식을 갖추어 단위 학교 차원에서의 교육기획, 교육과정 내용의 조직, 학생 참여 중심 수업과 그에 따른 평가의 타당도를 논하시오. [20점]

○○신문 2016년 ○○월 ○○일

교육부 『2015 개정 교육과정』 발표 이후, 학교 현장의 준비는?

교육부는 핵심역량을 갖춘 창의융합형 인재 양성을 위한 『2015 개정 교육과정』을 발표하였다. 개정 교육과정에 따르면, 학교 교육에서는 인문·사회·과학기술에 대한 기초 소양 함양을 위한 교육과정을 마련하고, 학생 참여 중심의 수업을 진행하며, 배움의 과정을 평가하는 방향으로 나아가야 한다는 것이다. 새 교육과정을 적용하기 위해 노력하고 있는 중·고등학교 현장의 목소리를 들어 보았다.

학교 현장의 목소리

◆교육기획의 중요성 부각

A 교장은 단위 학교에서 새 교육과정이 체계적으로 운영되도록 돕는 교육기획(educational planning)을 강조하였다.

> "새 교육과정은 교육의 핵심인 교수·학습 활동의 중심을 교사에서 학생으로 이동시키는 근본적인 전환을 강조하고 있습니다. 저는 실질적 의미에서 학생 중심 교육이 우리 학교에 정착할 수 있도록 모든 교육활동에 앞서 철저하게 준비할 생각입니다."

◆교육과정 재구성 확대

개정 교육과정의 취지에 따른 교과 내용 재구성에 대해, B 교사는 다음과 같이 말했다.

> "교사는 내용 조직의 원리를 제대로 파악할 필요가 있습니다. 저는 몇 개의 교과를 결합해 교육과정을 편성·운영해 보려고 합니다. 각 교과의 내용이 구획화되지 않도록 교과 교사들 간 협력을 강화하고자 합니다. 이러한 시도는 교육과정 설계에서 교과 간의 단순한 연계성 이상을 의미합니다."

◆학생 참여 중심 수업 운영

C 교사는 학생 참여 중심의 교수·학습을 준비하기 위해서 교사 연수 프로그램에 참여하고 있다고 말했다.

> "저는 구성주의 학습환경 설계에 관한 연수에 참여하고 있습니다. 문제 중심이나 프로젝트 중심의 학습 활동을 실행하기 위해서는 적합한 학습 지원 도구나 자원을 학생들에게 제공해야 한다는 것을 알게 되었고, 학습 활동 중에 교사가 수행해야 할 역할에 대해서도 이해하게 되었습니다."

◆학생 평가의 타당도 확보

학생 중심 수업에서의 평가와 관련하여 D 교사는 다음과 같이 말했다.

> "학생 참여 중심 수업에서도 평가의 타당도는 여전히 중요합니다. 타당도에는 준거 타당도와 구인 타당도 등이 있습니다. 그러나 저는 이원분류표를 작성해 평가가 교육목표에 부합하는지를 확인하는 방법으로 타당도를 높이는 방안을 고려하고 있습니다."

○ 논술의 내용 [총 15점]

- A 교장이 강조하고 있는 교육기획의 개념과 그 효용성 2가지 제시 [4점]
- B 교사가 채택하고자 하는 원리 1가지와 그 외 내용 조직의 원리 2가지(연계성 제외) 제시 [4점]
- C 교사가 실행하려는 구성주의 학습 활동을 위한 학습 지원 도구·자원과 교수 활동 각각 2가지 제시 [4점]
- D 교사가 고려하고 있는 타당도의 유형과 개념 제시 [3점]

○ 논술의 구성 및 표현 [총 5점]

- 논술의 내용과 '2015 개정 교육과정의 실질적 구현 방안'의 연계 및 논리적 형식 [3점]
- 표현의 적절성 [2점]

5. 기독교사로서 수업설계이론 및 모형 고찰하기

6장에서는 일반교육에서의 수업설계이론과 수업설계모형에 대해 살펴보았다. 6장의 내용을 살펴보면서, 교사의 수업설계 어려움을 최소화하기 위한 주요 이론과 효과적으로 활용할 수 있는 모형을 확인할 수 있었다. 이에 수업설계이론과 수업설계모형과 관련된 몇 가지 문제를 제시하고자 한다. 기독교사로서 여러분의 생각을 간략하고 명확하게 제시해 보기 바란다. 혹시 아직 수업설계이론 및 수업설계모형에 대한 이해가 부족한 것 같다면, 다시 한번 읽어보고 아래 문제를 생각해 보기 바란다.

가. 일반 학교현장에서도 수업설계는 어려운 과정이다. 그렇다면, 교회학교에서는 수업설계를 어떤 방향으로 해야 할 것인가? 본인이 경험한 직간접적인 사례를 바탕으로 기술하시오.

나. 기독교사로서 교회교육에서 가장 활용하기 적합한 수업설계이론은 무엇인가? 한 가지를 선택하고 그 이유를 기술하시오.

다. ADDIE 모형을 바탕으로, 교회학교에서 진행할 예정인 공과를 위한 수업설계의 개요를 작성하시오.

참고문헌

박성익, 임철일, 이재경, 최정임 (2015). 교육방법의 교육공학적 이해. 파주: 교육과학사.

유은희 (2018). 한국 기독교사립고등학교 종교수업모형에 관한 탐색적 질적 연구. 기독교교육논총, 55, 231-270.

한국교육공학회 (2016). 교육공학 탐구(나일주, 조은순 편). 서울: 박영사.

켈러, 송상호 (1999). 매력적인 수업설계. 서울: 교육과학사.

Covington, M. (2000). Goal theory, motivation and school achievement: an integrative review. Annual Review of Psychology, 51(1), 171-200.

Dick, W., Carey, L., Carey, J. (2015). The systematic design of instruction(8th ed.). Boston: Pearson.

Jonassen, D. H. (1997). Instructional design models for well-structured and ill-structured problem-solving learning outcomes. Educational Technology Research and Development, 45, 65-94.

Keller, J. M. (2010). Motivational design for learning and performance: The ARCS model approach. NY: Springer.

Kemp, J. E. (1985). The instructional design process. NY: Harper & Row.

Kreitner, R. (1995). Management (6th ed.). Boston: Houghton Mifflin Company.

Merriënboer, J. J. G. (1997). Training complex cognitive skills: A four-component instructional design model for technical training. NJ: Educational Technology Publications.

Reigeluth, C. M., & Carr-Chellman, A. A. (eds.). (2009). Instructional-design theories and models: Building a common knowledge base (Vol. III). NY: Routledge.

기사

기독신문(이미영 기자, 2020.10.08.). "학교현장 원격수업 이후 교육격차 오히려 커졌다"(https://www.kidok.com/news/articleView.html?idxno=208434&page=5&total=1679)

기타

한국교육과정평가원(https://www.kice.re.kr/boardCnts/list.do?boardID=1500212&s=kice&m=030306)

CHAPTER

07

수업지도안

CHAPTER

07

수업지도안

1. 기독교사로서 수업지도안 바라보기

예비교사가 교사로 임용되면 바로 수업지도안을 작성하고 이를 바탕으로 수업을 진행한다. 교수학습과정안, 교수학습지도안, 수업과정안 등으로 지칭되는 수업지도안은 수업의 세부 내용과 과정, 그리고 순서에 관한 구체적인 계획을 의미한다(박성익 외, 2021). 물론, 수업지도안은 하나의 계획으로, 실제 수업과는 다른 차원의 의미를 지닌다. 특히, 교수자가 자신의 모든 수업을 위해 수업지도안을 구체적으로 작성하고 이를 기반으로 수업을 진행하는 것은 어려울 수 있다. 그러나 학교현장에서의 교육활동 핵심인 수업이 체계적이고 구체적으로 이루어지기 위해서는 수업지도안 작성이 필수적으로 요구된다. 동일한 차시의 수업을 여러 학급을 순회하며 수행하는 중등학교 교수자의 경우, 기본이 되는 수업지도안을 1부 작성한 후 이를 토대로 각 반의 특성 등을 반영하여 수업을 시행할 필요가 있다. 예비교사는 수업지도안 작성에 기반을 둔 수업시연, 그리고 수정·보완 과정을 거치면서 수업역량을 강화해 나갈 수 있다. 교회학교에서의 공과를 지도할 때도, 교수자는 해당 내용을 설계하고 이를 바탕으로 수업지도안(교안)을 작성해야 한다. 수업설계가 큰 틀에서 공과의 방향을 설정하고 지도할 내용에 대한 설계도를 작성하는 것이라면, 수업지도안은 가르칠 내용에 대한 세부적인 사항을 구체적으로 기술하고 계획하는 것이다.

그런데, 최근 가르칠 내용에 대한 계획보다는 학습자에게 흥미를 끌 수 있는 프로그램 개발에 초점을 둔 활동들이 교회교육에서 이루어지고 있다. 물론, 학습자의 흥미를 유발하여 공과에 집중하게 만드는 것은 중요하다. 다만, 학습자의 흥미 유발에 지나치게 중점을 두게 되면, 교회교육이 세속화의 길로 갈 수 있다는 우려도 있다. 또한, 체계적인 수업설계 및 수업지도안 작성과 같은 사전준비 없이 흥미 중심의 프로그램이 점차 늘어날 우려도 제기되고 있다.

아래 기사에서 강조한 **단어나 문구** 등에 집중하면서 천천히 살펴보기 바란다.

[교육기획/나는 하나님 예배자입니다] ① 예배를 보는 어린이들[1)]

[기독신문: 정형권 기자] 2020.02.14

흥미 중심 예배 프로그램 '구경꾼'만 키운다

주일학교 예배 세속화로 복음 사라져… "어린이 신자 예배서 하나님 만나게 해야"

"오빤 강남스타일." 어린이들이 흥겨운 음악에 몸을 흔든다. 인도자는 흥을 돋우면서 말춤을 선보인다. 이곳은 공연장도 아니고, 학교 모임도 아니다. 하나님께 영광을 돌려야 하는 예배당에서 벌어진 현상이다. 2012년 여름 가수 싸이의 〈강남스타일〉이 전국을 휩쓸었다. 남녀노소를 불문하고 그의 말춤에 모두가 매료됐다. 문제는 주일학교도 문을 열었다는 것. 일부 주일학교가 여름성경학교와 주일예배 때 말춤을 추며 분위기를 띄운 것이다. 이 소식을 접한 강정훈 목사는 경악했다. 위기의 다음세대를 살리려고 몸부림치는 것은 이해되지만 **본질을 벗어나도 너무 벗어났다고** 판단했다. 그래서 월간지 〈교사의 벗〉에 '강남스타일 교회 패러디, 문제 있다'는 특집을 구성했다.

"2012년 싸이의 〈강남스타일〉이 전 세계를 강타하면서 별의별 패러디가 생겨났죠. 당시 교회도 마찬가지였습니다. 교회교육 현장에 무분별하게 도입되어 흥겹게 춤출 때 긴급하게 특집을 꾸몄습니다. 특집에서는 〈강남스타일〉뿐만 아니라 주일학교가 흥미만을 위해 일반 대중문화를 너무 쉽게 차용하고 패러디하는 현상에 브레이크를 밟아주었습니다."

"프로그램은 위기 대안이 아니다"

주일학교가 세속화의 길을 걷고 있다. 출산율 급감이라는 시대적 상황을 타개하기 위해 무분별하게 프로그램을 도입하다가 빚어진 현상이다. 교회교육 전문가들은 "합계출산율 제로(0.98명) 시대를 맞아 문 닫는 주일학교가 급증하고 있다. 위기의식을 느낀 주일학교들이 살아남기 위해 흥미 위주의 교육 프로그램을 도입하고 있다"고 지적했다. 실제로 A교회 유초등부는 2년 전 여름성경학교 때 곤혹을 치렀다. ㄱ교회교육단체가 제작한 여름성경학교 프로그램을 도입한 것이 화근이었다. ㄱ교회교육단체는 어린이들이 좋아하는 운동을 접목해 성경 이야기를 풀어갔다.

하지만 ㄱ교회교육단체의 교재나 행사프로그램 어디에도 복음이 들어있지 않았다. 성경에 나오는 인물들 이야기와 그들의 삶은 재미있게 구성했지만, 정작 교회교육의 핵심인 예수 그리스도는 빠져 있었던 것이다. 그래서 A교회 유초등부 교사들은 자체적으로 교안을 새롭게 만들고, 교재도 다시 구성했다. 여름성경학교를 마친 후에는 교사회의를 열고 ㄱ교회교육단체에 항의해 시정할 것을 요구했다.

A교회 주일학교 ㅈ교사는 "ㄱ교회교육단체의 교재는 아이들뿐만 아니라 교사들의 시선을 사로잡을 만큼 흥미로웠다. 하지만 교회교육의 핵심인 예수 그리스도의 복음이 빠져 있어서 황당했다"면서 "최근 주일학교 교재들이 본질을 벗어나 재미 위주로 흐르고 있어 대책이 필요하다"고 지적했다.

"어린이 신자 예배서 하나님 만나야"

어쩌면 어린이 예배가 세속화의 길을 걷고 있는 것은 당연한 일일지도 모른다. 2007년 양금희 교수(장신대 기독교교육학)가 예장통합 주일학생 학부모, 교사 등 1,136명을 대상으로 설문조사한 결과에 따르면 어린이의 30.7%가 '말씀 듣는 설교 시간이 가장 싫다'고 답했다. 이어 25.9%가 '성경공부 시간이 싫다'

고 응답해 주일학생의 절반 이상이 설교나 성경공부 시간을 싫어하는 것으로 나타났다. 이 설문조사는 주일학교의 핵심인 예배와 성경공부에 대한 인식전환이 필요하다는 근거로 사용돼 왔다.

그래서 교회들은 주일학교 예배 형식을 바꿔나갔다. "아이들이 지루해한다"면서 설교와 성경공부를 이벤트 형식으로 바꾼 것이다. 그러나 교회교육 전문가들은 "과도한 이벤트와 흥미 위주의 예배는 오히려 교회교육을 침체시킨다"고 지적한다. 교회학교성장연구소 박연훈 목사는 "주일학교의 진정한 위기는 교회의 본질을 잃어버렸기 때문"이라고 지적했다. 강정훈 목사도 "이런 세속적 요소들은 그나마 남아있던 영성마저 바닥을 드러나게 하는 원인"이라면서 "재미나 프로그램 중심이 아니라 어린이 신자들이 하나님을 만나고 예수 그리스도를 체험하는 예배를 만들어야 한다"고 강조했다.

교회교육 현장의 반응도 "본질을 붙잡아야 한다"는 분위기다. 양금희 교수의 설문에서 응답자의 67.7%가 "주일학교 침체의 가장 큰 원인은 세속적이고 물질적인 요소 때문"이라고 지목했다. 따라서 주일학교 부흥 방안은 "세상교육과 구별되는 사랑과 관심, 기도로 교육해야 한다"(45%) "신앙교육의 특성과 본질을 살려 철저히 교육해야 한다"(24%) 등이 제시됐다.

"어린이 예배가 부흥해야 주일학교도 부흥합니다. 교회 시설과 교재가 좋아지고 교사의 지적 수준이 높아졌지만 예배라는 본질을 놓쳤기 때문에 교회교육이 무너진 것입니다." 강정훈 목사의 말이다.

상기 내용을 보면, '본질을 벗어나도 너무 벗어났다, 주일학교가 흥미만을 위해 일반 대중문화를 너무 쉽게 차용하고 패러디하는 현상, 세속화의 길, 무분별하게 프로그램을 도입, 흥미 위주의 교육 프로그램을 도입, 정작 교회교육의 핵심인 예수 그리스도는 빠져 있었던 것, 본질을 벗어나 재미 위주, 주일학생의 절반 이상이 설교나 성경공부 시간을 싫어하는 것, 주일학교의 핵심인 예배와 성경공부에 대한

1) https://www.kidok.com/news/articleView.html?idxno=205378

인식전환, 설교와 성경공부를 이벤트 형식으로 바꾼 것, 본질을 붙잡아야 한다, 신앙교육의 특성과 본질을 살려 철저히 교육' 등과 같은 단어나 문구를 찾아 볼 수 있다. "아이들이 지루해한다"면서 설교와 성경공부를 이벤트 형식으로 바꾼 것이다. 그러나 교회교육 전문가들의 "과도한 이벤트와 흥미 위주의 예배는 오히려 교회교육을 침체시킨다"와 같은 지적은, 현재 우리 교회학교의 현실을 그대로 대변하고 있다. 또한, 이와 같은 문제는 교사 개인이나 개별 부서의 문제라기보다는 비슷한 특성을 지닌 교육부서 모두의 문제라고 볼 수 있다.

"주일학교의 진정한 위기는 교회의 본질을 잃어버렸기 때문"이라고 지적한 교회학교성장연구소 박연훈 목사의 언급이나 "이런 세속적 요소들은 그나마 남아있던 영성마저 바닥을 드러내게 하는 원인이며 재미나 프로그램 중심이 아니라 어린이 신자들이 하나님을 만나고 예수 그리스도를 체험하는 예배를 만들어야 한다"고 강조한 강정훈 목사의 지적은 우리 교회교육이 흥미 중심의 프로그램에서 다시 성경 말씀 중심의 체계적인 설계와 준비를 통한 수업지도안 작성과 공과의 중요성을 제시한다.

본 장에서는 수업지도안, 수업지도안 작성의 실제, 학교현장에서의 수업지도안 사례를 살펴보고, 교회학교에서의 올바른 공과교육의 설계 및 수업지도안 작성에 대해 고민해보고자 한다.

2. 수업지도안

가. 수업지도안의 의미

수업지도안은 교수자의 수업설계를 바탕으로 구체화한 수업자료, 교수학습내용, 교수학습활동, 평가, 피드백 등을 체계화한 차시별 수업계획서를 의미한다(김경희, 조연순, 2008; 장명덕, 2006). 수업지도안은 학습자의 수준을 고려하여 학습목표를 설정하고 교실환경, 교수학습매체, 학습활동을 최적화시킨 계획서이다(정한호, 2009). 수업지도안은 교수자가 자신의 수업을 계획하고 설계한 문서이자, 교사 자신이 의도하는 수업을 표현하는 공적 문서이다. 이와 같은 의미를 지닌 수업지도안은 수업의 계획서로서의 의미뿐만 아니라 해당 수업에 대한 교수자들의 이해를 도와주는 텍스트로서 교수자 간의 교육적 소통을 원활하게 하는 기능을 지니고 있다(홍미화, 2017: p.598). 따라서 수업지도안은 교수자의 수업계획서이자 교수자 간 교육적 소통을 효율적으로 할 수 있도록 조력하는 매개체로서의 의미를 지닌다. 이와 같은 의미를 지닌 수업지도안을 통해, 교수자는 스스로 수업전문가로서의 능력을 탐색하고 다른 교수자의 수업지도안을 바탕으로 자신의 수업역량을 성찰하고 발전시켜 나갈 수 있다.

나. 수업지도안의 특징

수업지도안은 수업 시나리오, 수업 명세서, 안내서 등의 특징을 지니고 있다. 이에 대한 구체적인 내용을 제시하면 다음과 같다.

첫째, 수업지도안은 실제 수업 실행을 기반으로 작성하는 실천적인 수업 시나리오이다. 교수자는 자신의 수업을 수업지도안 작성을 통해 구체화하며 궁극적으로는 작성된 수업지도안을 바탕으로 실제 수업을 실행한다. 마치 작가가 연극을 위해 배우들 간의 대사와 지문, 문제발생 및 갈등상황, 해결 등을 토대로 극본을 쓰는 것처럼 교수자는 실제 수업을 위한 실행 목표 설정, 수업진행, 지도내용, 매체 및 자료, 형성평가 및 피드백, 과제 제시 등을 토대로 수업지도안을 작성한다. 또한, 배우가 극본을 보면서 연습하고 실제 연기를 하는 것처럼, 교수자는 수업지도안을 바탕으로 수업을 구체화하고 실행한다.

둘째, 수업지도안은 해당 차시의 수업목표 도달과 관련된 모든 수업환경을 고려한 세밀한 수업 명세서이다. 교수자는 교과목, 차시별 지도내용, 학습자 특성 및 수준, 교실환경, 교재, 매체 등 실제 수업이 이루어지는 상황과 관련된 모든 사항을 고려하여 수업지도안을 구체적으로 작성한다. 또한, 교수자는 수업이 시행되는 계절, 시간대, 직전 수업시간, 직후 수업시간까지도 고려할 필요가 있다. 물론, 모든 수업상황을 수업지도안에 하나하나 제시하는 것은 불가능에 가깝다. 특히, 앞으로의 수업환경을 예측하고 계획을 수립하기는 쉽지 않다. 다만, 교수자가 가능한 수업환경을 고려하여 수업지도안을 작성할수록 예측 가능하고 효과적인 수업 실행이 가능하다.

셋째, 수업지도안은 가상이 아닌 실제 수업에서 유발할 수 있는 방해상황에 효과적으로 대처할 수 있는 안내서이다. 교수자는 실제 수업에서 발생할 수 있는 수업환경의 내부 및 외부에서 도출되는 돌발상황을 고려하면서 수업지도안을 작성한다. 교실수업은 고정되어 있거나 잠잠한 상태에서 이루어지는 정적인 활동이 아니다. 교실수업은 교수자와 학습자, 학습자 간의 끊임없는 소통, 교실환경 내부 및 외부에서 유발되는 여러 상황 속에서 이루어지는 역동적인 활동이다. 또한, 예상치 못한 학습활동 이탈 학생, 학생들 간의 다툼, 교실수업 중 동료 교사 방문, 급한 공문 회람, 수업 중에 울리는 전화벨 등 다양한 요인들이 수업을 방해할 수 있다(정한호, 2008). 따라서 교수자는 수업공간 내외에서 유발할 수 있는 모든 상황을 고려하면서 수업지도안을 작성해야 한다. 그러나 현실적으로 모든 돌발상황을 예측하면서 수업지도안을 작성하는 것은 불가능하다. 다만, 교수자는 상기와 같은 상황을 염두하면서 수업지도안을 작성하고 실제 수업에서 효과적으로 사용할 수 있도록 구체적으로 작성해야 한다.

다. 수업지도안의 한계

수업지도안은 몇 가지 한계를 지니고 있으며 교수자는 이를 최소화하기 위해 노력해야 한다. 이를 제시하면, 첫째, 수업지도안은 아직은 실현되지 않은 설계도라는 한계가 있다. 수업지도안은 한 차시, 또는 두 차시 수업과 관련된 정해진 수업목표에 효과적으로 도달하기 위한 가설이다(김승호, 2011). 이로 인해, 교실수업 환경 및 학습자의 상황에 따라 교수자의 계획된 의도와는 다른 방향으로 수업이 진행될 수 있다. 이에 교수자는 상기와 같은 상황도 가능한 일정 부분 고려하여 수업지도안을 작성할 필요가 있다. 둘째, 수업지도안은 교수자 중심으로 작성되지만, 실제 수업은 학습자와의 관계를 통해서 이루어진다. 즉, 교수자가 중심이 되어 작성하는 수업지도안과 교실이라는 교육환경에서 교수자와 학습자가 진행하는 실제 수업 간에는 틈새가 발생한다. 이와 같은 간극의 최소화를 위해, 교수자는 교실환경에서의 학습자와의 상호작용을 예상하면서 수업지도안을 작성해야 한다. 셋째, 수업지도안은 정해진 형식과 틀에 기반하여 작성하기에 실제 수업에서의 모든 활동을 계획하기에는 무리가 있다. 교수자는 수업목표 도달과 관련된 의미 있는 내용을 중심으로 일정한 틀을 지닌 수업지도안을 작성한다. 따라서 수업에서의 모든 활동을 제시하기에는 한계가 있으며 예상할 수 없는 돌발적인 상황을 계획할 수 없다. 따라서 교수자는 이러한 한계를 인식하면서 수업지도안을 작성해야 한다. 또한, 예상치 못한 돌발상황에 대한 일반적인 대처 방안 등을 작성할 필요가 있다. 이와 같은 의미를 지닌 수업지도안은 학습자의 수업목표 도달에 효과적이며 수업참여에 효율적으로 적용되도록 작성되어야 한다. 또한, 교수자는 수업지도안 작성을 실제 수업을 계획하는 수업준비의 중요한 과정으로 인식하고, 수업내용, 학습자수준, 수업매체, 상호작용, 돌발상황 등 실제 수업환경을 고려하여 구체적으로 작성해야 한다.

라. 학교현장에서의 수업지도안

수업지도안은 수업설계를 통해 도출된 수업자료, 교수학습내용 및 활동, 평가, 피드백 등을 차시별로 구체화한 수업 명세서이다. 또한, 수업지도안은 학습자와 수업환경, 매체 등을 고려하지만 철저히 교수자에 의해 작성되며 실제 수업을 통해 실현된다. 따라서 교수자는 수업설계를 바탕으로 수업지도안을 작성하는 수업의 계획자인 동시에(Brown, Collins & Duguid, 1989), 실제 교육현장에서 수업활동을 실현하는 실행자이다. 이처럼, 교육현장에서의 수업지도안은 단순한 계획서가 아니라 실제 수업상황에 기반하여 실현되는 수업 전 중요한 활동이다. 그런데, 교육현장에서의 수업지도안은 교수자들에게 작성하기 어려운 문서로 인식되고 있으며 실제 작성 수준은 낮은 것으로 나타나고 있다(박기용, 2007; 진성희, 나일주, 2009; Silber, 2007). 특히, 교육현장에서 수업 외 다양한 활동을 수행하는 교수자에게 수업지도안 작성은 현실적인 어려움으로 다가오고 있다(정경희, 신영준, 2018). 현직교사 면담을 통해 도출된 학교현장에서의 수업지도안 의미(정한호, 2009a)를 살펴보면 다음과 같다.

첫째, 학교현장에서는 구체적인 수업지도안 작성보다 전반적인 수업의 흐름에 중점을 둔다. 교수자가 매 수업마다 수업지도안을 구체적으로 작성하기는 쉽지 않다. 이에 교수자들은 대략적인 수업 진행을 설계하고 수업시간에 나타나는 학습자들과의 소통을 바탕으로 수업을 진행하는 경향이 있다. 이에 따라 실제 수업에서의 학습자와의 소통 경험이 풍부한 고경력 교사일수록 수업지도안을 대략 작성하는 경향이 있다. 이에 반해, 교직경력이 짧을수록 학습자와의 소통과 반응을 고려한 구체적인 수업지도안을 작성하는 경향이 있다.

둘째, 학교현장에서의 수업지도안 작성은 교직경험에 따라 상이하다. 앞에서도 언급한 것처럼, 수업지도안은 교수자가 설정한 가설에 기반하여 작성된다. 이로 인해, 수업지도안과 비슷한 방향으로 수업을 진행한 교수자와 수업지도안 방향대로 진행하지 못한 교수자 간에는 수업지도안 작성에 대한 인식에 차이가 발생한다. 특히, 계획했던 수업지도안에 따라 수업이 진행되기보다는 여러 돌발상황의 발생으로 기대했던 수업을 실행하지 못한 교수자의 경우, 이와 같은 경험이 지속되게 되면, 점차 수업지도안 작성에 대한 부정적인 인식을 갖게 될 수 있다.

셋째, 학교현장에서는 실제 수업시간에 나타나는 학습자의 반응에 중점을 둔다. 교수자들은 수업지도안의 구체적인 작성과 관계없이 실제 수업에서 나타나는 학습자의 적극적인 수업참여와 반응에 초점을 둔다. 그런데 학습자의 반응은 수업지도안과는 다르게 나타날 가능성이 있다. 이로 인해, 일부 교수자의 경우, '수업상황에서의 적절한 대처→예상하지 못한 학습자들의 적극적인 학습참여와 반응'과 '수업지도안에서의 구체적인 계획 수립→계획과는 다른 냉담한 학습자의 반응' 등을 반복하여 경험할 수 있다. 그런데, 상기와 같은 경험을 많이 한 교수자일수록, 체계적인 수업계획보다는 실제 수업에서의 '학습자의 적극적인 수업참여와 반응'을 이끌어 내는 것 자체에 초점을 두는 경향이 나타날 수 있다.

넷째, 학교현장에서는 수업지도안 자체보다 '열정', '수업내용에 대한 지식과 상식', 그리고 '수업상황에 임기응변적으로 대처하는 역량'을 중요하게 인식한다. 예를 들어, 교수자들은 수업설계라는 체계적인 사전계획보다는 학습자에 대한 '열정', '수업내용 관련 풍부한 지식 및 상식'을 토대로, 수업을 '실행'하고 여기서 나타나는 학습자의 실제적인 반응에 적극적으로 대처하는 '역량'을 중요하게 인식한다. 이로 인해, 학교현장에서는 학습자의 적극적인 반응을 이끌며 학습목표에 효과적으로 도달하는 것은 교수자의 타고난 역량과 실제 수업상황에서의 임기응변이 '절묘한 조화'를 이룰 때 가능하다는 인식이 있을 수 있다. 또한, 학교현장에서 학습자를 지도하는 교수자의 역량은 체계적으로 계발되기보다 '타고난 것'으로 인식하는 경향도 나타날 수 있다.

다섯째, 학교현장에서는 수업지도안 작성을 어려운 과정으로 인식한다. 물론, 학교현장에서는 수업지도안 작성과 관련하여 다양한 연수를 시행하고 있지만, 교수자의 수업설계에 긍정적인 영향을 주지 못하고 있다. 예를 들어, 교수자들은 다른 연수보다 많은 학습량 및 어려운 연수 과정으로 인해, 수업지도안 관련 연수보다는 어렵지 않고 쉬운 과정으로 구성되고 교수자의 편의를 고려한 연수를 선호하는 경향이 있다. 따라서, 수업지도안 작성 관련 연수처럼, 연수과정이 어렵고 기간도 상대적으로 긴 연수는 교수자들의 외면을 받는 경향이 있을 수 있다.

여섯째, 학교현장은 수업지도안 작성에 어려움이 있는 환경이다. 예를 들어, 학교행사를 중시하는 학교환경, 교육청 지시 사항 및 행정업무를 올바로 수행하고 있는지를 점검하는 각종 공문, 그리고 수업과 관련 없는 각종 행사는 수업을 준비하고 설계하기 위한 시간 확보를 어렵게 만들고 있다. 그러나 교수자들도 이러한 학교환경에 대한 불만을 제기할 뿐, 수업설계 능력을 신장시키기 위한 노력을 하지 않는 경향이 있다. 이에 기존 수업지도안, 교사용 지도서, 교과서, 인터넷 자료 등을 참고하여 수업지도안을 작성하는 경향이 있다. 또한, 공개수업, 시범수업 등 '타인에게 공개하는 수업'을 위해서 특별히 실시하는 과정으로 수업지도안 작성을 인식하는 경향이 나타나고 있다.

3. 수업지도안 작성의 실제

가. 수업지도안 작성 시 고려 사항

수업을 설계하고 수업지도안을 작성하는 능력은 교수자의 전문성을 탐색하는 데 중요한 준거이다. 교사의 수업지도안 작성 방향 및 내용에 따라 교수전략, 매체유형 및 활용 방법, 학습활동 등이 다양하게 나타날 수 있으며 궁극적으로 수업의 성과에도 영향을 미친다(Lampert, 2001; Smith & Stein, 2018). 예를 들어, 수업 전에 이루어지는 수업지도안 작성 수준에 따라 실제 수업에서의 학생 흥미 유발, 학습내용, 학생참여 및 활동 수준, 평가 및 피드백, 그리고 수업목표 도달에 차이가 나타날 수 있다. 이에 따라, 교수자는 수업지도안을 작성할 때, 수업목표 도달에 도움을 주는 수업모형, 학습활동 구성, 학습자 수준을 고려한 활동, 매체 및 교구 활용, 평가 등에 대한 구체적인 계획을 수립해야 한다. 학교현장에서 수업지도안을 작성할 때 중요하게 고려하는 주요 영역을 제시하면(선우진 외, 2021), ①수업내용–수업목표–수업과제 설정, ②수업전략–자료–피드백, ③학습자 이해 등으로 나타낼 수 있다.

① 수업내용-수업목표-수업과제 설정

교수자는 수업내용–수업목표–수업과제를 최우선으로 고려하면서 수업지도안을 작성해야 한다. 특히, 수업내용, 수업목표, 수업과제는 수업지도안 작성에서 중요도가 높은 구성요소이다. 먼저, 수업내용 측면에서 살펴보면, 교수자는 수업시간에 지도하려는 개념과 원리가 무엇인지, 그리고 이러한 개념 및 원리를 어떻게 가르쳐야 할지를 고려해야 한다. 둘째, 교수자는 수업목표를 정확히 파악하고 여기에 기반하여 교수·학습 활동을 구성해야 한다. 셋째, 교수자는 수업목표 도달에 적합한 수업과제를 설정해야 한다. 물론 상기와 같은 세 가지 구성요소는 교육과정의 전체적인 차원에서 파악할 필요가 있다. 따라서 교수자는 수업내용, 수업목표, 수업과제 간의 유기적인 관계, 전체 교육과정에서 차지하는 계열성 등을 고려하여 수업지도안을 작성해야 한다.

② 수업전략-수업자료-피드백

교수자는 수업전략, 수업자료, 피드백 등을 고려하여 수업지도안을 작성해야 한다. 먼저 수업전략을 살펴보면, 발문전략, 과제해결 전략, 학습자의 참여지원 전략, 소집단 운영 전략 등이 있다. 여기서 수업시간에 교수자와 학습자 간 소통에 기반이 되는 발문전략이 중요하다. 일반적으로 교수자는 자신의 발문을 어떻게 구성할지를 중요하게 고려한다. 예를 들어, 핵심발문, 학습자 수준을 고려한 발문 등에 대한 전략을 수립한다. 또한, 교수자는 수업지도안에 과제해결을 위한 수업전략, 학생참여 지원 전략을 제시해야 한다. 여기서 과제해결을 위한 수업전략은 학습자가 다양한 방법으로 과제를 해결할 수 있도록 지도하는 전략을 의미하며, 학습자 참여 지원 전략은 가능한 모든 학생이 참여할 수 있는 방안에 관한 것이다. 둘째, 교수자는 수업시간에 다룰 교구나 매체 유형, 활용 방법 등 수업자료 및 활용방법에 대해 구체적으로 작성해야 한다. 셋째, 수업의 주요 활동 후 정리 단계에서의 형성평가 계획 및 피드백 방안을 제시할 필요가 있다.

③ 학습자 이해

교수자는 학습자 수준, 수업 이해 정도, 수업참여 정도 등을 파악하고 이를 바탕으로 수업지도안을 작성해야 한다. 특히, 교수자는 학습자의 인지적인 측면과 더불어 정서적인 측면에 대해서도 이해하고 이를 기반으로 수업지도안을 작성해야 한다. 먼저, 수업지도안 작성에서 고려해야 할 인지적 이해는 학습자들의 연령대에 따른 성향, 흥미 등을 고려하여 학습동기를 유발할 수 있는 수업지도안을 작성할 필요가 있다. 수업지도안 작성에서의 주요 고려사항을 살펴보면 <표 7-1>과 같다.

〈표 7-1〉 수업지도안 작성에서의 주요 고려 사항[2)]

영역	고려 요소	주요 내용
수업내용 수업목표 수업과제	수업목표 설정	목표를 명확하게 파악하고 그에 따른 활동 계획
	수업내용 구체화	개념의 배경, 원리를 이해시킬 수 있는 다양한 방법 개발, 개념의 실생활 속 연계를 고려하여 계획
	수업과제 선정	좋은 과제 선정, 맥락이 포함된 과제 선정 및 구성
	계열성 고려	교육과정에서의 본 차시의 내용적 위치 확인, 교과목 특성에 적합하게 가르치는 방법 및 유기적 관계 파악
수업전략 수업자료 피드백	교수자 발문	학습자 수준을 고려한 발문 계획, 핵심적인 발문을 바탕으로 계획
	과제해결을 위한 수업전략	해결과정을 글, 그림, 이미지, 구체물 등 다양한 전략을 활용하여 제시하도록 계획
	학습자 참여 지원	선행지식과 수준에 관계없이 모두가 함께 자신의 생각에 대해 나누며 참여할 수 있도록 계획
	집단 운영	문제를 해결하는 소집단 구성(개인, 짝, 모둠)
	학습자료	교과서 및 참고자료 외 활용 가능한 교구, 시청각 자료, 컴퓨터 프로그램 등 계획
	평가 및 피드백	형성평가 문항 구성 및 피드백 방법 계획
학습자 이해	인지적 이해	학습자가 지닐 수 있는 오개념 예상, 선수학습 수준에서 나올 수 있는 학습자 반응을 예상하여 계획
	정의적 이해	학습자의 연령대 및 성향에 적합한 흥미 있는 수업계획

2) 선우진 외(2021)를 참고하여 재정리함

나. 수업지도안 작성에서의 효과적인 발문

수업지도안은 정해진 수업목표의 효과적인 도달을 위한 지침서이다. 따라서 수업지도안에서의 발문은 철저히 준비되고 계획적으로 구성되어야 한다. 또한, 수업지도안에서의 발문과 이를 통한 상호작용은 사전에 수립된 계획에 따라 이루어져야 한다. 이를 위해 교수자는 해당 차시의 수업목표, 수업내용, 실생활 관련 내용, 교수자–학습자 및 학습자 간 상호작용, 학습활동 등을 고려하여 발문을 준비해야 한다. 그런데 수업지도안의 세부 내용을 살펴보면, 대부분 교수자와 학습자의 상호작용을 중심으로 구성한다. 교수자와 학습자의 상호작용은 교수자의 발문으로부터 시작하며, 일련의 수업활동은 대부분 교수자의 발화를 중심으로 촉발된다. 물론, 교수자의 발문 중 효과적인 것은 학습자의 배경 지식을 자극하여 지적 호기심을 유발하는 것이다. 이를 통해 학습자의 수업 관련 학습동기나 흥미를 유발하고 궁극적으로는 교수자에게 수업 관련 발문을 하도록 유도하는 것이다. 따라서 교수자는 수업지도안을 작성할 때 효과적인 발문 유형을 살펴보고 수업목표 및 학습자 배경을 고려한 최적화된 발문을 실시할 필요가 있다. Long & Sato(1983)에서 제시한 발문 유형을 수업지도안에 적합하게 구성한 김상수(2017)의 연구를 참고하여 유용하게 활용할 수 있는 발문 유형 및 세부 내용을 나타내면 다음과 같다.

〈표 7-2〉 수업지도안에서 효과적으로 활용할 수 있는 발문 유형

유형	항목
확인형 (Echoic)	① 이해도 점검(comprehension check)
	② 명료화 요구(clarification requests)
	③ 확인 점검(confirmation checks)
정보형 (Epistemic)	④ 참조형(referential question)
	⑤ 나열형(display question)
	⑥ 표현형(expressive question)
	⑦ 수사학적(rhetorical question)

① 이해도 점검(comprehension check)

교수자가 학습자에게 제시한 학습내용에 대해서 학습자가 해당 내용을 제대로 이해하고 있는가를 확인하기 위하여 사용하는 질문. 텍스트에 나타난 세부정보를 학습자가 이해하고 있는가를 확인하기 위하여 해당 질문을 수업지도안에 제시. 다만, 교수자의 이해도 점검 질문에 대해 학습자의 긍정적인 대답만을 전제로 수업지도안을 작성하고 발문을 계획하는 것은 고민해 볼 필요가 있음

② 명료화 요구(clarification requests)

교수자가 학습자에게 자신의 발화에 대해서 좀 더 명료하게 이야기해 줄 것을 요청하는 질문. 실제 수업에서는 학습자에게 명료화를 요구하는 질문이 더 빈번하게 출현할 가능성이 큼. 다만, 학습자가 교수자의 질문에 대해서 처음부터 구체적이고 명료하게 응답하는 데에는 한계가 있음. 따라서 교수자는 이러한 상황을 고려하여 명료화 요구를 위한 질문을 사용하지 않아도 되는 발문을 사용하거나, 명료화를 요구하는 발문을 사용해야 하는 경우에는 학습자들이 순차적으로 응답하여 지속적으로 대화를 이어갈 수 있도록 준비할 필요가 있음

③ 확인 점검(confirmation checks)

교수자가 학습자의 발화를 먼저 청취한 후 해당 내용을 반복하여 발화하면서 학습자 발화에 대한 교수자 자신의 이해를 점검하는 질문. 물론, 본 유형은 학습자 응답에 대한 교수자의 이해도 점검 수단으로 사용. 다만, 교수자와 학습자 간 대화 과정에서 학습자의 불완전한 발화를 고쳐주고, 완전한 문장으로 발화하도록 유도하기 위하여 의도적으로 다시 질문하는 경우도 있음

④ 참조형(referential question)

교수자 질문에 대한 답변을 예상하기 어려운 상황과 관련된 질문. 학습자의 개인적인 경험이나 의견, 느낌 등을 표현할 수 있으며, 학습자의 사고를 촉진시킬 수 있고, 교수자와의 상호작용을 이어갈 수 있는 발문. 교수자가 학습자의 응답을 알지 못하는 상황에서 제시하는 질문이지만 수업을 계획하고 준비하는 단계에서 교수자는

어느 정도 예측 가능한 응답을 수업지도안에 작성하여 지속적인 학습자 발화를 유도할 필요가 있음

⑤ **나열형**(display question)

교수자의 질문에 대한 답변이 예상 가능한 상황에서 학습자와의 상호작용을 지속하기 위해 제시하는 질문. 다만, 나열형 질문은 학습자들에게 짧은 대답을 요구하기 때문에 의사소통적인 측면에서 비효율적이며 이로 인해 학습 동기를 감소시킬 수 있음. 또한, 학습자에게 간단한 응답을 요구하는 발문하기에 대부분 사실에 근거한 기계적이고 단조로운 상호작용에 그칠 수 있음

⑥ **표현형**(expressive question)

교수자 자신의 느낌이나 생각을 학습자에게 표현하고 그와 관련된 질문을 하면서 학습자의 사고를 이끌어내기 위한 질문. 표현형 질문의 경우 교수자와 학습자가 학습내용이나 언어적인 상황에 대해서 서로 공감을 하며 대화를 이어갈 수 있어서 정의적인 측면에서 학습자에 긍정적으로 작용할 수 있으며, 지속적인 교실 대화를 이끌어 가는 데에 효과적으로 사용할 수 있음. 다만, 이와 같은 유형의 질문은 수업지도안에 계획되기보다는 수업상황에서 임기응변으로 나타나는 경향이 있음. 따라서 수업지도안 작성 단계에서 반영할 필요가 있음

⑦ **수사학적**(rhetorical question)

교수자가 학습자로부터 어떠한 특정 대답을 기대하지 않고 하는 질문으로, 일반적으로 교수자가 스스로 응답하는 형태로 나타남. 수사학적 질문은 교수자 스스로 질문하고 응답하는 과정을 통하여 학습자의 이해를 도울 수 있으나, 학습자에게 사고할 수 있는 기회나 응답할 기회를 빼앗을 수 있음. 이러한 상황이 지속적으로 반복될 경우 교실 수업에서 학습자는 교수자의 질문과 대답을 듣고 이해하고 확인하는 방관자의 입장에 놓이게 되어 결과적으로 교수자-학습자 간 상호작용에 부정적인 영향을 미칠 수 있음. 수업지도안에 본 질문유형을 사용할 경우, 학습자가 응답할 시간적인 여유와 학습자 반응을 예상하면서 작성할 필요가 있음

다. 수업지도안 작성 단계

교수자는 학교현장에서의 교과지도, 생활지도에 전문성을 지닌 교육전문가이다. 교수자는 체계적인 교과지도를 위해 수업지도안을 작성하고 이를 기반으로 수업을 실행한다. 물론, 교과지도나 생활지도 모두 교수자의 체계적인 준비와 계획을 필요로 하며 학교현장에서 이루어지는 주요 활동이다. 다만, 교과지도는 교과에 대한 학습자의 이해 및 학습활동에 더욱 초점을 두는 반면, 생활지도는 학교에서의 학습자 간의 생활에 보다 초점을 두고 있다. 또한, 교과지도는 정해진 수업시간에 이루어지는 반면, 생활지도는 정해진 시간 없이 학교생활 전반에서 이루어진다. 교과지도를 위한 수업지도안은 정해진 수업시간에 국한하며 수업목표 도달을 위해 체계적으로 계획한 활동을 중심으로 작성된다. 이처럼 수업지도안은 주로 교과지도에 대한 설계도, 청사진으로, 교수자는 자신이 담당하는 교과목의 차시별 시간에 참여하는 학습자의 수업목표 도달과 관련된 교수학습활동을 구체적이고 체계적으로 작성하고 이를 바탕으로 수업을 실천한다. 따라서 교수자는 수업지도안을 작성할 때, ①학습자의 효율적인 수업목표 도달, ②교수학습과정에 반드시 필요한 활동 및 요소, ③평가 및 피드백 계획 등을 구체적으로 제시해야 한다. 수업지도안을 효과적으로 작성하는데 도움을 줄 수 있는 단계를 제시하면 다음과 같다.

① 수업목표 설정

- **수업내용 분석**: 단원 및 해당 차시의 주요 내용 분석
- **학습자 분석**: 학습자 수준, 정서 및 행동 특성, 학습자의 학습환경 분석
- **수업목표 제시**: 수업내용 및 학습자 분석을 바탕으로, 해당 차시를 통해 학습자가 도달할 것으로 기대하는 수업목표 제시

② 교수학습과정 제시

- **수업방법 수립**: 학습자의 목표 도달에 효과적인 교수전략 및 학습전략 탐색 및 결정
- **수업자료 선정 및 개발**: 수업시간에 사용 예정인 자료 및 매체 선정. 교수자가 직접 자료를 개발할 경우, 효과성과 효율성을 고려하여 심도 있게 고민.

또한, 학습자에게 친근한 실제 사례를 구성하여 제시

- **교수학습활동 구성**: 주의집중, 동기유발, 선행조직자, 학습안내, 수행 및 연습, 피드백 등 수업의 주요 활동을 수업시간의 흐름에 기반하여 구체적으로 제시. 수업지도안 작성의 핵심 활동

③ 수업평가 및 피드백

- **형성평가 계획**: 학습자의 해당 차시 목표 달성 여부를 확인할 수 있는 간략한 계획수립
- **피드백 제공**: 형성평가 결과를 바탕으로 즉각적인 피드백 제공. 여기서의 피드백은 개별보다는 학습자 전체 대상
- **파지 및 전이**: 수업내용 및 활동, 목표도달에 따른 성취 등을 지속할 수 있는 방안 수립. 관련 과제 제시 및 추가 활동 안내

4. 학교현장에서의 수업지도안 사례

가. 수업지도안 양식에 따른 세부 구성 요소

교수자의 수업은 수업설계를 통해 전반적인 계획이 수립되며 궁극적으로는 수업지도안이라는 문서로 구체화된다. 그런데, 학교현장에서 활용되는 수업지도안 양식은 하나의 통일된 형식으로 되어 있지 않으며 학교급, 학교, 교과, 교수자에 따라 상이하다. 다만, 수업지도안이 실제 수업을 위한 현실적인 설계도로 활용되기 위해서는 몇 가지 핵심적인 요소를 반드시 고려하여 작성하여야 한다. 여기서는 수업지도안 양식에 반드시 기입해야 하는 핵심적인 요소들에 대해서 다루고자 한다. 학교현장에서의 수업지도안에는 단원명, 단원의 개관, 목표, 교재연구, 학급의 실태, 본시 차시 계획, 판서 계획, 단원 평가의 계획, 지도상의 유의점 등이 모두 들어가는 '세안'과 해당 차시의 수업활동에 대한 교수학습계획을 구체화하여 작성하는 '약안(본시 지도안)'으로 구분할 수 있다.

① 세안의 구성 요소

- 단원명 및 개관(단원의 전반적인 소개, 수업내용 요약, 단원의 수업계획 및 특징 요약)

– 단원의 목표(단원의 성취기준 또는 목표 제시)
– 단원의 내용 및 지도 계획(단원의 전체적인 개요, 주제별 지도계획 등)
– 교재연구(교과서 및 교사용 지도서 연구, 기타 참고도서 및 자료 탐색)
– 단원 지도 기본 방침 및 지도 중점 사항 파악
– 학급 특성 및 실태(조사목적, 방법, 조사 내용 및 결과, 수업에의 시사점 및 유의점 등을 바탕으로, 학습자 중심의 단원 계획수립 방향 설정)
– 차시별 지도 계획 개관(주제, 핵심 내용, 과정, 교수자 및 학습자의 핵심 활동, 주요 교재 및 교구, 학습지도 시 유의사항 등)
– 과제 관련 내용(차시별 전반적인 과제 및 활동 등)
– 학습목표 달성 확인을 위한 평가 방법(형성, 총괄, 수행평가의 구체적인 방안 수립, 기본적인 평가 방안은 학기 초 교육과정 수립 시 작성)

② 약안의 구성 요소

– 본시의 기본 정보(단원명, 차시, 대상, 수업일시, 성취기준, 교과서 쪽수, 학습목표, 학습중점, 수업모형 등)
– 수업 단계(도입, 전개, 정리, 과제, 형성평가 등/또는 문제발견 및 제시, 아이디어 생성 및 적용, 학습활동, 정리 등 다양한 방식으로 제시. 다만, 수업 흐름에 따른 단계 명시)
– 수업의 세부 내용(학습내용, 학습활동의 진행 과정, 교수자 및 학습자의 학습활동, 수업내용 및 방법, 교재 및 교구, 학습지도시 유의사항, 시간의 흐름 등)

나. 수업지도안 양식의 예시

학교현장에서 사용되는 수업지도안 양식의 사례를 제시하면 다음과 같다.

수업지도안(또는 교수학습과정안)

1. 단원명 및 개관

단원의 전반적인 소개, 수업내용 요약, 단원의 수업계획 및 특징 요약

2. 단원의 목표

단원의 성취기준 또는 목표 제시

3. 단원의 내용 및 지도 계획

단원의 전체적인 개요, 주제별 지도계획 등

4. 교재연구

교과서 및 교사용 지도서 연구, 기타 다양한 참고도서 및 자료 탐색 및 분석

5. 단원 지도 기본 방침 및 지도 중점 사항 파악

6. 학급 특성 및 실태

조사목적, 방법, 조사 내용 및 결과, 수업에의 시사점 및 유의점 등을 바탕으로, 학습자 중심에서의 동 단원 계획수립 방향 설정

7. 차시별 지도 계획 개관

주제, 핵심 내용, 교수자 및 학습자의 핵심활동, 주요 교재 및 교구, 학습지도 시 유의사항 등

차시	소단원	학습내용	수업방법	매체 및 자료	유의사항
1차시					
2차시					
3차시					

8. 과제 제시

차시별 전반적인 과제 및 활동 등

9. 평가 방법

형성, 총괄, 수행평가의 구체적인 방안 수립, 기본적인 평가 방안은 학기 초 교육과정 수립 시 작성

10. 본시 학습지도안(약안) 예시

<table>
<tr><td colspan="2">단원명</td><td colspan="2"></td><td>차시</td><td colspan="2"></td></tr>
<tr><td colspan="2">목표</td><td colspan="2"></td><td>수업일시</td><td colspan="2"></td></tr>
<tr><td colspan="2">매체 및 자료</td><td></td><td>수업모형</td><td>수업대상</td><td colspan="2"></td></tr>
<tr><td rowspan="2">단계</td><td rowspan="2">핵심
요소</td><td colspan="2">교수학습활동</td><td rowspan="2">매체/자료</td><td rowspan="2">시간</td><td rowspan="2">유의점</td></tr>
<tr><td>교수자</td><td>학습자</td></tr>
<tr><td>도입

전개

정리

과제

평가</td><td></td><td></td><td></td><td></td><td></td><td></td></tr>
</table>

다. 수업지도안의 수정 및 보완

수업지도안은 실제 수업 전에 수정·보완할 필요가 있다. 일반적으로 교수자는 수업지도안 작성 후, 해당 수업지도안에 근거하여 실제 수업에 필요한 교수학습 자료를 선정하거나 개발해야 한다. 예를 들어, 교수자는 학교 자료실에 비치된 온라인, 오프라인 자료 목록을 확인하고 필요한 자료를 선정하고 준비한다. 수업자료 준비는 효과적인 수업을 위한 필수적인 과정이다. 교수자는 수업전문가로서의 역량을 기반으로 각종 영상자료, 예화자료, 교구 등을 준비하며 주변 동료들과의 협업을 통해 더욱 효과적이고 효율적인 자료를 준비할 수 있다. 만약, 해당 자료가 없을 경우, 교수자는 해당 차시의 수업지도안 중 자료 부분의 세부 내용을 수정하거나 직접 자료를 제작해야 한다. 또한, 수업 후 수업지도안을 다시 확인하면서 미흡한 부분을 보완한다면 이후 수업지도안 작성 및 수업시행에 도움을 받을 수 있다. 수업 전에 수업지도안을 평가할 수 있는 기본 요소를 제시하면 다음과 같다.

① 수업 전 수업지도안 평가 및 보완

주요 요소	주요 내용
1. 학습 목표	수업 후 달성할 학습목표가 분명하고 명확한 용어로 진술되었는가?
	학습목표는 수업내용, 수업방법과 일관성을 유지하고 있는가?
	학습목표는 교수활동, 학습활동, 평가 및 피드백 등과 일관성을 유지하면서 작성되었는가?
2. 학습 내용	해당 차시에 필요한 학습내용이 모두 다루어지고 있으며, 교수자의 교수내용에 대한 계획이 구체적으로 작성되었는가?
	본 차시의 선행학습과 다음 차시, 또는 연관된 단원과의 연계가 고려되었는가?
	본 차시의 내용과 관련된 타교과의 내용이 있을 경우, 학습자의 이해를 높이기 위해 거론하고 있는가?
	학습내용 및 단계별 시간 배분이 적절한가?
3. 학습 활동	학습동기를 유발할 수 있는 활동으로 구성되었는가?
	학습자의 자발적이고 능동적인 학습참여를 유발하기 위한 효과적인 방안이 제시되었는가?
	학습자의 흥미와 수업활동을 고려한 다양한 수업방법과 학습활동들이 모색되었는가?
	수업매체 및 자료에 대한 활용 계획은 효율적으로 수립되었는가?
	교수자의 발문 및 기대되는 학습자의 응답에 대한 내용 및 예시는 적절하게 구성되었는가?
	판서 및 프리젠테이션 계획은 효율적이고 효과적으로 수립되었나?

	학습자의 수준, 능력, 개인차, 흥미 등을 고려하였는가?
4. 평가 및 피드백	평가 계획이 적절하게 수립되었는가?
	평가에 따른 피드백 계획이 수립되었는가?
	교수자 스스로 수업 전반에 대해 평가하고 성찰할 수 있는 계획이 수립되었는가?
5. 기타	수업자료가 효율적으로 선정, 또는 제작되었는가?
	적절한 과제가 부여되어 있는가?
	수업 중 돌발상황에 대한 대처 방안이 마련되었는가?
	수업상황에 따라 학습내용, 활동, 또는 과정을 일부 수정·보완할 수 있는 방안을 마련하였는가?

② 수업 후 수업지도안 수정 및 보완

교수자는 상기와 같은 수업지도안에 근거하여 실제 수업을 시행한다. 물론, 모든 수업이 계획에 따라 100% 그대로 진행되지는 않는다. 그러나 교수자는 가능한 수업지도안에 근거하여 실제 수업을 진행할 필요가 있다. 또한, 실제 수업의 시행 중 미처 예측하지 못한 상황들이 발생하였을 경우, 어떻게 대처하였는지를 기록해야 한다. 교과목의 특성 및 학교급에 따라 다소 차이는 있을 수 있지만, 교수자가 수업 후 수업지도안 수정 및 보완 시 고려해야 할 사항을 간략히 제시하면 다음과 같다.

주요 요소	주요 내용
1. 전체적인 점검	전반적인 수업진행은 계획에 따라 진행되었나?
	수업내용 및 방법은 계획에 따라 진행되었나?
	교수학습자료 활용은 계획에 따라 진행되었나?
	평가는 수업지도안의 계획에 따라 진행되었나?
2. 수업내용	실제 수업내용은 적절하게 진행되었나?
	해당 수업내용은 단원의 핵심 영역과 일치하게 진행되었나?
	학습내용의 영역별 시간 배분은 적절하였나?

	학습내용 조직의 계열성은 적절하였나?
	학습내용의 심화 및 난이도 수준은 적절하였나?
	학습자의 능력 수준 및 흥미를 고려하였나?
	학습량 및 속도는 적절하였나?
3. 수업방법	수업내용에 적합한 수업방법이 사용되었나?
	학습자의 수업참여는 활발하였나?
	학습자의 학습역량을 신장시키는 수업방법이 활용되었나?
	컴퓨터, 매체 및 기자재 등이 효과적으로 활용되었나?
	토론, 토의, 문제 해결, 발표 등 활동 중심의 수업방법이 활용되었나?
4. 학습자 특성	학습자들의 개인차를 고려하였는가?
	학습 수준에 따른 학습량 및 학습속도 조절 등 수준별 학습이 이루어졌는가?
	개인차를 고려하기 위한 교수자의 실천 의지가 나타났는가?
	우수아 및 부진아에 대한 심화 및 보충 지도가 나타났는가?
	모든 학습자들이 학습활동에 참여하였는가?
5. 수업자료	교수학습자료가 효과적으로 활용되었나?
	교수학습자료가 효율적으로 활용되었나?
	교과서 이외의 교수학습자료가 활용되었나?
	(실험실습실)실험기자재는 효과적으로 활용되었나?

5. 2016학년도 중등학교교사 임용후보자 선정경쟁시험 교육학 문항 (1차시험, 20점, 60분)

다음은 A 중학교에 재직 중인 김 교사가 작성한 자기개발계획서의 일부이다. 김 교사의 자기개발계획서를 읽고 예비 교사 입장에서 '교사가 갖추어야 할 역량'이라는 주제로 교육과정 및 평가유형, 학생의 정체성 발달, 조직 활동에 대한 내용을 구성 요소로 하여 서론, 본론, 결론의 형식을 갖추어 논하시오. [20점]

–〈자기개발계획서〉–

개선 영역	개선 사항
수업 구성	• 학생의 경험을 중시하는 교육과정을 실행할 것 • 학생의 흥미, 요구, 능력을 토대로 한 활동을 증진할 것 • 학생이 관심을 가지는 수업 내용을 찾고, 그것을 조직하여 학생이 직접 경험하게 할 것 • 일방적 개념 전달 위주의 수업을 지양할 것
평가 계획	• 평가 시점에 따라 적절한 평가 방법을 마련할 것 • 진단평가 이후 교수 · 학습이 진행되는 중간에 평가를 실시할 것 • 총괄평가 실시 전 학생의 학습 진전 상황에 관한 정보를 수집 · 분석할 것
진로 지도	• 진로를 결정하지 못한 학생의 경우 성급한 진로 선택을 유보하게 할 것 • 학생에게 다양한 진로를 접할 수 있는 충분한 탐색 기회를 제공할 것 • 선배들의 진로 체험담을 들려줌으로써 간접 경험 기회를 제공할 것 • 롤모델의 성공 혹은 실패 사례를 제공할 것
학교 내 조직 활동	• 학교 내 공식 조직 안에서 소집단 형태로 운영되는 다양한 조직 활동을 파악할 것 • 학교 구성원들의 욕구 충족을 위한 자발적 모임에 적극 참여할 것 • 활기찬 학교생활을 위해 학습조직 외에도 나와 관심이 같은 동료 교사들과의 모임 활동에 참여할 것

○ 논술의 내용 [총 15점]

- '수업구성'에 나타난 교육과정 유형의 장점 및 문제점 각각 2가지 [4점]
- 김 교사가 실시하려는 평가 유형의 기능과 효과적인 시행 전략 각각 2가지 [4점]
- 에릭슨(E. Erikson)의 정체성발달이론에 제시된 개념 1가지(2점)와 반두라(A. Bandura)의 사회인지학습이론에 제시된 개념 1가지(1점) [3점]
- '학교 내 조직활동'에 나타난 조직 형태가 학교 조직과 구성원에 미치는 순기능 및 역기능 각각 2가지 [4점]

○ 논술의 구성 및 표현 [총 5점]

- 논술의 구성 요소와 '교사가 갖추어야 할 역량'과의 연계 및 논리적 형식 [3점]
- 표현의 적절성 [2점]

6. 기독교사로서 수업지도안 고찰하기

7장에서는 수업지도안 작성의 이론과 실제에 대해 살펴보았다. 7장의 내용을 통해, 학교교육 현장에서 수업지도안 작성이 일정 부분 이루어지고 있음을 확인할 수 있었다. 그렇다면, 교회학교에서의 수업지도안 작성은 어느 정도 이루어지고 있는가? 아마 이 책을 읽는 독자 중 대학에서 교직과정을 이수하지 않은 분들은 수업지도안 작성이라는 용어 자체가 생소하게 느껴질 수도 있다. 혹시 수업지도안 자체에 대한 이해가 어렵다면 7장을 다시 한번 읽어보기를 권한다. 여기서는 7장의 내용을 바탕으로, 몇 가지 문제를 제시하고자 한다. 기독교사로서 여러분의 생각을 간략하고 명확하게 제시해 보기 바란다.

가. 수업지도안 작성이 교회학교에서는 제대로 이루어지지 않는 이유는 무엇일까? 본인이 경험한 사례를 바탕으로 간략히 기술하시오.

나. 교회학교에서 수업지도안 작성을 가능하게 하는 현실적인 방안을 무엇인가? 본인이 경험한 직간접적인 사례를 바탕으로 기술하시오.

다. 교회학교에서 수업지도안을 작성한다면 가장 핵심적인 세부 요소에는 무엇이 있을까? 7장 내용을 바탕으로 본인의 의견을 기술하시오.

참고문헌

김경희, 조연순 (2008). 문제중심학습(PBL)의 수업 단계별 학습활동과 교육적 의미 탐색, 초등교육연구, 21(1), 269－296.

김상수 (2017). 수업지도안에 나타난 발문 유형 연구. 예술인문사회융합멀티미디어논문지, 7(12), 205－216.

김승호 (2011). 수업지도안의 이론적 배경 탐색. 초등교육연구, 24(3), 97－115.

선우진, 방정숙 (2021). 교사가 수업 설계에서 중요하게 고려하는 요소: 초등 수학 수업지도안에 대한 분석을 중심으로. 수학교육논문집, 35(1), 15－36.

장명덕 (2006). 초등 예비교사들의 과학 수업지도안 작성 전략 분석. 초등과학교육, 25(2), 191－205.

정경희, 신영준 (2017). STEAM 교사학습공동체를 통한 공동 수업설계 및 수업실행 분석. 한국초등과학교육학회 학술대회, 121.

정한호 (2008). 교실수업 방해원인에 대한 질적 고찰. 교육문제연구, 32, 63－94.

정한호 (2009). 초등학교 교사들의 수업설계 실태에 대한 질적 고찰. 교육공학연구, 25(3), 157－191.

진성희, 나일주 (2009). 초등 교수역량요소 도출 및 예비초등교사와 초등교사간 교수역량 인식 비교. 초등교육연구, 22(1), 343－368.

홍미화 (2017). 내러티브를 활용한 사회과 수업지도안 구성연구. 학습자중심교과교육연구, 17(7), 597－619.

Brown, J. S., Collins, A., & Duguid, P. (1989). Situated cognition and the culture of learning. Educational Researcher, 18 (1), 32－42.

Lampert, M. (2001). Teaching problems and the problems of teaching. London: Yale University Press. 방정숙, 권민성 공역 (2016). 가르치는 것은 왜 그렇게 어려울까?. 서울: 경문사.

Smith, M. S., & Stein, M. K. (2018). The five practices for orchestrating productive mathematics discussions (2nd ed). Corwin, VA: NCTM.

Long, M., & Sato, C. (1983). Classroom Foreigner Talk Discourse: Forms and Functions of Teachers' Questions. In H. Seliger, & M. Long (Eds.), Classroom－Oriented Research in Second Language Acquisition (pp. 268－286). Rowley, MA: Newsbury House.

기사

기독신문(정형권 기자, 2020.02.14.). [교육기획/ 나는 하나님 예배자입니다] ①예배를 보는 어린이들(https://www.kidok.com/news/articleView.html?idxno=205378)

기타

한국교육과정평가원(https://www.kice.re.kr/boardCnts/list.do?boardID=1500212&s=kice&m=030306)

CHAPTER

08

학습자 중심 수업방법

CHAPTER

08

학습자 중심 수업방법

1. 기독교사로서 학습자 중심의 수업방법 바라보기

지금까지 교육현장에서는 정형화된 지식, 또는 정보를 전수하는 교수자 중심의 수업방법에 초점을 두는 경향이 있었다. 그러나 교육 및 사회환경의 변화에 따라 학습자 주도적으로 실제 문제에 효과적으로 대처하고 합리적으로 해결할 수 있는 역량 신장의 문제가 대두되고 있다(이주호, 2016). 특히, 정보통신기술의 발달과 이전과 다른 급변하는 사회에 대응할 수 있는 공동체 역량의 중요성이 강조되고 있다(박혜영, 2019). 예를 들어, 이전과 다른 정치, 경제, 문화의 변화, 세계화, 지식 및 정보의 증대, 무한 경쟁으로 기존의 이론 및 정형화된 지식 습득 중심의 수업방법에 대한 변화가 요구되고 있다. 이에 따라, 소수의 리더십이나 역량보다는 동료와의 협업과 공유, 협력 관련 역량의 중요성이 대두되고 있다(Xiang, Yang, & Zhang, 2016; Lin, He, Baruch & Ashforth, 2016). 특히, 동료와의 공유와 소통, 협력에 바탕을 둔 문제해결의 효과성이 실증되면서(Carson, Tesluk, & Marrone, 2007; Johnson & Lee, 2008), 개인의 역량과 더불어 주변의 동료와의 협업을 통한 문제해결역량의 중요성이 강조되고 있다. 그러나 이 같은 변화는, 단순한 사회문화의 변화, 학습자에게 요구하는 역량 변화가 아니라 학습자를 지도하고 가르치는 수업방법의 변화, 교육의 변화를 요구하고 있다. 이에 따라 교육현장에서는 기존의 교수자 중심 수업방법에서 학습자에 초점을 둔 자기주도능력, 문제해결역량을 신장시키는 수업방법을 적용하고자 노력하고 있다(소경희, 이상은, 박정열, 2007). 특히, 기존의 정형화된 문제나 이론적 상황에 기반을 둔 문제가 아니라 실제 현실에서의 관련 문제를 탐색하고 해결할 수 있는 역량 신장에 초점을 두고자 노력하고 있다(이혜정, 임상훈, 강수민, 2019). 이와 같은 다양한 수업방법의 적용은 단지 형식적인 수업방법의 변화보다는 학습자의 자기주도적인 문제해결역량을 함양하고 신장시킬 수 있는 혁신적인 변화를 요구한다.

그런데, 이와 같은 수업방법의 변화는 교회교육에서도 나타나고 있다. 여러분 중에 몇몇은 아래와 같은 내용의 기사를 접한 경험이 있을 것이다. 또는, 본인이 섬기는 교회에서 비슷한 방향으로 변화를 시도하는 경우도 있을 것이다. 최근 학습자 중심의 수업방법을 통해, 학습자들의 참여를 유발하는 교회교육 방법이 나타나고 있다. 아래 기사 본문에서 강조한 **단어나 문구** 등에 집중하면서 천천히 살펴보기 바란다.

개혁교회 전통으로 교육혁신 일으키는 혜림교회[1)]

[기독신문: 박민균 기자] 2022.03.07

예배당부터 교육체계까지 '오직 어린이'에 집중…

경기도 하남 미사신도시, 망월천 산책길을 따라 걷는다. 혜림교회가 우뚝 서 있다. 예배당에 들어서자, **아이들 웃음소리로 가득했다.** 주일예배를 마친 아빠 엄마들이 영아부실과 유치부실 앞에서 자녀들을 번쩍 안았다. 키즈카페는 가족들로 복작였다. 자녀에게 간식을 먹이는 엄마의 얼굴이 환했다. [중략]

예배당에 들어선 순간부터 왜 '미래세대로 부흥하는 교회'라고 소문이 났는지 알았다. 예배당 1층 전체가 **미래세대를 위한 공간이었다.** 영아부실, 유치부실, 키즈카페, 놀이방, 교사실까지 교회의 얼굴인 1층에 자리하고 있다. 2층 대예배실 사랑성전에서 혜림교회가 얼마나 미래세대를 지향하는지 확인할 수 있다. '2022

년 표어. 오직 말씀, 오직 어린이, 오직 선교적 삶.' '오직 어린이'를 표어로 명시한 교회는 본 적이 없다. 김영우 목사에게 물었다. '오직 어린이라는 표어가 특별하다. 지역에 젊은 부부들이 많아서 전략적으로 어린이를 강조한 것인가?'

"아니다. 이곳으로 교회를 이전한 이유가 어린이 때문이고, 새 예배당을 건축할 때도 어린이를 중심에 두었다."

김영우 목사와 성도들에게 '어린이'는 부흥을 위한 전략이나 도구가 아니었다. 예배당 이전을 고민하고 결정한 이유 중 하나가 교육부서의 공간부족 때문이었다. 대예배실 좌석수를 2,000석으로 줄여 복도 공간을 넓힌 것도 아이들이 마음껏 뛰어다니도록 한 것이다. 계단 높이를 초등학생에 맞춰 낮춘 것도, '오직 어린이' 때문이었다. 다시 물었다. '왜 교회를 이전할 정도로, 예배당 설계까지 어린이에 맞출 정도로 집중하나?'

"신앙계승의 위기에 처한 우리 상황, 한국교회 현실 때문이다. 지금 한국의 모든 교회는 어린이에 마음을 쏟아야 하고, 온 성도들이 어린이에 올인해야 한다."

미래세대 부흥과 신앙계승을 위해서 이 정도로 하드웨어에 힘을 쏟았다면, 소프트웨어도 남다를 것이다. 혜림교회의 교육체계는 여느 교회들과 다르다. 교회학교 운영체계와 교육방법과 교사역할까지 모든 것이 다르다. [후략]

상기 내용을 보면, '아이들 웃음소리로 가득, 미래세대를 위한 공간, 계단 높이를 초등학생에 맞춰 낮춘 것, 예배당 설계까지 어린이에 맞출 정도' 등과 같은 단어나 문구를 찾아 볼 수 있다. "신앙계승의 위기에 처한 우리 상황, 한국교회 현실 때문이다. 지금 한국의 모든 교회는 어린이에 마음을 쏟아야 하고, 온 성도들이 어린이에 올인해야 한다"라는 혜림교회 김영우 목사의 언급처럼, 교회학교에 어린이들이 없으며 이는 교회의 위기라고 볼 수 있다. 그런데 혜림교회는 이러한 위기에 대응하기 위해 교회학교 운영체계와 교육방법, 그리고 교사역할을 어린이 중

1) https://www.kidok.com/news/articleView.html?idxno=214701&page=3&total=14929

심으로 변화시켰다.

앞으로, 우리 교회교육 현장에서는 학습자 중심의 활동과 공과가 점차 증가할 것으로 예상한다. 이전과 달리, 학습자의 참여와 활동에 초점을 둔 학습자 중심의 공과 및 활동이 증가한다는 점은 고무적이다. 또한, 이러한 학습자 중심의 공과를 통해 학습자가 소외되지 않고 모두 참여할 수 있다는 점은 의미가 있다. 그런데, 한 가지 의문점이 있다. "이와 같은 학습자 중심의 학습이 교회교육에서 추구하는 목표도달에 도움이 되며 궁극적으로는 하나님께 영광을 돌리는 자녀로 성장하는 데 긍정적으로 작용할 수 있는가?" 하는 것이다. 물론, 학습자 중심의 수업방법은 교수자 중심보다, 모든 학습자가 흥미를 갖고 학습활동에 참여하는 데 도움을 줄 수 있다. 그러나 교수자의 체계적인 수업설계 없이 이루어지는 학습자 중심 수업 방법은 의미가 없을 수도 있다. 앞의 기사에서도 나와 있는 것처럼, 교회학교는 미래세대인 어린이들의 예배와 교육에 적합한 맞춤형 지원을 해야 한다. 그런데, 학습자의 요구와 필요는 정형화되어 있지 않으며 다양하게 나타난다. 따라서 교수자는 기존보다 더욱 체계적으로 공과를 준비해야 한다.

이에 본 장에서는 학습자 중심의 수업활동과 관련된 팀기반 학습, 문제중심학습, 튜터링 등의 활동을 살펴보고 이를 통해 학습자 중심의 수업방법에 대해서 고민해보고자 한다.

2. 팀기반 학습(Team Based Learning)

가. 팀기반 학습의 의미

팀기반 학습은 지식 및 정보의 공유, 상호작용, 협의 및 토론 등을 기반으로 당면한 과제나 문제를 해결하는 사회적 구성주의와 상황 이론에 기초를 둔 수업방법이다(Duffy & Cunningham, 1996; Rose, 2002). 여기에서의 팀은 개인이 아닌 구성원 공동의 문제나 과제를 해결해 나가는 조직이다(Salas, Dickinson, Converse & Tannenbaum, 1992). 따라서 팀기반 학습은 학습자 개인이 아닌 구성원이 함께 수행하는 협력학습으로, 구성원 간의 소통 및 상호작용, 공유를 기반으로 당면한 문제를 해결하여 성과를 도출하는 소집단 학습활동을 의미한다. 팀기반 학습은 학습자 개인에게 본인이 지닌 기존 지식을 통한 문제 해결에 어려움을 인식하게 하며 주변 동료의 지원과 협력을 통해 효과적으로 문제를 탐구하고 해결할 수 있음을 체험하게 하는 효과적인 교육활동이다(Hrynchak & Batty, 2012). 팀기반 학습은 구성원 개인이 지닌 역량 및 지식, 경험 등을 하나의 공유된 팀 역량으로 극대화하여 학습자 개인의 문제 해결역량을 높이는 협력학습을 의미한다. 이와 같은 팀기반 학습은 기존 교수자 중심의 학습활동에서 벗어나 학습자의 자기주도학습 역량에 초점을 둔 공동체적 문제 해결역량과 깊은 관련이 있다고 볼 수 있다. 팀기반 학습은 구성원 간의 공유 및 소통, 문제 해결력, 자기주도학습 역량 강화를 토대로 수업목표에 도달하는 협력학습이다(박혜리, 장시영, 2015; Carson, Tesluk, & Marrone, 2007). 팀기반 학습은 기존의 교수자 중심 수업방법에서 벗어나 학습자의 자기주도학습 역량에 초점을 두고 문제 해결력, 학업성취도 신장에 효과적인 수업방법이다(강현경, 2015; 조일현, 2010; 노혜란, 최미나, 2016). 이처럼 팀기반 학습은 개인이 아닌 소집단 구성원이 함께 주어진 문제나 과제를 탐색하고 해결 방안을 도출하는 수업방법으로, 학습자 스스로 과제 관련 기존의 지식을 재구성하며 주변 동료들과 더불어 재조직한 지식 및 정보를 공유하고 상호 간의 협력 및 소통, 의견 조율 등을 바탕으로 학습활동을 수행하는 협력적인 수업방법이다(Marra, 2006; Palloff & Pratt, 2005).

나. 팀기반 학습 vs. 개별 학습

팀기반 학습은 공동의 목표 및 문제 해결을 위해 구성된 소집단, 또는 모둠을 토대로 이루어지는 협력활동(Salas, Dickinson, Converse, & Tannenbaum, 1992)을 의미한다. 팀기반 학습에서는 구성원의 개별적인 성과보다는 팀 성과에 중심을 둔다. 이에 반해, 개별 학습은 주변 학습자의 간섭이나 관계 없이 개인 스스로 책임을 지고 문제를 해결하고 개인 수준의 과제 해결 및 수행, 성과에 초점을 둔다(Johnson & Johnson, 1994). 최근 사회적인 분위기와 과업 수준의 변화에 따라 개별 학습보다는 팀기반 학습이 주목을 받고 있다. 특히, 개인적인 역량을 넘어서는 문제발생과 타인과의 협업 및 교류 등이 중요하게 인식되면서, 이전보다 팀기반 학습이 주목을 받고 있다. 그러나 학습자의 성향이나 특성에 따라, 개인, 또는 타인과의 협력을 중시하는 경향에는 차이가 있을 수 있다. 즉, 팀기반 학습이나 개별 학습은 과제 자체의 특성도 중요하지만, 학습자의 개인적인 성향에 따라 선호도와 참여 수준에 차이가 있을 수 있다. 또한, 팀기반 학습과 개별 학습은 본질적으로 상이한 특성을 지니고 있다. 팀기반 학습과 개별 학습 간의 차이를 제시하면 다음과 같다(정한호, 2020b: pp.407-408).

첫째, 학습과정을 통해 도달하려는 목표 수준에 차이가 있다. 개별 학습에 초점을 둔 학습과정에서는 학습자의 개인 역량 및 수준에 중심을 두고 학습목표를 수립한다(허지운, 2014). 그러나, 팀기반 학습에서는 팀을 구성하는 구성원 전체의 협력적인 역량에 초점을 둔 목표를 수립한다. 즉, 팀기반 학습에서의 목표는 개별 학습과는 달리 개인보다는 구성원 전체의 협력을 바탕으로 달성할 수 있는 목표를 설정한다(Johnson & Lee, 2008). 따라서 교수자가 팀기반 학습을 하고자 계획을 할 때에는 반드시 목표 설정에 유의해야 한다. 예를 들어, 팀기반 학습에서의 목표가 구성원 간의 협력보다는 학습자 개인의 개별적인 학습활동을 통해서도 달성할 수 있는 수준으로 설정하면, 해당 팀학습에서는 구성원 간의 유기적인 협력보다는 일부 구성원의 무임승차 가능성이 높아질 우려가 있다. 따라서, 교수자는 팀기반 학습과 개별 학습 간의 목표 설정의 차이점을 인식하면서, 목표를 수립할 필요가 있다.

둘째, 학습활동 과정에 대한 책무성에 차이가 있다. 예를 들어, 개별 학습에서의 학습자는 주변 학습자의 학습참여나 활동과는 관계없이, 자신의 학습 역량에 적합한 학습참여와 속도를 유지하면서 학습과제를 수행한다(정문성, 2006). 특히, 개별 학습에서는 팀기반 학습과 비교하여, 학습자 개인의 학습역량에 의존하는 측면이 강하며 학습자 본인의 책임 아래에서 모든 학습 활동을 수행한다. 그러나, 팀기반 학습에서의 학습 활동은 일부 구성원의 역량이나 리더십에 의존하기보다 구성원 간의 유기적인 협력과 공유를 바탕으로 이루어지며(Xiang, Yang, & Zhang, 2016; Lin et al., 2017), 모든 학습 활동은 구성원 모두의 책무하에 수행된다.

셋째, 학습결과로부터 도출되는 성과와 이에 대한 평가에 차이가 있다. 예를 들어, 개별 학습에서는 학습자 개인의 산출물이나 성과를 토대로 평가를 하는 경향이 높다. 또한, 개별학습자의 학습과정도 중요하지만 학습과정을 통해 도출된 최종 결과물에 대한 평가를 수행하는 경향이 있다. 따라서 규준지향평가를 수행할 경우, 다른 학습자와의 비교와 경쟁, 성과물의 상대적인 비교와 우열의 차이 등 다소 불가피한 상황이 유발될 가능성이 높다. 이에 따라, 대부분의 학습자들은 학습의 과정보다는 여기서 도출되는 결과와 성과에 대한 판단 결과에 두려움이나 불안감을 느끼는 경우도 발생할 수 있다(Yan & Wang, 2012). 이에 반해, 팀기반 학습 경우, 구성원 개인의 산출물과 성과에 초점을 둔 평가보다는 구성원 전체의 산출물 및 성과에 중점을 둔다. 이로 인해, 팀기반 학습에서는 개별 학습과는 달리, 구성원 간의 경쟁이나 비교보다는 협력, 공유, 소통을 중시하는 문제 해결 과정이 유발된다. 또한, 팀기반 학습의 경우, 소집단 협력학습의 결과로 도출되는 산출물이나 성과와 더불어, 구성원 간의 문제 해결 및 협력의 과정 자체가 평가 대상으로 작용할 수 있다.

다. 팀기반 학습의 효과성과 어려움

팀기반 학습의 효과를 살펴보면 다음과 같다. 첫째, 팀기반 학습은 학습자의 자기 주도적인 학습참여에 긍정적으로 작용한다(노혜란, 최미나, 2016). 예를 들어, 팀기반 학습의 사례를 탐색한 김은진(2015)에 의하면, 팀기반 학습은 학습자에게 수업에 대한 재미와 흥미를 유발하며 적극적인 학습 참여와 과제에 대한 동기를 유발하는 데 효과적인 것으로 나타났다. 둘째, 팀기반 학습은 학습자 간의 상호소통, 문제 공유, 그리고 팀 과제 해결에 효과적이다(정한호, 2011). 팀기반 학습이 학습자의 문제 해결역량에 미치는 영향을 탐색한 김희영, 나세리(2016)의 연구에 의하면, 팀기반 학습은 학습자의 문제 인식, 발산적 사고력, 기획 및 전략 수립, 실행 및 다소 간의 모험 감수, 시험 또는 평가, 피드백 등에 긍정적으로 작용하는 것으로 나타났다. 셋째, 팀기반 학습은 학습자의 인지된 상호작용과 몰입에 유의한 영향을 미치며 상호 협력적인 자기 효능감 신장에 효과적이다(박병숙, 2019).

그러나, 이와 같은 팀기반 학습의 효과성과 더불어 어려움 및 문제점도 드러나고 있다. 첫째, 팀 구성원 간의 역할 배분 및 이에 따른 어려움이 유발될 수 있다. 예를 들어, 구성원 간의 균등하지 못한 역할, 일부 구성원에게 집중되는 과제, 구성원 간의 과업 및 관계의 문제로 유발하는 갈등 등이 나타날 수 있다. 둘째, 일부 무임승차(free rider)로 인해 유발되는 다른 구성원의 의욕 저하, 구성원 상호 간의 소통 및 교류, 공유 부족에 따른 문제가 발생할 수 있다(조일현, 2010). 셋째, 계획을 수립할 때 기대하였던 산출물에 미치지 못하는 결과에 따른 팀기반 학습의 효과성 자체에 의문이 제기될 수 있다(Lin, 2018). 특히, 구성원 간의 협력 미비로 인해 기대한 성과를 도출하지 못할 우려도 있으며 과제 특성에 따라 개별 학습에 미치지 못하는 학습결과가 도출될 수도 있다. 따라서, 앞에서도 언급한 것처럼, 교수자는 과제의 특성과 수준을 고려하여, 팀기반 학습 여부를 판단할 필요가 있다. 이처럼 팀기반 학습의 효과성과 더불어 문제점 및 어려움이 제기되면서, 효율적인 팀기반 학습에 대한 탐색들도 활발하게 이루어지고 있다.

라. 팀기반 학습 단계

팀기반 학습의 단계는 크게 ①선행학습, ②준비도 확인, ③이의제기와 교수자 피드백, ④문제 해결 단계로 구분하여 제시할 수 있다(이신동 외, 2015: pp.187-189).[2)]

① 선행학습 단계

본격적인 팀기반 학습이 시작되기 전 교수자가 제시한 학습 가이드에 따라 학습자들이 교육과정과 관련된 내용을 사전에 학습하는 과정이다. 여기서는 학습자들이 사전에 부과된 읽기 과제를 정독하고 학습하는 단계이다. 학습자에게 부과된 읽기 과제는 수업의 이해를 위해 반드시 선행되어야 하는 개념, 문제, 아이디어에 대한 정보를 포함한다. 학습자는 반드시 수업 전 제시받은 자료를 사전에 학습하고 난 후에 자기점검을 통해 미비한 부분을 확인하고 추가 학습을 할 수 있다. 다만, 선행학습 단계에서 제공하는 자료는 교수자가 일괄적으로 준비할 수도 있지만, 학습자 수준에 따라 팀별로 준비하여 학습할 수 있다. 학교급에 따라 다소 차이는 있을 수 있지만, 교수자는 가능하면 학습자 스스로 자료를 준비할 수 있도록 지도하는 방안을 고려할 필요가 있다.

② 준비도 확인 단계

수업을 준비하고 개인별로 선행학습 내용에 관해 확인하고 팀별로 다시 검토하며 교수의 개념 및 개요 정리와 팀별 이의제기에 따른 피드백을 제공하는 단계이다. 준비도 확인을 위한 테스트는 수업 첫 시간에 시행하며 사전에 제시받은 읽기 자료에 대한 준비도 평가로, 개인별, 팀별로 구분하여 진행한다. 여기서는 학습자들이 사전에 제공한 읽기 자료의 핵심 개념을 제대로 이해하였는지를 확인하는 단계로, 팀기반 학습에 필요한 핵심 내용 및 이해도에 대한 간략한 탐색이라고 볼 수 있다. 다만, 여기서 주의할 점은, 준비도 확인 단계가 학습자들에게 단순한 테스트나 시험으로 인식되지 않도록 조심스럽게 접근해야 한다. 또한, 확인하고 점검하는 문항은 모두 추후 팀기반 학습의 토대가 되는 핵심적인 내용이어야 하며, 단순 암기나 자료를 보고 이해할 수 있는 지식이나 정보를 묻는 것은 지양해야

---

2) 참고문헌을 바탕으로, 다시 정리 및 보완하여 제시함

한다.

③ 이의제기와 교수자 피드백 단계

준비도 확인을 통해 도출된 내용을 바탕으로 팀별로 논리적인 근거에 기반하여 이의를 제기하는 단계이다. 본 단계는 팀기반으로 이루어지면, 본격적인 문제 해결 직전에 팀 구성원 간의 이해력 및 논리성을 증진하는 데 도움이 되는 효과적인 과정이다. 예를 들어, 학습자들은 자신들의 주장을 지지하기 위한 '증거'를 제시할 수 있으면 구성원끼리 모여서 합리적인 근거를 마련하여 앞 단계에서 도출된 평가 결과에 대해 논리적으로 반박할 수 있다. 교수자는 이 과정에 다른 팀들과 함께 참여하여 상호 활발한 의견을 주고받는다. 여기서 교수자는 팀기반 활동의 보조자로서 가능한 학습자들 간의 활발한 소통과 토론이 이루어지도록 지원한다. 다만, 학습자들의 수준을 넘어서거나 혼동을 줄 수 있는 내용에 대해서는 자신을 '발판'으로 제공하며 이를 통해 학습자의 이해 수준을 한 단계 높이는 데 일조할 수 있다.

④ 문제 해결 단계

팀기반 학습의 핵심적인 단계로, 실제 문제를 해결하는 과정이다. 여기서는 비구조화된 문제를 제시하며 팀별로 문제탐색, 추가 자료, 협의 및 토의, 역할 분담 및 수행, 문제 해결, 팀별 발표 및 수정, 최종안 제시 등으로 구성하는 단계이다. 학습자들은 동료들과 함께 문제를 이해하고 문제 해결에 적합한 활동을 수행한다. 본 단계에서는 문제 해결에 도움을 주는 질의응답, 미흡한 자료 보완, 해결 아이디어 창출, 구성원과 토론 및 협의, 최종 합의안 도출 등의 활동을 팀기반으로 수행한다. 교수자는 보조자로서 문제 해결 단계에 직접 개입하지 않지만, 팀 활동에 어려움이 있거나 지원해야 하는 상황이 발생하면 즉시 필요한 조치를 할 수 있도록 대기하고 있어야 한다.

3. 문제중심학습(Problem Based Learning)

가. 문제중심학습의 의미

문제중심학습은 구성주의에 바탕을 둔 것으로, 해결해야 할 실제적 문제를 중심으로 이루어지는 학습자 중심의 수업방법이다(변영계, 김영환, 손미, 2011). 문제중심학습은 기본적으로 팀기반으로 이루어지기 때문에 팀기반의 문제중심학습이라고 할 수 있다. 그런데, 여기서는 팀 자체보다는 주어지는 문제에 초점을 두는 경향이 있다. 특히, 여기서 의미하는 문제는 단순히 특정 개념이나 주제, 정보, 사실 등에 대한 질문 형식의 구조화된 문제가 아니라 현실에서 접할 수 있는 비구조화된 복합적인 문제를 의미한다. 따라서 문제중심학습은 실제 현실과 관련성이 높은 맥락적인 문제를 중심으로, 팀기반 학습을 통해서 해결해 나가는 학습자 중심의 수업방법이다. 문제중심학습에서는 학습자에게 관련 내용지식, 협동학습능력, 문제 해결역량, 의사소통 및 상호작용, 공유, 판단 및 결정 등의 자기 주도적인 학습 역량 강화에 도움을 주는 수업방법이다. 문제중심학습은 기존 교수자 중심의 수업 방법을 지양하고 실제 문제를 기반으로 수업을 진행하는 수업방법이다(Barrow, 1985; Savery, 2006). 문제중심학습은 본래 1950년 중반, 캐나다의 의과대학에서 개발되어 활용되었다. 문제중심학습은 창시한 배로우즈(Barrows, 1985)에 의하면, 의대생들은 장기간에 걸쳐 고난도의 의학교육을 이수하고 의사면허를 취득한다. 그런데, 배로우즈는 초보 의사들이 의학전문가로서 의료현장에서 실제 환자를 진단하고 치료하는 데 어려움을 겪는 것을 보고 기존 의학교육의 문제점을 탐색하였다. 따라서 문제중심학습은 본래 의학교육을 위한 특수한 교육적 요구에 대처할 수 있도록 개발된 수업방법이다. 그러나 여기에는 본질적으로 학습자 중심과 문제중심의 학습을 강조하는 구성주의적 특성이 드러나 있다. 이에 따라 문제중심학습은 의과대학뿐만 아니라 교육, 경영, 법률 등 다양한 분야로 퍼져나가고 있다(박성익 외, 2021).

나. 문제중심학습 vs. 전통적인 학습

앞에서도 언급한 것처럼, 문제중심학습의 주요한 특징은 전통적인 학습과 달리, 비구조화된 실제 현실의 문제를 중심으로 진행된다는 점이다. 학습자들은 현실에서 경험할 수 있는 실제적인 문제를 다룸으로써 교과에 관한 실천적인 이해수준을 높일 뿐만 아니라 문제 해결에 필요한 고차적 사고력, 자기 주도적인 학습 역량을 신장할 수 있다. 이처럼, 문제중심학습은 전통적인 학습과는 달리 지식을 먼저 학습하기보다 적용 가능한 맥락적인 지식과 기능을 익히고, 실제 상황에 적용할 수 있는 역량 신장을 목적으로 한다. 이와 같은 문제중심학습이 지닌 기존 전통적인 수업과의 차별성을 정리하면 다음과 같다(최정임, 2007).

① 문제중심학습은 전통적인 수업과 달리 문제 제시부터 시작(Barrows, 1985)

교수자 중심의 강의 후에 문제가 제시되는 전통적인 수업과는 달리, 문제중심학습은 문제 제시부터 시작한다. 학습자들은 기존에 습득한 지식과 경험으로부터 문제를 탐색하고 해결해야 할 내용을 발견하고, 문제를 해결하는 활동을 기반으로 학습을 진행하게 된다.

② 문제중심학습에서 제시하는 문제는 비구조화되고 복잡한 실제적인 문제

여기서 제시하는 문제는 쉽게 정답을 도출할 수 있는 정형화되거나 구조화된 문제보다는 종합적이고, 여러 관점에서 해결안들이 도출될 수 있는 복잡한 문제이다. 또한, 전통적인 수업과는 달리, 여기서 제시하는 문제는 이론적인 측면보다는 실제적인 측면에 중점을 둔다. 실제적인 문제란 현실에서 겪을 수 있는 것과 유사한 형태의 문제로 학습자들이 흥미와 동기를 가지고 문제 해결에 적극 참여하도록 유도할 수 있는 문제를 의미한다. 이처럼, 문제중심학습은 학습자들에게 문제 해결에 필요한 실제 지식의 중요성과 자기 주도적인 문제 해결 과정의 의미를 인식하는 계기를 마련해 준다.

③ 문제중심학습에서 요구하는 활동은 개별 학습과 팀기반 학습활동으로 구분

학습자는 팀 토론을 바탕으로, 주어진 문제를 탐색하고 해결할 세부 내용을 선정하고 이를 위한 체계적인 계획을 수립한다. 일반적으로 여기서 제시하는 문제는 학습자 개인이 해결할 수 없는 복잡한 문제이기에 팀원과의 협력과 소통, 역할 분담이 반드시 요구된다. 이를 위해 학습자들은 먼저 계획에 따라 개별 학습을 수행하며 추후 동료들과의 팀기반 활동을 통해 학습내용을 공유하고 문제 해결 방안을 탐색한다. 이처럼, 문제중심학습에서는 개별 학습과 팀기반 학습을 통해 문제를 해결하는 학습자 중심의 수업방법이라고 볼 수 있다.

다. 문제중심학습의 효과성

문제중심학습의 효과를 탐색한 강인애(1998)에 의하면, 문제중심학습은 ①주인의식, 자율성, 자아성찰, ②자신감, ③문제 해결력, ④협동학습자, ⑤관련 전문지식의 습득 등에 효과적인 것으로 나타났다. 문제중심학습을 경험한 학습자들의 인식을 탐색한 최정임(2007)에 의하면, 문제중심학습은 ①문제중심학습에 대한 이해, ②학습내용에 대한 이해, ③협동학습에 대한 이해, ④자아 성찰, ⑤실제적 경험, ⑥문제 해결력, ⑦프리젠테이션 스킬 등에 효과적인 것으로 나타났다. 이에 대해 구체적으로 정리하면 다음과 같다.

① 문제중심학습에 대한 이해

학습자는 자기 주도적 학습의 실제 의미를 습득하였으며 이를 통해서 학습내용을 이해하는 데 도움을 받을 수 있다. 또한, 이와 같은 학습자의 학습경험은 학습동기부여와 성취감과도 연결되며, 강의를 통해 습득한 내용도 다시 한번 기억하고, 철저히 이해하는 계기가 된다.

② 학습내용에 대한 이해

학습자들은 전통적인 수업에 비해 학습내용을 깊이 있게 이해할 수 있다. 예를 들어, 문제중심학습을 통한 학습활동은 교수자 중심의 강의식 수업보다 핵심적인 내용을 더 잘 기억할 수 있으며 문제 관련 내용뿐만 아니라 관련 정보에 대한 폭넓은 지식을 확보하는 계기가 된다. 특히, 학습자들은 문제중심학습을 통해서 관련 개념을 확실히 이해하는 기회를 갖게 된다. 이처럼, 문제중심학습은 학습자의 자기주도학습과 팀기반 학습을 통해 깊이 있고, 효과적인 학습이 가능함을 보여준다.

③ 협동학습에 대한 이해

문제중심학습은 팀기반 학습을 기반으로 진행하기 때문에, 협동학습은 학습과정에서 필수적인 요소이다. 문제중심학습은 학습자에게 협동학습의 중요성과 팀 활동 방법에 대한 인식 및 이해도 증진에 효과적이다. 특히, 학습자들은 기존에 다양한 유형의 팀기반 학습을 경험해 왔지만, 문제중심학습을 통해, 체계적인 협동학습의 의미를 이해하고 느끼는 계기를 가질 수 있다. 이처럼, 문제중심학습은 실제적인 협동학습의 의미와 역량을 강화하는 데 좋은 기회를 제공한다.

④ 자아 성찰

문제중심학습은 학습자 스스로 자신의 학습활동 중 부족한 부분이 무엇인지 성찰하는 계기를 마련해 준다. 이와 더불어, 팀 동료, 그리고 다른 팀의 활동에 대해서도 살펴볼 기회를 갖게 된다. 특히, 문제중심학습을 통한 자아 성찰은 학습동기 유발 및 발전적인 학습활동의 계기 마련에 도움을 준다. 문제중심학습의 특징 중의 하나는 일상에서 겪을 수 있는 현실적인 문제를 제시함으로써, 학습자들 스스로 전문가의 역할과 활동을 이해하고, 전문가에게 필요한 실질적인 기능을 습득하게 하며, 학습에 대한 실제적인 동기를 부여하는 것이다. 따라서 문제중심학습을 통해 학습자들이 문제 해결 과정에서의 실재감을 바탕으로, 학습과 현실을 하나로 인식하는 것은 의미 있다고 볼 수 있다.

⑤ 실제적 경험

학습자들은 문제중심학습에서 제시하는 문제를 탐색하고 해결하는 과정을 통해 문제에서 제시된 상황에 몰입하고 실제 전문가와 비슷한 활동을 수행하게 된다. 특히, 문제중심학습에서 제공하는 문제는 기존의 전통적인 학습에서 제시하는 이론적이거나 가공된 문제가 아니라 실제 현실에서 개연성 있게 유발될 수 있는 실제 문제이다. 이에 따라 학습자들은 학습활동에 몰입할 수 있으며, 의미 있는 학습과정을 수행한다는 인식을 하게 된다. 특히, 학습자들은 문제중심학습의 과정을 거치면서 관련 기관의 TF팀 전문가로서의 역할과 비슷한 활동을 하게 된다. 이처럼, 문제중심학습의 현실성과 여기서 제공하는 실제적 경험은 학습자들에게 학습활동의 진정성을 느끼면서 참여하게 하는 동기를 부여하는 역할을 한다.

⑥ 문제 해결력

문제중심학습은 학습자에게 문제탐색 및 해결방법에 대한 유용한 학습경험을 제공한다. 학습자들은 문제 해결 과정을 경험하면서 문제 해결을 위한 체계적인 방법을 파악하게 된다. 또한, 문제 해결과 관련된 다양한 정보 및 자료 수집, 취사선택 등을 통해 정보처리능력의 중요성도 인식하게 된다. 이처럼, 문제중심학습은 학습자 스스로 자료를 검색하고, 문제를 탐구하며, 문제를 해결하는 기회를 제공하고 문제 해결력과 정보처리능력의 향상에 효과적이다.

⑦ 발표 역량 강화

문제중심학습은 팀기반 학습을 바탕으로 문제를 해결한 후 이를 다른 팀과 공유하는 발표 활동을 한다. 이를 통해, 학습자 모두 자신의 역할에 맞는 발표력을 신장시킬 수 있으며 다른 팀의 발표를 통해 관련 지식을 습득할 수 있다. 문제중심학습에서의 발표 역량은 직접적인 학습목표는 아니지만 주요한 학습과정의 하나라고 볼 수 있다. 팀발표를 통해서 학습자들은 발표의 의미와 효과적인 발표 방법 및 기능 등에 대해 현실적으로 이해하고 배우는 기회를 갖게 된다.

라. 문제중심학습 단계

문제중심학습(Problem Based Learning, PBL)과 관련하여 학자마다 다양한 주장과 관련된 모형들이 존재한다. 여기서는 교수자들에게 도움을 줄 수 있는 모형을 소개하고자 한다(최욱, 2016: pp.42-55).

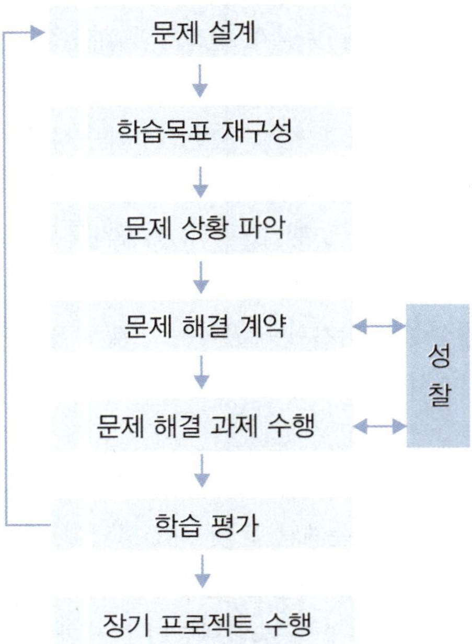

[그림 8-1] 문제중심학습 모형(최욱, 2016: p.42)

① 문제 설계 단계

문제 설계 단계에서 고려해야 할 중요한 부분은 내용 및 주제를 선정하는 것이다. 학습자들이 실제 현실에서 경험하는 지식이나 문제들은 학교에서 가르치는 교과목처럼 분절화되거나 구분되어 있지 않다(Wilson, 1998). 예를 들어, 환경, 전쟁, 오염, 갈등, 빈부, 교통 등과 같은 문제들을 해결하기 위해서는 특정 교과의 지식보다는 학문이나 지식의 경계를 초월한 간학문적인 역량, 즉, 신학, 철학, 사학, 자연과학, 사회과학, 예술 분야 등 전 학문 영역을 토대로 관련 문제에 대한 명확한 관점 및 시각을 지닐 필요가 있다. 따라서 현실의 문제를 제시하고 이를 해결하는 PBL에서의 문제는 상기와 같은 실제 세계의 문제를 수업활동을 기반으로 탐색하고 찾을 수 있도록 유도하는 것이어야 한다. 이에 교수자는 PBL에서 다루려는 문제를 설계할 때 학습자의 사고 범위를 학교 밖의 실제 세계로 이동하도록 도와주어야 한다. 또한, 학습자가 문제를 통해서 중요한 쟁점이나 논제가 무엇인지를 탐색하고 핵심적인 내용과 문제가 무엇인지를 찾아 해결하려는 동기를 유발하도록 문제를 선정해야 한다. 이렇게 선정된 문제를 토대로, 교수자는 특정 교과에만 초점을 둔 특정 내용에 얽매인 고정된 사고에서 탈피하여, 해당 내용이 다른 교과에서는 어떻게 적용되고 활용되는지, 실제 현실에서는 어떻게 나타나는지에 대한 깊이 있는 사고를 토대로 수업의 전 과정을 설계해야 한다.

② 학습목표 재구성 단계

PBL에서의 학습목표는, 현실 세계에서 요구하는 지식, 기술, 또는 태도를 과목 구분의 장벽 없이 탐구하고, 창의적으로 사고하여 적재적소에 적용하고 현상 탐색 및 파악, 의사결정, 문제 해결 역량을 기르는데 초점을 두어야 한다. 따라서 PBL의 학습목표는 기존의 형식적인 '있는 그대로의' 첫 번째 교육과정(first curriculum)이 아닌 두 번째 교육과정(second curriculum)을 지향해야 한다(Perkins, 2004). 이에 따라 PBL에서의 학습목표는 포괄적인 목표(overarching goal)와 세부적인 목표로 구분할 수 있다. 먼저, 포괄 목표는 문제를 해결한 후에 학습자로 하여금 획득하기를 기대하는 커다란 아이디어(big idea) 차원을 의미한다. 여기서 가장 중요한 것, 핵심가치(core value)를 개괄적으로 서술하여 표현한다(Wiske, Franz, & Breit, 2005). 예를 들어, "우리의 문화를 세계적으로 인정받을 수 있는 창의적인 브랜드로 만들 수 있다"와 같이 다소 포괄적인 차원의 목표를 지칭한다. 둘째, 세부적인 학습목표는 포괄 목표의 핵심 가치를 구현하는 데 요구되는 것으로, 학습자에게 실제 세계에서의 구체적인 수행 능력이나 기능들의 묶음으로 구성한다. 물론,

PBL에서의 학습목표는 장기, 단기 목표로 구성하며 주요 학습내용들이 각각 의미 있는 연결고리를 가지고 일목요연하게 망라되어 있어야 한다. 또한, 학습자들에게 최대한의 학습 기회를 마련해주는 차원에서 주요 내용들이 총망라되어야 한다. 상기와 같이 학습목표를 구성하면서, 교수자는 동시에 언제든지 기존에 제시한 문제와의 순환적 사고를 바탕으로, 문제와 목표를 상호 수정·보완해 나갈 필요가 있다.

③ 문제 상황 파악 단계

문제 상황 파악 단계에서는 학습자가 문제 상황을 정확히 파악하는 데 도움을 주는 활동을 제시해야 한다. 이를 위해, 첫째, PBL과 기존에 경험했던 학습과는 어떤 측면에서 차이가 있는가에 대한 충분한 안내와 설명이 선행되어야 한다(Kain, 2003). 둘째, PBL의 문제를 학습자에게 충분히 인지될 수 있는 형태로 제시하여 PBL 활동 초기부터 학습자들이 정확한 이해와 방향성을 지니고 활동에 참여할 수 있는 계기와 기회를 제공해주어야 한다. 예를 들어, ①문제 상황 몰입, ②문제에 대해 정확하게 인지하는 방법 등을 동시에 제시할 필요가 있다. 먼저, 학습자를 문제 상황에 몰입을 시키기 위해서는, 문제와 직접 연관성이 있는 실제 문서나 공식적인 자료, 문제 해결을 필요로 하는 실무자의 요청 글(Lambros, 2002; Praet, 2014), 실제 인물의 동영상이나 음성 녹음 자료 등을 통해 문제를 의뢰하는 방식을 사용할 수 있다. 또한, 교수자는 현실에서의 실제 인물과의 대담, 또는 대화 형식, 역할극(Choi, Song, & Choi, 2005; Torp & Sage, 2002), 신문 기사, TV 뉴스나 다큐멘터리(강인애, 정준환, 정득년, 2007) 등과 같은 자료를 활용할 수 있다. 그러나 학습역량이 낮은 학습자의 경우, 긴 문제 내용으로 인한 어려움이나 현실에서의 경험 부족으로 지루하게 느낄 수 있다. 따라서 모든 문제 상황은 학습자의 수준을 고려해야 하며, 그림 콜라주(picture collage), 동영상, 만화 등을 함께 제시하여 학습자의 흥미를 유발하는 것도 고려해 볼 필요가 있다.

④ 문제 해결 계약 단계

문제 해결 계약 단계에서는 학습자의 자율성과 능동성을 바탕으로 동기를 높이는 단계로, PBL에서 제공한 문제를 정형화된 방식 그대로 학습자가 수용하기보다는 교수자가 정한 문제의 큰 테두리를 벗어나지 않는 범위에서, 학습자가 자기주도적으로 해석하고 수행할 수 있는 기회를 마련해 줄 필요가 있다. 따라서 교수자는 학습자가 문제를 보고 이를 해결해나가는 방식을 스스로 정하도록 지원할 필요가 있다. 예를 들어, 학습자 스스로 ①개별 관심 영역에 따라 문제의 일부 수정, ②자신의 상황과 밀접한 관련이 있거나 친근한 문제에 따라 모둠을 재편성, ③문제 결정, ④학습 계약서 작성, ⑤교수자와 문제 해결 계약 체결 등의 세부 단계를 거치게 된다. 이와 같은 일련의 문제 해결 계약을 위한 의사결정 활동은, '성공적인 학습자는 무엇을 할 것인가를 판단하고 결정하는 데 대부분의 시간을 사용한다'는 Woods(1997)의 주장처럼, 학습자에게 의미있게 다가오도록 지도해야 한다. 그리고 각 모둠별로 선정된 문제는, 앞에서 언급한 "문제 상황 파악 단계"에서 제시된 문제와 함께 모둠 게시판에 탑재 및 비교를 통해, 앞으로의 활동에 필요한 길잡이 역할을 하게 된다.

⑤ 문제 해결 과제 수행 단계

문제 해결 과제 수행 단계에서는 가능한 현실 세계와 최대한 비슷한 문제수행 환경을 제공해야 한다. 예를 들어, 문제 해결과 관련된 역할에 관한 '임명장 수여', '목걸이 신분증 제공' 등은 한 예가 될 수 있다. 이와 더불어, 문제 해결 과정에서 사용하는 호칭, 직위, 과제, 수행, 결과물 등과 같은 용어도 현실에서의 그것과 동일하도록 제시할 필요가 있다. 또한, 실제 세계에서의 문제를 해결할 때, 기존에 의도한 바와 다른 양상이 비일비재하게 나타나는 것처럼 상황 변화에 따라 결과물, 해결 전략 등을 수정해야 하는 경우가 발생한다. 이러한 점에 착안하여, 학습자가 의사를 표명할 때, 가능한 범위 내에서 교수자와의 협의를 통해 부분적인 계약 변경이 가능하며, 교수자는 여기에 동의해 줄 필요가 있다. 또한, 학습자의 문제 해결 수행의 전체적인 과정에서 교수자는 오프라인, 온라인 상호작용을 바탕으로, 멘토, 지원자로서의 역할을 수행할 필요가 있다. 만약, 교수자가 문제와 직결된 실제 세계에서의 경험이 부족하여 학습자들을 지원할 수 없을 경우, 학교 내·외의 전문가를 적극 활용하는 방안도 고려해볼 필요가 있다. 예를 들어, 현장 체험 활동을 통한 현장 전문가 활용, 동료 교사 초빙 수업, 또는 온라인에서의 특강 등 학부모 및 교외 전문가, 동료 교수자와의 사전 협의를 통해 학습자를 실질적으로 지원할 수 있다. 이와 더불어, 상기와 같은 지원을 통해 새롭게 습득한 지식이나 정보, 또는 사고 방식의 변화나 역량 등은 별도의 온라인 게시판이나 관련 소셜미디어에 탑재하여 모든 학습자와 공유하는 방안도 마련할 필요가 있다.

⑥ 성찰 단계

성찰 단계는 학습자의 자율성을 신장하고 문제 해결의 과정 및 수행을 촉진하기 위한 단계이다. 이와 같은 성찰 단계는 문제 해결 및 비평적인 사고력을 함양하는 동시에, 창발성을 높이는 수평적인 사고의 가능성을 높인다(McDonald, 2010). 특히, 문제 해결 역량과 사고의 과정에서 유발되는 제약을 최소화하기 위한 방안으로, 각 단계의 핵심 과정에서 학습자 스스로 성찰의 시간을 갖도록 하는 것이 중요하다. 여기서는 학습 계획 등 문제 해결 계약 체결 내용을 모든 구성원들과 공유한 후, 또는 문제 해결 과제를 수행한 직후처럼, 단계별로 별도의 성찰 활동을 할 수 있다. 예를 들어, Spiegel(2005)의 '지속적 사고(continuing thinking)'의 성찰이 있다. 또한, Praet(2014)가 제시한 '출구 통행증(Exit pass)' 전략이 있는데, 여기서는 문제 해결 과제 수행을 마친 후에 이루어진다. 10분 정도의 별도 시간을 할애하여, 문제 해결을 위한 개별, 또는 모둠 활동에서 각각 ①내가 잘한 것, ②가장 먼저 개선해야 할 점, ③문제상황이 다시 발생하면 기존과는 다르게 어떻게 행동하고 사고할 것인가, ④과제해결을 위해 다음 단계에 수행해야 할 일 등에 대해 성찰하는 활동이 있다. 이와 같은 성찰 단계를 통해, 문제 해결 과제 수행이 실제적으로 완수되었다고 인정할 수 있다.

⑦ 평가 단계

평가 단계는 구성주의 등 여러 이론을 바탕으로 수행한다. 그러나 여기서는 학습 효과에만 초점을 두고 특정 지식이나 정보의 습득 여부를 선별하는 지필평가를 지양한다. 이와 더불어, 교수자 이외에 그 누구도 다시 보지 않을 것 같은 학습의 마지막 과정에만 제출하는 최종 결과물에 초점을 두고 시행하는 평가는 지양한다(Wiske, Franz, & Breit, 2005). 여기서 의미하는 평가는 학습의 한 과정으로 학습자의 학습활동을 촉진하며, 학습자 스스로 평가의 본질적인 의미를 파악하도록 도와주는 학습의 과정을 지칭한다. 예를 들어, 평가가 학습자에게 학업성취 여부에 얽매이기 보다는 자신의 역량을 개발해나가는 점진적인 과정으로, 평가로 인식하도록 도와주어야 한다. 만약, 평가가 학습성취 여부의 측정에 초점을 두면, 학업 성취가 낮을 것으로 예상하는 학습자들은 패배의식과 학습포기 상황에 매몰

될 수 있다. 이에 반해, 평가를 '하나의 학업 과정이며 지속적으로 학습자의 역량을 개발하는 과정'으로 인식하는 학습자들에게 평가는 또 다른 기회로 작용한다. 예를 들어, 이러한 학습자들은 다양한 시도를 두려워하지 않고, 실패해도 중단 없이 끈기 있게 학업을 수행하며, 본인의 학업에서의 장·단점을 인식하면서, 노력, 연습, 교정 등의 활동을 지속적이고 능동적으로 수행해 나가게 된다. 그러므로 PBL에서의 평가는 문제 해결 과정 속에서의 학습자 지식과 사고 수준의 발전 및 구성 등을 지속적으로 측정하는 지속적인 평가(ongoing assessment)가 되어야 한다(Perkins & Unger, 1999).

⑧ 장기 프로젝트 수행 단계

기존 대다수의 PBL은 주어진 현실 상황에서의 문제를 해결하고 결과물을 산출하는 일회성 활동에 초점을 맞추었다. 그러나 학습자들은 PBL을 통해, 해당 학습 주제나 내용 관련 확장된 탐구를 위한 지적 호기심, 동기 및 흥미를 유발하면서 지속적으로 학업에 참여할 필요가 있다. 따라서 교수자는 학습자 스스로 흥미를 느낄 수 있는 새로운 학습주제를 생성하고 자율성과 능동성을 바탕으로 장기간의 학업수행이 가능하도록 기회를 제공할 필요가 있다. 또한, 교수자는 학습자들이 팀별로 학업과정을 독자적으로 운영할 수 있는 기회를 제공해주는 방안도 고려할 필요가 있다. 예를 들어, 교수자는 학습자가 문제 해결 과제와 밀접한 연계성이 있는 학습주제를 자기주도적으로 선정하여 독립적인 탐구 활동(year－long independent inquiry)을 수행할 수 있는 기회의 장(Barell, 2007)을 마련해줄 필요가 있다. 여기서 교수자는 다소 느슨한 형태의 자문이나 지원의 역할을 수행하면서 학습자들과는 정기적으로 학습과정이나 결과를 교류할 수 있는 '공유의 장'을 마련해 줄 필요가 있다. 상기와 같은 장기 프로젝트 수행을 바탕으로 학습자들은 특정 영역에서 준전문가 수준으로 발전하게 될 뿐만 아니라 앞으로의 진로와 관련된 의미 있는 경험을 할 수 있게 된다. 이처럼, 장기 프로젝트로 수행하는 PBL은 학습자 스스로 자신의 진로를 판단하고 결정하는 중요한 발판으로서의 역할을 할 수 있다.

4. 튜터링(Tutoring)

가. 튜터링의 의미

튜터링은 동일한 학습목표를 지닌 비슷한 수준의 학습자들이 튜터와 튜티로 역할을 양분하여 수행하는 자율적인 학습 공동체를 의미한다(Slavin, 1983). 튜터링은 학습자의 사고력, 문제 해결력, 공유역량 함양을 위한 학습프로그램으로, 튜터와 튜티 간의 학습 공유를 바탕으로 수행하는 학습자 주도의 공동체 학습활동이다. 튜터링에서는 학습활동과 관련된 학업성취가 우수한 학습자가 튜터, 학습에 도움 및 지원이 요구되는 학습자를 튜티로 정한다(김연경, 송해덕, 2015). 또한, 튜터링에서는 튜터와 튜티 간에 학업성취뿐만 아니라 학업에 필요한 학습역량들을 자연스럽게 높이는 상호협력적인 학습활동이다(Topping, 2005). 예를 들어, 동료 중 한 명이 가르치는 튜터로서의 역할을 수행하고 다른 학생은 배우는 튜티로서의 역할 수행을 바탕으로, 상호 협력적인 학습활동을 통해 모두에게 도움을 주는 학습활동이다(황은영, 2008). 이와 같은 튜터링은 학습자 간의 자율적인 추가학습, 보충학습을 통해 학습능력 및 성취도를 높이는 데 유용한 협력학습과 비슷한 유형의 활동이다(Goodlad & Hirst, 1989). 다만, 튜터링은 학습자 간의 공유 및 협력, 역할 분담에 초점을 두고 학습역량을 신장시키는 의미 있는 활동으로, 고차원적 이해, 갈등, 토론, 문제 해결 등 다양한 역량을 신장시키는 데 유용한 방법이다(정한호, 2019: p.739). 이와 같은 튜터링은 초등학교 고학년이나 중등학교 이상에서 적합하며, 학급별로 시행하기보다는 학년 단위로 구성하여 실시하는 것이 보다 효과적이다.

나. 튜터 입장에서의 튜터링 참여 목적과 효과성

튜터 측면에서 튜터링의 목적과 성과를 탐색한 정한호(2019)에 의하면, 첫째, 튜터로 참여하는 학습자의 가장 큰 목적은 '학습역량 개발'과 '학습역량 신장'이다. 예를 들어, 튜터는 '꾸준한 학습활동', '가르침을 통한 배움', '가르치기 위한 철저하고 정확한 예습 및 복습', '자발적인 학습동기 유발', '성적 향상' 등에 대한 목적을 갖고 튜터링에 참여한다. 둘째, 튜터는 동료 학습자인 튜티에게 실제적인 도움을 주려는 목적을 지닌다. 튜터는 튜티인 동료에게로의 학습 지원과 학습 내용에 대한 튜티와의 공유에 관심을 지닌다. 예를 들어, 튜터들은 '학습소외 계층 도움', '학습의 어려움 해소', '동료의 학습능력 신장' 등의 목적을 가진다. 셋째, 튜터링에 참여하는 튜터는 동료와 함께하는 튜터링 과정에서 이루어지는 공유 활동에 목적을 지닌다. 예를 들어, 튜터들은 동료를 지도하면서 느끼는 뿌듯함, 즐거움과 보람, 함께 공유하는 학습활동을 통한 자연스러운 학습역량 강화, 효율적인 수업 참여 등을 목적으로 참여한다. 튜터링에 참여하는 튜터 측면에서의 튜터링 목적 및 성과를 제시하면 다음과 같다.

〈표 8-1〉 튜터 측면에서의 튜터링의 목적 및 성과(정한호, 2019)

영역		범주	의미 단위
대	소		
목적	튜터에 중점을 두는 목표	학습능력 신장	평상시의 꾸준한 학습, 가르침을 통한 배움, 예·복습, 학습동기 유발, 본인의 성적 향상
		역량개발	자기주도학습력 증진, 의사소통 능력 함양, 교수능력 향상, 메타인지 개발
		부수적인 이유	교우관계 증진, 인센티브 획득
	튜티에게 초점을 두는 목표	튜티 지원	튜티의 어려움 해소, 튜티의 학습능력 신장, 새터민 도움, 튜티 지도에 대한 기대
		튜티와의 공유	튜티와의 학습 공유, 공동의 성적향상, 학업 외 학교생활 공유
효과성	학습 역량 강화	학습능력 향상	사전학습 및 준비 능력, 수업의 맥 파악, 학습량 증가, 새로운 지식 습득
		공유역량 신장	함께하는 학습, 함께 성장하는 느낌, 상호소통역량 신장, 가르치기 위해 학습하기, 가르치면서 배우기, 학습 공유를 통한 성장
		이해능력 신장	먼저 이해하고 가르치기, 설명함으로써 명확히 이해하기, 개념에 대한 확실한 이해
		미비점 파악 능력 신장	사전준비를 통한 보완, 튜티를 지도하면서 보완
	효율적인 과목 수강 및 학습	학습동기 유발	흥미와 재미있는 수업시간, 수업태도 향상, 복습하는 느낌으로 수업 참여
		효율적인 학습방법 습득	학습소요시간 파악, 효율적인 과제해결
		튜티로부터의	튜티를 통해 오류 수정, 튜티 피드백을 통한 보완 학습,

		피드백	나보다 더 잘 아는 튜티, 서로 알고 모르는 부분을 통한 보완
		자기 주도적 복습	자연스러운 복습, 상호 복습할 기회의 장
		효율적 시험준비	체계적인 정리, 시험준비 시간의 감소, 학습에 필요한 시간 조절방법 체득
	보람 및 자아 실현	알려줌의 즐거움	함께 하는 것의 즐거움, 아는 것을 알려 주는 즐거움, 시너지 효과에 대한 기대, 결과보다 과정 중시
		상부상조의 기쁨	튜티의 즐거움과 나의 보람, 누군가에 도움이 된다는 것의 기쁨
		튜티 변화로 인한 보람	점차 성장하는 튜티, 이해하는 튜티, 고마워하는 튜티, 튜티를 통한 자아실현의 느낌
	함께함의 즐거움	상호성장	튜티와 공동 성장, 튜티와 나에게도 도움이 되는 프로그램, 학교생활 공유
		튜티와 친해짐	교우관계 증진, 가르침의 미학(美學)

다. 튜티 입장에서의 튜터링의 목적 및 성과

튜티 측면에서 튜터링의 목적과 성과를 탐색한 정한호(2020a)에 의하면, 첫째, 튜터링에 참여하는 튜티의 가장 큰 목적은 자신의 학업과 관련된 것이었다. 예를 들어, 튜티는 '지식 및 내용 습득, 효율적인 수업전략 및 방법 습득, 수업에 참여하는 학습태도의 긍정적 변화, 성적 및 학업성취도 신장' 등의 목적을 갖고 튜터링에 참여한다. 둘째, 튜티는 학습활동에 대한 자기성찰, 즐거운 학교생활 등 학업 외 목적을 갖고 참여한다. 즉, 튜티는 학교생활의 '부족한 부분 파악 및 현실적인 보완, 동료와의 공유 및 교류' 등과 같은 목적을 지니고 참여한다. 그런데, 이와 같은 학업 외 목적도 직접적으로는 학업과 관련이 없어 보이지만, 궁극적으로도 학업과 밀접한 관련을 지니고 있다. 셋째, 튜티는 학업성취 신장, 공유역량 강화 등의 성과를 얻는다. 또한, 학습소외 학습자들에게 커다란 도움이 된다. 튜티는 튜터와 함께 하는 공유를 통해 성과를 도출한다. 튜터링에 참여하는 튜티 측면에서의 튜터링 목적 및 성과를 제시하면 다음과 같다.

〈표 8-2〉 튜티 측면에서의 튜터링의 목적 및 성과(정한호, 2020a)

영역		범주	의미 단위
대	소		
목적	학업 측면	지식 및 내용 습득	교과목 관련 지식 습득, 수업내용 이해, 학업능력 향상
		수업전략 및 방법 습득	튜터의 학습전략 습득, 효과적인 공부방법, 즐거운 공부방법
		학습태도의 긍정적인 변화	학습태도 개선, 꾸준한 공부 습관 형성, 학습의 계기, 학습만족도 증진
		학업성취도 신장	성적향상, 시험 관련 도움
	학업 외 측면	자기성찰	부족한 부분 파악 및 보완, 공유 및 교류
		즐거운 학교생활	성실한 생활, 친밀감 형성
효과성	학업 성취도 신장	새로운 습관 형성	수업 후 복습, 교과목 공부
		성적 향상	성적 향상, 학습 자신감 형성
		기타	튜티로서의 책임감
	공유역량 강화	학습공유	함께 하는 학습의 즐거움, 수업공유
		상호발전	공동 성장, 공유의 효과, 튜터로 전환
		상호교류	튜터와의 친밀감 형성, 다양한 학습자와의 교류
		상호의지	어려울 때 의지, 궁금한 점 문의
	학습취약 계층 배려	장애우	장애를 지닌 학습자에게 도움
		재외국인	외국인 학습자에게 도움

라. SNS를 활용한 튜터링 단계

튜터링의 효과성 신장을 위해 SNS를 활용한 튜터링도 실시되고 있다. SNS를 활용한 튜터링 단계는 크게 ①튜터링 공동체 조직, ②오리엔테이션, ③학습공간 및 환경 선정, ④학습활동 수행, ⑤중간보고회 및 공유, ⑥교수자 면담, ⑦학습활동 수행, ⑧최종 보고회 및 성찰 단계로 구분한다(이정아 외, 2012: pp.208－213).[3]

3) 참고문헌을 바탕으로, 정리 및 보완하여 제시함

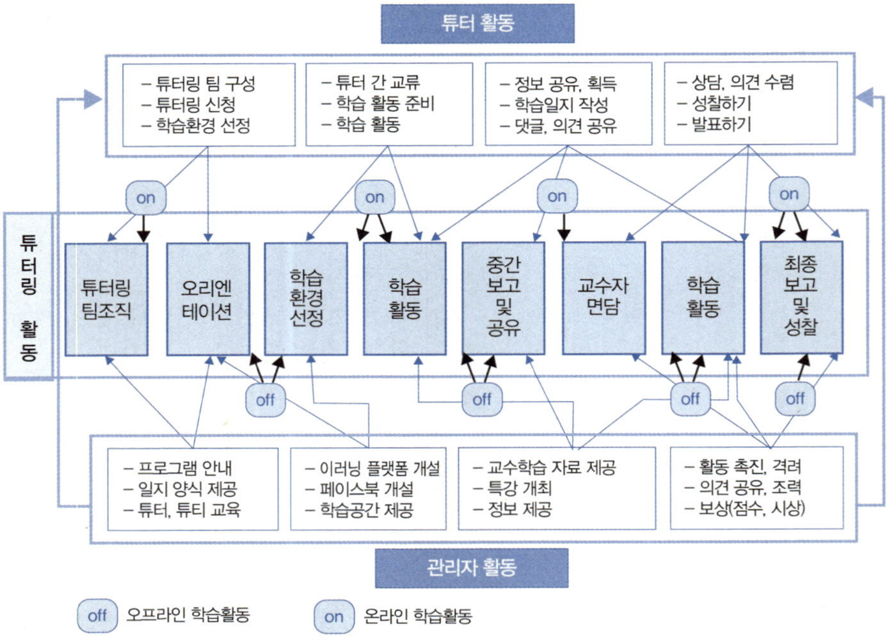

[그림 8-2] SNS 기반 튜터링 단계(이정아 외, 2012: p.208)

① 튜터링 공동체 조직

튜터링 단위의 학습 공동체를 조직하는 단계이다. 튜터링 조직은 튜터와 튜티로 조직하며 공동체를 조직한 후 교수자에게 튜터링 참여 신청을 해야 한다. 신청 접수나 방법은 a)튜터링 참여를 희망하는 튜터가 직접 학습의 도움이 필요한 튜티를 선정하거나 모집, 또는 b)학습 공동체를 희망하는 튜티가 교수자나 동료들로부터 튜터를 추천받은 후 공동체를 형성하여 신청할 수 있다. 또한, 상황에 따라서, 교수자가 학습의 도움이 필요한 튜티를 선정하고 튜티를 도와줄 수 있는 동료 학습자에게 개별적으로 부탁하여 구성할 수 있다.

② 오리엔테이션

튜터링의 전반적인 일정과 목적, 튜터 및 튜티 역할 등을 중심으로 안내한다. 그리고 튜터링에 참여하는 공동체는 각각 자신의 팀을 소개하고 상호 이해할 수 있는 기회를 마련해주어야 한다. 튜터와 튜티가 단위 팀뿐만 아니라 다른 학습 공동체도 있음을 인식하고 함께 나아간다는 협력과 소통의 장이 되도록 안내한다. 마지막으로 튜터링 관련 지원 및 보상에 대한 설명도 함께 제시한다.

③ 학습환경 선정

튜터링에서의 학습활동은 팀별로 자율적으로 이루어진다. 그러나 학교 당국은 튜터링의 효과성을 높이며 튜터링 공동체 학습활동의 효율적인 수행을 위한 학습공간을 제공해 주어야 한다. 예를 들어, 오프라인상에서의 학습활동을 지원하는 학습공간을 제공한다. 또한, 튜터링의 전반적인 진행 상황 확인을 위한 온·오프라인 학습환경을 제공해 주어야 한다. 예를 들어, 온라인학습 환경은 별도의 이러닝 플랫폼, SNS 등을 개설하며 여기서 전반적인 일정 안내, 학습일지 제출 등의 관련 활동이 효율적으로 이루어질 수 있도록 한다. 이와 같은 온, 오프라인 학습환경 제공 및 선정은 이후 튜터링 활동에 중요한 요소이다.

④ 학습활동 I

자율적으로 학습 시간 및 장소를 정하여 매주 1회 이상 학습활동을 실시한다. 학습내용은 튜터링 활동으로 신청한 과목의 내용을 중심으로 진행한다. 튜터가 주로 학습 계획을 수립하며 이를 바탕으로 공동체 학습활동을 수행한다. 본 단계에서의 학습활동은 중간보고 이전 단계까지의 학습활동을 지칭한다. 튜터링 팀에서는 학습활동 후 학습 일지를 가능한 온라인으로 제출한다. SNS를 통해 튜터들간 의견, 노하우 등을 공유할 수 있다. 또한, 교수자는 자기주도학습전략 특강을 개설하고 참여 기회를 제공할 필요도 있다. 이와 더불어 다양한 교수학습 관련 자료를 SNS를 통해 제공하면, 학습자들에게 도움이 된다.

⑤ 중간보고 및 공유

튜터링 활동의 진행 상황을 점검하고 조력하기 위하여 튜터, 튜티 모두 참석하는 중간보고회를 개최한다. 중간보고회는 보통 공동체 소개, 장기자랑, 학습 노하우 공유 등 여러 주제로 발표하고 의견을 상호 공유하는 교류의 장이다. 개인 일정이나 사정 등으로 참석하지 못한 튜터링 팀에서는 사전에 학습상황, 소개 동영상을 제작하여 제출한다. 또한 가능하면 중간보고회는 온, 오프라인을 통해서 개최하며 전체 동영상을 SNS에 탑재한다. 이를 통해 참석하지 못한 팀도 함께 공유할 수 있는 교류의 기회가 되도록 한다.

⑥ 교수자 면담

모든 튜터링 공동체는 교수자와 튜터링 진행 중 최소 2회 이상 학습 상담을 받는다. 이를 통해, 학습자들은 튜터링 활동의 어려운 점, 학습내용 및 방법 관련 문의, 튜터링 활동 중에 유발된 어려움 및 문제점 등을 해결할 수 있는 계기를 마련한다. 여기서는 튜터와 튜티가 함께 면담하거나 혹은 튜터가 혼자 면담을 할 수도 있다. 면담일지는 각 팀에서 작성 후 제출한다.

⑦ 학습활동 II

매주 1회 이상 팀별로, 학습활동 I 과 동일한 방법으로 학습활동을 실시한다. 학습활동 후 학습 일지는 온라인으로 제출한다. SNS를 통해 튜터 간 의견, 노하우 등을 공유한다. 본 학습활동 II 는 최종보고회 이전까지 시행한다.

⑧ 최종 보고 및 성찰

튜터링이 마무리되면 튜터링을 통한 성과 및 활동 과정 등을 함께 공유하고 성찰하는 보고회를 갖는다. 최종보고회에는 우수한 성과나 의미 있는 활동을 수행한 팀을 선정하여 시상하고 전반적인 공동체 학습활동에 대한 후기를 발표하고 나눈다. 또한, 팀 발표를 통해 자기성찰과 동료 평가를 하며 전원 성찰일지 작성 및 제출 등을 통해 팀 성찰의 계기를 갖는다. 튜터와 튜티 간, 또한 타 튜터링 팀 간의 의미 있는 공유가 이루어질 수 있도록 한다. 이를 통해 튜터링 활동을 수행한 학습자들이 튜터링을 통해 한 단계 발전할 수 있는 계기를 마련할 수 있도록 지원할 수 있다. 다만, 중간보고회와 마찬가지로 참석이 어려운 공동체는 동영상을 제출하거나 SNS를 통해 업로드하여 공유한다. 그러나 중간보고회와는 달리, 가능한 모든 튜터와 튜티가 참석하도록 독려한다.

5. 2015학년도(상반기) 중등학교교사 임용후보자 선정경쟁시험 교육학 문항(1차시험, 20점, 60분)

다음은 A 고등학교 초임 교사들을 대상으로 진행한 학교장의 특강 내용 중 일부를 발췌한 부분이다. 발췌한 특강 부분은 학교에 대한 이해 차원에서 1)학교 교육의 기능과 2)학교 조직의 특징, 수업에 대한 이해 차원에서 3)수업설계와 4)학생 평가에 대한 내용이다. 이를 바탕으로 1)~4)의 요소를 활용하여 '다양한 요구에 직면한 학교교육에서의 교사의 과제'라는 주제로 서론, 본론, 결론의 형식을 갖춰 논하시오.

여러분들도 잘 아시겠지만 최근 우리 사회는 학교가 다양한 역할을 수행하도록 요구하고 있습니다. 이에 따라 선생님들께서는 학교 및 수업에 대한 기본적인 이해가 필요하다고 생각합니다.

먼저 교사로서 우리는 학교 교육의 기능을 이해해야 합니다. 지금까지 학교는 학생들이 사회 구성원으로서 올바로 성장할 수 있는 보편적 가치와 규범을 가르쳐 왔습니다. 그러나 최근 사회는 학교 교육에 다양한 요구를 하게 되면서 학교가 세분화된 직업 집단의 교육 요구를 충족시켜 주기를 원하고 있고, 학교 교육의 선발 · 배치 기능에 다시 주목하고 있습니다. 그러므로 여러분은 학교 교육의 선발 · 배치 기능을 이해하는 한편, 이것이 어떤 한계를 갖는지도 생각해야 할 것입니다.

이와 함께 학교에 대한 사회의 요구에 효율적으로 대응하기 위해서 학교장을 포함한 모든 학교 구성원들은 서로의 행동 특성을 이해해야 합니다. 이를 위해서 학교 조직의 특징을 먼저 파악해야 합니다. 학교라는 조직을 합리성의 측면에서만 파악하면 분업과 전문성, 권위의 위계, 규정과 규칙, 몰인정성, 경력 지향성의 특징을 갖는 일반적 관료제의 틀로 설명할 수 있습니다. 그러나 교사들의 전문성이 강조되는 교수 · 학습의 측면에서 보면 학교 조직은 질서정연하게 구조화되거나 기능적으로 분명하게 연결되어 있지 않은 이완결합체제(loosely coupledsystem)의 특징을 지닙니다. 따라서 우리는 관료제적 관점과 이완결합체제의 관점으로 학교 조직의 특징을 이해할 필요가 있습니다.

한편, 사회가 학생들에게 새로운 역량을 요구하고 있고, 이를 키우기 위해 교사는 다양한 수업을 설계할 수 있어야 합니다. 제가 경험했던 많은 교사들은 다양한 수업을 시도해 보고자 하는 열정은 높았지만 새로운 수업 방법이나 모형을 활용하여 수업을 설계하거나 수업 상황에 맞게 기존의 교수 · 학습지도안을 적용하는 데 어려움을 느꼈습니다. 다양한 교수체제설계 이론과 모형이 있지만 분석, 설계, 개발, 실행, 평가의 과정은 일반적이라고 생각합니다. 이 중 분석과 설계는 다른 과정의 기초가 되기 때문에 중요합니다. 수업 요소들이 서로 어떻게 관련되어 있는지 파악하여 여러분의 수업에 적용해 보시기 바랍니다.

수업설계를 잘하는 것 못지않게 수업 결과를 평가하는 것 또한 중요합니다. 여러분이 어떤 평가 기준을 활용하느냐에 따라 평가 유형이 달라질 수 있습니다. 자칫하면 평가로 인해 학생들 사이에 서열 주의적 사고가 팽배하여 서로 경쟁만 하는 문제가 발생할 수 있습니다. 이를 보완할 수 있는 평가 유형에 대해 고민해 볼 필요가 있습니다.

○ 논술의 내용 [총 15점]

- 기능론적 관점에서 학교 교육의 선발 · 배치 기능 및 한계 각각 2가지만 제시 [4점]
- 학교 조직의 관료제적 특징과 이완결합체제적 특징 각각 2가지만 제시 [4점]
- 일반적 교수체제설계에서 분석 및 설계 과정의 주요 활동 각각 2가지만 제시 [4점]
- 준거지향평가의 개념을 설명하고, 장점 2가지만 제시 [3점]

○ 논술의 구성 및 표현 [총 5점]

- 논술의 내용과 '학교 교육에서의 교사의 과제'와의 연계 및 논리적 형식 [3점]
- 표현의 적절성 [2점]

6. 기독교사로서 학습자 중심의 수업방법 고찰하기

8장에서는 학습자 중심의 수업방법에 대해 살펴보았다. 8장의 내용을 통해, 미래세대인 학습자에 초점을 둔 수업방법이 교육현장에서 적극적으로 활용되고 있음을 확인할 수 있었다. 8장의 내용을 바탕으로, 몇 가지 문제를 제시하고자 한다. 기독교사로서 여러분의 생각을 간략하고 명확하게 제시해 보기 바란다. 앞에서도 여러 차례 언급한 것처럼, 아직 학습자 중심의 수업방법에 대한 이해가 부족한 것 같다면, 다시 한번 읽어보고 아래 문제를 생각해 보기 바란다.

가. 교회학교에서 실제적으로 이루어지는 학습자 중심의 수업방법에는 무엇이 있을까? 본인이 경험한 사례를 바탕으로 간략히 기술하시오.

나. 교회학교 교사로서 학습자 중심의 수업방법을 어떻게 적용할 수 있는가? 본인이 경험한 사례를 바탕으로 기술하시오.

다. 기독교교육과 일반교육에서의 학습자 중심의 수업방법에 대한 접근은 공통점과 차이점이 있을 수 있다. 본인이 생각하는 공통점과 차이점을 구체적인 사례를 들어 기술하시오.

참고문헌

강인애 (1998). PBL과 성찰저널: 삼성전자의 변화유도형 리더십 개발을 위한 팀 리더과정 사례. 산업교육연구, 4, 3－27.

강인애, 정준환, 정득년 (2007). PBL의 실천적 이해. 서울: 문음사.

강현경 (2015). 예비유아교사의 팀 학습 활동의 어려움과 해결방안 모색. 어린이 문학교육연구, 16(3), 486－509.

김연경, 송해덕 (2015). 대학의 동료 튜터링(peer tutoring)프로그램에서 튜티가 인식한 튜터의 역량 수준이 튜터링 성과에 미치는 영향. 학습자중심교과교육연구, 15(5), 229-250.

김은진 (2015). 융합적 미디어를 활용한 프로젝트 기반 학습 사례 연구: 대학 교직수업 사례를 중심으로. 교육정보미디어연구, 21(4), 733－756.

김희영, 나세리 (2016). 소셜 네트워킹 도구를 활용한 팀기반 협력학습이 대학생의 문제해결능력에 미치는 영향. 교육정보미디어연구, 22(4), 681－703.

노혜란, 최미나 (2016). 팀학습에서 팀메타인지가 팀상호작용에 미치는 영향에 관한 연구. 교육방법연구, 28(1), 151－170.

박병숙 (2019). 프로젝트 기반 학습(PBL: Project Based Learning)이 예비유아특수교사의 협력적 자기 효능감과 인지된 상호작용 그리고 몰입에 미치는 영향. 유아특수교육연구, 19(4), 29－48.

박혜리, 장시영 (2015). 팀프로젝트 학습활동에서의 대학생 동료평가 사례연구－경영전공 개설과목 '인터넷 비즈니스 모델'수업을 중심으로－. 교육방법연구, 27(1), 151－176.

이정아, 서상범, 하병주, 변기찬 (2012). SNS를 활용한 대학 튜터링 프로그램 개발. 교양교육연구, 6(3), 191－219.

정문성 (2006). 협동 학습의 이해와 실천. 서울: 교육과학사.

정한호 (2011). 대학에서 수행되는 팀 학습 활동의 환경, 역동성, 지식공유, 성과에 대한 질적 고찰. 교육문제연구, 35, 81－114.

정한호 (2019). 대학에서 이루어지는 동료 튜터링의 목적, 어려움, 성과, 개선점에 대한 질적 연구 : 튜터의 관점에서. 교육방법연구, 31(4), 737－768.

정한호 (2020a). 대학 교수학습개발원 주관 동료 튜터링에서의 튜티 경험에 대한 탐색. 교육문화연구, 26(4), 327－358.

정한호 (2020b). 팀 학습에 참여한 대학생들이 경험하는 과제수행 및 해결과정,

성과에 대한 질적 고찰. 교육방법연구, 32(3), 405－435.
정한호 (2021). 원격수업에서 팀학습 경험 탐구: 교육대학원 재학 성인학습자 사례 중심. 평생학습사회, 17(3), 85－123.
조일현 (2010). 대학 프로젝트 수업환경에서 분업화, 상호작용, 공유정신모형이 팀 수행성과와 개인 학습에 미치는 영향. 교육공학연구, 26(3), 1-20.
최욱 (2016). 문제중심학습 모형 및 실천적 교수전략 탐색: 새로운 이론적 패러다임에 기반하여. 교육공학연구, 32(1), 29－64.
최정임 (2017). 대학수업에서의 문제중심학습 적용 사례연구: 성찰일기를 통한 효과성 분석을 중심으로. 교육공학연구, 23(2), 35－65.
허지운 (2014). 학부 순차통역 수업의 대안적 교수법 모색 － 전통적 학습, 개별학습, 협동학습의 조화. 통역과 번역, 16(3), 169－193.
황은영 (2008). 엑설런트 튜터링. 서울: 학지사.

Barell, J. (2007). Problem－Based Learning: An inquiry approach(2nd ed.). Thousand Oaks, CA: Corwin Press.
Barrows, H. S. (1985). How to design a problem－based curriculum for the preclinical years. NY: Springer.
Carson, J., Tesluk, P., & Marrone, J. (2007). Shared leadership in teams: An investigation of antecedent conditions and performance. Academy of Management Journal, 50(5), 1217－1234.
Choi, Y. S., Song, M. H., & Choi, W. (2005). Want to transfer?: Making it happen with the integration of problem－based learning and accelerated learning. In proceedings of the ISPI Annual Conference, Vancouver, Canada.
Duffy, T., & Cunningham, D. (1996). Constructivism: Implications for the design and delivery of instruction. In D. H. Jonassen (Ed.), Educational communications and technology (pp. 170－199). New York: Simon & Schuster Macmillan.
Goodlad, S., & Hirst, B. (1989). Peer tutoring. A guide to learning by teaching. NY: Nichols Publishing.
Hrynchak, P., & Batty, H. (2012). The educational theory basis of team－based learning. Medical Teacher, 34(10), 796－801.
Johnson, D., & Johnson, R. (1994). Learning Together and Alone. Cooperative, Competitive, and Individualistic Learning (4th ed.).

Edina, Minn: Interaction Book Company.

Johnson, T., & Lee Y. (2008). The relationship between shared mental models and task performance in an online team-based learning environment. Performance Improvement Quartely, 21(3), 97-112.

Kain, D. L. (2003). Problem-based leaning for teachers, Grades K-8. NY: Allyn & Bacon.

Lambros, A. (2002). Problem-based learning in K-8 classrooms: A teacher's guide to implementation. Thousand Oaks, CA: Corwin Press.

Lin, C., He, H., Baruch, Y., & Ashforth, B.. (2017). The effect of team affective tone on team performance: The roles of team identification and team cooperation. Human Resource Management, 56(6), 931-952.

Lin, J. W. (2018). Effects of an online team project-based learning environment with group awareness and peer evaluation on socially shared regulation of learning and self-regulated learning. Behaviour & Information Technology, 37(5), 445-461.

Marra, R. (2006). A review of research methods for assessing content of computer-mediated discussion forums. Journal of Interactive Learning Research, 17(3), 243-267.

McDonald, B. (2010). Improving teaching and learning through assessment: A Problem-based learning (PBL) approach. Sidney, Australia: Common Ground Publishing.

Palloff, R., & Pratt, K. (2005). Collaborating Online: Learning together in community. San Francisco, CA: Jossey-Bass.

Perkins, D. (2004). Teaching for meaning: Knowledge alive. Educational leadership, 62(1), 14-19.

Perkins, D. N., & Unger, C. (1999). Teaching and learning for understanding. In C. M. Reigeluth (Ed.), Instructional design theories and models: A new paradigm of instructional theory. Mahwah, NJ: Lawrence Erlbaum Associates.

Praet, T. V. (2014). Mystery at Golden Ridge Farm: An Interdisciplinary Problem-Based Learning Unit. Waco, TX: Prufrock Press.

Rose, M. (2002). Cognitive dialogue, interaction patterns, and perceptions of graduate students in an online conferencing environment under collaborative and cooperative structures. (Doctor of Education), Indiana University. Retrieved from https://www.learntechlib.org/p/118166/

Salas, E., Dickinson, T., Converse, S., & Tannenbaum, S. (1992). Towards an understanding of team performance and training. In Swezey, R. W., & Salas, E. (Eds.), Teams: Their Training and Performance (pp. 3−29). Norwood, NJ: Ablex.

Savery. J. R. & Duffy, T. M. (2001). Problem based learning: An instructional model and its constructivist framework. CRLT Technical report no. 16−01.

Slavin, R. (1983). When does cooperative learning increase student achievement? Psychological Bulletin, 94(3), 429.

Spiegel, D. L. (2005). Classroom discussion. NY: Scholastic Inc.

Topping, K. (2005). Trends in peer learning. Educational Psychology, 25(6), 631-645.

Torp, L., & Sage, S. (2nd. Ed.) (2002). Problems as possibilities: Problem based learning for K−16 education. Alexandria, VA: Association for Supervison and Curriculum Development.

Wilson, E. O. (1998). Consilience: The unity of knowledge. NY: Alfred A. Knopf.

Wiske, M. S., Franz, K. R., & Breit, L. (2005). Teaching for Understanding with Technology. San Francisco, CA: Jossey−Bass.

Xiang, C., Yang, Z., & Zhang, L. (2016). Improving IS development teams' performance during requirement analysis in project—The perspectives from shared mental model and emotional intelligence. International Journal of Project Management, 34, 1266-1279.

Yan, J., & Wang, H. (2012). Second language writing anxiety and translation: Performance in a Hong Kong tertiary translation class. The Interpreter and Translator Trainer, 6(2), 171−194.

기사

기독신문(박민균 기자, 2022.03.07.). 개혁교회 전통으로 교육혁신 일으키는 혜림교회(https://www.kidok.com/news/articleView.html?idxno=214701&page=3&total=14929)

기타

한국교육과정평가원(https://www.kice.re.kr/boardCnts/list.do?boardID=1500212&s=kice&m=030306)

CHAPTER

09

교수자 중심 수업방법

CHAPTER

09

교수자 중심 수업방법

1. 기독교사로서 교수자 중심의 수업방법 바라보기

모든 수업은 학습자를 고려할 수밖에 없으며 교수자는 학습자가 있어야 존재할 수 있다. 따라서 학습자를 배제한 교수자에게 초점을 둔 수업, 강의는 현실적으로 존재할 수 없다. 다소 극단적인 사례일 수도 있는데, 학습자가 없는 빈 교실에서 수업이 이루어질 수 있겠는가? 1980년대 민주화 운동이 일어났던 시기에 대학가에서는 수업 거부가 종종 일어났다. 1980년대 나타난 대학에서의 수업 거부는 정권에 반대하고 대학생 스스로 '학습자로서의 중요한 권리'인 '수업받을 권리'를 거부함으로써 자신들의 의사를 표현하는 방법이었다. 이때, 대학교수들은 강의시간이 되면 학습자가 없는 빈 강의실에 왔다가 다시 연구실로 되돌아가곤 하였다. 학습자가 없는 강의실에 교수자가 할 수 있는 것은 아무것도 없었다.

수업은 교수자와 학습자 간의 상호작용을 통해 이루어진다. 따라서 학습자가 없는 수업은 이루어질 수 없다. 또한, 교수자가 중심이 되는 수업도 원칙적으로는 불가능하다. 그렇다면, 왜 교수자 중심 수업이라는 용어를 사용하는 것일까?

교수자 중심 수업이라는 용어는 문구 그대로 교수자가 수업의 중심이라는 의미보다는 교수자의 계획에 초점을 두고 진행하는 수업을 의미한다. 즉, 학습자 요구나 필요, 수업상황보다는 교수자의 계획과 의도에 따라서 수업이 진행되는 것을 의미한다. 그런데, 여기서 또 하나의 의문이 발생한다. 그렇다면 학습자 요구나 필요, 상황을 고려하지 않고 교수자가 자신의 계획과 의도에만 초점을 두면서 수업을 진행할 수 있을까? 좀 더 구체적으로 기술하면, 학습자의 요구나 필요, 또는 상황을 고려하지 않고 교수자의 계획과 의도에 따라 진행하는 수업이 가능할까? 그리고 이러한 방식으로 수업이 진행된다면, 우리는 그것을 교수자 중심 수업이라고 지칭할 수 있는가? 결론부터 대답하면, '아니다'라고 할 수 있다. 그렇다면, 교수자 중심의 수업방법은 어떤 수업방법을 의미하는 것일까? 간단히 제시하면, 교수자 중심의 수업방법은 교수자가 학습자의 상황, 특성, 요구 및 필요 등을 고려하여 진행하는 수업방법으로, 학습자의 학습활동보다 교수자의 교수활동을 중심으로 수업을 진행하는 방법을 지칭한다. 따라서 교수자 중심의 수업방법은 교수자의 이론적인 설명이 학습자의 학습활동보다 빈번하게 발생하며 학습자들은 교수자가 알려주는 내용을 필기하는 방식으로 학습을 진행한다. 물론, 수업 중간중간 학습자의 질문이 있을 수 있지만, 질문에 대한 응답 여부는 전적으로 교수자의 의지에 달려 있다. 본 장에서는 교수자 중심의 수업방법에 초점을 두고 그 의미와 관련된 주요한 내용에 대해서 탐색하고자 한다.

기독교교육에서도 교수자의 역할은 중요하며 학습자에게 미치는 영향력이 크다. 그런데, 교회학교의 경우 기독교사의 역할과 영향력은 이전과 비교하면 점차 작아지고 있다. 그렇다면, 이전에는 어떠하였을까? 아래 기사는 교회학교 교사와 관련된 내용을 기술하고 있다. 본문에서 강조한 **단어나 문구** 등에 집중하면서 아래 내용을 천천히 살펴보기 바란다.

[교육칼럼] 잊지 못할 선생님[1)]

[기독신문: 정형권 기자] 2009.05.21

나는 지금도 한 **주일학교 선생님**을 잊지 못한다. 그는 이 세상의 가장 훌륭한 선생님이신 예수님을 닮은 교사였다. 언제나 **웃음을 잃지 않으시고** 학생들을 환하게 **웃음으로 맞이하셨다**. 그리고 만날 때마다 **칭찬과 격려도 아끼지 않으셨다**.

우리 반에는 결손가정의 아이라든지 경제적으로 어려운 아이들이 많이 있었다. 하지만 선생님과 함께 있을 때에는 그것이 문제가 되지 않았다. 항상 꿈이 있는 학생들로 키웠고, 마치 그 꿈이 이루어진 것처럼 우리를 그렇게 불러주었다. 김 사장, 김 장로, 이 목사 등 그녀는 나를 부를 때는 김 목사라고 불러주셨다. 오랜 방황 끝에 예수님을 만났지만 마음을 잡지 못하고 있을 때 나의 마음을 바로 잡아 주고 꿈을 심어 주었다.

나는 심한 말더듬이였으며 학생들 앞에 서면 얼굴이 붉어지고 말을 못 하는 사람이었다. 그는 늘 나에게 이렇게 말씀하셨다. "인환아! 훌륭한 목사님이 되려면 말을 더듬지 말아야 한다. 그리고 자신감을 가져라." 나의 말더듬는 습관을 고쳐주시기 위해 언제나 숙제를 내 주셨고 주중에 전화를 하셔서 꼭 확인을 하셨다. 그리고 만날 때마다 성경을 소리 내어서 읽게 하고 칭찬과 격려를 아끼지 않으셨다. 그때 선생님 밑에서 배운 학생들 중에 훌륭한 사람들이 많이 배출되었다. 검사, 변호사, 교사, 회사 사장, 그리고 목사도 네 명이나 나왔다. 지금은 고인이 되어 이 세상에 계시지 않지만 나는 그분을 나의 멘토로 삼는다.

나는 이때부터 주일학교 교사의 중요성을 깨닫게 되었다. 훌륭한 교사 밑에서 훌륭한 제자가 나온다는 평범한 진리를 깨달았던 것이다. 현재 한국교회 주일학교의 문제는 환경 문제도 아니고 재정 문제도 아니다. 바로 교사들의 문제이다. 주일학교는 교사들의 헌신만큼 성장하고 부흥하게 되어 있다. 과연 주일학교 교사로서 최선을 다했는가. 이것은 내가 해야 할 사역이 아니라고 하면서 시간이 빨리 지나가기만을 기다리고 있는 교역자들은 없는가?

나의 멘토처럼 교사들은 학생들을 가슴으로 가르칠 수 있어야 한다. 단순한 지식전달에 머무는 교사는 훌륭한 교사라고 할 수 없다. 학생들의 삶이나 인격이 그리스도의 장성한 분량에 이를 수 있도록 교사의 헌신과 사랑이 필요하다. 교사들은 주일학교 학생들에게 지식만 가르치려고 하지 말고 지식보다 더 중요한 학생들의 삶의 방향이 세상으로 향하지 않고 주님께로 향할 수 있도록 나침반 역할을 해야 한다.

---

1) https://www.kidok.com/news/articleView.html?idxno=59709

상기 내용을 보면, '주일학교 선생님, 언제나 웃음을 잃지 않으시고 학생들을 환하게 웃음으로 맞이, 만날 때마다 칭찬과 격려도 아끼지 않으셨다, 언제나 숙제를 내 주셨고 주중에 전화를 하셔서 꼭 확인, 성경을 소리 내어서 읽게 하고 칭찬과 격려, 주일학교 교사의 중요성, 훌륭한 교사 밑에서 훌륭한 제자가 나온다, 교사들의 문제, 단순한 지식전달에 머무는 교사, 교사의 헌신과 사랑, 지식보다 더 중요한 학생들의 삶의 방향, 나침반 역할' 등과 같은 단어나 문구를 쉽게 탐색할 수 있다. 상기 기사 내용 중 "나는 지금도 한 주일학교 선생님을 잊지 못한다. 그는 이 세상의 가장 훌륭한 선생님이신 예수님을 닮은 교사였다. 언제나 웃음을 잃지 않으시고 학생들을 환하게 웃음으로 맞이하셨다. 그리고 만날 때마다 칭찬과 격려도 아끼지 않으셨다"와 같은 내용이 있다. 일반적으로 교회학교 교사는 매주 한 번 정도, 교회라는 공간에서만 학생들과 만나게 된다. 그런데, 상기 기사에 등장하는 교회학교 교사는 학습자와 수시로 소통하고 학습자를 아끼고 사랑하는 동시에 열정을 지닌 교수자로 언급되고 있다.

"나의 말더듬는 습관을 고쳐주시기 위해 언제나 숙제를 내 주셨고 주중에 전화를 하셔서 꼭 확인을 하셨다. 그리고 만날 때마다 성경을 소리 내어서 읽게 하고 칭찬과 격려를 아끼지 않으셨다. 그때 선생님 밑에서 배운 학생들 중에 훌륭한 사람들이 많이 배출되었다. 검사, 변호사, 교사, 회사 사장, 그리고 목사도 네 명이나 나왔다"와 같은 내용을 통해, 상기 기사에서 언급하는 교회학교 교사의 영향력이 어느 정도였는지를 짐작할 수 있다.

그런데, 기사에서도 언급되었지만, 교회학교 교사들이 주로 사용하는 수업방법은 교수자 중심의 수업방법이다. 따라서 교회학교 교사는 짧은 공과시간에 정해진 내용을 이해하기 쉽도록 설명하기 위해 노력한다. 보는 관점에 따라, 교회학교에서는 학습자의 학습 참여보다는 교수자의 강의역량이 중요하다고 할 수 있을 것이다. 교수자 중심 수업방법의 핵심은 교수자의 역량이다. 그런데 상기 기사에 나오는 교회학교 교사는 가르치는 역량뿐만 아니라 친근감, 열정, 학습자들을 아끼고 사랑하는 태도까지 지니고 있다. 이와 같은 점을 고려해볼 때, 교수자 중심의 수업방법도 궁극적으로는 초점을 학습자에게 두고 있음을 쉽게 파악할 수 있다. 물론, 교수자 중심의 수업방법은 교수자의 계획 및 의도, 그리고 교수자의 일방적인 설명과 안내 등이 주를 이룬다. 그러나 교수자 중심의 수업방법에서도 핵심은 학습자에게 있음을 확인할 수 있었다. 본 장에서는 교수자 중심의 수업방법과 관련된 강의기반 수업, 발문기반 수업, 토의 및 토론 수업 등에 대해서 살펴보고 이를 통해 효과적인 교수자 중심 수업방법에 대해서 고민해보고자 한다.

2. 강의기반 수업

가. 강의의 의미 및 강의기반 수업

강의는 교수자가 지닌 지식이나 정보를 학습자에게 전달하는 의미를 지닌다(변영계, 김영환, 1996). 그런데, 교수자가 학습자에게 전달하려는 지식이나 정보는 교수자의 강의를 통해 전달될 수도 있으며 전달되지 못할 수도 있다. 또한, 교수자에 따라 자신이 지닌 지식이나 정보를 학습자에게 전달하는 방법이 다르기 때문에 교수자가 어떤 방식으로 강의를 하는가에 따라 전달되는 지식이나 정보의 양에 차이가 있을 수 있다. 이처럼, 강의는 교수자의 강의역량과 밀접한 관련을 지니고 있다(최은수, 2003). 강의기반 수업은 교수자의 강의 자체에 중심을 두는 수업방법으로, 교수자가 가르치려는 핵심적인 지식이나 정보를 교수자의 구어(말)를 중심으로 학습자에게 효과적으로 전달하는 방법이다. 강의기반 수업은 학교현장에서 보편적으로 활용하는 수업방법으로, 교수자가 학습자에게 필요한 지식, 정보, 사실 등을 전달하는 전통적인 수업 방식을 의미한다. 강의기반 수업은 교수자의 직접적인 설명이나 예시, 또는 매체를 활용하여 지식이나 정보를 학습자에게 전달하거나 이해하도록 지원하는 수업방법이다(박신양, 2016). 이와 같은 강의기반 수업은 역사적으로 가장 오래된 전통적인 방법으로, 교수자 중심의 설명에 기반하여 지식이나 기능을 학습자에게 전달하고 이해시키는 교수법이다(변영계, 김영환, 손미, 2011).

강의기반 수업에서는, 교수자가 지닌 지식의 질적, 양적인 측면과 학습자에게 지식이나 정보를 효과적으로 전달하는 역량이 중요하다(Kember, 1997). 첫째, 강의기반 수업에서는 교수자가 지닌 지식이나 정보의 양과 질이 중요하다. 여기서의 지식이나 정보의 양은 단순히 정량적인 측면뿐만 아니라 '학습자에게 얼마나 가치가 있느냐'와 관련된 정성적인 측면도 포함한다. 예를 들어, 노벨상을 받은 세계적인 석학은 관련 분야의 방대한 지식과 더불어 독보적 수준의 깊이 있는 강의를 제공할 가능성이 크다. 둘째, 강의기반 수업에서는 교수자 스스로 자신이 지닌 정보나 지식을 학습자에게 효과적으로 전달할 수 있는 내용전달역량이 중요하다. 앞에서 언급한 노벨상을 받은 세계적인 석학의 강의가 학습자에게 효과적으로 전달되지 못하고 학습자의 이해 수준을 한 단계 높이지 못한다면 해당 수업에 참여한 학습자들의 학습성과는 미미할 수도 있다. 교수자가 지닌 지식이나 정보의 양, 높은 수준의 연구역량과 이를 학습자에게 효과적으로 전달하는 역량은 별개의 것이다. 여기서 지식이나 정보를 알고 있는 역량은 강의기반 수업의 필요조건이며 이를 학습자에게 효과적으로 전달하는 역량은 강의기반 수업의 충분조건이다. 따라서 강의기반 수업에서는 교수자의 정보 및 지식 역량과 전달하는 역량 모두 중요하다.

상기와 같은 강의기반 수업은 하나의 "종합적인 공연예술"로(최은수, 2003: p.3) 볼 수 있으며 그 이유를 기술하면 다음과 같다. 첫째, 강의기반 수업에서는 교수자에 의해 사전에 계획되고 짜여진 각본과 같은 계획서가 필요하다. 교수법을 탐구하는 교육학 연구자나 학자 중에는 강의를 교수자의 가르치는 기술, 또는 기교로 보는 경우도 있다(Malout, 1994; Teerers, 2001). 그러나 강의기반 수업은 단순히 교수자의 교수 기교나 기술이 아니라 사전에 계획한 수업내용을 학습자에게 완전히 전달하는 데 초점을 둔다. 마치 연기자가 각본을 토대로 사전 연습을 통해 대본에 있는 내용 및 의미를 완전히 이해하고 이를 바탕으로 무대에서 공연하는 것과 같다. 이처럼, 강의기반 수업은 각본과 전체적인 계획에 따라 공연을 하는 연극과 비슷하다. 둘째, 강의기반 수업은 사전에 의도한 모든 구성요소들을 구현해야 한다. 마치 음악회나 연극 공연에서 무대, 조명, 음향, 연기자의 연기 등 어느 하나라도 빠지게 되면 청중들에게 계획한 감동을 주지 못하는 것과 같이 강의기반 수업에서도 교수자가 계획한 요소 중 하나라도 빠뜨리게 되면 의도한 수업목표에 도달하기 어려울 수 있다. 따라서 강의기반 수업을 실시하기 위해서는 교수자의 사전 준비와 연습 등이 반드시 요구된다. 셋째, 강의기반 수업은 교수자와 학습자 간의 상호작용을 중심으로 진행된다. 교수자가 아무리 많은 내용을 준비하고 전달하여도 학습자에게 제대로 이해되지 않으면 그 수업의 효과는 적을 수 있다. 강의기반 수업은 마치 연기자나 음악가가 청중들과 호흡하면서 연기하거나 연주하는 것과 같다. 예를 들어, 연기자나 음악가가 청중들과 호흡하면서 연기나 연주를 하고 모든 청중은 연기자나 음악가의 미세한 움직이나 소리에도 집중하고 반응한다. 그리고 모든 연기나 연주가 끝났을 때, 청중들이 '앵콜'을 연창하는 것처럼, 교수자의 강의는 학습자의 주의와 호응을 이끌어 내야 한다. 이처럼, 강의기반 수업은 교수자와 학습자가 하나로 어우러지는 종합 공연예술이다. 넷째, 강의기반 수업에서 가장 중요한 것은 교수자의 강의 역량이다. 공연예술에서 가장 중요한 것은 실질적인 공연을 하는 배우나 음악가이다. 예를 들어, 연극에서는 조명, 음향, 각본 등이 중요하지만 가장 중요한 것을 연기를 하는 배우이다. 음악회에서는 악기, 음향, 악보 등이 중요하지만 실제로 연주를 하고 가창을 하는 음악가가 가장 중요하다. 따라서 강의기반 수업에서는 강의를 이끌어가는 교수자가 가장 중요하다. 교수자가 어떤 강의를 하느냐에 따라 수업의 효과가 달라질 수 있다. 이처럼, 강의기반 수업은 교수자의 교수 기술이나 기교를 넘어선 종합적인 공연예술과 같다.

나. 강의의 역사적 배경

강의는 가장 오래되고 전통적인 수업방법으로, 교수법이라 용어의 유래와 맥을 같이 한다. 이에 따라, 강의는 고대 희랍의 모순반박법, 17세기의 사조에 따른 비판, 19세기의 형식단계설 등에 기초하여 발전되었다. 그러나 앞에서도 언급한 것처럼, 강의의 유래와 관계없이 강의기반 수업에서는 교수자 강의에 초점을 둔다는 점에 변함이 없다. 강의의 역사를 간략히 제시하면 다음과 같다.

① 모순반박법: 고대 그리스시대의 웅변 방법으로, 잘못된 주장을 먼저 언급하고 그것의 모순을 분석하면서 밝히는 방식으로 자신의 주장이 옳음을 전달하는 방법. 프로타고라스(Protagoras)에 의해 활성화되었다고 하며 로마시대 수사학으로 널리 전파됨. 중세시대 스콜라철학의 교수방법으로 발전하면서, 대학에서 지적인 내용이나 사상을 가르치기 위해 주로 사용한 강의방식의 하나로 통용됨

② 매체와 노작중시: 17세기 경험주의 철학이 등장하면서 기존의 교수자 언어에 기반한 강의중심의 교육을 비판하게 됨. 이 시기에는 암기 중심의 교육보다는 학습자의 노작이나 경험, 실물을 통한 교육 등이 강조됨. 예를 들어, 코페니우스(Comenius)의 세계도회와 같은 그림을 통한 교수, 페스탈로찌(

Pestalizzi)의 노작중심 교수를 통해 강의기반 수업을 최소화하려는 시도가 나타남

③ 형식단계설: 19세기 헤르바르트(Herbart)는 강의기반 수업의 효율성을 인식하고 다수의 청중을 대상으로 효과적으로 가르칠 수 있는 '가르치는 관념의 계열'을 조직화하여 제시함. 특히, 헤르바르트는 강의기반 수업의 단점을 최소화하고 장점을 극대화하기 위한 교수 4단계론(제시－비교－종합－적용)을 제안하였으며 이를 바탕으로 헤르바르트 학파에서 교수 5단계론(준비－제시－비교－종합－적용)을 제시함. 이와 같은 헤르바르트와 그를 추종하는 헤르바르트 학파의 노력으로 강의기반 수업의 체계화가 시작됨

그러나 강의는 효과적인 수업방법이라고는 볼 수 없다. 특히, 강의를 중심으로 하는 수업은 교과 및 가르칠 내용, 학습자 특성 및 수준에 따라 그 효과가 다르게 나타날 수 있다.

헤르바르트의 교수 5단계

헤르바르트는 교육의 수단으로서의 교수, 도덕적 품성을 형성시키는 수단으로서의 교수를 강조한다. 따라서 교수자의 강의는 학습자의 도덕적 통찰을 개발하고 품성을 함양시키는 하나의 수단이다. 헤르바르트는 교수자의 가르치는 행위를 교육의 하위 개념으로 보고 가르치는 기술로서의 교수, 교육의 목적에 도달시키는 수단으로서의 교수를 강조한다. 헤르바르트 학파에서는 이러한 헤르바르트의 견해에 기초하여 가르치는 과정으로서 아래와 같은 준비-제시-비교-종합-적용과 같은 다섯 단계를 제시하였다.

준비 ⇨ 제시 ⇨ 비교 ⇨ 종합 ⇨ 적용

① 준비(preparation)

이전 시간에 학습한 내용이나 학습자의 기존 경험을 바탕으로 새로운 학습주

제를 연결하는 준비 단계. 본 단계에서 교수자는 학습자의 이전 기억이나 관념을 새로 학습할 주제와 연결하여 학습자의 흥미를 유발시키기 위해 노력함. 이를 위해 교수자는 학습자의 기존 인지구조를 파악하고 이를 기반으로 새로운 학습내용을 전달하기 위한 준비를 해야 함

② 제시(presentation)

교수자가 새로운 주제에 따른 개념과 내용을 제시하는 단계. 여기서 교수자는 기존 개념과는 다른 특징을 중심으로 제시하여 학습자가 쉽게 이해할 수 있는 효과적인 전달 방법을 사용해야 함. 따라서 교수자는 가능하면 학습자가 쉽게 인식할 수 있는 구체적인 대상이나 쉽게 접근할 수 있는 경험, 또는 사례를 바탕으로 개념, 내용을 설명할 필요가 있음

③ 비교 및 추상(comparison & abstraction)

교수자가 학습자의 인지구조 속에 기존의 개념과 새로 학습한 개념을 함께 인식하도록 제시하는 단계. 여기서는 새로운 개념과 기존 개념 간의 동질성, 차이점 등을 비교하여 설명하며, 이를 통해 학습자가 이전과 다른 개념을 인식하도록 하는 단계. 본 단계에서 교수자는 기존 개념과 새로운 개념 간의 비교 및 추상을 통해 자연스럽게 결합하여 이해하도록 동화시킬 필요가 있음

④ 종합(generalization)

지금까지의 과정을 기반으로 형성된 개념들을 분류, 조직, 통합하도록 지도하는 단계. 여기서는 구체적인 개념이나 내용보다는 심화한 정신능력을 계발하여 인지구조 속에 새로 학습한 개념이나 내용을 정착시킴. 따라서 교수자는 개별적인 개념이나 내용 습득을 넘어서 하나의 전체적인 체계 속에서 일반화하여 새로운 개념을 수용하도록 지도해야 함

⑤ 적용(application)

새로 습득한 개념이나 내용과 기존의 개념과 내용을 토대로 일반화시킨 인지구조를 실생활의 문제 상황에 적용하여 문제를 해결하는 단계. 여기서는 적용을 통해 학습자 스스로 습득한 개념을 내면화하고 자신의 것으로 만듦. 이를 통해

새로운 원리를 발견하거나 학습에 대한 내적 동기를 갖게 됨. 교수자는 학습자가 적용할 수 있는 내적 동기를 높이는 방안을 고민할 필요가 있음

다. 강의의 핵심 전략

강의는 교수자 중심 수업방법의 핵심으로, 우리가 피상적으로 이해하고 있는 것과는 다른 차원의 수업방법이다. 예를 들어, 다수의 학습자를 대상으로, 중요한 이론이나 설명이 필요한 학습활동의 경우, 먼저 교수자의 강의가 필요하다. 또한, 강의는 철저하고 체계적인 준비와 유의사항 등을 교수자가 명확하게 인지한 후 실행할 필요가 있다. 따라서 교수자는 수업내용에 대한 철저한 분석과 준비, 그리고 효율적인 설명 등을 바탕으로 강의해야 한다. 특히, 교수자는 효과적인 강의를 위한 교수전략을 습득하고 이를 통해 학습자의 집중과 동기를 효율적으로 유발할 수 있는 자신만의 방식을 탐색할 필요가 있다. 여기서는 강의와 관련된 10가지 전략을 제시하고자 한다(최은수, 2003: pp.4-14). 본 교재를 읽고 있는 독자들은 해당 내용을 숙독하면서 자신에게 필요하거나 부족한 강의 역량이 무엇인지 파악하고 이를 보완해 나간 후에 강의 기반의 수업을 계획하고 실행해 나갈 필요가 있다. 여기서는 강의의 핵심 전략에 대해서 살펴보고자 한다. 또한, 교수자의 강의가 수업의 중심이 되는 경우가 빈번한 점을 고려하여, 여기서 언급하는 핵심 전략은 강의 자체에 국한된 것이라기보다는 모든 수업활동에서의 교수자 강의와 관련하여 활용할 수 있는 것이라고 볼 수 있다.

◈ 교수전략 1: 흥미롭게 내용을 구성하고 자신감을 가져라!

☞ 학습자의 흥미를 유발하는 내용 구성

학습자의 흥미를 유발하기 위해서는 수업내용을 가능한 학습자들이 평상시에 자주 접하는 것, 자주 생각하는 것, 원하는 것 등 학습자에게 실재감 있는 사례를 중심으로 제시하는 것이 필요하다. 따라서 강의기반 수업에서는 학습자의 관심과 동기유발을 통해서 수업 초반에 주의집중을 시킬 수 있는 사례, 예시 등을 중심으로 내용을 구성하는 것이 중요하다.

☞ 자신감 있는 수업준비 및 실행

교수자 스스로 "나는 이번 수업을 성공적으로 할 수 있다"라는 자신감을 가져야 한다. 물론, 이와 같은 자신감은 체계적인 수업준비에 기반을 둔다. 따라서 교수자는 체계적으로 강의를 준비하고 연습해야 한다. 다만, 다수의 청중 앞에 서는 것에 공포감을 느끼는 교수자의 경우, 강의기반 수업이 적합하지 않을 수 있다.

◈ 교수전략 2: 내용을 쉽고 명쾌하게 설명하라!

☞ 수업내용에 대한 정확하고 풍부한 지식 필요

교수자가 강의기반 수업을 실시할 때, 중요한 것 중 하나는 관련 지식을 풍부하게 지니고 있어야 한다는 점이다. 물론, 교수자가 수업과 관련된 모든 지식이나 내용을 파악하는 것은 불가능하다. 다만, 교수자는 가르칠 내용과 관련 내용에 대해서는 정확한 이해도를 지닐 필요가 있다. 따라서 교수자가 잘 알지 못하거나 이해하지 못한 내용을 절대로 강의에서 다루어서는 안 된다. 이처럼, 교수자는 가르칠 내용에 대한 완벽한 이해와 철저한 수업준비를 해야 한다.

☞ 알고 있는 지식을 명확하게 설명하는 역량 필요

강의기반 수업에서의 교수자는 자신이 알고 있는 지식을 명확하게 설명할 수 있어야 한다. 여기서 명확하게 설명한다는 것은 학습자가 쉽게 이해할 수 있는 수준으로 설명하는 것을 의미한다. 교수자는 가능하면 학습자의 수준과 관계없이 수업에 참여한 학습자들이 모두 이해할 수 있는 수준으로 설명해야 한다. 물론, 모든 학습자가 이해하는 것은 불가능에 가깝다. 다만, 수업에 참여하는 학습자 스스로 교수자의 강의를 통해서 수업내용에 흥미를 느끼고 수업 후에 어떤 내용을 찾아서 보충해야 하는지를 인식하게 한다면, 그 수업은 성공적인 수업이라고 간주할 수 있다.

☞ 여백의 미가 있는 수업

동양화에서는 '여백의 미'가 중요하다. 여백은 드러내고자 하는 대상이나 형체를 포함하고 있는 빈 공간을 의미한다. 강의기반 수업은 교수자가 수업활동의 대부분을 차지한다. 따라서 교수자가 빈 공간 없이 수업내용을 계속하여 제시하고 설명하면 학습자는 해당 수업을 급하게 쫓아가는 방식의 학습을 할 수밖에 없다.

교수자는 자신의 강의를 다소 여유롭고 여백이 있는 상태로 진행할 필요가 있다. 다만, 이러한 여유와 여백은 교수자의 교직경험과 비례하기 때문에 신규 교수자에게서는 다소 찾아보기 어렵다.

◈ 교수전략 3: 적극적이고 변화 있게 설명하라!

☞ 수업을 즐거워하고 즐기는 마음 필요

교수자는 강의중심으로 이루어지는 수업 자체를 즐겁게 인식하고 즐기는 마음으로 임할 필요가 있다. 만약, 교수자가 수업 중간마다 시계를 쳐다본다거나 지루한 표정으로 설명한다면, 어떤 학습자가 해당 수업에 집중하겠는가? 교수자가 즐기며 열정을 지닌 강의는 학습자의 집중을 유발하며 생동감 있는 수업으로 다가오게 한다. 다만, 교수자 혼자서 수업내용에 흥미를 느끼거나 열의를 지니기보다는 학습자와 공감하고 공유하면서 함께 즐기는 수업시간을 만들어 나가는 것이 중요하다.

☞ 목소리의 고저, 속도에 변화를 주는 설명

강의기반 수업에서 교수자의 '말(구어)'이 차지하는 비중은 절대적이다. 강의기반 수업은 교수자의 말로 시작하여 말로 끝난다. 따라서 교수자는 자신의 목소리의 크기, 속도, 발음 등에 유의하면서 수업을 진행해야 한다. 예를 들어, 교실이 울릴 정도로 큰 목소리로 설명하거나 앞자리에 있는 학습자 외에는 잘 들리지 않는 작은 목소리로 설명하는 것은 지양해야 한다. 또한, 지나치게 빠르거나 느린 속도, 목소리의 높낮이에 변화가 없는 설명은 학습자를 수업에 집중하지 못하게 한다. 따라서 교수자는 자신의 목소리 톤과 크기, 속도 등에 변화를 주어 생동감과 주의를 끄는 방식으로 수업을 진행해야 한다.

☞ 몸동작, 얼굴 표정, 시선은 수업내용에 따라 이동

강의기반 수업에서는 교수자의 몸동작, 얼굴 표정 하나하나가 학습자의 수업에 커다란 영향을 미친다. 예를 들어, 교수자의 몸동작이 의사전달에 미치는 효과는 50% 정도라는 연구결과(Mehrabian, 1972)도 있다. 수업과 관련 없는 교수자의 반복하는 동작이나 무의미한 몸동작, 찡그린 얼굴 표정, 학습자 방향으로 삿대질, 바닥을 보거나 멍하니 천장을 보는 것, 주머니 속에 있는 소리나는 물체를 만지작거리는 행위 등은 하지 말아야 한다. 교수자의 몸 동작, 얼굴 표정, 시선 등은 수업 내용의 강조, 핵심적인 설명 등과 관련하여 움직이거나 이동해야 하며 제스쳐나 손동작 등은 내용 설명을 도와주는 차원에서 움직일 필요가 있다. 강의기반 수업에서의 몸 동작, 얼굴 표정, 시선은 교수자의 설명을 지원하는 효과적인 도구이다.

☞ 수업시간을 효율적으로 활용하고 시간 엄수

강의기반 수업을 위해서는 정해진 수업시간을 도입, 전개, 정리 등으로 구분하고 효율적으로 사용해야 한다. 특히, 정해진 분량 중 특정 내용에만 지나치게 많은 시간을 할애하여 사용하고 나머지 내용은 대충 넘어가거나 과제로 부과하는 것을 지양해야 한다. 이를 위해, 교수자는 시간별로 활동을 배분하고 사전에 연습을 할 필요가 있다. 또한, 정해진 수업시간을 5분, 10분 정도 초과하여 설명하는 것은 학습자의 수업에 대한 흥미를 저하시킬 수도 있다. 교수자의 핵심 강의는 수업 종료 5분 전 정도에 마무리하고 학습자의 질문이나 부가적인 내용을 설명하는 수준에서 진행할 필요가 있다. 교수자는 절대로 수업시간을 초과하여 설명을 지속해서는 안 된다.

◈ 교수전략 4: 학습자에 대한 관심과 애정을 갖고 강의하라!

☞ 학습자에게 친근하고 우호적인 느낌을 주는 방안 고려

교수자는 학습자에게 학문적으로 친근하고 우호적으로 다가가야 한다. 물론, 이와 같은 교수자와 학습자 간의 관계는 일반적인 인간관계라기보다는 수업시간에 이루어지는 교수활동에 국한되는 특수한 관계라고 할 수 있다. 우리가 실생활에서 다른 사람들과 인간관계를 맺을 때도 대화를 주고받거나 몇 가지 사항 등을 통해서 상대방이 자신에게 우호적인지 아닌지를 파악할 수 있다. 수업시간에 나타나는 교수자와 학습자 간의 관계도 특수하기는 하지만 비슷하다고 볼 수 있다. 학습자는 교수자가 자신에게 관심이 있는지, 우호적인지, 호감을 느끼는지를 알 수 있다. 따라서 교수자는 학습자 전체를 학문적 차원에서의 관심과 학습자로서 존중하고 배려의 관점에서 대하여야 할 것이다.

☞ 학습자에 대한 인내력과 순발력 필요

교실에는 다양한 유형의 학습자들이 존재한다. 대부분 수업에 집중하고 교수자의 설명에 집중하지만, 일부는 반항적이거나 수업 분위기를 흐트러뜨리는 학습자들도 있다. 또한, 예상하지 못하는 당황스러운 질문을 하거나 인신공격적인 질문을 하여 수업진행을 방해하는 학습자도 있다. 특히, 수업시간에는 학습자들 간의 다툼 등 돌발상황이 발생하여 수업이 일시 중단되는 때도 있다. 이와 같은 돌발상황의 경우, 교수자는 즉각적으로 반응하기보다는 인내심을 발휘하여 적절하게 대응할 필요가 있다. 수업 중 어떠한 경우에도 교수자는 학습자에게 화를 내는 등 교수자로서의 자제력을 잃는 모습을 보여서는 안 된다. 강의기반 수업에서는 모든 학습자가 교수자의 말투와 행위에 집중한다. 따라서 교수자는 수업 중 빈번하게 발생할 수 있는 돌발상황에 대한 대처 방안을 마련할 필요가 있다. 예를 들어, 동료나 선배 교수자의 조언, 관련 전문 서적 등을 참고하여 대책을 마련할 필요가 있다.

◈ 교수전략 5: 교수자와 학습자 간의 인격적인 관계를 유지하라!

☞ 교수자와 학습자 간의 균형 유지

교수자와 학습자 간의 인격적인 관계 형성 및 유지를 위해서는 수업시간에 오고가는 대화가 상호 인격적이어야 한다. 그런데 전통적인 강의기반 수업에서는 교수자가 상위에 있으며 학습자가 아래에 위치하는 것으로 오인하는 때도 있었다. 그러나 교수자의 말을 중심으로 이루어지는 강의기반 수업에서는 교수자－학습자 간의 관계가 마치 시소(seesaw)와 같은 측면에서 형성될 필요가 있다. 시소는 긴 널판의 중간정도에 양쪽 균형을 맞추고 양 끝단에 사람이 타고 서로 번갈아 가며 오르고 내리는 놀이기구이다. 여기서 시소가 오르락내리락하기 위해서는 양 끝 단에 타는 사람의 몸무게가 비슷해야 한다. 만약, 몸무게에 차이가 난다면, 중간에 수평을 맞추는 균형과의 거리를 조절하면 된다. 예를 들어, 몸무게가 상대적으로 무거운 사람이 균형점에 보다 가까운 자리에 위치하면 된다. 이는 강의기반 수업에서도 마찬가지로, 교수자가 학습자에게 보다 가까이 다가가면서 균형을 유지할 필요가 있다. 교수자는 가만히 있으면서 학습자에게 일방적으로 다가오도록 하는 것은 시소가 한쪽으로 기울어져서 움직이지 않는 것과 같다. 교수자와 학습자 간의 균형 유지는 교수자가 학습자에게 다가가는 것을 통해 이루어질 수 있다.

☞ 학습자에서 인식되는 교수자의 이미지 설정

강의기반 수업에서는 교수자의 이미지를 올바로 설정하는 것이 중요하다. 교수자는 강의기반 수업을 할 때, 자신의 이미지가 학습자에게 어떻게 보여질지에 대해 관심을 가져야 한다. 학습자들은 자신을 가르치는 교수자를 군대의 장군, 회사의 CEO, 상담실의 상담자, 주변의 조언자, 또는 문제 해결자 등으로 묘사할지 모른다. 예를 들어, 군대의 장군이나 회사의 CEO와 같은 이미지로 교수자를 묘사한다면, 해당 학습자는 자신을 상관의 지시를 받는 피동적인 존재로 인식하게 될 것이다. 그런데, 교수자가 학습자에게 명령하거나 지시하는 존재로 인식된다면, 해당 강의기반 수업은 무겁거나 다소 긴장감 있는 분위기에서 진행될 우려가 있다. 또한, 해당 강의는 성공적인 학습성과를 도출하기 어려울 수 있다. 따라서 교수자는 강의자로서의 자신의 이미지를 가능하면 학습자에게 친근하며 도움을 주는 존재로 인식되도록 노력할 필요가 있다.

☞ 학습자와 상호 도움이(win-win) 되는 관계 설정

강의기반 수업에서는 교수자와 학습자는 모두 승리하는 관계가 되어야 한다. 아니, 강의기반 수업뿐만 아니라, 교수자와 학습자는 근본적으로 상호 도움이 되는 관계이다. 수업은 전투도 경쟁도 아니다. 수업에서는 교수자와 학습자 모두가 승리자가 되어야 한다. 물론, 대한민국의 교육환경은 서로 순위를 다투는 경쟁 관계로 형성되어 있다. 그러나 수업에서의 교수자와 학습자는 절대로 서로 경쟁하거나 대결하는 관계가 아니다. 교수자와 학습자는 수업과정과 수업 이후에 모두 나름대로 만족하고 즐거움을 얻어야 한다. 이를 위해 교수자는 학습자의 요구 및 특성을 반영한 수업을 설계하고 모든 학습자가 이해할 수 있는 수준에서 강의하며 설정한 학습목표에 도달하는 성취감을 느껴야 한다. 학습자는 사전에 수업을 준비하고 교수자로부터 전달되는 새로운 개념과 내용을 학습하고 이를 통해 본인이 설정한 개인적인 성취감을 느낄 수 있어야 한다. 물론, 모든 수업에서 교수자나 학습자가 함께 성취감을 느끼기는 어려울 수 있다. 그러나 강의기반 수업을 계획하고 준비하는 교수자는 상기와 같은 상호 도움(win-win)이 되는 관계를 설정하면서 수업을 설계하고 실행해야 한다.

◈ 교수전략 6: 효과적인 강의 기법을 활용하라!

☞ 인지적 시연이 가능한 강의

학습과 기억과의 관계를 탐색한 이전의 연구(Grasha, 1996)를 살펴보면, 읽기에 초점을 둔 학습은 전체 학습내용 중 10% 정도 기억, 보기와 말하기를 병행하는 학습은 70%, 보기와 행동을 병행하는 학습은 90% 정도가 기억에 남는다고 한다. 물론, 학습자의 특성과 수준, 학습내용 수준, 기억력의 정도 등에 따라 차이가 나타날 가능성은 있지만, 단순히 읽거나 보는 학습보다는 말하거나 행동으로 옮기는 학습이 기억에 많이 남는다는 점에는 대부분 동의할 것이다. 그런데, 강의식 수업의 경우, 대부분의 활동이 교수자의 말이나 판서(프리젠테이션)를 중심으로 이루어지기 때문에, 학습자는 주로 읽거나 보는 활동을 중심으로 수업에 참여할 수밖에 없다. 그렇다면, 교수자가 강의기반 수업을 통해, 학습자의 말하기와 행동하기를 유도할 수 있는 방법은 무엇인가? 교수자는 자신의 강의를 언어나 이미지의 형태로만 전달하기보다는 학습자들이 인지적으로 그려보고 시연할 기회를 제공하는 방식으로 수업을 진행할 필요가 있다. 또한, 교수자의 강의를 듣기만 하는 것이 아니라, 이를 바탕으로 동료와 토론하고 인지적으로 표현할 기회를 제공하는 방안을 고민해야 한다.

☞ 판서나 프리젠테이션을 조직적으로 실행

교수자는 판서나 프리젠테이션을 다음과 같은 네 가지 방법을 통해 조직적으로 준비하고 실행할 필요가 있다. ①언어로만 표현하기보다는 그림이나 수식 등을 활용한다. ②말로 설명한 내용 중 핵심적인 부분은 요약하여 다시 판서하거나 프리젠테이션으로 표시(문자색, 진하게, 강조점)한다. ③설명 중간마다 학습자가 잠시 생각할 수 있는 문제를 제시한다. ④교수자로서의 전문적인 판서(또는 프리젠테이션) 기술을 익혀 수업시간에 활용한다. 이와 더불어, 판서나 프리젠테이션을 할 때, 핵심내용은 괄호로 표시하거나 제한적으로 제시하면서 강의를 통해 알려주는 방식도 고려해 볼 필요가 있다. 다만, 판서나 프리젠테이션은 모두 강의기반 수업을 보조하는 측면에서 사용할 필요가 있으며 가능하면 관련 자료를 먼저 학습자에게 개별적으로 제공하는 방안도 고려할 필요가 있다. 또한, 교수자는 판서나 프리젠테이션에 지나치게 자세한 내용이나 방대한 분량의 내용을 담기보다는 수업에 필요한 핵심적인 내용을 선별하여 제시할 필요가 있다.

☞ 수업을 보조하는 다양한 자료 활용

교수자는 판서(또는 프리젠테이션) 외에 다양한 교육사이트, 소셜미디어, 동영상,

사진 등 다양한 시청각 자료를 활용할 수 있다. 교수자는 자신의 강의를 효과적으로 지원할 수 있는 자료를 사전에 제작, 또는 선정한 후 강의 중간마다 보조용으로 사용하는 방안을 적극적으로 고려할 필요가 있다. 예를 들어, 교수자가 '화산'에 대해서 설명을 하면서, 관련 사진, 또는 동영상 자료를 함께 제시한다면 학습자의 이해를 높이는 데 도움이 될 것이다. 또한, 교수자는 자신의 강의에 적합한 자료를 사용한 후 해당 자료를 그대로 두고 다음 내용으로 넘어가면 안 된다. 교수자는 해당 자료를 사용한 후에는 반드시 종료하고 다음 내용으로 넘어가야 한다. 또한, 강의 중간마다 너무나 많은 자료를 계속하여 제시하면, 학습자를 혼란스럽게 할 수 있으며 강의 진행이 중간에 끊기는 문제도 발생할 수 있다. 또한, 온라인 자료를 사용할 때에는 반드시 기자재 작동 여부, 인터넷 연결 등의 상태를 사전에 확인해야 한다. 물론, 교수자는 가능하면 모든 자료를 오프라인 상황에서도 활용할 수 있도록 별도로 준비할 필요가 있다.

◈ 교수전략 7: 중요한 내용은 적시에 제시하라!

수업내용을 효과적으로 제시하는 방법에는 최근 효과(RE, Recency Effect), 초두 효과(PE, Primary Effect), 현시성 효과(VE, Vividness Effect), 발문 효과(QE, Question Effect) 등이 있다(박성익, 1997). ①최근 효과(RE)는 수업의 핵심적인 내용을 수업의 마지막 단계에서 다시 한번 최종적으로 정리해주는 것이다. 마치, 우리가 상대방과의 대화 내용을 기억할 때, 헤어지기 직전에 나누었던 내용이 기억에 남을 가능성이 큰 것처럼, 수업 종료 전에 학습자에게 해당 내용을 강조하는 방법을 사용하는 것도 고려할 필요가 있다. ②초두 효과(PE)는 수업의 시작 단계에서 "오늘 수업의 핵심적인 내용은 *****입니다. 이 내용은 ~~~"처럼, 강조하여 제시하는 것을 의미한다. 그런데, 교수자는 최근 효과와 초두 효과를 각각 사용할 수 있지만, 함께 묶어서 사용할 수도 있다. 즉, 중요한 내용을 수업의 처음과 종료 단계에서 언급하면, 학습자의 내용 이해 및 기억에 긍정적으로 작용할 가능성이 크다. ③현시성 효과(VE)는 수업의 중간중간에 학습자의 흥미를 유발할 수 있는 도표나 동영상, 실사례 등을 제시하는 방법이다. 또한, 교수자는 중요한 내용을 반복하여 설명하거나 학습자가 자신의 언어로 발표하도록 유도하여 학습자의 기억에 오래 남도록 하는 방안을 고려할 필요가 있다. ④질문 효과(QE)는 수업 중간중간에 주요 내용에 대해 질문을 하고 응답하게 하는 것이다. 강의기반 수업의 경우, 교수자의 활동이 수업 대부분을 차지하게 되며 학습자는 수동적인 위치에 놓일 가능성이 있다. 특히, 수업의 중반부에는 학습자의 주의가 다소 떨어질 가능성이 크므로, 교수자의 질문을 통해 수업의 긴장감과 학습자의 참여를 높이는 방안도 필요하다. 다만, 교수자의 발문은 폐쇄형보다는 개방형으로 실시하여 모든 학습자의 적극적인 참여를 유도할 필요가 있다.

◈ 교수전략 8: 수업목표와 부합하는 형성평가 및 피드백을 시행하라!

강의기반 수업의 단점은 학습자의 수동적인 학습참여 및 태도이다. 이에 교수자는 학습자들이 수업에 참여하고 있는지를 수업의 과정에서 지속적으로 탐색하고 파악할 필요가 있다. 또한, 교수자는 수업 중간마다 학습자의 수업목표 달성 정도를 간단히 점검할 필요가 있다. 예를 들어, 수업 중간에 간단한 퀴즈 형식으로, 당일 수업내용을 점검하거나 무작위로 몇 명의 학습자에게 학습한 내용에 대한 이해 정도를 묻는 질문과 발표를 통해 학습자의 수업참여도와 목표 도달 정도를 간략히 파악할 수 있다. 또한, 교수자는 형성평가나 발표에 대한 피드백을 제공하여 강의 효과를 높일 수 있다. 다만, 형성평가 직후 학습자의 수업 집중 및 참여 수준이 급격히 떨어질 가능성이 크므로, 이를 최소화하기 위한 방안도 동시에 마련할 필요가 있다. 또한, 형성평가나 퀴즈의 경우, 학습자의 수업참여나 집중 정도와 관련 없이 간단히 응답하거나 단순한 암기 수준을 다루기보다는 반드시 교수자의 강의를 집중하여 청취하였을 때 응답할 수 있는 문항으로 구성하는 것도 고려할 필요가 있다. 특히, 교수자는 5분 내에 평가부터 채점까지 완료할 수 있도록 사전에 철저한 준비와 계획을 수립할 필요가 있다.

◈ 교수전략 9: 강의의 기교보다는 철저히 준비하라!

강의기반 수업은 수업자의 강의역량이 중요하다. 이에 교수자가 지닌 강의 경력, 강의 테크닉이나 기교 등이 중요하게 작용할 수 있다. 그러나 강의기반 수업은 불특정 다수의 청중이나 대중을 상대로 하는 연설이나 강연이 아니라, 정해진 수업목표에 따라 체계적으로 진행되는 의도적인 수업활동이다. 따라서 교수자는 학습자의 수업목표 도달과 관련된 수업내용을 체계적으로 준비할 필요가 있다. 또한, 학습자의 수준, 특성, 교실환경, 수업 분위기 등도 사전에 명확하게 파악하여 수업에 반영할 필요가 있다. 특히, 강의기반 수업 경험이 절대적으로 부족한 신임 교수자의 경우, 철저한 수업분석과 학습자 분석, 수업설계를 토대로 수업지도안을 작성하고 이를 바탕으로 수업을 실시할 필요가 있다. 그리고 수업 후 미흡하거나 부족한 부분이 무엇인지 탐색하고 보완하여 추후 수업을 한 단계 신장시킬 필요가 있다. 예를 들어, 교실 뒤편과 앞에 소형 캠코터를 설치하여 수업을 녹화하여 추후 분석하는 방법도 고려할 필요가 있다. 이와 더불어, 동료 장학 등을 바탕으로, 주변 동료들과 수업방법 및 기법에 대해 상호 협의하는 방안도 강의기반 수업역량을 높이는 데 도움을 준다.

◈ 교수전략 10: 교수자만의 개성 있는 강의 스타일을 개발하라!

강의기반 수업을 위한 최상의 수업모형이나 모델, 교수기법은 없다. 강의기반 수업에서 가장 중요한 것은 교수자 스스로 자신에게 최적화된 강의 스타일, 또는 기법을 개발하는 것이다. 어떤 수업에도 절대적이거나 이상적인 수업 스타일은 존재하지 않는다. 교수자는 자신에게 적합한 맞춤형 강의 스타일을 발견하고 추구할 필요가 있다. 이를 위해, 교수자, 특히 예비교사나 초임의 경우, 다른 교수자의 수업 모습을 가능한 많이 참관할 필요가 있다. 최근에는 교육청 교수학습지원센터에서 우수 수업 동영상을 제작하여 보급하는 경우도 있으므로, 이를 적극적으로 활용하여 자신에게 적합한 수업 스타일을 찾을 필요가 있다. 또한, 교수자는 강의기반 수업의 진행 시간대, 교실 등 수업 장소, 학습자의 수준과 성향, 교과의 특성 및 차시 내용 등에 적합한 강의 스타일로 수업을 진행해야 한다. 앞에서 수업을 종합 예술로 표현한 것처럼, 교수자는 자신의 강의 스타일로 창의적인 수업을 진행해야 한다. 강의기반 수업은 교수자의 체계적인 계획수립과 자료 준비, 학습자 및 학습내용 분석, 학습자 이해, 학습자와의 수평적인 관계, 상호소통 등을 바탕으로 실현되는 종합 예술이다. 교수자에게 교단은 무대가 되며 주어진 시간 동안 학습자와 소통하며 교수자와 학습자 모두에게 의미 있는 수업을 진행해야 한다. 강의기반 수업은 구성주의를 기반으로 이루어지는 문제기반학습이나 코로나 등으로 활성화된 원격수업 등 대부분의 수업을 수행하기 위해 필요한 기초적인 수업방법이라고 할 수 있다.

라. 강의기반 수업의 장단점

강의기반 수업은 교수자의 언어를 중심으로 지식이나 내용을 학습자에게 전달하는 수업방식으로, 장점과 동시에 단점을 지니고 있다. 또한, 이와 같은 장단점은 강의기반 수업이 지닌 본질적인 특성으로, 교수자는 반드시 이 점에 유의하여 수업을 실행할 필요가 있다.

먼저, 강의기반 수업의 장점을 기술하면 다음과 같다.

① 정해진 수업시간 내에 사실적인 지식이나 정보, 또는 개념을 학습자에게 효과적으로 전달할 수 있다. 이로 인해, 온라인상에서 비대면으로 이루어지는 원격수업에서도 강의기반 수업은 효과적으로 활용될 수 있다.

② 수업시간에 이루어지는 수업활동을 쉽게 예측할 수 있다. 강의기반 수업은 주로 교수자가 주도적으로 핵심적인 학습내용을 선정하여 가르치기 때문에 수업활동의 예측이 가능한 효율적인 수업방법이라고 볼 수 있다.

③ 지필시험이나 평가를 앞두고 주요 내용을 정리하여 설명할 때 유용하게 활용할 수 있다. 이로 인해, 입시학원이나 고등학교 고학년의 경우, 강의기반 수업은 짧은 시간에 핵심내용을 설명하고 전달하는 효과적인 방법으로 활용되는 경향이 있다.

④ 학습자의 수에 제한을 받지 않고 다수의 학습자를 대상으로 실시할 수 있다. 예를 들어, 교수자의 강의에 집중할 수 있는 여건만 마련되면, 수백 명의 학습자를 대상으로 동시에 수업을 진행할 수 있다.

⑤ 교수자의 강의역량이 뛰어날 경우, 학습자가 이해하기 어려운 원리나 개념 등을 판서나 프리젠테이션 등 기본적인 매체를 바탕으로 효율적으로 설명할 수 있다. 예를 들어, 교과서나 다른 교수자의 수업을 통해서 이해하기 어려운 내용도 교수자의 강의역량에 따라 이해할 수 있는 수업으로 변화될 수 있다.

⑥ 주변 학습자와의 협력이나 조모임 등을 꺼리는 학습자에게 심리적인 편안함을 줄 수 있다. 특히 수업 중의 적극적인 활동보다는 교수자의 설명을 청취하는 방식의 수업을 선호하는 학습자에게는 효과적인 방법으로 활용될 수 있다.

이에 반해, 상기와 같은 장점은 동시에 강의기반 수업의 단점으로 작용할 수 있다. 이를 기술하면 다음과 같다.

① 정해진 수업시간 내에 사실적인 지식이나 정보, 또는 개념을 넘어서는 실제 생활과 관련된 문제, 실재감 있는 내용, 정해진 답이 없는 내용을 지도하는 것에 어려움이 있다. 이로 인해, 강의기반 수업에서 다룬 이론이나 지식이 실제 생활이나 삶에서는 그대로 적용되지 않는 경우가 발생할 수 있다.

② 정의적인 수업내용이나 고차원적인 지식, 또는 학습자의 창의성을 중시하는 학습내용이나 활동과 관련된 수업의 경우, 수업목표 도달에 어려움이 있다. 교수자의 일방적인 설명이나 전달은 학습자의 개별성, 창의성보다는 획일화된 지식을 주입시킬 우려도 있다.

③ 주관식이나 풀이 과정, 자신의 경험을 기반으로 작성하는 논술시험 등을 준비하는 데는 효과적이지 않을 수 있다. 특히, 교수자가 개별적으로 첨삭하여 지도하고 피드백을 제공하는 것이 어렵다. 이로 인해, 예체능 교과나 실험수업 등에서 활용하기에는 어려움이 있다. 또한, 교수자의 세심한 지도와 개별적인 동기유발이 필요한 유아학교나 초등학교 저학년 학습자를 지도하는 방식으로는 효과적이지 않다.

④ 다수의 학습자를 대상으로 실시할 경우, 학습에 참여하지 않거나 집중하지 않는 학습자를 구별할 수 없다. 특히, 학습내용에 대한 이해도가 떨어지는 학습자의 경우, 교수자에게 추가적인 설명을 요구할 수 없어 교수자의 수업내용을 따라가기가 쉽지 않을 수 있다.

⑤ 교수자의 수업준비가 철저하지 않거나 설명이 지루할 경우, 학습자의 주의집중을 저하시켜 정해진 수업목표 도달에 어려움을 줄 수 있다. 예를 들어, 교수자의 단조로운 어조와 말투는 학습자에게 지루하게 다가오며 동시에 졸음을 유발할 가능성도 있다.

⑥ 동료와의 협력이나 조 활동 등을 선호하는 학습자에게는 심리적인 불안감을 유발할 수 있다. 특히, 교수자의 설명보다는 직접적인 학습활동을 선호하는 학습자에게는 의미 없는 수업으로 인식될 수 있다.

마. 강의기반 수업의 단계

강의기반 수업은 교수자의 체계적인 수업준비와 실행을 필요로 한다. 강의기반 수업의 주된 목적은 학습자들에게 사실, 아이디어, 지식, 개념 등에 대한 정보를 명확하고 구체적으로 제공하는 것이다(Cruickshank, 1995). 특히, 강의기반 수업은 교수자가 지닌 구체적이고 명확한 지식이나 정보, 개념 등을 학습자에게 설명하거나 해석하여 전달하며(Clark & Starr, 1986) 이를 통해 학습자는 해당 교과목에서 제시하는 학습문제를 해결하고 일반화하게 된다. 물론, 앞에서도 언급한 것처럼, 이와 같은 수업방법은 학습자에게 다소 수동적이고 기계적인 학습활동을 요구하지만, 학습자에게는 의미 있게 다가와야 한다. 따라서 강의기반 수업은 교수자의 철저한 준비와 체계적인 단계가 필요하다. 이에 강의기반 수업의 단계를 학습문제의 명확한 파악, 학습문제 해결, 일반화 등을 중심으로 제시하면 다음과 같다(변영계, 김영환, 손미, 2011: pp.100－102).

① 단계 I 학습문제 파악

– 학습자와의 우호적인 관계 형성

수업시작 초반(3－5분) 학습자와 우호적인 관계 형성. 예를 들어, 교수자는 자신을 소개하고, 수업 당일 있었던 시사적인 일, 학습자의 안부, 수업방식 등을 소재로 삼아 학습자와의 우호적인 관계를 형성해 나감

– 학습목표의 제시

수업에서 지향하는 목표를 분명하게 제시. 수업목표를 제시함으로써 학습자는 스스로 해당 수업에서의 학습계획을 설정하게 됨. 따라서 수업목표 진술은 가능한 명시적으로 설정해야 함

– 학습동기의 유발

교수자가 제시하는 수업목표를 통해 학습자의 동기를 유발. 학습자의 수업 집중 및 몰입 등 효율적인 학습활동의 계기 마련

– 선수학습의 확인 및 처치

수업 분위기가 형성되면 이전 시간에 학습한 관련 내용에 대해 간단히 요약하고 확인. 간단한 질문을 통해 학습자의 수준 등을 파악하고 강의기반 수업의 세부 방향을 설정할 수 있음. 또한, 학습자의 기억을 일깨워서 학습에 적극 참여시킴. 만약, 학습자가 새로운 내용을 받아들일 때 앞서 배운 내용과 연결시키지 않고 무의미하게 받아들이는 경우, 단순 암기에 기초한 기계적 학습이 발생할 수 있음

- 선행조직자의 이용

  도입자료를 제시할 때 해당 정보의 구조를 이용하여 학습자의 기계적 학습 최소화. 교수자는 학습자에게 유의미하게 다가올 수 있도록 설명 및 자료를 제시해야 함

> 유의미 학습(meaningful learning)
>
> 오스벨(Ausubel)이 제시한 설명학습의 한 원리. 새로운 학습내용이 기존의 학습내용과 유의미하게 연결되면 될수록 학습이 잘 이루어진다는 원리. 예를 들어, 유의미하게 학습한 내용은 기계적으로 학습된 내용에 비해 효율적으로 학습되고 오래 기억되며 재생도 쉬운 장점이 있다고 함. 하지만 학습자가 새로운 내용을 받아들일 때 앞서 배운 내용과 연결시키지 않고 무의미하게 받아들이는 경우 단순 암기를 하게 되는 기계적 학습이 발생할 수 있음. 이에 학습자의 기계적 학습의 최소화를 위해 선행조직자를 활용한 자료를 제시할 필요가 있음

② 단계 II 학습문제 해결

- 학습할 개념, 원리, 법칙 등 학습내용의 제시 및 설명

  논리적으로 조직화하여 제시. 수업내용의 논리성, 체계성을 통해 학습자의 주의집중, 수업의 초점 명확, 학습자 측면에서 수동적일 수밖에 없는 강의기반 수업의 문제 및 어려움을 최소화시킬 수 있음

- 필요한 학습자료와 매체의 체계적인 제시

  학습자의 주의집중과 흥미, 관심을 지속시키기 위한 디지털 매체의 효과적인 활용. 다양한 디지털 매체의 효과적인 활용을 통해 교수자 중심의 단방향적 설명에서 벗어나 시각 외 다른 자극을 가함으로써 강의 내용의 생생한 전달 가능

- 학습문제 해결

  정해진 학습문제를 해결해 나감

- 지속적으로 주의 집중시키기

  교수자의 얼굴표정, 목소리 크기, 제스처의 변화, 중요한 내용 강조, 질문 제시 등을 통해 학습자의 주의집중을 유발하고 지속. 교수자 동선의 교실 전체 확대, 수업 분위기 환기 등 정적인 교실 분위기를 동적으로 변화시키기 위해 노력할 필요 있음

③ 단계Ⅲ 일반화

– 문제 해결의 연습 및 다양한 예제의 적용

문제 해결과정을 통하여 획득한 개념이나 기능을 다양한 사례를 기반으로 연습하고 적용

– 통합조정의 원리 이용

각각의 부분을 전체적으로 통합, 조율 및 조정하여 일반화하는 방안 마련

– 학습내용의 강조 및 요점 정리

앞 단계에서 학습한 내용 중 중요한 부분은 강조하고 전체를 요약하여 정리하여 제시

– 심화 및 확충 설명

학습자의 질문에 구체적으로 응답하고 미흡하거나 추가적인 설명을 요구하는 부분에 대해서는 심도 있게 설명

– 차시 예고 및 과제의 제시

다음 시간에 배울 내용을 안내하고 필요하면 과제를 제시하고 평가에 대해서 언급

〈표 9-1〉 강의기반 수업의 단계

단계	구체적인 활동 내용
단계Ⅰ 학습문제 파악	–학습자와의 우호적인 관계 형성 –학습목표의 제시 –학습동기의 유발 –선수학습의 확인 및 처치 –선행조직자의 이용
단계Ⅱ 학습문제 해결	–학습할 개념, 원리, 법칙 등 학습내용의 제시 및 설명 –필요한 학습자료와 매체의 체계적인 제시 –학습문제 해결 –지속적으로 주의 집중시키기
단계Ⅲ 일반화	–문제 해결의 연습 및 다양한 예제의 적용 –통합조정의 원리 이용 –학습내용의 강조 및 요점 정리 –심화 및 확충 설명 –차시 예고 및 과제의 제시

3. 발문기반 수업

가. 발문의 의미 및 발문기반 수업

발문은 강의와 더불어 다양한 유형의 수업에서 활용하는 방법으로 교수자의 질의 및 학습자의 응답에 기반을 둔다. 발문은 학습자의 수업내용에 대한 이해 정도, 수업참여 정도 등에 대한 정보를 획득하기 위하여 교수자가 수업 중 사용하는 도구라기보다는 학습자의 동기를 유발하고 학습 참여를 유도하는 효과적인 수단이다(홍진곤, 김유희, 2012). 발문은 학습자의 학습활동 참여를 유발하기 위한 도구로, 교사의 발문에 따라 학습자는 기존에 인식하지 못한 문제의식을 느끼게 될 수 있으며 학습자의 적극적인 사고활동과 표현활동을 촉발하는 역할을 수행한다(박병학, 1986). 예를 들어, 발문은 주어진 문제에 대해 학습자가 자기 주도적으로 사고하게 도와주며, 제한적인 문제상황에 대해 집중적으로 사고하고 생각하게 도와준다(Hyman, 1979). 이처럼 발문은 교수자에 의한 질문으로, 교수자가 학습자의 적극적인 학습 참여와 학습활동을 통해 수업목표에 도달하기 위해 활용하는 문제제기를 의미한다(박병학, 1978). 따라서 교수자는 발문의 의미 및 수업전략으로서의 발문의 중요성을 인식하고 학습자의 학습참여와 사고 촉진에 적합한 발문을 개발하고 활용하는 방법(백소영, 김도현, 이경언, 2014)을 이해할 필요가 있다. 이와 같이 발문은 학습자의 수업과정 참여와 적극적인 사고활동을 유발하는 효과적인 수업전략 중 하나라고 할 수 있다.

교수자의 강의를 통해 수업목표 도달과 관련된 학습내용을 학습자에게 모두 전달하는 것은 불가능하다. 도리어, 교수자가 모든 내용을 알려주고 설명하는 수업은 학습자를 수동적인 존재로 만들 수 있으며 기계적인 학습이 나타날 우려도 있다. 교수자 중심의 수업에서도 학습자의 인지구조는 변화되어야 하며 이는 전적으로 학습자의 몫이다. 따라서 교수자의 강의를 중심으로 이루어지는 수업에서도 학습자의 사고, 성찰, 탐색과 같은 인지활동은 요구된다. 이와 같은 학습자의 인지적 활동을 지원하는 도구가 발문이며 이에 기반한 수업이 바로 발문기반 수업이다. 발문기반 수업은 교수자의 발문과 학습자의 답변에 기반하여 이루어지는 수업을 의미한다(권성호 외, 2015). 발문기반 수업을 통해, 교수자는 학습자의 학습상황을 점검할 수 있으며 제대로 이해하지 못하거나 잘못 이해하고 있는 부분을 찾아서 올바로 수정해 줄 수 있다. 특히, 발문기반 수업은 교수자로부터 일방적으로 수용한 학습내용을 추론하고 정리할 수 있는 기회를 제공한다. 이처럼 발문기반 수업은 일반적인 퀴즈나 평가에 기초한 활동이 아니라 학습자의 사고 활동을 자극하고 촉진시키는 수업활동을 의미한다. 다만, 발문기반 수업의 실제적인 의미는 발문만을 단독으로 사용하는 수업이 아니라 교수자가 사전에 체계적으로 계획한 발문을 기반으로 진행하는 수업을 지칭한다. 또한, 발문기반 수업에서의 발문은 문제중심학습처럼, 소집단의 협력과 소통을 기반으로 실시하기보다는 학습자 개인에 초점을 두고 시행한다. 따라서 발문기반 수업은 수업 중에 즉흥적으로 실시하는 질문이나 소집단에게 해결할 과제로 제시하는 문제중심학습과는 차이가 있다.

나. 발문 vs. 질문

발문의 의미는 유사한 의미를 지닌 질문과의 비교를 통해 더욱 명확하게 파악할 수 있다. 발문과 질문은 모두 상대방에게 무엇인가를 질의한다는 측면에서 유사한 의미를 지닌다. 그러나 교육적인 측면에서 살펴보면, 발문과 질문은 미묘한 차이를 지니고 있다. 예를 들어, 앞에서도 살펴본 것처럼, 발문은 학습자의 사고를 자극하고 유지하며 발전시키기 위해서 제기하는 것인 반면, 질문은 모르거나 의심이 있는 내용을 알아보거나 필요한 정보를 기대하면서 물어보는 것을 의미한다(교육학 용어사전, 2002). 이와 같은 관점에서 볼 때, 발문은 주로 수업상황에서 교수자가 학습자의 학습참여 및 활동을 촉발하기 위해 사용하는 교육적 도구인 반면, 질문은 우리의 삶 속에서 모르는 것을 알고자 할 때 보편적으로 사용하는 일상적인 도구라고 할 수 있다(박병호, 1986). 또한, 질문은 일상생활에서 궁금하거나 모르는 것을 주변사람에게 물어보고 필요한 정보를 얻기 위한 수단으로 사용하지만, 발문은 교수자가 교육목적을 지니고 의도적으로 학습자에게 제시하는 교수전략이다. 따라서 교육현장에서 교수자가 학습자에게 제시하는 발문은 단순한 질문이 아니라 교육적인 의도를 지닌 계획적인 활동이다(홍기칠, 2012). 이처럼, 발문은 일상적인 질문과는 달리, 학습자의 학업성취와 관련된 교육적인 수단이자 학습자의 사고활동을 유발하고 촉진시키기 위한 문제제기(박성익, 김연경, 2004)라고 볼 수 있다.

다. 발문의 유형

발문기반 수업에서 사용할 수 있는 발문의 유형은 교육목표, 사고의 수준 및 폭, 또는 수업단계에 따라 다양하게 나타날 수 있다. 즉, 발문의 유형은 크게, ① 지식, 이해, 적용, 분석, 종합, 평가와 같은 인지적 영역, ②구체적, 추상적, 창의적 사고와 같은 사고의 수준, ③제한적, 확산적 사고와 같은 사고의 폭에 따라 분류할 수 있다(이성호, 2000). 예를 들어, 발문은 학습자에게 구체적인 사고를 유발하도록 하는 것인지, 추상적인 사고를 촉발하도록 하는 것인지, 아니면 수업내용을 정리하는 차원에서 하는 것인지에 따라 구분할 수 있다. 또한, 발문에 따른 하나의 응답을 요구할 것인지, 가능한 모든 답을 요구할 것인지, 아니면 판단이나 가치 선택에 대한 응답을 요구할 것인지에 따라 분류할 수 있다. 이처럼, 발문의 유형은 발문에 따른 응답에 따라 세분화하여 제시할 수 있다.

① 인지적 영역에 따른 발문

인지적 영역에 따른 발문은 블룸(Bloom, 1956)의 지식, 이해, 적용, 분석, 종합, 평가 등과 같은 목표분류에 의해 구분하는 것이 대표적인 사례일 것이다. 이와 같은 6가지 인지적 영역에 따른 발문 유형의 구분은 교육현장에서의 발문을 체계적으로 분류하는 기초로 활용되었다(박성익, 김연경, 2004). 먼저, 교과학습목표에 따라 낮은 수준의 사고력을 요구하는 발문과 고급 수준의 사고력을 필요로 하는 발문으로 구분할 수 있다(Sinatra & Annacone, 1984). 여기서 요구하는 사고력의 수준은 주어진 발문을 해결하는 데 요구되는 사고력의 깊이와 가치 판단에 따라 다르며 발문에 따른 해결방안을 고안하는 정도에 따라 차이가 있다. 예를 들어, 지식, 이해, 적용과 관련된 발문은 낮은 수준의 사고력을 요구하며, 분석, 종합, 평가는 높은 수준의 사고력을 요구한다. 그런데, 적용과 관련된 발문은 보는 시각에 따라 낮은 수준의 사고력이 아닌 높은 수준의 사고력을 요구하는 발문으로 구분하기도 한다(Bank, 1990). 또한, 단순히 지식, 이해, 적용, 분석, 종합, 평가와 같은 순차적인 목표 수준에 따라 발문을 분류하기보다 독창성 정도, 정답 자체에 대한 요구, 자료에 근거한 응답, 사고활동의 추구 등에 따라 발문의 유형을 분류하기도 한다(Ellis, 1991). 예를 들어 낮은 수준의 발문은 학습자에게 독창적인 응답을 요구하기보다는 자료에 근거한 응답을 요청하는 반면, 높은 수준의 발문은 학습자의 사고, 조사, 경험에 기반한 대답, 또는 가치 판단에 기반한 사고에 초점을 두는 응답을 요구한다.

② 사고의 수준에 따른 발문

사고의 수준에 따른 발문은 카너(Carner, 1963)의 구체적, 추상적, 창의적 사고와 같은 학습자의 사고 유형으로 구분하는 것이 대표적인 사례일 것이다(박성익 외, 2021; 유승우 외, 2013). 먼저, 구체적 사고 수준에서의 발문은 학습자가 인지적으로 간단히 탐색하여 응답할 수 있는 것으로, 주로 단순한 개념이나 원리, 아이디어에 관한 발문이라고 할 수 있다. 또한, 기억하고 있는 사실을 재생하여 응답하는 수준의 발문을 포함하기도 한다. 앞에서 살펴본, 인지적 영역과 관련하여 지식이나 이해 수준을 묻는 발문과 유사하다고도 볼 수 있다. 둘째, 추상적 사고 수준에서의 발문은 특정 상황이나 사건의 발생 원인을 추론하고 이를 바탕으로 결론까지 도출하여 응답할 수 있는 것으로, 단순히 기억한 사실이나 개념을 바탕으로 사건 간의 인과 관계, 타당하고 논리적인 근거 제시 등에 관한 발문이라고 할 수 있다. 여기서의 발문은 학습자의 추론과 결론 도출과 더불어 타당성까지를 요구한다. 앞에서 살펴본, 인지적 영역과 관련하여 적용, 분석, 종합 수준을 묻는 발문과 유사하다고도 볼 수 있다. 셋째, 창의적 사고 수준에서의 발문은 학습자가 지닌 지식이나 개념, 원리 등을 바탕으로 새로운 원리나 개념을 재조직하여 응답할 수 있는 것으로, 기존에 없는 새로운 생각이나 아이디어를 창출하도록 하는 발문이다. 창의적 수준의 발문에서는 학습자에게 자신이 생각하고 있는 바를 모두 탐색하도록 조장하며, 정해진 정답은 없으며 학습자들이 가능한 응답을 자연스럽게 할 수 있도록 분위기를 조성할 필요가 있다.

③ 사고의 폭에 따른 발문

사고의 폭에 따른 발문은 아미돈과 헌터(Amidon & Hunter, 1966), 갤러거(Gallagher, 1965)의 제한형, 확산형 발문으로 구분하는 것이 대표적이다(박성익 외, 2021; 유승우 외, 2013). 또한, 여기서 의미하는 제한형은 폐쇄형 발문으로, 확산형은 개방형 발문과 유사한 의미로 통용되고 있다(Bloosser, 1973). 먼저, 제한형 발문은 단순한 사실적 응답을 요구하는 것으로, 사고의 폭을 넓히기보다는 좁게 제한하여 제시하는 발문이다. 그런데, 제한형 발문은 인지 및 기억 수준을 다루는 발문과 수렴적 사고 수준을 다루는 발문으로 구분할 수 있다. 인지 및 기억 수준에서는 주로 인식, 기억, 또는 회상과 같이 기억하고 있는 사실이나 정보, 공식 등을 단순하게 회상하도록 요구한다. 수렴적 사고 수준에서는 기억하는 정보나 자료를 연결, 분류, 구별, 종합하여 결론을 도출하는 것과 같은 사고활동을 요구한다. 둘째, 확산형 발문은 단순한 사실적 응답을 요구하기보다는 다양한 반응과 폭넓은 사고를 통해 응답하는 것을 허용하여 발산적 사고를 유발하도록 제시하는 발문이다. 그런데, 확산형 발문은 다시 발산적 사고 수준을 다루는 발문과 평가적 사고 수준을 다루는 발문으로 구분할 수 있다. 발산적 사고 수준에서는 주로 학습자의 창의성과 상상력을 촉발하여 문제 상황에 대한 이해를 위한 추론의 과정을 드러내도록 요구한다. 평가적 사고 수준에서는 인지 및 기억 수준의 사고, 수렴적 사고 수준, 발산적 사고 수준 등과 같은 사고의 모든 과정을 바탕으로 가치 선택이나 판단에 대한 학습자 자신의 견해를 정당화하고 분명하게 표출하도록 요구한다. 지금까지 다룬 발문의 유형을 정리하면 다음과 같다.

〈표 9-2〉 **질문의 유형**

발문 유형		의미	구분	비고
인지적 영역	낮은 수준 사고력	자료에 근거한 응답을 요구하는 발문	지식, 이해, 적용 관련 발문	Bank (1990) Bloom (1956) Ellis(1991) Sinatra & Annacone (1984)
	높은 수준 사고력	학습자의 사고, 조사, 경험에 기반한 대답, 또는 가치 판단에 기반한 사고에 초점을 두고 응답을 요구하는 발문	(적용), 분석, 종합, 평가 관련 발문	
사고의 수준	구체적 사고	인지적으로 간단히 탐색하여 응답할 수 있는 것으로, 주로 단순한 개념이나 원리, 아이디어에 관한 발문	인지적 영역과 관련하여 지식이나 이해 수준을 묻는 발문과 유사	Carner (1971)
	추상적 사고	특정 상황이나 사건의 발생 원인을 추론하고 이를 바탕으로 결론을	학습자의 추론과 결론 도출과 더불어	

<table>
<tr><td></td><td colspan="2"></td><td>도출하여 응답하는 것으로, 단순히 기억한 사실이나 개념을 바탕으로 사건 간의 인과 관계, 타당하고 논리적인 근거 제시 등에 관한 발문</td><td>타당성까지를 요구. 인지적 영역과 관련하여 적용, 분석, 종합 수준을 묻는 발문과 유사</td><td></td></tr>
<tr><td></td><td colspan="2">창의적 사고</td><td>지식이나 개념, 원리 등을 바탕으로 새로운 원리나 개념을 재조직하여 응답하는 것으로, 기존에 없는 새로운 생각이나 아이디어를 창출하도록 하는 발문</td><td>정해진 정답은 없으며 학습자들이 가능한 응답을 자연스럽게 할 수 있도록 분위기 조성 필요</td><td></td></tr>
<tr><td rowspan="4">사고의 폭</td><td rowspan="2">제한형</td><td>인지 및 기억</td><td colspan="2">인식, 기억, 또는 회상과 같이 기억하고 있는 사실이나 정보, 공식 등을 제한적으로 도출하도록 요구</td><td rowspan="4">Amidon & Hunter (1966)
Gallagher (1965)
Bloosser (1987)</td></tr>
<tr><td>수렴적 사고</td><td colspan="2">기억하는 정보나 자료를 연결, 분류, 구별, 종합하여 결론을 도출하는 것과 같은 사고활동을 요구</td></tr>
<tr><td rowspan="2">확산형</td><td>발산적 사고</td><td colspan="2">창의성과 상상력을 촉발하여 문제 상황에 대한 이해를 위한 추론의 과정을 드러내도록 요구</td></tr>
<tr><td>평가적 사고</td><td colspan="2">인지 및 기억 수준의 사고, 수렴적 사고 수준, 발산적 사고 수준 등과 같은 사고의 모든 과정을 바탕으로 가치 선택이나 판단에 대한 학습자 자신의 견해를 정당화하고 분명하게 표출하도록 요구</td></tr>
</table>

라. 발문전략 및 활용 기법

발문은 교수자와 학습자 간의 소통을 증진시키며 교수자 중심으로 진행하는 수업을 학습자와의 교감을 통해 의미 있는 학습으로 전환시키는 효율적인 도구이다. 따라서 교수자에게 발문은 설명이나 제시 등에 초점을 둔 강의기반 수업을 학습자의 인지적 참여에 기반한 생동감 있는 교수학습활동이 되도록 지원하는 중요한 매개물이다. 그러나 교수자의 발문이 도리어 학습자를 소극적으로 만들거나 수업참여에 걸림돌로 작용할 수 있다. 특히, 교수자가 발문만을 중심으로 수업을 계획하고 진행하기에는 다소 어려움과 제약이 있다. 앞에서도 언급했던 것처럼, 발문기반 수업이 반드시 발문만으로 이루어지는 것은 아니다. 교실수업에 참여하는 학습자의 인지수준이나 개인차, 또는 교수자 1인당 학습자의 수 등을 고려할 때, 사전에 준비된 발문만을 중심으로 수업을 진행하는 것은 현실적으로 불가능하다. 따라서 발문은 다양한 수업방법과 함께 활용하는 것이 효과적이다(유승우 외, 2013). 또한, 교수자는 가능한 학습자의 흥미와 동기를 고려하여 학습과정에의 적극적인 참여를 촉발할 수 있는 발문을 개발하여 사용할 필요가 있다. 발문의 목적이 어디에 있느냐에 따른 발문전략을 살펴보면 다음과 같다. 특히, 여기서는 교실수업에서 효과적으로 활용 가능한 발문전략을 제시하였다.

〈표 9-3〉 **발문전략**2)

구분	세부 전략
일반 목표 전략	- 정상전략: 한 학습자에게 사고의 수준을 점차 높여가면서 다양한 발문을 구사하는 발문전략, 여러 학습자에게 반복하여 실시 - 고원전략: 동일 수준의 질문을 여러 학습자에게 반복하여 제시한 다음, 수준을 높여 여러 학습자를 대상으로 반복하는 방식으로 점차 발문의 수준을 높여 가는 발문전략 - 귀납전략: 귀납적(특수→일반) 사고 유형을 따르는 발문전략 - 연역전략: 연역적(일반→특수) 사고 유형을 따르는 발문전략 - 혼합전략: 상기 귀납 및 연역전략을 혼합하여 활용하는 발문전략
특정 목표 전략	- 개념 형성: 특성 사물이나 사상의 개념을 귀납적으로 알아낼 수 있는 역량을 개발하기 위한 발문전략 - 비교/대조: 서로 다른 사물이나 사상의 비슷한 점이나 다른 점을

	평가하는 역량을 개발하기 위한 발문전략 – 사건 분석: 일정한 준거를 수립하여 사건의 원인, 진행 과정, 결과 등을 분석하는 역량을 개발하기 위한 발문전략 – 절차 설명: 어떤 일의 진행 절차나 필요한 여건, 핵심 등을 알아내기 위한 발문전략

그런데, 실제 교실수업에서 교수자가 발문을 할 때, 유의해야 할 부분들이 있다. 교수자는 상이나 벌 차원에서 발문을 사용하거나 평가적 사고를 유발하는 발문 후 대답할 충분한 시간을 주지 않고 바로 응답하도록 재촉하면 안 된다. 예를 들어, 잠을 자고 있는 학습자를 깨우면서 "지금 내가 무슨 말을 했나요?", 또는 "테러를 방지하기 위한 전쟁은 정당한가요? 자, 바로 대답해 보세요!"와 같은 발문을 도리어 학습자의 수업참여를 저하시키며 해당 수업에 대한 흥미까지도 반감시킬 수 있다. 따라서 교수자는 학습자 스스로 발문에 대한 해답을 탐색할 수 있도록 돕고 학습 참여 및 흥미를 촉진하는 방향으로 발문을 진행해야 한다. 교수자에게 필요한 발문 기법 및 유의점을 살펴보면 다음과 같다(이신동 외, 2013; Cole & Chan, 1981)

1. 기본 사항

1-1. 학습자가 응답할 수 있는 시간적 여유를 준다.

1-2. 학습자가 최선을 다해 응답할 수 있는 자극이나 격려를 제공한다.

1-3. 학습자가 발문의 의미를 제대로 파악할 수 있도록 명확하고 간결한 문장을 사용한다.

1-4. 학습자가 발문의 내용을 알아듣지 못하면, 다시 한번 또박또박 반복한다.

1-5. 학습자의 응답에 대해서 즉각적으로 판단하지 않는다.

2. 발문의 의미를 파악하지 못할 때

2-1. 학습자가 발문의 의미를 제대로 파악하지 못하면 쉽게 이해할 수 있는 수준으로 다시 설명한다.

2-2. 학습자가 발문 관련 세부 정보의 주요 사항을 제대로 인지하지 못하면 관련하

2) 유승우 외(2013, p.87)에 제시된 내용을 수정 및 보완

여 추가적인 정보를 제공한다.

2-3. 학습자가 제한적으로 응답하면 자신의 사고나 생각, 아이디어를 명확하게 표현하는 데 도움을 줄 수 있는 추가 질문을 한다.

3. 발문에 응답하지 못할 때

3-1. 학습자가 자신감을 갖고 긍정적인 태도로 응답을 할 수 있도록 관련 정보를 제공하고 예측 가능한 발문을 제공한다.

3-2. 학습자가 응답하지 못하면 다른 학습자에게 발문한다.

3-3. 학습자가 발문 내용을 이해할 수 없는 발문을 제시했을 경우, 즉시 수준을 낮추어 학습자 수준에 적합하도록 조정한다.

3-4. 학습자가 발문의 의도와 내용 파악에 도움을 받을 수 있도록 논평 및 해석을 제시한다.

4. 토의기반 수업

가. 토의의 의미 및 토의기반 수업

고대 희랍어 'discho'에 어원을 두는 토의는 본래 '주의 깊게 검사하다'라는 의미를 지니며 문제를 협의하고 해결 방안을 공동으로 도출하는 의사소통 활동을 의미한다(나정숙, 2017). 토의라는 활동은 본래 양보 및 합의를 바탕으로, 이해 관계자 간의 의견 차이를 최소화하려고 하는 인간의 본능적인 사회활동이라고 볼 수 있다. 따라서 토의에서는 주어진 주제에 대한 개인별 의견을 상호 간에 자유롭게 나누고 이를 바탕으로 협의하여 결론을 도출해 나간다(강재언, 2021). 특히, 토의는 주어진 문제에 대해 이해 관계자 모두 자신의 의견을 표현하고 주변의 의견을 청취하는 소통의 과정인 동시에, 상호 평등한 위치에서 자유롭게 의견을 제시하고 타인의 의견을 존중하는 가운데 문제 해결 방안을 모색하는 활동이다(김상아, 2020). 따라서 토의는 반드시 2명 이상의 이해 관계자 간의 갈등이나 문제로 인한 다툼이나 어려움을 해결하거나 최소화하기 위해 발생하며 모두의 합의를 통해 해결을 위한 최상의 방안을 도출하는 과정을 의미한다. 이와 같은 토의의 의미를 고려해본다면, 토의가 발생하기 위한 몇 가지 전제 조건이 있음을 확인할 수 있다. 첫째, 이해 관계자 간에 서로 상충되거나 대립되는 문제 상황이 존재한다. 둘째, 문제 상황을 구성원 간의 합의를 통해 최소화하거나 해결하려는 의지가 공존한다. 셋째, 문제 상황은 구성원 모두의 이해와 밀접한 관련이 있다. 이처럼, 토의는 이해 관계가 없는 사람들, 협의를 통한 문제 해결보다는 그대로 두기를 선호하는 사람들, 누군가 나와서 한번에 대신 문제를 해결해주기를 바라는 사람들에게는 발생하기 어렵다. 상기와 같은 의미를 통해, 토의는 이해 관계자 간에 갈등이나 문제가 발생할 때, 상호 간의 의견을 최대한 반영하여 해결하고자 하는 구성원의 의지를 토대로 문제를 최소화하기 위해 소통하는 과정이라는 점을 확인할 수 있다.

토의기반 수업은 상기와 같은 토의를 중심으로 수업을 계획하고 실행하는 교육활동을 의미한다. 토의기반 수업의 의미를 구체적으로 살펴보면, 첫째, 토의기반 수업은 민주적인 공동체가 성립하는 공간에서 상호 이해가 상충하는 문제로 인한 갈등 상황이 발생할 때, 관련 문제를 해결하려는 방안을 함께 탐색하고 발견해 나가는 과정으로, 민주사회에서 반드시 필요한 수업방법이다(송용의, 1991). 둘째, 토의기반 수업은 구성원 공통의 관심을 지닌 문제에 대해 서로 자신의 의견을 표현하고 청취하면서 문제 해결을 위한 방안을 모색하는 수업방법이다(차경수, 1996). 셋째, 토의기반 수업은 개인의 의견을 발표함과 동시에 타인의 의견을 경청하고 존중하면서 서로의 의사소통 및 교환을 바탕으로 문제를 해결하도록 지도하는 수업방법이다(권낙원, 1997). 이처럼 토의기반 수업은 단순히 학습자들이 함께 주어진 주제나 문제를 해결하기 위해 소통하고 협의하고 이를 바탕으로 최선의 방안을 도출하는 수업활동을 의미하지 않는다. 앞에서 살펴본 토의의 조건을 고려해 본다면, 토의는 여기에 참여하는 학습자 간의 이해에 상충해야 하며 상호소통을 통해 문제를 해결해 나가려는 의지가 전제되어 있어야 한다. 토의기반 수업의 성패는 토의의 기본 조건이 조성되어 있는가에 달려 있다. 만약, 토의기반 수업에 참여하는 학습자들이 여기서 다루는 주제에 관심이 없거나 학습자의 이해와 관련이 없는 주제라면, 그곳에서 이루어지는 토의기반 수업은 형식적이고 기계적인 방식의 수업으로 전락할 가능성이 크다. 따라서 토의기반 수업을 하려는 교수자는 토의의 기본 조건과 수업내용과의 연계성을 고려하여 토의 주제를 선정하고 학습자 집단의 규모와 수업계획을 구체적으로 수립할 필요가 있다.

나. 토의 vs. 토론

토의(discussion)의 의미는 유사한 의미를 지닌 토론(dabate)과의 비교를 통해 더욱 명확하게 파악할 수 있다. 토의와 토론은 서로 비슷한 뜻을 지니고 있어서 일상에서는 구분없이 혼용하여 쓰일 때도 있다. 특히, 토의와 토론은 모두 구성원 간의 소통과 상호작용을 중심으로 당면한 문제를 해결하기 위해 노력한다는 측면에서 유사하다. 그러나 토론은 양 진영으로 편을 갈라서 논쟁하는 의미로 사용하며 토의는 주어진 문제나 갈등에 대해 함께 숙고하거나 검토하는 의미로 사용된다(유승우 외, 2013). 특히, 토의와 토론은 각각의 목적 및 결과 측면에서 살펴보면, 둘 사이에는 미묘한 차이가 있다. 특히, 토론은 구성원 간의 상호 협력하에 의견을 나누고 숙고하는 과정을 거치는 것이 아니라 의견을 구분하여 각 진영의 의견을 일방적으로 제시하고 상대 진영의 의견을 논리적으로 반반하면서 자신이 속한 진영의 주장이 옳다는 점을 밝혀 나가는 활동을 의미한다. 따라서 토론에서는 각 진영의 의견이 찬반으로 구분되어야 하며 상대 진영을 객관적이고 논리적인 근거를 바탕으로 설득할 수 있어야 한다. 예를 들어, 토의는 구성원 간의 이해가 상충하여 발생하는 문제나 갈등을 최소화하기 위해 상호 소통하며 최선의 해결방안을 탐색하고 도출하는 과정에 초점을 두는 반면, 토론은 구성원 간에 찬성과 반대로 극명하게 대립하는 문제나 갈등에 대한 해결이나 합의점 도출보다는 상대방을 설득하여 자신의 의견으로 인정시키려는 과정에 중점을 둔다(홍기칠, 2012). 이와 같은 관점에서 볼 때, 토의는 구성원 간의 소통과 협의를 통해 최선의 해결 방안을 도출하기 위한 활동인 반면, 토론은 상호 간의 소통을 통한 합의점보다는 자기 진영의 입장으로 상대방을 논리적으로 설득하여 인정시키려는 과정이다. 또한, 토론은 찬성과 반대의 입장을 지닌 집단 간의 논리적인 설전을 중심으로 하지만, 토의는 구성원 간에 배려와 존중, 문제 해결을 위한 타협과 양보를 기반으로 이루어진다. 이처럼, 토의는 토론과 달리, 구성원 모두가 공동의 해결방안을 모색하기 위해 노력하는 민주적인 협의의 과정이라고 볼 수 있다. 토의와 토론의 의미를 비교하여 제시하면 다음과 같다.

〈표 9-4〉 토의 vs. 토론[3)]

	토의	토론
주제	공통 주제, 관심사	공통 주제, 관심사
기본 조건	참가자 간의 이해관계 상충, 갈등상황 발생	의견이 찬성과 반대로 극명하게 구분
참가 인원	2인 이상	2인 이상
진행 절차	–구성원 간의 다양한 의견 제시 –여러 의견을 발표하고 청취 –함께 숙고, 검토, 소통 –구성원 간 절충점 제시 및 접근 시도 –최선의 해결 방안 도출	–양 진영의 대립하는 의견 제시 –논리적인 의견 제시 및 설득 –상대 진영의 의견 반박 –자기 진영의 주장이 옳음을 나타냄 –토론 결과 판정

다. 토의의 유형

전통적으로 토의의 유형은 원탁, 배심, 패널, 단상, 공개, 세미나 등으로 분류할 수 있다. 그런데 토의는 구성원의 규모, 참여 정도, 활동 방법, 소요 시간, 공간 등에 따라 다양한 유형으로 구분할 수 있다. 또한, 토론의 주제, 구성원 간의 이해관계에 따라서도 구분할 수 있다. 특히, 토의를 교육현장에서 활용할 경우, 정해진 수업 시간(또는 수업의 일부) 내에 진행해야 하는 시간적 제약과 교실이라는 공간의 문제가 대두된다. 예를 들어, 교실구조, 교수자와 학습자의 보편적인 위치, 책상 및 의자 배치는 특정 유형의 토의만 가능한 구조라고 볼 수 있다. 따라서, 교수자는 교과의 특성, 단원 및 해당 차시의 목적과 내용, 학습자 수준을 고려한 최적화된 토의를 계획하고 여기에 적합한 토의 유형을 설계한 후 토의기반 수업을 진행할 필요가 있다. 여기서 소개할 토의의 유형은 보편적으로 활용되는 형태이지만, 시공간이 제약된 교실수업 현장에서의 효과적인 실행은 다소 무리가 있을 수 있다. 그러나, 토의 유형별 의미와 특성, 방법에 대한 이해가 있다면, 교육현장에 따라 최적화하여 활용할 수 있으며 의미 있는 수업과정 및 성과를 도출할 수 있을

3) 유승우 외(2013, p.88)에서 제시한 내용을 수정하여 구성

것이다. 토의 유형에 따른 참여와 방법을 제시하면 다음과 같다(박성익 외, 2021; 박숙희, 염명숙, 2009; 변영계 외, 2011; 유승우 외, 2013; 이신동 외 2015; 홍기칠, 2012).

① 배심(panel) 토의

- 주요 참여자

소수의 배심원과 다수의 일반 구성원의 참여로 시행

- 의미 및 진행 방법

배심 토의는 모든 구성원이 토의에 참여하여 자신의 의견을 발표할 수 없는 경우, 배심원으로 선발된 토의자들은 단상에서 특정 주제나 문제에 관하여 자유토론을 실시하고, 청중은 질문하거나 의견을 진술하는 방식으로 토의가 이루어짐. 학교현장에서는 패널로 의견을 제시할 학습자들을 선정하여 교실 앞 단상에 위치시킴. 이때 패널로 선정된 학습자들은 토의 주제에 대한 상반된 견해를 지녀야 하며 사회자의 진행에 따라 토의를 진행함. 나머지 청중의 역할을 하는 학습자들은 주로 듣기만 하는데, 사회자가 발언권을 주거나 질의를 하도록 할 수 있음. 사회자의 역할은 다른 토의와 비슷하지만, 다수를 차지하는 청중(일반 학습자)과 패널 간의 가교 역할을 통해 토의를 원활하게 진행할 수 있어야 함

- 좌석 배치 예시[4)]

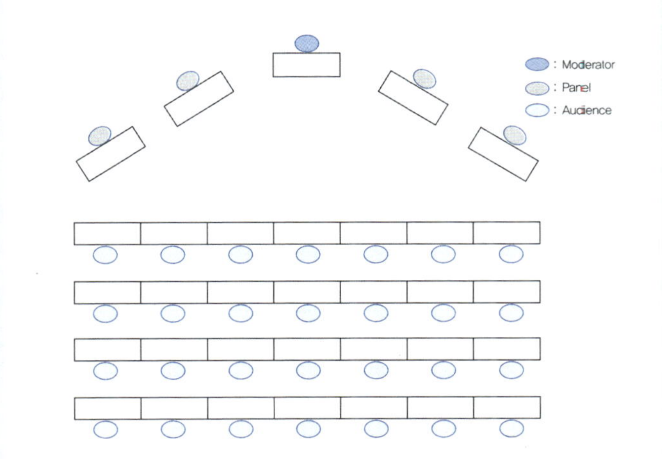

② 대담(colloquy) 토의

- 주요 참여자

구성원 대표 3-4인과 전문가 3-4인 등 소규모로 참여하여 실시

- 의미 및 진행 방법

대담은 콜로키라고도 불리우며 특정 주제에 대하여 전문가 그룹 3-4인과 구성원 대표 3-4인이 함께 토의하는 방식. 다른 토의처럼 사회자가 토의를 주관하며 구성원 그룹과 전문가 집단에게 비슷한 시간을 분배하면서 토의를 진행함. 학교현장에서는 전문가로 발표할 학습자 3-4인, 구성원의 의견을 대변할 3-4인을 선정하여 교실 앞 단상에 별도의 자리에 위치시킴. 이때 패널로 선정된 학습자들이 토의 주제에 대해 서로 상반되는 견해를 지녀야 하며 사회자의 진행에 따라 토의를 진행함. 나머지 청중의 역할을 하는 학습자들은 토의에 직접 참여하지 않고 주로 듣기만 함. 다만, 사회자가 일부 학습자를 직접 토의 과정에 참여시킬 수도 있음. 사회자는 구성원 대표와 전문가 그룹, 그리고 일반 청중 간의 의사소통이 원활하게 이루어지도록 배려하면서 토의를 진행함

- 좌석 배치 예시[5]

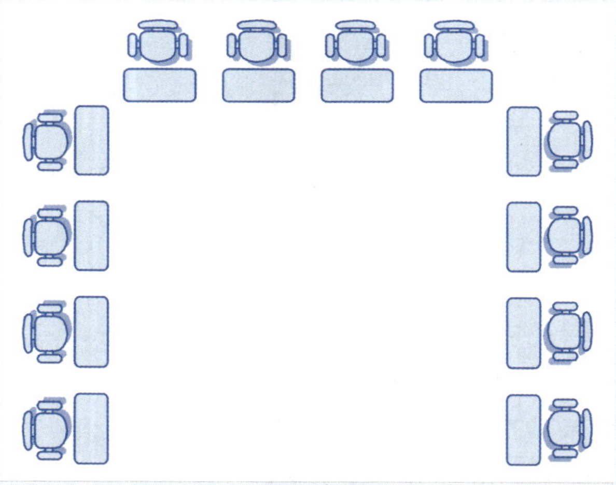

4) https://upload.wikimedia.org/wikipedia/commons/3/3a/Panel_Discussion_Seating.png
5) https://cdn.pixabay.com/photo/2012/04/18/01/58/students-36511_1280.png

③ 세미나

- 주요 참여자

소수의 전문가 그룹으로 구성하여 소집단별로 실시

- 의미 및 진행 방법

세미나(seminar)는 본래 학문 탐구와 관련된 연구결과를 발표하거나 토의나 토론을 기반으로 소통하는 교육방법을 의미함. 여기서는 구성원 간의 소통을 기반으로 각자 지니고 있는 의문점을 해결해 나가는 과정을 통해 연구자로서의 자질을 신장시키는 데 본래의 목적이 있음. 여기서 유래한 토의의 한 방식으로서의 세미나는 특정 주제와 이슈에 대해 전문가를 초빙하여 이루어지는 연수회나 강습회에서 주로 사용됨. 학교현장에서는 주제별로 5-6명씩 소집단을 구성함. 소집단의 모든 구성원은 특정 주제에 대해 깊이 있는 지식와 정보를 지니고 있어야 함. 순서에 따라 구성원들은 해당 주제에 대해서 발표를 하고 구성원들은 사전에 준비된 의견을 제시하거나 질의를 실시함. 특히, 세미나에 참석하는 모든 구성원은 사전에 간단한 보고서 형식의 토의 내용을 정리하여 상호 교환해야 함. 특히, 세미나에 참석하는 구성원은 모두 해당 주제에 대해 사전에 탐구하고 정리한 보고서를 제출하고 토의에 참여해야 함

- 좌석 배치 예시[6)]

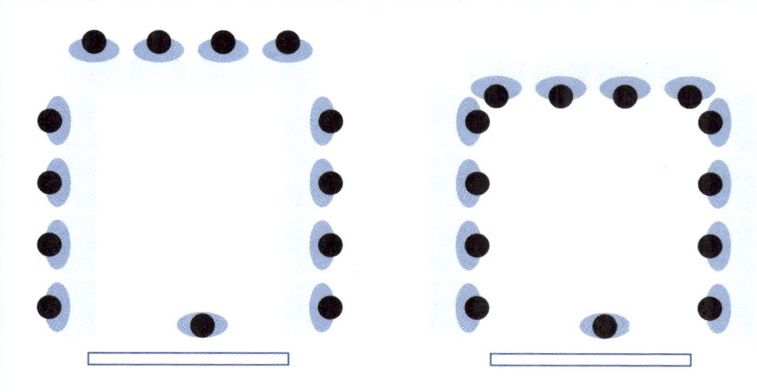

6) https://alexwallselt.com/wp-content/uploads/2019/09/classroomconfig-1024x1024.png

④ 버즈(buzz) 토의

- 주요 참여자

학급의 구성원을 3-6명의 소집단으로 구성하여 실시

- 의미 및 진행 방법

버즈는 '벌들이 윙윙'거리는 것처럼 토의를 진행한다는 의미. 버즈 토의는 미시간 대학의 필립스(Phillips)에 의해 고안된 것으로, 6명 정도로 구성된 소집단별로 주제에 대해 6분 동안 토의하는 6×6의 형태로 진행함. 학교현장에서는 버즈 토의를 통해 소집단 의견 수렴에서 시작하여 전체 의견을 모으는 방식으로 진행할 수 있음. 예를 들어, 교수자는 주어진 주제를 3명 정도로 구성된 소집단에서 토의하도록 안내함. 어느 정도 토의가 진행되면 3명으로 구성된 소집단이 다른 소집단(3명)과 함께 6명으로 구성된 소집단에서 토의하고 이후 다시 다른 소집단(6명)과 함께 12명으로 구성된 집단에서 토의함. 이때 각 집단에서는 토론 내용을 정리하여 보고하며 각 토론별로 보고된 내용은 추후 전체 토의에서 거론함. 이처럼, 버즈 토의는 소집단 분과토의를 바탕으로 궁극적으로 구성원 전체의 토의로 마무리하며 대집단의 종합한 의견을 수렴하는 효과가 있음. 특히, 버즈 토의는 3명이라는 작은 규모로 시작하기 때문에 구성원 각자의 발언 기회가 다른 토론에 비해 많은 편임

- 좌석 배치 예시[7)]

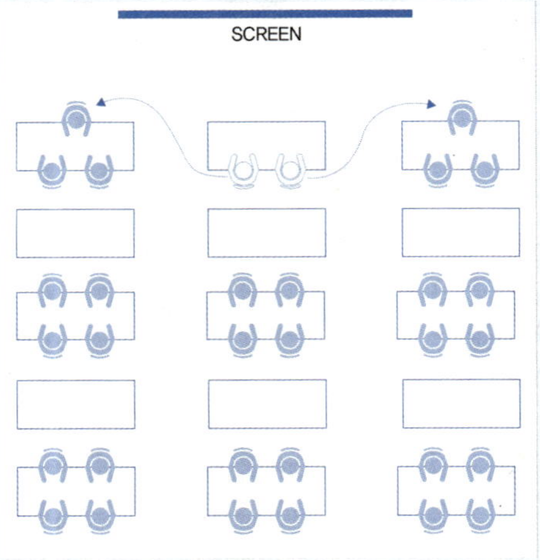

⑤ 원탁(round table) 토의

- 추요 참여자

학급의 구성원을 5-10명 정도의 소집단으로 구성하여 실시

- 의미 및 진행 방법

토의의 주제가 광범위하고 모든 학급 구성원의 이해와 밀접한 연관성이 있음. 다만, 전체보다는 소집단별로 실시하는 것이 효과적일 경우에 사용. 토의의 가장 기본적인 형태로 형식에 구애 없이 구성원 모두 원탁에 둘러앉아 자유롭게 소통. 원탁별로 사회자 1인을 선정하여 모든 참여자가 발언할 수 있도록 기회 제공. 일부 참여자가 발언을 독점하지 못하게 하는 자체 규정을 마련할 수 있음. 참가자 모두 상호 대등한 관계 속에서 주제에 대해 자유롭고 개방적으로 의견을 교환하는 좌담형식으로 토의 진행

- 좌석 배치 예시[8]

7) https://velvetchainsaw.com/wp-content/uploads/2012/05/BuzzGroup-1a.jpg
8) https://cdn.pixabay.com/photo/2017/01/08/10/47/group-1962587_1280.png

⑥ 피시볼(fish bowl) 토의

- 주요 참여자

학급의 구성원 전체, 다만 번갈아 가면서 토의 장소(fish bowl)로 이동하여 토의

- 의미 및 진행 방법

외부에서 투명한 유리로 된 어항의 내부를 들여다볼 수 있는 것처럼, 토의의 과정을 모든 구성원이 함께 관찰하는 방법. 교수자는 먼저 학급 구성원 전체를 토의 주제에 적합한 인원으로 구분(일반적으로 2-3개의 소집단으로 구분). 먼저, 소집단1이 토의 장소로 이동하여 토의하고 이후 소집단1은 외부 자리로 이동하고 동시에 소집단2가 내부의 토의 장소로 이동하는 방식으로 토의. 바깥에 있는 집단은 내부의 토의 과정을 관찰하고 간단하게 요약하며 자신들의 차례에 내부로 이동하여 토의하는 형식으로 진행

- 좌석 배치 예시[9)]

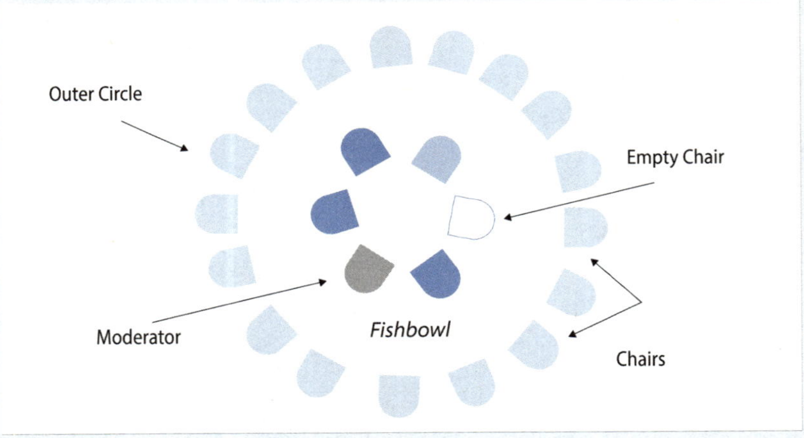

9) https://www.skillsconverged.com/Portals/5/DownloadImages/FishbowlConversationTechnique.jpg

⑦ 전체(total) 토의

- 주요 참여자

학급의 모든 구성원이 동시에 참여하여 실시

- 의미 및 진행 방법

토의의 주제가 광범위하고 모든 학급 구성원의 이해와 밀접한 연관성이 있음. 교수자는 전체적인 토의를 이끌어 갈 사회자를 1명 선정함. 다만, 유아학교나 초등학교 저학년, 또는 학습자가 자기 주도적으로 진행하기 어려운 주제의 경우, 교수자가 사회자의 역할을 할 수 있음. 다만, 가능하면 학습자 중에서 사회자를 선정하는 것이 바람직함. 사회자는 토론의 주제 및 쟁점을 제기. 사회자의 진행에 따라 구성원 모두 자유롭게 의견을 개진하는 방식으로 토의 진행

- 좌석 배치 예시[10)]

10) https://commons.wikimedia.org/wiki/File:Wikimania_2016_-_Board_discussions_5_Movement_Affiliations_01.jpg

⑧ 공개(forum) 토의

- 주요 참여자

전문가나 자원 인사(발표자 1-3인)와 학급의 모든 구성원이 참여하여 실시

- 의미 및 진행 방법

포럼은 대화나 토의를 나누는 자리라는 의미로 공공의 장소에서 다수의 인원이 함께 모여 공공의 주제나 문제에 대해 사회자의 진행으로 공개 토의하는 것을 의미함. 공개 토의는 특정 영역의 전문가나 자원 인사가 전체 구성원 앞에서 공개적으로 토의 주제와 관련된 내용 발표하고 이를 바탕으로 구성원과 질의응답 하는 방식으로 실시. 학교현장에서는 학습자 중 토의 주제에 대해 잘 알고 있는 학습자 1-3인을 발표자로 선정하여 실시할 수 있음. 여기서는 구성원이 발표자에게 질의하고 응답을 받는 방식으로 토의를 진행하기 때문에 토의 과정 전체를 이끌어 갈 사회자가 필요함. 교수자가 직접 사회자의 역할을 할 수 있지만 가능하면 학습자 중에서 사회자를 선정. 사회자는 발표자와 구성원 사이에서 매개 역할을 하는 존재로 질문유발, 질의 시간 조절을 하면서 토의를 진행

- 포럼의 실제 모습 예시[11]

11) https://commons.wikimedia.org/wiki/File:World_Knowledge_Forum_20171017.jpg

⑨ 단상(symposium) 토의

- 주요 참여자

  전문가(발표자 2-5인)와 학급의 모든 구성원이 참여하여 실시

- 의미 및 진행 방법

  단상 토의는 영어 그대로 심포지엄으로 지칭하기도 함. 단상 토의는 본래 특정한 주제나 문제에 대한 전문가 2인 이상이 앞으로 나와서 서로 다른 입장에서 각자의 의견을 발표하고 토의에 참석한 청중의 질의에 응답하는 형식으로 진행함. 학교현장에서는 토의의 의장이나 사회자가 토의를 진행하며 전문가로 발표할 학습자 2-5인, 그리고 나머지 학급 구성원 모두 해당 토의 주제에 대한 지식, 정보, 경험 등을 지니고 있어야 함. 단상 토의를 통해서 특정 주제에 대한 여러 각도의 의견을 접할 수 있으며 깊이 있는 지식을 함양하는 계기가 될 수 있음

- 심포지엄의 실제 모습 예시[12)]

---

12) Nhttps://commons.wikimedia.org/wiki/File:2nd_CTBT_Science_Diplomacy_Symposium_(42505982972).jpg

라. 토의기반 수업의 절차

학교현장에서 토의기반 수업을 진행하기 위해서는 교수자의 철저한 사전준비와 계획, 그리고 토의 과정에서의 세심한 진행과 배려가 요구된다. 토의기반 수업에서의 절차와 여기에서 요구하는 교수자의 역할 및 활동을 제시하면 다음과 같다.

〈표 9-5〉 토의기반 수업의 절차 및 교수자의 역할 및 활동[14)]

절차	교수자의 역할 및 활동[13)]
토의 문제, 또는 주제 확인 및 동기유발	– 교수자는 토의를 시작할 때 토의 목적과 주제(또는 문제), 진행 방식 등을 분명하게 설명 – 교수자는 학습자 전원이 토의 주제를 이해하도록 해당 내용을 구체적이고 상세하게 설명 – 교수자는 학습자 모두 토의에서의 자신의 역할을 파악하도록 구체적으로 안내하고 설명 – 교수자는 학습자들이 토의 과정에 적극 참여하고 반응할 수 있도록 관련 자료를 활용하여 학습자의 토의 참여 동기를 유발
토의 문제, 또는 주제 분석	– 교수자는 토의에 참여한 학습자들이 토의 문제, 또는 주제를 다양한 측면에서 검토하고 평가하도록 지도해야 함 – 교수자는 토의가 학습목표와 관련하여 목적 지향적으로 진행되도록 유의해야 함 – 교수자는 학습자 모두가 토의 과정에 자연스럽게 참여할 수 있도록 유도해야 함 – 교수자는 토의 분위기를 경쟁적이 아니라 원만하고 개방적으로 조성해야 함
가설 설정	– 교수자는 토의를 통해서 문제 해결의 핵심이 되는 가설을 학습자 스스로 수립할 수 있도록 지원해야 함 – 교수자는 브레인스토밍, 토의를 통해 제안된 내용에 대한 장단점, 추가적인 개선사항 등을 학습자들이 자연스럽게 토의하도록 분위기를 조성해야 함
가설 검증	– 교수자는 토의에 참여한 학습자들이 여러 대안들 가운데 최적의 가능성을 지닌 대안을 탐색하도록 지원해야 함 – 교수자는 학습자 스스로 최적의 대안을 찾기 위한 기준이나 준거를 제시하거나 개발하도록 지원해야 함

	- 교수자는 학습자들이 선정하거나 구안한 기준이나 준거를 바탕으로 최적의 대안을 찾을 수 있도록 지원해야 함
토의 결과의 일반화	- 교수자는 토의 결과가 일상 생활에서 응용될 수 있도록 지원해야 함 - 교수자는 토의 결과가 실제 행동으로 실천할 수 있도록 일반화할 수 있는 방안을 마련하여 지원할 필요가 있음
토의 결과 정리 및 평가	- 교수자는 학습자들이 토의를 마무리하고 평가하도록 안내함 - 교수자는 토의 과정과 결과로 도출된 내용을 요약 및 정리하고 학습자들과 함께 결론을 도출함 - 교수자는 토의를 통해 당초 계획한 학습목표에 도달하였는지를 확인하고 관련 피드백을 학습자에게 제공함 - 교수자는 토의 과정의 전체 흐름을 플로 차트 등 시각적으로 정리하고 수업을 마무리함

13) 유아학교, 초등학교, 중학교, 고등학교 등 학교급에 따라 교수자의 역할과 활동(토의기반 수업의 관여 수준) 정도는 차이가 있음

14) 변영계 외(2011, p.118)에 제시된 내용을 정리하여 표로 제시

5. 2015학년도 중등학교교사 임용후보자 선정경쟁시험 교육학 문항 (1차시험, 20점, 60분)

다음은 A 중학교의 학교교육계획서 작성을 위한 워크숍에서 교사들의 분임 토의 결과의 일부를 교감이 발표한 내용이다. 이 내용을 바탕으로 A 중학교가 내년에 중점을 두고자 하는 1) 교육목적을 자유교육의 관점에서 논하고, 2) 교육과정 설계 방식의 특징, 3) 학습 동기 향상을 위한 학습과제 제시 방안, 4) 학습조직의 구축 원리를 각각 3가지씩 설명하시오. [20점]

이번 워크숍은 우리 학교의 교육에서 드러난 몇 가지 문제점을 확인하고, 개선 방안을 제시하는 방식으로 진행되었습니다. 주요 내용을 말씀드리면 다음과 같습니다.

먼저, 교육목적에 관한 문제점과 개선 방안입니다. 우리 학교는 학생들의 합리적 정신을 계발하기 위해 지식 교육을 추구해 왔습니다. 그런데 지난해 도입된 국어, 수학, 영어 교과에 대한 특별 보상제 시행으로 이들 교과의 성적은 전반적으로 상승하였지만, 학교가 추구하고자 한 것과 달리 반별 경쟁에서 이기거나 포상을 받기 위한 것으로 교육목적이 왜곡되는 경향이 있었습니다. 이러한 교육목적의 왜곡으로 인하여 교사는 주로 문제 풀이식 수업이나 주입식 수업을 하게 되었고, 학생들은 여러 교과에 스며 있는 다양한 사고방식을 내면화하지 못하는 결과가 초래되었습니다. 이러한 문제점을 보완하기 위하여 내년에는 교육 개념에 충실한 지식 교육, 즉 자유교육(liberal education)의 이상을 구현하는 데 중점을 두고자 합니다.

다음으로, 교육과정 설계 방식 및 수업전략에 관한 문제점과 개선 방안입니다. 교육과정 설계 방식 측면에서, 종전의 방식은 평가 계획보다 수업 계획 중심으로 설계되어 있어서 교사가 교과의 학습 목표에 비추어 학생들이 배우는 내용을 올바르게 이해하였는지를 확인하는 데 한계가 있었습니다. 교사는 계획한 진도를 나가기에 급급한 나머지, 학생들의 학습 결손을 예방하지 못하였습니다. 내년에는 학생들의 학습 목표 달성 정도를 확인하는 데 유용한 교육과정 설계를 하고자 합니다. 또한 수업전략 측면에서 볼 때, 수업에 흥미를 잃어가는 학생들이 있음에도 불구하고 교사는 학생들의 학습 동기를 높일 수 있는 전략을 적극적으로 사용하는 데 소홀했습니다. 수업 상황에서 학생들이 배워야 할 학습과제 그 자체는 학생들에게 흥미로울 수도 있고 그렇지 않을 수도 있습니다. 교사가 수업에 흥미를 잃은 학생들에게 학습과제를 어떻게 제시하느냐에 따라 학습 동기를 높일 수 있습니다. 내년에는 이들의 학습 동기를 향상할 수 있는 학습과제 제시 방안을 마련하는 데 관심을 기울이고자 합니다.

내년에 우리 학교는 교육 개념에 충실한 지식 교육을 하고, 학생들의 학업 성취와 학습 동기를 향상하는 데 좀 더 세심한 관심을 가져야 할 것입니다. 이 일의 성공 여부는 교사가 변화의 주체로서 자발적인 노력을 얼마나 기울이느냐에 달려 있습니다. 그래서 우리 학교는 교사 모두가 교육 활동에 능동적으로 참여하여, 지식과 학습 정보를 서로 공유하면서 지속적으로 변화해 가는 학습조직(learning organization)을 구축하고자 합니다.

○ 논술의 내용 [총 15점]

- 자유교육 관점에서의 교육목적 논술 [4점]
- 교육과정 설계 방식의 특징 3가지 설명 [4점]
- 학습 동기 향상을 위한 학습과제 제시 방안 3가지 설명 [4점]
- 학습조직의 구축 원리 3가지 설명 [4점]

○ 답안의 논리적 구성 및 표현 [총 4점]

6. 기독교사로서 교수자 중심의 수업방법 고찰하기

9장에서는 교수자 중심의 수업방법에 대해 살펴보았다. 9장의 내용을 살펴보면서, 교수자 중심의 수업방법 의미와 대표적인 수업유형을 확인할 수 있었다. 9장의 내용을 바탕으로, 몇 가지 문제를 제시하고자 한다. 기독교사로서 여러분의 생각을 간략하고 명확하게 제시해 보기 바란다. 교수자 중심의 수업방법 및 관련 내용은 이해하는 데 어려움이 없었을 것이다. 그래도, 혹시 교수자 중심의 수업방법에 대한 이해가 부족한 것 같다면, 다시 한번 읽어보고 아래 문제를 생각해 보기 바란다.

가. 교회학교에서 이루어지는 교수자 중심의 수업방법의 긍정적인 측면에는 무엇이 있을까? 본인이 경험한 사례를 바탕으로 간략히 기술하시오.

나. 교회학교 교사로서 교수자 중심의 수업방법을 어떻게 효과적으로 적용할 수 있는가? 본인이 직간접적으로 경험한 사례를 바탕으로 기술하시오.

다. 교회학교 교사로서 교수자 중심의 수업방법을 올바로 활용하려면, 교수자로서 어떤 노력을 지속해야 할 것인가? 본인이 생각하는 내용을 사례를 들어 기술하시오.

참고문헌

김정준 (2021). SNS를 활용한 주중 성경학교 교사들의 의사소통에 관한 사례연구. 기독교교육정보, 71, 195-224.

박병학 (1978). 창조적 발문법, 서울: 육성출판사.

박병호 (1986). 발문법원론. 서울: 세광출판.

박성익 (1997). 교수학습방법의 이론과 실제 I . 서울: 교육과학사.

박성익, 김연경 (2004). '발문'의 유형에 따른 학습효과 고찰. 서울대학교 사대논총, 68, 59-79.

박신양 (2016). PBL 수업과 강의식 수업 비교를 통한 수업 방식 선호 연구. 학습자중심교과교육연구, 16(9), 495-515.

백소영, 김도현, 이경언 (2014). 수업 시연에 나타나는 예비 수학교사의 발문 유형과 특성 분석, 교사교육연구, 53(3), 400-415.

변영계, 김영환 (1996). 교육방법 및 교육공학. 서울: 학지사.

손삼권 (2008). 기독교 학습 동기유발을 위한 발문. 기독교교육정보, 21, 247-274.

이성호 (2000). 교수방법의 탐구. 서울: 양성원.

최은수 (2003). 대학 강의의 질 제고를 위한 효과적인 교수 강의법 원리와 수업 운영 모형 탐색. 인문학 연구, 33, 1-22.

홍기칠 (2012). 교육방법 및 교육공학. 고양: 공동체.

홍진곤, 김유희 (2012). 중학교 수학 수업에서 나타난 교사의 발문 행동에 관한 사례연구. 교사와 교육, 30(1), 1-15.

Amiden, e., & Hunter, E. (1966). Improving teaching: The analysis of classroom verbal interaction. NY: Holt, Rinehart and Winston Inc.

Bank, J. A. (1990). Teaching Strategies for the social Studies: Inquiry, valuing, and decision-making(4th ed.). NY: Longman.

Bloom, B. (1956). Taxonomy of Educational Objectives. Book I: Cognitive Domain. NY: David Mckay.

Blosser, P. E. (1973). Handbook of Effective Questioning Techniques. Worthington Ohio: Education Associates Inc.

Carner, R. L. (1963). Levels of questioning. Education,. 83, 546-550.

Clark, I. H., & Starr, I. S. (1986). Secondary and Middle School Teaching Methods(5th ed.). NY: Macmillan Publishing Co.

Cole, P. G., & Chan, L. K. S. (1981). Teaching principles and practice. NY: Prentice Hall.

Ellis, A. K. (1991). Teaching and Learning Elementary Social Studies. Massachusetts: Allyn & Bacon.

Gallagher, J. J. (1965). Productive thinking of gifted children (Cooperative Research Project No. 965). Urbana: University of Illinois, Institute for research on exceptional children.

Hyman, R. T. (1979). Strategic questioning. NJ: Prentice-Hall Inc.

Kember, D. (1997). A Reconceptualisation of the Research into University Academics Conceptions of Teaching. Learning and Instruction, 7, 255-275.

Malout, D. (1994). How to teach adults in a fun and exciting waychatswood, austrailia: Business and professional publishing.

Sinatra, R., & Annacone, D. (1984). Questioning Strategies to Promote Cognitive Inquiry in the Social Studies, The Social Studies, 75(1), 18-23.

Teeters, J. (2001). Teach with style: A comprehensive systems for teaching adults. St. Paul: Redleaf press.

기사

기독신문(정형권 기자, 2009.05.21.) [교육칼럼] 잊지 못할 선생님(https://www.kidok.com/news/articleView.html?idxno=59709)

기타

한국교육과정평가원(https://www.kice.re.kr/boardCnts/list.do?boardID=1500212&s=kice&m=030306)

사이트

https://opendic.korean.go.kr/search/searchResult?query=%EC%9D%BC%ED%83%80%20%EA%B0%95%EC%82%AC

https://upload.wikimedia.org/wikipedia/commons/3/3a/Panel_Discussion_Seating.png

https://cdn.pixabay.com/photo/2012/04/18/01/58/students-36511_1280.png
https://alexwallselt.com/wp-content/uploads/2019/09/classroomconfig-1024x1024.png
https://velvetchainsaw.com/wp-content/uploads/2012/05/BuzzGroup-1a.jpg
https://cdn.pixabay.com/photo/2017/01/08/10/47/group-1962587_1280.png
https://www.skillsconverged.com/Portals/5/DownloadImages/FishbowlConversationTechnique.jpg
https://commons.wikimedia.org/wiki/File:Wikimania_2016_-_Board_discussions_5_Movement_Affiliations_01.jpg
https://commons.wikimedia.org/wiki/File:World_Knowledge_Forum_20171017.jpg
https://commons.wikimedia.org/wiki/File:2nd_CTBT_Science_Diplomacy_Symposium_(42505982972).jpg

CHAPTER

10

수업매체의 이해와 활용

CHAPTER

10

수업매체의 이해와 활용

1. 기독교사로서 수업매체의 이해와 활용 바라보기

이전부터 교육현장에서는 TV, 녹음기, 라디오, OHP, 슬라이드 프로젝트, VCR 등 시각이나 청각 중심의 수업매체를 활용한 수업을 실시하였다. 본래 매체의 의미는 송신자와 수신자를 연결하여 정보를 전달하는 운반자를 지칭한다. 따라서 교육현장에서 활용하는 매체는 교수학습과정에서의 송신자인 교수자와 수신자인 학습자 간을 연결하는 매개물을 의미한다. 이와 같은 의미에서 볼 때, 이전부터 사용한 문자나 도식과 같은 시각정보, 음향이나 소리와 같은 청각정보 등은 수업매체의 중요한 요소라고 볼 수 있다.

그런데 교육현장에서 TV, VCR 등이 보급되면서 기존의 개별적으로 활용한 시각정보 및 청각정보를 포함한 다중 매체를 활용할 수 있게 되었다. 또한, 컴퓨터가 교육현장에 보급되기 전에는 TV, 녹음기, 라디오, OHP, 슬라이드 프로젝트, VCR 등과 같은 개별적인 매체를 주로 사용하였지만, 컴퓨터가 보급된 이후에는 컴퓨터를 기반으로 문자, 도식, 사진, 영상, 애니메이션, 음향, 음악, 출판 등이 통합된 상호작용과 소통 가능한 상호작용적인 의미를 지닌 매체로 발전해나가고 있다. 이에 따라 교육현장에서의 매체는 단순히 문자, 그림, 청각정보 등에 기반을 둔 지식이나 정보의 일방적인 전달이 아니라 자료를 제작하고, 저장하고, 보내고, 재생하는 상호작용 체계(Gayeski, 1993)로서의 의미를 지니게 되었다. 이처럼, 교육현장에서 활용하는 매체 및 그 의미는 테크놀로지 발전에 따라 조금씩 변하고 있다. 또한, 매체는 교육현장에서의 수업방법에 의미있는 변화를 유발하며 속도감, 연결성, 보존성 등을 기반으로 위상을 정립해 나가고 있다(전숙경, 2013). 최근에는 이러닝, 플립 러닝, 소셜미디어 등을 기반으로, 매체가 수업방법의 중요한 도구로 자리매김을 하고 있으며 COVID−19와 같은 특수한 상황에서 원격수업의 핵심적인 도구로 활용되고 있다.

이와 같은 수업매체의 적용은 교회교육에서도 활발하게 이루어지고 있다. 특히, COVID−19로 인한 교회교육 환경의 변화는 새로운 매체의 접근을 활성화시키고 있다. 여러분들 중 몇몇은 아래와 같은 내용의 기사를 접한 경험이 있을 것이다. 최근 총회교육개발원에서는 시대의 변화와 흐름에 맞추어 메타버스를 활용한 주일학교 교재를 개발하여 보급하고 있다. 이를 통해, 학습자가 흥미를 갖고 공과에 참여하고 활동할 수 있도록 지원하고 있다. 아래 기사의 본문에서 강조한 **단어나 문구** 등에 집중하면서 천천히 살펴보기 바란다.

총회교육개발원, 메타버스 활용 국내 최초 주일학교 교재 발간[1)]

[기독신문: 이미영 기자] 2021.12.10.

〈주기도문〉 QR코드 접근… 쉽고 재미있게 신앙공부

코로나19 장기화로 교육현장도 급변하고 있는 가운데, 총회교육개발원이 이번 겨울공과에 **'메타버스'** 기술을 접목해 출시해 교단 안팎으로 주목을 받고 있다. 총회교육개발원은 12월 3일 서울 신용산교회에서 '2022 겨울성경학교 특별신앙교육을 위한 메타버스 교재' 기자간담회를 갖고, **메타버스** 교재 〈주기도문, 하나님 나라 백성은 이렇게 시도해요!〉를 시연했다.

총회교육개발원은 2022년 겨울성경학교 공과에 **인터넷 웹 기반 가상현실(VR) 제작 프로그램** 중 하나인 **메타버스를 활용**해 주기도문 교육 **콘텐츠**를 담아

냈다. 주기도문 학습을 위한 가상현실 공간인 '킹스랜드'를 돌아다니면서, 주기도문의 내용과 의미 등을 스스로 알아가는 방식이다. 학습은 게임처럼 진행돼 아이들의 흥미를 유도하고 있다. 1과 킹스랜드 센터에서는 주기도문의 구조와 시작과 끝을 배우고, 2과 킹스타워에서는 하나님 나라를 위한 청원, 이름, 나라, 뜻의 의미를 배운다. 3과 킹스스쿨에서는 우리를 위한 청원, 양식, 용서, 시험의 의미를 배운다.

메타버스 교재는 영유아 · 유치부, 유초등부, 청소년부 등 연령대별로 수준을 맞춰 구성돼 있다. 누구나 놀이하듯 성경공부는 재미있게 배워나갈 수 있게 구성된 것이 특징이며, 메타버스 접속 QR코드가 곳곳에 비치돼 접근이 쉽도록 만들었다. 메타버스 교재는 PC, 스마트폰, 태블릿PC 등 다양한 IT기기를 사용해 접속할 수 있고, 기존의 종이교재와 함께 사용된다. 총회교육개발원은 킹스랜드 메타버스를 오픈 소스로 각 교회에 제공해, 교회 상황에 맞게 교회로고와 이미지, 영상 등을 대체해 사용할 수 있도록 할 예정이다.

총회교육개발원 송태근 이사장은 "부모들이 가정에서 자녀들의 신앙교육을 떠안게 됐지만 특별히 활용할 수 있는 콘텐츠도 많이 부족한 상황에서 총회 차원에서 머리를 맞대고 도출해 낸 결과 비대면으로 가능한 메타버스 방식을 통한 신앙교육 방법을 적용하게 됐다"며 "국내 최초로 선보이는 메타버스 신앙교재를 통해 가정과 교회의 교육을 연결하고, 현재에서 미래로 가는 신앙교육의 길이 열리기를 바란다"고 밝혔다.

이번 메타버스 계절공과 교재를 시작으로 총회교육개발원은 내년 여름성경학교 특별신앙교육 프로그램과 계절공과 등에도 메타버스를 적극 활용해 교회교육의 범위를 확장해 나갈 계획이다.

상기 내용을 보면, '코로나19 장기화, 교육현장도 급변, 메타버스, 메타버스 교재, 인터넷 웹 기반 가상현실(VR) 제작 프로그램, 교육 콘텐츠, 가상현실 공간, 게임처

1) https://www.kidok.com/news/articleView.html?idxno=213689

럼 진행돼 아이들의 흥미를 유도, 연령대별로 수준을 맞춰 구성, 재미있게 배워나 갈 수 있게 구성, 메타버스 접속 QR코드, PC, 스마트폰, 태블릿PC 등 다양한 IT기기, 메타버스 방식을 통한 신앙교육 방법, 메타버스 신앙교재' 등과 같은 단어나 문장을 쉽게 탐색할 수 있다. 상기 내용을 살펴보면, 총회교육개발원에서는 2022년 겨울성경학교 공과에 인터넷 웹 기반 가상현실(VR) 제작 프로그램 중 하나인 메타버스를 활용해 주기도문 교육 콘텐츠를 지원한다고 언급한다. 또한, 총회교육개발원 송태근 이사장은 "부모들이 가정에서 자녀들의 신앙교육을 떠안게 됐지만 특별히 활용할 수 있는 콘텐츠도 많이 부족한 상황에서 총회 차원에서 머리를 맞대고 도출해 낸 결과 비대면으로 가능한 메타버스 방식을 통한 신앙교육 방법을 적용하게 됐다"며 "국내 최초로 선보이는 메타버스 신앙교재를 통해 가정과 교회의 교육을 연결하고, 현재에서 미래로 가는 신앙교육의 길이 열리기를 바란다"고 언급하였다. 이와 같은 점을 고려해볼 때, 교회교육에서도 메타버스와 같은 새로운 수업매체를 활용하기 시작하였음을 쉽게 확인할 수 있다.

그리고, 앞으로 교회학교에서도 유사한 사업 및 지원이 지속될 것으로 예상할 수 있다. 총회교육개발원에서 교회학교에 필요한 교재를 메타버스를 활용하여 제작하고 보급한다는 것은 고무적인 일이다. 또한, 이러한 총회의 관심과 지원을 통해 학습자 중심의 학습활동을 실현하고 활성화한다는 점은 매우 의미 있다. 그런데, 한 가지 의문점은 "메타버스와 같은 새로운 매체를 바탕으로 교재를 개발하면 학습자 참여 중심의 공과공부가 실현되는가?" 하는 것이다. 물론, 교회교육 현장에서의 다양한 수업매체의 활용은 중요하며 학습자의 학습흥미 유발 및 학습참여에 도움을 준다. 그러나 새로운 수업매체의 교육적 활용만으로 교회학교의 교육을 활성화시키는 데에는 한계가 있다. 메타버스와 같은 새로운 교재를 공과로 사용하는 교수자의 철저한 수업준비와 효과적이고 효율적인 활용 방안 마련이 보다 중요하다. 이에 본 장에서는 수업매체의 의미, 수업매체의 선정과 활용, 수업매체의 유형 등에 대해서 살펴보고자 한다.

2. 수업매체

가. 수업매체의 의미

매체(media)는 'medium'의 복수개념으로, 라틴어 'medius'에서 유래된 말로 'between', 즉 맺어 주는 역할의 의미를 지니고 있다. 이와 같은 매체는 커뮤니케이션 이론의 대두와 함께 송신자와 수신자 사이에서의 정보를 전달하는 수단으로 그 의미가 정착되었다. 이와 같은 의미를 고려할 때, 매체는 송신자와 수신자 간의 상호작용을 효과적으로 증진할 수 있는 모든 수단을 의미한다(권성호 외, 2015). 교실에서 이루어지는 교육활동인 수업은 본질적으로 교수자와 학습자의 교육적 상호작용에 기반을 둔다. 따라서 교수자와 학습자의 교육적인 상호작용의 양과 질을 증가시키면, 수업목표에 효과적으로 도달할 가능성도 커진다. 이에 이전부터 학교교육현장에서는 교수자와 학습자의 교육적 상호작용 증진에 도움을 주는 교재, 칠판, OHP, 녹음기, VCR 등과 같은 수업매체에 대한 관심이 높았다. 또한, 인터넷과 컴퓨터가 연결되고 각종 하이퍼미디어, 동영상 자료 등 디지털 매체의 활용이 가능하게 되면서, 교실수업에서의 수업매체의 범위도 칠판, OHP, VCR 등 기기 기반의 의미를 넘어 컴퓨터, 스마트 패드, 모바일 등으로 넓어지고 있다. 최근에는 이러닝, 블렌디드 러닝, 플립 러닝, 소셜미디어 활용 수업, 메타버스 등과 같은 수업방법적인 측면까지 범위를 확장시켜 나가고 있다. 이에 따라, 수업매체는 기존의 하드웨어 중심에서 소프트웨어로 확장해 나가고 있으며 문자, 음성, 음향, 그림, 사진, 동영상, 애니메이션, 시뮬레이션, 모듈 등을 모두 포함하는 의미로 발전하고 있다(정한호, 2012). 이와 같은 관점에서 볼 때, 수업매체는 테크놀로지의 발달과 깊은 관련이 있다고 할 수 있다.

따라서, 우리 예비교사들은 테크놀로지의 의미를 기기나 하드웨어 이상의 것으로, 사고하는 과정, 방법(Finn, 1964), 또는 과학적이고 조직화된 지식의 체계적인 현장 적용(Galbraith, 1967)이라는 측면에서 바라볼 필요가 있다. 이와 관련하여 교육공학에서의 수업매체에 대한 의미 형성에 영향을 미친 주요 학자들의 주장을 제시하면 다음과 같다(권성호 외, 2015).

〈표 10-1〉 수업매체의 주요 의미[2)]

학자	의미
Dale(1969)	매체는 일차원적이 아님. 매체와 콘텐츠는 통합된 매체 내용 과정에서 서로 다른 의미를 가지며 수업매체는 콘텐츠에, 콘텐츠는 수업매체에 영향을 줌
Gerlach & Ely(1980)	매체는 광의의 의미를 지니며 사람, 자료 혹은 학습자가 지식, 기술, 태도를 습득하는 데 요구하는 모든 사건을 포괄함. 따라서 교수자, 교과서, 학교환경 등도 수업매체라고 할 수 있음. 특히, 수업매체는 부가적인 존재라기보다 종합적인 수업설계를 위한 중요한 요소. 모든 수업매체는 수업목표 도달을 위한 중요한 수단
Smaldino et al.(2005)	매체는 송신자와 수신자 사이에 정보를 전달할 수 있는 어떠한 것(anything)도 될 수 있는 between의 의미를 지닌 전달 수단. 따라서 매체는 교수학습과정에 내용을 전달하기 위하여 사용하는 수단을 의미함

앞에서도 언급하였지만, 수업매체는 테크놀로지의 발달에 따라 의미가 확장되고 있으며 크게 좁은 의미와 넓은 의미로 구분하여 제시할 수 있다(권성호 외, 2015; 박숙희, 염명숙, 2009; 유승우 외, 2013). 예를 들어, 수업매체는 수업활동을 하는 데 있어서 내용을 구체화하거나 보충하여 학습자가 학습내용을 명확하게 이해하는 데 도움을 주는 모든 기계나 자료, 또는 시청각이나 언어 정보를 전달하는 데 사용한 기자재 등과 같은 좁은 의미로 사용되었다. 그러나 테크놀로지가 발달하면서 수업매체는 교수자와 학습자 간의 수업목표 도달에 사용되는 모든 교수학습자원을 지칭하는 것으로, 시청각기자재, 교재뿐만 아니라 인적 자원, 학습내용, 학습환경, 시설, 하드웨어 및 소프트웨어를 포함하는 넓은 의미로 사용되었다.

이상의 관련 의미를 종합하여 기술하면, 수업매체는 교수자와 학습자, 또는 학습자 간의 교육적인 의사소통 및 활성화를 통해 정해진 수업목표에 효과적이고 효율적으로 도달하는 데 도움을 주는 하드웨어, 소프트웨어를 모두 포함하는 기자재, 학습환경, 시설, 인적 자원, 학습콘텐츠를 지칭하는 종합적이고 체계적인 지

2) 매체에 대한 주요 학자들의 견해를 정리한 권성호 외(2015)의 견해를 수업매체에 적합하게 정리하여 제시함

원 체제라고 할 수 있다.

나. 수업매체의 기본적인 속성

수업매체는 상호 서로 밀접한 연관성을 지닌 기술적, 내용적, 상황적, 상징적 속성을 가지고 있다(박성익 외, 2021). 이와 같은 수업매체의 속성들은 매체 이해 및 학교교육현장에서의 매체 활용 방법, 학습효과에 영향을 미칠 수 있다. 수업매체가 지닌 속성을 구체적으로 제시하면 다음과 같다.

〈표 10-2〉 수업매체의 네 가지 속성[3]

속성	주요 내용	
기술	의미	수업에서 제시하는 지식이나 정보의 전달 방법에 영향을 미치는 매체 구성 재료 및 디바이스 자체에 초점을 둔 속성. 기술적 속성은 테크놀로지의 발달과 함께 새롭게 등장하는 하드웨어 측면의 매체 속성. 매체의 기술적 속성은 기존과 다른 전달 방법과 내용, 학습 참여도 및 참여 시공간까지 포함하며 수업에서의 활용 방법에도 커다란 영향을 미침
	사례	전파를 통해 전달되는 라디오나 TV, 하드웨어를 기반으로 전달되는 영상기, 녹음기, VCR, 유무선 통신망에 기초한 인터넷 사이트 등이 있음
	특징	하드웨어 기반의 매체에 따라 지식이나 정보의 전달 범위 및 내용, 학습자 참여도, 참여 가능 시공간 등에 영향을 미치며 서로 다르게 나타남. 예를 들어, TV를 활용하느냐와 VCR을 사용하느냐에 따라 전달하고자 하는 콘텐츠의 범위, 시공간, 학습자 참여가 다름. 특히, 최근에는 유무선 인터넷 기반의 컴퓨터, 스마트 패드, 모바일 디바이스 등에 따라서도 모두 다르게 나타남
내용	의미	단순히 매체가 지닌 하드웨어적인 특성이 아니라 해당 디바이스가 어떤 지식이나 정보 등 내용을 전달하느냐에 초점을 둔 속성. 내용적 속성에서는 라디오, TV, VCR, 컴퓨터, 스마트 패드와 같은 하드웨어보다는 여기서 전달되는 콘텐츠의 효율성과 효과성을 중요하게 다룸
	사례	TV나 컴퓨터, 모바일 자체보다는 여기서 전달되는 콘텐츠에 따

3) 권성호(1990)의 견해를 바탕으로 한 박성익 외(2021)가 제시한 내용을 표로 정리하여 제시함

		라 학습에 효과적이거나 비효과적일 수 있음. 특히, 다양한 콘텐츠를 전달할 수 있는 최신의 매체도 교수자가 해당 콘텐츠를 어떻게 제시할 것인가에 대한 체계적인 계획과 설계 없이 사용한다면 무의미하거나 도리어 역효과를 불러일으킬 수 있음
	특징	동일한 콘텐츠를 사용하여도 전달하는 매체가 무엇이냐에 따라 효과성과 효율성이 다르게 나타남. TV, VCR, 컴퓨터, 또는 모바일 디바이스 등 전달 매체에 따라 사진과 같은 시각 자료, 또는 음성이 포함된 동영상 자료 등의 교육적 효과는 다름. 따라서 교수자는 매체의 특성에 적합한 내용 구성 및 설계 등을 고려하여 매체를 선정하고 활용해야 함
상황	의미	매체의 하드웨어 측면, 지식이나 정보 등 콘텐츠 측면과 더불어 수업이 이루어지는 상황 및 환경 측면에 초점을 둔 속성. 상황적 속성에서는 라디오, TV, VCR, 컴퓨터, 스마트 패드와 같은 하드웨어, 여기서 전달되는 콘텐츠보다도 매체가 활용되는 환경이나 상황에 따라 다른 결과가 유발될 수 있음을 중요하게 다룸
	사례	TV나 컴퓨터, 모바일, 또는 여기서 전달되는 콘텐츠 자체보다는 전달되는 상황, 즉 교수자와 함께 하느냐, 동료와 함께하느냐, 또는 부모와 함께하느냐에 따라 학습결과가 다름. 예를 들어, 관련 연구에 따르면 비디오를 통한 동영상 콘텐츠를 제시할 때, 교수자가 해당 콘텐츠와 관련된 부가적인 설명을 함께 제공하면 학습효과가 높은 것으로 나타남
	특징	동일한 매체가 전달하는 동일한 내용일지라도 수업상황이나 분위기에 따라 효과는 다름. 교수자의 자세한 설명이 보충되면 효과를 높일 수 있음. 그런데 학습자의 연령대, 학습내용의 수준에 따라 효과는 다를 수 있음. 특히, 교수자의 지나친 설명은 도리어 몰입에 부적인 영향을 미칠 수 있으므로 사전에 체계적인 계획수립이 요구됨
상징	의미	매체를 특징짓는 가장 중요한 속성. 매체에 따라 콘텐츠를 전달하기 위한 문자, 음성, 기호, 언어 등과 같은 특정한 상징체계를 사용하는 데, 여기서 사용되는 상징체계에 따라 매체 활용 효과에 차이가 있음. 상징체계는 실생활의 객체나 물체를 있는 그대로 제시하는 실물계, 그림 형태로 제시하는 영상적 체계, 무용이나 동작으로 표상하는 활동적 체계로 구분할 수 있음. 여기서 교수자가 어떤 상징체계를 사용하느냐에 따라 매체의 전달 효

		과가 다르게 나타남
	사례	금연 수업의 경우, 단순한 음성 전달, 사진 제시, 동영상 제시, 또는 관계자의 특별 강연이나 강의 등 다양한 방식으로 실시할 수 있음. 그러나 동일한 금연 수업이라고 할지라도 매체의 상징적 속성에 따라 전달되는 효과와 미치는 교육적 영향은 다름
	특징	동일한 매체가 전달하는 동일한 내용, 동일한 수업상황일지라도 실물, 영상, 실제 활동 등에 따라 매체 활용 효과는 다름. 해당 수업목표 도달과 관련하여 최적의 상징체계를 지닌 매체 활용이 필요함. 교수자는 앞에서 언급한 기술적 속성, 내용적 속성, 상황적 속성을 최대한 고려하여 상징적 체계를 효과적으로 활용할 수 있는 매체 활용 계획을 수립해야 함. 다만, 지나친 상징체계의 실제화는 학습자에게 부정적인 영향을 미칠 수 있으므로 유의할 필요가 있음

다. 수업매체의 보편적인 기능

학교교육현장에서 활용되는 수업매체는 종류와 관계없이 수업보조, 지식 및 정보 전달, 학습경험 구성, 교수 등 네 가지 측면에서의 보편적인 기능으로 구분할 수 있다(권성호 외, 2015; 유승은 외, 2013; 조규락, 김선연, 2006).

첫째, 수업매체는 수업보조의 기능이 있다. 수업보조 기능은 교실수업 상황에서 학습자의 주의집중과 동기를 유발시켜 학습효과를 높이는 방향으로 매체를 활용하는 것을 의미한다. 교수자는 수업목표에 적합한 매체 활용을 통해, 학습자의 흥미 유발, 정확한 정보 전달, 학습내용의 쉬운 접근과 이해, 의사소통의 효율성 등을 높일 수 있다. 이처럼 수업매체는 교실수업의 보조적인 수단으로서의 기능을 통해, 학습자의 학습활동 접근 및 동기유발에 도움을 준다.

둘째, 수업매체는 지식 및 정보를 전달하는 기능이 있다. 지식 및 정보 전달 기능은 수업에서 유용하게 활용할 수 있는 특정 지식이나 정보를 더욱 빠르고 정확하게 전달하는 것을 의미한다. 기술의 발전으로 점차 많은 양의 지식이나 정보의 전달이 가능하게 되었다. 물론, 수업매체의 종류와 하드웨어의 유형에 따라 전달하는 방법이나 유형, 양 등이 달라질 수 있다. 그러나 디지털 수업매체의 경우, 이전의 전통적 매체와는 달리, ①시공간 초월, ②실시간 소통, ③동시에 많은 양,

④경제성, ⑤변형이나 왜곡 없이 콘텐츠를 있는 그대로 전달할 수 있다. 특히, 전통적인 매체와 달리 디지털 수업매체의 경우, 수업목표에 적합하게 일부 변경 및 수정하여 전달할 수 있다. 이처럼, 수업매체는 다수에게 대량으로 정보를 무료나 저비용으로 전달할 수 있다.

셋째, 수업매체는 학습경험 구성 기능이 있다. 학습경험 구성 기능은 학습자들에게 스스로 학습경험을 구성할 수 있도록 지원하는 것을 의미한다. 학습자는 다양한 수업매체 활용을 통해 해당 매체 사용에 필요한 주요 기능이나 기술을 직접 체험하고 기술을 습득할 수 있다. 예를 들어, 학습자는 컴퓨터, 스마트 패드, 모바일 디바이스 등을 통해 관련 학습내용을 습득하고 적용할 수 있다. 이와 더불어, 학습자는 수업매체 활용을 통해 학습활동뿐만 아니라 관련 기능이나 기술을 자연스럽게 획득할 수 있다. 즉, 수업매체는 학습자에게 학습의 기능을 제공하지만, 매체 자체가 학습대상으로 기능적인 경험을 제공할 수 있다. 이처럼, 수업매체는 학습할 내용인 동시에 경험을 구성하는 기능을 갖고 있다.

넷째, 수업매체는 학습자를 가르치는 교수 기능이 있다. 교수 기능은 학습자의 인지적 사고활동을 촉진하는 데 도움을 주기 위하여 학습내용을 구조화한 수업프로그램을 제공하는 것을 의미한다. 교수매체는 그 자체로 가르치는 기능을 지니고 있다. 특히, 테크놀로지의 발달로 인해, 수업매체 자체가 교수자의 역할을 대신하여 직접 학습자를 가르치는 역할을 할 수 있다. 예를 들어, 동영상 프로그램, 컴퓨터 프로그램, 교육 영화 등 교육적 차원에서 제작된 각종 영상 정보 및 자료는 학습자의 인지과정을 촉진시키고 학습활동을 활성화시켜 학습자의 기억력 증진에 도움을 준다. 또한, 수업매체를 학습자 특성, 교과 특성, 학습방법에 따라 적합하게 재구성하여 활용할 수 있다. 최근 인공지능과 메타버스 등의 최첨단 교수매체의 경우, 교수자의 역할을 대신하여 학습자를 지도하고 가르치는 기능을 탑재하기도 한다. 이처럼 수업매체는 학습자의 지각, 인지, 그리고 표현능력을 증진시키는 데 효과적으로 활용할 수 있으며 적절하게 활용 시 교수 기능의 일부를 수행할 수 있다.

라. 수업매체의 효과성과 교수자 역할

수업매체는 기술발달에 따라 다중(multi) 매체(media)로 발달하고 있다. 수업매체는 라디오, TV, 녹음기, 슬라이드, OHP, VCR, 빔프로젝터 등과 같은 여러 개의 하드웨어를 각각 활용하는 방식에서, 점차 인터넷 기반의 컴퓨터, 스마트 패드와 같은 모바일 디바이스로 통합되는 형태로 활용하고 있다(박주만, 2010). 그런데, 이와 같은 수업매체는 학교교육현장에서의 수업활동에 긍정적인 변화를 유발하였으며 수업매체의 속도감, 연결성, 보존성 등을 기반으로, 교실수업에서의 위치를 확고하게 정립하고 있다(전숙경, 2013).

첫째, 수업매체의 효과성은 국내외 연구에서 동일하게 거론되고 있다. 먼저, 국외 연구들을 살펴보면, 수업매체의 활용은 수업에서의 교수자－학습자, 학습자 간의 상호작용을 촉진하며(Brown, 2000) 학습자의 학습에 긍정적인 영향을 미친다(Gyselinck et al., 2002; Wu et al., 2010). 또한, 국내 연구에서도 수업자료의 효과성을 언급하고 있다. 예를 들어, 수업매체는 학습자의 학습흥미 및 태도, 탐구력, 학업성취에 긍정적인 영향을 준다(김경렬, 2006; 김정화, 2003; 최지아, 2005). 또한, 교수자들도 교실수업에서 활용하는 수업매체가 학습자의 학습동기 유발, 학습이해 증진에 효과적인 영향을 미친다고 인식하는 것으로 나타났다(김정화, 2003). 특히, 학습자 중에는 전통적인 수업매체보다 다중 수업매체에 더욱 긍정적인 인식을 지니고 있는 것으로 나타났다(유미현, 박현주, 2011).

둘째, 학교교육현장에서 나타나는 수업매체의 효과성은 긍정적인 측면과 더불어, 부정적인 면도 함께 거론되고 있다. 특히, 교실수업에서의 수업매체가 학습자 중심보다는 교수자 중심의 강의식 수업을 더욱 강화하는 역할을 하는 것으로 나타났다(김명숙, 2006; 박형주, 2005, 정한호, 2008; 최윤선, 2003). 또한, 교수자 중에는 수업매체의 속성에 적합하게 활용하기보다는 교수자료 사이트에 접속하여 수업의 시작부터 동기유발, 학습활동, 정리 및 평가까지 모든 활동을 실행하는 것으로 나타났다(정한호, 2008). 특히, 당초 수업매체의 활용 목적인 수업목표의 효과적이고 효율적인 도달이 아니라 교수자 편의성 중심의 바람직하지 못한 방향으로 활용하는 경우도 있다. 이처럼, 학교교육현장에서의 수업매체는 교수자의 활용방법에 따라 긍정적, 부정적인 측면 모두에서 영향을 미치는 것으로 나타났다.

이전부터 교육부와 시도교육청에서는 학교교육현장에서 효과적으로 활용할 수 있는 수업매체를 개발하여 일선학교에 보급하고 있다. 그러나 국가나 각 시도 수준에서 막대한 예산을 편성하여 개발한 수업매체들이 제대로 활용되지 못한 채 사라지거나, 학습의 효과성보다 교수자의 편의성 차원에서 활용되는 현상이 발생하고 있다(정한호, 2008; Baek et al., 2008). 특히, 일부 교수자의 경우, 다양한 교실수업을 진행하기보다 강의식 수업을 위한 보조도구로 활용하고 있는 실정이다(신원석, 2011). 상기와 현상은, 교수자에게 수업매체 활용의 주도권이 있으며 학교현장에서의 수업매체 활용이 주로 인터넷이 연결된 대형 TV 중심으로 이루어지기 때문에 나타난다고 볼 수 있다. 그런데, 이와 같은 현상은 이미 이전부터 문제점으로 제시되고 있는 교수자 역할의 미비와 역량 부족에 기인하는 경향이 높다(김명숙, 2006; 정한호, 2008; 최윤선, 2003). 이에 학교교육현장에서의 효과적인 수업매체 활용을 위해서는 다음과 같은 교수자의 역할이 요구된다.

첫째, 교수자는 일방적인 강의자가 아닌 학습자의 학습활동을 지원하는 촉진자로서의 역할을 수행해야 한다(Williams, 2004). 둘째, 교수자는 수업 전문가, 상담자, (비판적) 격려자, 조정자, 평가자로서의 역량을 지녀야 한다(임병노, 박인우, 2010; Witfelt, 2000). 셋째, 교수자는 학습자의 수업참여와 학습활동을 유발시킬 수 있는 구성주의적 역량을 지녀야 한다. 넷째, 교수자는 학습자에게 실제 세계를 모사한 학습경험이나 시뮬레이션 자료 등 다양한 멀티미디어 교수매체를 자유롭게 활용할 수 있어야 한다. 다섯째, 교수자는 수업매체를 통해 학습자의 학습활동에 학습동기를 유발할 수 있어야 한다(임병노, 박인우, 2010). 여섯째, 교수자는 학습자의 지적인 호기심과 감각을 자극하여 학습성과를 높이는 방향으로 수업매체를 활용할 수 있어야 한다(Trowbridge et al., 2004). 일곱째, 교수자는 학습자의 자발적 학습환경 조성과 문제중심학습, 프로젝트기반학습과 같은 학습자 중심의 구성주의적 교수활동을 실천할 수 있어야 한다.

상기와 같은 교수자의 역할과 더불어, 학교교육현장에서의 수업매체가 효율적이고 효과적으로 활용되기 위해서는 교수매체의 시스템 측면에서도 몇 가지 개선이 요구된다. 첫째, 콘텐츠 품질과 더불어 이를 탑재하고 운영하는 학습관리시스템이 학교별로 구축되어 있어야 한다. 둘째, 화면설계, 원활한 탐색, 콘텐츠의 접근성을 신장시킬 수 있는 관련 지원사이트의 네비게이션 기능을 강화해야 한다. 셋째, 수업자료가 탑재된 사이트에서의 자료 검색 및 선택, 활용 과정 등이 편리하게 이루어져야 한다.

3. 수업매체와 의사소통모형

학교교육현장에서의 교수자와 학습자 간을 매개하는 수업매체의 의미와 전달원리를 파악하기 위해서는 의사소통의 원리를 이해할 필요가 있다. 의사소통은 크게 지식이나 정보를 메시지로 만들어 송출하는 송신자(sender)와 이를 수용하는 수신자(receiver) 간에 일어나는 과정으로, 송신자가 부호화하여 전달하면 수신자는 해독하여 의미를 이해한다. 여기서 전달내용인 메시지는 소통의 수단이 되는 채널(cannel), 즉 수업매체를 통해 전달한다. 여기서는 수업매체와 관련된 대표적인 의사소통모형인 Berlo의 SMCR모형, Schannon & Schramm의 통신모형을 살펴보고자 한다.

가. SMCR모형

[그림 10-1] SMCR모형(Berlo, 1960)

Berlo의 SMCR모형은 메시지(Message)와 통신수단(Channel)을 통해 나타나는 정보원(Source)과 수신자(Receiver) 간의 역동적인 관계를 설명한다(Hung et al., 2010). SMCR모형은 정보원으로부터 수신자에게 이르기까지의 의사소통의 전체 흐름과 관련 하위 속성을 구체적으로 제시한다. SMCR모형에 대하여 구체적으로 제시하면 다음과 같다.[4]

---

4) https://www.managementstudyguide.com/berlo-model-of-communication.htm를 참조하여, 학교현장에서의 지식과 정보 전달 과정에서의 의사소통에 초점을 두고 수정하여 제시

① 정보원(Source)

의사소통이 시작되는 출발점으로, 의사소통을 시작하는 사람을 의미한다. 학교 교육현장에서는 교수자를 지칭한다고 볼 수 있다. 교수자는 수업시간에 지식이나 정보를 학습자가 이해할 수 있는 수준으로 표현한 후 전달한다. 그런데, 교수자는 의사소통기술, 태도, 지식, 사회체계, 문화의 영향을 받는다. 의사소통기술은 읽고, 쓰고, 말하고 청취하는 것과 같은 의사소통 방법을 의미한다. 태도는 의사소통에 참여하는 학습자에 대한 교수자의 마음가짐을 의미한다. 지식은 전달하려는 메시지나 주제에 대한 교수자의 역량을 지칭한다. 사회시스템은 신념, 감정, 규범, 역할이나 지위 등과 같이 사회적인 요소를 의미하며 문화는 학습자나 지역 사회의 문화적 배경을 의미한다.

의사소통기술	교수자는 의사소통을 효과적으로 만들고 학습자에게 영향을 줄 수 있는 탁월한 의사소통기술을 지녀야 함. 교수자는 어디에서 멈추어야 하는지, 어디에서 문장을 반복해야 하는지, 어떻게 특정 문장을 말하는지, 어떻게 단어를 발음하는지 등에 대한 명확한 지식을 지니고 있어야 함. 교수자는 지식이나 정보를 일반적으로 전달하기보다 학습자와의 교감, 질문이나 문의를 청취하면서 전달해야 함. 교수자의 억양이나 말투는 중요한 의사소통기술 중 하나임
태도	교수자가 지닌 학습자에 대한 마음가짐으로, 학습자에 대한 바른 마음가짐의 중요성을 제시함. 교수자의 의사소통기술과 역량이 탁월하여도 학습자에 대한 올바른 태도를 기반으로 효과적인 상호작용이 발생함. 교수자는 학습자에게 긍정적인 인상을 줄 수 있는 올바른 태도를 보여야 함. 교수자의 지적역량보다 올바른 태도가 의사소통에 중요함
지식	교수자가 수업시간에 학습자에게 전달하려는 정보의 명확성을 의미함. 교수자가 기존에 지닌 기본적인 지식이나 역량을 의미하지 않으며 가르칠 내용에 대한 교수지식을 지칭함. 따라서 교수자는 가르칠 주제에 대한 깊이 있는 지식과 함께 전달하고자하는 내용에 대해 사전에 철저히 준비를 해야 함. 교수자는 수업시간에 가르치는 내용과 관련된 학습자의 질문에 대한 답변을 준비해야 하며 전달하는 내용에 대해 완벽히 숙지해야 함. 교수자는 수업 전 가능한 지도내용을 반복하여 확인하고 수업주제 및 전달내용을 철저히 준비해야 함
사회체계	초등학생들에게 대학에서의 과제 제출방법이나 취업 등에 관해 설명한다면, 학습자들의 관심 및 집중도는 떨어질 가능성이 큼. 학습자는 자신의 관심사나 영역과 관련 없는 예시나 사례에 관해서는 관심이 없음. 교수자의 의사소통기술, 태도, 지식 등이 탁월하다고 해도, 학습자의 사회적 배경과 관련이

	없으면 무용지물. 교수자는 학습자의 사회적 체계를 이해하고 이를 기반으로 수업을 진행할 필요가 있음
문화	교수자가 지식이나 정보를 전달할 대상인 학습자의 지역 사회, 문화적 배경을 의미함. 교수자는 이를 반드시 고려해야 함

② 전달내용(Message)

의사소통에서 전달하는 메시지를 의미하는 것으로, 속성, 내용, 처리, 구조, 코드의 영향을 받는다. 속성은 언어적, 비언어적 구성요소, 내용은 메시지 자체의 콘텐츠나 가치, 처리는 청취자가 전달되는 지식이나 정보를 용이하게 수용하도록 포장하거나 관리하는 방법, 구조는 메시지의 구성요소나 전달하는 메시지의 처음부터 마지막까지의 흐름, 암호는 전달에 사용되는 언어를 지칭한다.

속성	교수자와 학습자의 의사소통은 언어로만 이루어지지 않음. 교수자의 언어로만 진행하는 의사소통은 현실적으로 불가능함. 예를 들어, 교수자의 얼굴표정이나 몸짓 등에 변화 없이 이루어지는 설명은 학습자의 동기를 저하시킬 수 있음. 교수자는 학습자의 주의를 끌 수 있는 손 동작, 몸짓, 자세, 표정 등에 대한 고려와 고민을 해야 함. 따라서 교수자의 손 움직임, 몸짓, 자세, 표정 등은 모두 중요한 전달내용의 속성에 포함됨
내용	교수자는 자신이 전달하려는 지식이나 정보에 대한 생각을 보여주기 위해, 자신의 생각 자체를 학습자에게 보여줄 수는 없음. 교수자는 학습자에게 가르치고자 하는 아이디어나 생각을 말로 표현하고 관련 학습내용을 준비해야 함. 내용은 모든 커뮤니케이션의 중추임. 따라서 교수자는 단어를 신중하게 선택하고 수업내용을 잘 관리하는 것이 중요함. 학습내용은 학습자를 지적으로 강타할 수 있고 합리적이고 정확하고 명확해야 함
처리	교수자가 전달할 지식이나 정보를 취급하고 학습자에게 전달하는 방식. 교수자는 수업시간에 학습자에게 제시하는 전달내용의 중요성을 이해하고 그것을 처리하는 방법을 알아야 함. 예를 들어, 교수자가 수업에서 매우 중요하고 의미 있는 내용을 전달하려면, 진지하게 접근해야 하며 가볍게 지나치는 방식으로 전달내용을 다루면 안 됨. 이를 메시지 처리로 지칭하며 교수자는 수업내용이 가장 정확한 형식으로 전달되도록 메시지 전달 방법을 이해해야 함
구조	교수자는 전달하려는 내용을 한 번에 표현할 수 없음. 따라서 전달하려는 메시지를 가장 적합한 형태로 전달하려면, 가르칠 내용을 효과적이고 효율적으로 구성해야 함

암호	잘못된 암호를 통해서는 자물쇠나 금고를 열 수 없음. 비밀번호를 잊거나 잘못 누르면 이메일 계정은 열 수 없으며 보안이 설정된 문서도 열 수 없음. 같은 방식으로, 암호는 의사소통에서 정확해야 함. 예를 들어, 교수자의 몸짓, 언어, 표정은 실제로 메시지의 암호로 작용할 수 있으므로 정확해야 함. 만약, 그렇지 않으면 메시지가 왜곡되고 수신자는 올바른 정보를 해독할 수 없게 됨

③ 통신수단(Channel)

수업매체를 의미하는 것으로, 시각, 청각, 촉각, 후각, 미각 등 오감을 바탕으로 한다. 통신수단은 송신자로부터 수신자에게 지식이나 정보가 어떻게 전달하는지와 관련된 교수매체를 의미한다. 따라서 교수자는 수업을 통해서 전달하는 지식이나 정보의 형태가 오감 중 어떤 감각을 주로 사용하여 표현되는지 파악하고 여기에 적합한 수업매체를 사용해야 한다. 여기서 오감은 송신자와 수신자가 매체를 통해 소통하는 데 핵심이 되는 속성이라고 할 수 있다.

④ 수신자(Receiver)

정보원이 보낸 메시지가 수신자에게 도달하면, 수신자는 이를 이해하려고 해독과정을 수행한다. 전달받은 지식이나 정보의 원활한 흐름과 더 나은 이해를 위해서는 정보원에게 수신자와 동일한 기반, 즉 의사소통기술, 태도, 지식, 사회체계, 문화 등이 필요하다. 수신자는 상기와 같은 속성들의 영향을 받으며 전달받은 지식이나 정보를 이해하고 해석한다. 이와 같은 SMCR모형은 기존의 시각, 청각 중심의 관점에서의 교수학습활동을 보다 종합적으로 분석하고 탐색하는 계기를 마련해 주었다. 또한, 학교교육현장에서의 교수자와 학습자 간의 의사소통과 매체활용에 대한 이해도를 높이는 데 도움을 준다.

나. 통신모형

Schannon & Schramm의 통신모형은 기본적으로 송신자와 수신자의 '경험의 장'에 초점을 두며 여기에서 이루어지는 메시지 전달 과정을 다루고 있다. 이와 더불어, 송신자와 수신자 간의 '경험의 장' 차이에서 유발되는 소음과 수신자로부터 송신자로 이어지는 피드백 등의 요소를 포함하고 있다. 여기서 송신자, 수신자, 메시지,

기호화, 부호화 등의 구성요소 및 의미는 앞에서 살펴본 Berlo의 SMCR모형과 유사하다. 다만, 잡음과 피드백이라는 경험의 장으로부터 도출되는 물리적, 정서적 방해요인과 수신자로부터 송신자에게 역으로 전달되는 피드백 등의 의미는 의사소통의 구성요소라기보다는 의사소통의 과정에서 나타나는 현상이라고 할 수 있다. 이와 같은 Schannon & Schramm의 통신모형은 의사소통의 구성요소에 중점을 둔 Berlo의 SMCR모형과는 구별된다(변영계 외, 2011). Schannon & Schramm의 통신모형을 학교현장에서 적용하여 설명하면 다음과 같다.5)

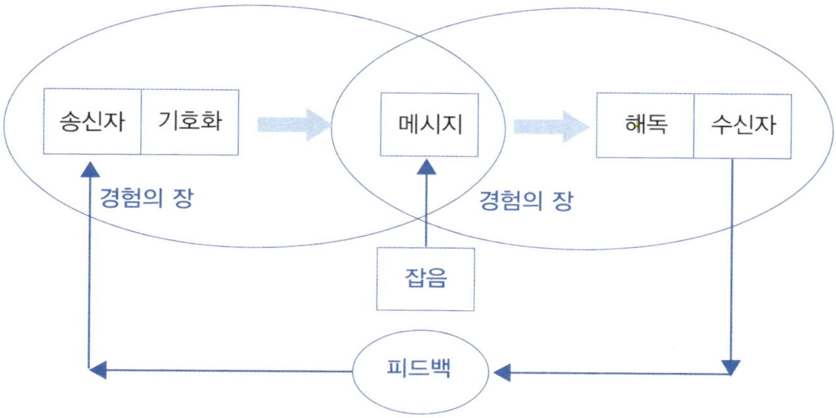

[그림 10-2] **의사소통모형(Schannon & Schramm, 1964)**

① 교수자와 학습자 간의 소통

교수자와 학습자는 각각의 경험의 장을 지니고 있다. 그런데, 교수자가 지닌 경험의 장과 학습자가 지닌 경험의 장은 양적인 측면과 질적인 측면에서 동일하지 않다. 또한, 여기서 의미하는 경험의 장은 인간 개인으로서의 경험의 장이라기보다 교실수업에서 다루어지는 내용이나 지식과 관련된 경험의 장을 의미한다. 이와 같은 관점에서 볼 때, 교수자의 경험의 장은 학습자의 경험의 장보다 넓을 수밖에 없다. 그런데, 교수자와 학습자 간의 소통이 발생하기 위해서는 교수자의 경험의 장과 학습자의 경험의 장이 겹치는 부분, 즉 교집합이 있어야 한다. 교수자

5) 학교현장에서의 의사소통, 즉 교수자와 학습자 간의 소통에 중점을 드고 제시

의 경험의 장이 아무리 넓다고 하더라도 학습자의 경험의 장과 공유하는 부분이 없다면, 소통은 발생하지 않는다. 예를 들어, 중학교 수학시간을 생각해보자. 교수자가 2차 함수에 대해서 설명을 하는데, 학습자 대부분이 '지금 선생님이 무슨 말을 하고 있지?' 하는 느낌으로 '멍'하니 앉아 있다면, 교수자와 학습자 간의 소통은 일어나지 않는다고 볼 수 있다. 또한, 이와 같은 현상은 교수자의 경험의 장이 작기 때문이 아니라 학습자의 경험의 장과 공유하는 측면이 없기 때문이다. 이를 도식화하여 제시하면 다음과 같다.

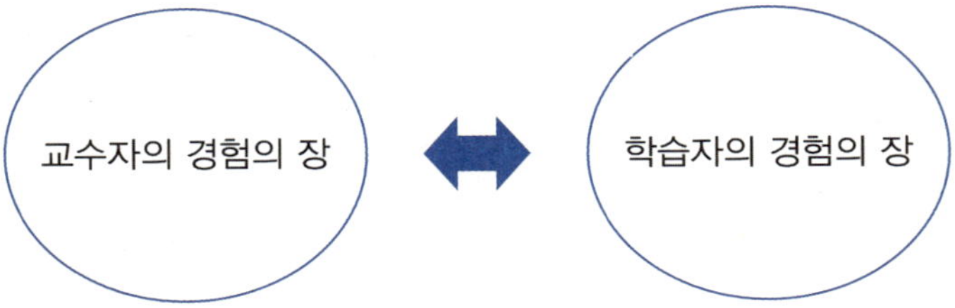

[그림 10-3] '교수자의 경험의 장'과 공유하지 않는 '학습자의 경험의 장'

앞에서도 언급한 것처럼, 교수자의 경험의 장이 학습자보다 상대적으로 넓어도 떨어져 있으면 소통은 일어나지 않는다.

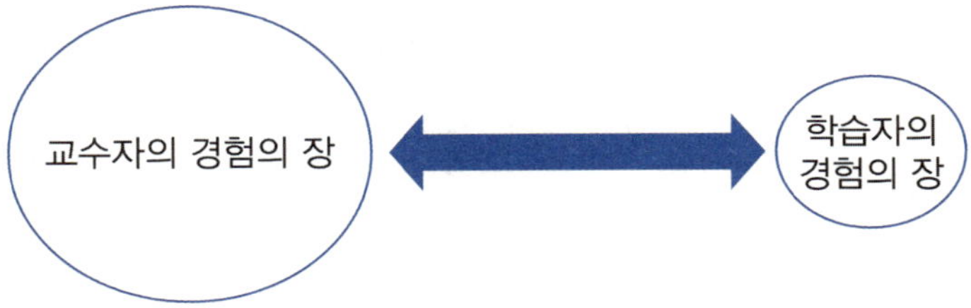

[그림 10-4] 실제 교육현장에서 상호 공유하지 않는 교수자와 학습자의 '경험의 장'

② 교수자와 학습자 간의 완벽한 소통모형

교수자와 학습자의 소통이 가장 완벽하게 이루어지는 것은 가능한가? 만약, 가능하다면, 어떤 모습일까? 물론, 현실적으로 교수자와 학습자 간의 소통이 완벽하게 이루어지는 것은 불가능하다. 혹시, 여러분 중에서 여러분과의 소통이 원활하게 잘되는 주변 동료들이 있으면, 한 번 생각해보기 바란다. 아마 여러분들과 연령대나 성향, 취미, 기타 다른 특성이 비슷하여 소통이 잘 되는 동료들이 몇 명 정도는 있을 것이다. 그런데, 완벽하게 소통이 되는 동료들은 거의 없을 것이다. 특히, 여러분과 연령대나 성향, 취미 등이 상이한 동료들과의 소통이 원활한 경우는 극히 드물 것이다. 따라서 연령대와 기본적인 성향이 상이한 교수자와 학습자 간의 원활한 소통은 쉽지 않다. 그렇다면, Schannon & Schramm의 통신모형에 기초하여, 원활한 소통이 가능한 방법은 없을까? 다음의 전제 조건을 충족하면 이론적으로는 가능할 것이다. 교수자가 자신의 경험의 장을 학습자의 경험의 장이 있는 공간으로 이동 시켜서, 학습자의 경험의 장을 완전히 포함하는 것이다. 그런데, 여기에서 중요한 것은 두 경험의 장을 포개는 것이 아니라 교수자의 경험의 장이 학습자가 있는 공간으로 이동하는 것이다. 이를 위해서는 학습자 분석을 통해, 학습자의 특성, 흥미 등을 고려하여 소통해야 한다. 여기서 중요한 것이 수업매체의 활용이다. 교수자가 학습자의 흥미 및 동기유발, 학습목표 도달에 효율적으로 활용할 수 있는 매체를 활용하여 지식과 정보를 제공하는 방식으로 소통한다면, 보다 완벽한 소통이 가능할 것이다. 교수자와 학습자의 간의 완벽한 소통이 가능한 상황을 도식화하여 제시하면 다음과 같다.

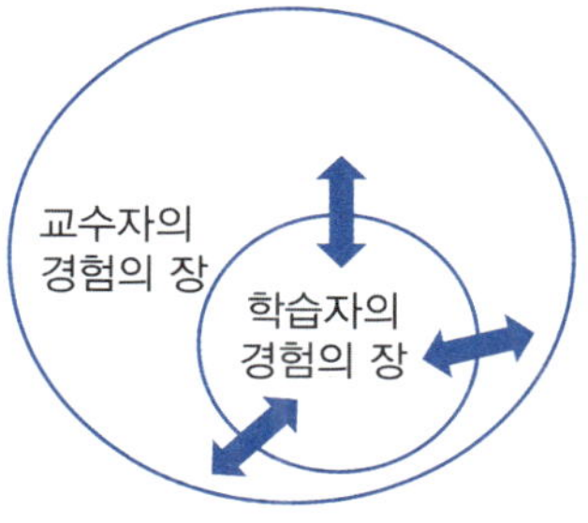

[그림 10-5] 교수자와 학습자 간의 완벽한 소통모형

③ 잡음

잡음은 교실환경, 집단크기에 따른 물리적 측면과 메시지나 매체의 적절성 및 정확성과 관련된 심리적인 측면으로 구분한다. 물리적 측면의 잡음은 직접 들리거나 외적으로 체감할 수 있는 것으로, 주변의 떠드는 소리, 교실 내외에서의 학습방해와 관련된 소음을 의미한다. 심리적 측면의 잡음은 메시지나 매체의 부적절성, 부정확성에 따른 소음으로, 체감할 수는 없지만, 교수자와 학습자 간의 소통을 방해하는 소음이다. 소음의 최소화는 물리적 환경 차원의 수업 분위기 조성, 심리적 측면에서의 안정성, 그리고 정확성 높은 수업매체의 활용을 통해 가능하다. 그러나, 물리적, 심리적 소음을 완전히 제거하는 것은 불가능하다. 교수자는 수업매체의 활용을 통해 학습활동을 방해하는 물리적, 심리적 소음을 최소화시켜 교수자와 학습자 간의 원활한 소통이 가능하도록 조처를 해야 한다.

④ 피드백

학습자는 수신자로서 교수자로부터 전달받은 지식이나 정보들을 수용하고 해석하며 나름대로 종합, 평가한 후 교수자에게 피드백을 제공하게 된다. 피드백은 가벼운 눈 맞춤이나 끄덕임부터 질문, 문의까지 다양한 방식으로 나타낼 수 있다. 교수자는 학습자의 피드백을 통해서 자신이 보낸 메시지에 대한 반응을 파악할 수 있다. 또한, 교수자는 피드백을 통해 전달하려는 지식이나 정보의 양, 해독의 문제, 소음에 따른 문제 등을 파악하고 해당 요소들을 제거하는 소극적인 방식이나 메시지 전달 방식에 대해서 수정·보완할 기회를 얻게 된다.

다. 교육적 의사소통에서의 수업매체

지금까지 수업매체와 관련된 대표적인 의사소통모형을 살펴보았다. 또한, 여기서 수업매체가 메시지를 전달하는 수단으로써 중요한 역할을 하고 있음을 이론적으로 확인하였다. 앞에서도 언급하였지만, 교수학습과정은 교수자와 학습자 간의 의사소통 과정이다. 따라서 의사소통 과정에서의 수업매체의 기여 정도는 학교현장에서 이루어지는 교수학습과정에서의 수업매체의 기여도와 밀접한 관련성을 지니고 있다. 교수자와 학습자 간의 교육적 의사소통에서 수업매체가 제공할 수 있는 효과성을 제시하면 다음과 같다(박숙희, 염명숙, 2009; 유승우 외, 2013; Kemp & Smellie, 1989). 여기서는 기존의 수업매체에 대한 기여도를 바탕으로, 현실에 적합하게 수정하여 제시하였다.

① 교수활동의 표준화

수업매체를 활용한 수업에 참여하는 학습자들은 동일한 메시지를 전달받게 된다. 교수자 중심의 수업에서는 교수자의 경험이나 지식, 정보의 차이에 따라 수업의 양과 질에 차이가 나타날 수 있다. 그러나 수업매체를 활용하게 되면 교수자 간의 차이와 전달방식에 따른 차이를 최소화한 표준화된 수업이 가능하게 된다. 특히, 온라인 동영상 수업을 통해, 양질의 표준화된 교수활동 제공이 가능하다.

② 교수학습의 효과성

수업매체에 학습내용을 체계적이고 의미 있게 조직하여 제작하면 교수학습의 효과를 높일 수 있다. 특히, 학습자의 참여를 유도하는 실제적인 사례, 피드백, 강화를 포함하는 수업매체를 통해 학습자와의 효과적인 상호작용, 파지와 전이 증진에 도움을 받을 수 있다. 특히, LMS에 탑재된 다양한 콘텐츠를 통해, 잘 모르거나 미흡한 부분의 반복학습이 가능하며 이를 통해 교수학습의 효과성을 높일 수 있다.

③ 교수학습의 효율성

수업매체를 통해 지식이나 정보를 전달하는 데 소요되는 시간을 절약할 수 있다. 특히, 수업매체는 교수자 중심의 강의와 비교하여 학습자의 감각을 자극하여 다양한 지식이나 정보를 더욱 빠르고 효율적으로 제시할 수 있다. 특히, 수업에 필요한 구체적이고 다양한 관련 자료를 빠른 시간 내에 제시하여 수업의 효율성을 높일 수 있다. 또한, 온라인학습을 통해 효율적인 교수학습이 가능하다.

④ 교수학습의 매력성

수업매체는 학습자에게 수업내용을 매력적으로 인식하게 한다. 수업매체는 학습자의 주의 및 흥미를 유발하는 매력적인 특성이 있다. 교수자는 수업매체를 통해, 학습자의 주의를 집중시키고 학습 동기 및 참여를 유발시킬 수 있다. 특히, 수업매체에서 제공하는 역동적인 영상, 특수 효과 등은 학습활동을 즐겁고 인상 깊게 접근하게 하며 자발적인 사고를 촉진하는 데 도움을 준다. 인공지능이나 메타버스 등 최첨단 매체를 통한 흥미로운 학습도 가능하다.

⑤ 교수학습의 학습자 개별화

학습자 개별 접근 및 활용이 가능한 비디오나 오디오 형태의 수업매체를 통해 학습자가 원하는 시간과 장소에서의 학습이 이루어질 수 있다. 특히, 인터넷이 연결된 컴퓨터나 모바일 디바이스를 통해, 시공간이 다른 교수자와 학습자 간의 개별적인 학습이 가능하다.

⑥ 교수자 역할의 바람직한 변화

동일한 내용을 여러 차례 반복하여 설명하거나 가르쳐야 할 경우, 녹화된 영상이나 관련 자료의 제공으로 교수자의 부담을 최소화할 수 있다. 학습자 수준에 따른 보충학습이나 심화학습을 수업매체를 통해 효과적인 교수활동을 수행할 수 있으며 교수자는 직접적인 도움이나 지원이 필요한 학습자에게 초점을 두고 많은 시간을 할애하여 지도할 수 있다. 온라인학습플랫폼을 바탕으로, 방과 후에도 의미 있는 교수와 학습을 할 수 있다.

⑦ 학습자의 학습태도

학습자의 학습 촉진과 지적 활동에 도움을 줄 수 있다. 교수자가 수업내용 전달을 위해 매체를 활용하는 것처럼, 학습자도 학습을 위해 매체를 활용할 수 있다. 특히, COVID-19와 같은 비상상황에서도 수업매체를 통해, 학습자는 자기주도적이고 효과적인 학습활동 참여가 가능하다. 또한, 줌(Zoom)과 같은 영상매체를 통해, 교수자와 학습자 간의 실시간 원격수업도 가능하다.

4. 수업매체의 선정 및 활용

가. 수업매체의 유형

기술발달에 따라 학교교육현장에서는 다양한 매체가 활용되고 있다. 예를 들어, 교수자는 과목의 특성, 수업목표, 학습자 특성 등을 고려하여 직접 수업자료를 개발하거나 기존 자료를 선정하여 활용한다. 또는 기존의 자료를 일부 수정, 보완하여 활용하기도 한다. 그런데, 수업매체의 효과적인 활용을 위해서는 각 매체가 지닌 속성이나 특성에 대한 명확한 이해가 필요하다. 이에 따라 교수자는 시각매체, 청각매체, 상호작용 매체 등 유형별 특성을 이해하고 각 특성에 적합한 자료를 제작하거나 선정하여 활용할 필요가 있다. 그런데, 수업매체의 유형은 이를 구분하는 기준에 따라 다양하다. 예를 들어, 수업매체의 활용 목적, 또는 매체 전문가, 교수 전문가, 학자 등과 같은 전문가에 따라 수업매체의 유형은 다양하게 제시될 수 있다. 이처럼, 수업매체의 유형은 다양하게 제시할 수 있지만, 크게 ①호반(Hoban, 1937), ②데일(Dale, 1969)과 같은 전문가 분류와 매체가 제공하는 ③상징체계, ④자료 속성 등에 따라 구분할 수 있다.

① 호반(Hoban)의 분류

호반은 지적 경험의 일반화에 초점을 두고 자료의 사실성 정도에 따라 시각자료를 분류하였다. 따라서 호반의 분류는 수업매체의 분류라기보다는 시각자료에 대한 분류라고 보는 것이 보다 정확할 것이다. 그러나 호반의 분류는 최초로 수업매체를 분류할 수 있는 기준을 제시하였으며 사실성 측면에서 매체를 바라볼 수 있는 기준을 제안하였다는 데에 의의가 있다. 사실성 정도는 추상적인 것의 구체화를 의미하는 것으로, 추상적인 것을 얼마나 구체적으로 전달할 수 있는가에 의해 가치가 결정됨을 지칭한다. 호반의 분류는 실제 사실에 가까울수록 더욱 정확한 전달이 가능하며 추상적일수록 학습자의 이해에 어려움을 줄 수 있다고 가정한다. 따라서 학습자의 학습과 이해 정도가 효과적으로 이루어지기 위해서는 구체적인 자료를 먼저 제시하고 점차 추상도를 높이는 방향으로 제시해야 한다. 이처럼, 호반의 분류는 시각자료의 구체적－추상적 계열화의 기초를 제공하며, 시각자료를 활용하고자 하는 교수자에게 활용의 방향성을 안내해주고 있다. 그런데, 여기서 한 가지 고민해보아야 할 점은, 자료가 구체적일수록 정해진 시간에 제공하는 자료의 종류는 줄어들 가능성이 있다. 이에 반해, 자료가 추상적일수록 정해진 시간에 제공하는 자료의 종류는 증가할 가능성이 있다. 또한, 자료 제공과 관련된 비용은 구체적일수록 증가할 가능성이 있다. 예를 들어, '호랑이'라는 동물의 속성을 학습하는 수업에서, 추상적인 자료인 '언어'로 표현하는 것이, 직접 '호랑이'를 관찰하러 동물원에 가는 것보다 비용은 적게 든다. 또한, 교수자의 자세한 설명(언어)과 관련 그림이나 사진자료를 통해 '호랑이'의 구체적인 속성을 설명하는 것이, 교수자의 구체적인 설명 없이 '호랑이'를 직접 관찰하는 것보다 효과적일 수도 있다. 물론, 학습자는 구체성이 높은 자료일수록 해당 자료와 관련된 내용을 '생생하게' 습득할 수 있다. 호반의 시각자료 분류를 제시하면 다음과 같다. 그런데 여기서 우리는 한 가지를 생각해 볼 필요가 있다. 지금 호반의 분류에 관해서 설명(언어, 문자)하면서 동시에 아래에 [그림 10－6]으로 표현하였다. 상기 설명을 보고 아래 [그림 10－6]을 보면, 호반의 분류에 대한 이해가 보다 용이하게 다가올 것이다. 그런데, 설명 없이 [그림 10－6]만 본다면 어떠하겠는가? 아니면, [그림 10－6] 없이 설명만 본다면 어떠하겠는가? 잠시 생각해보기 바란다.

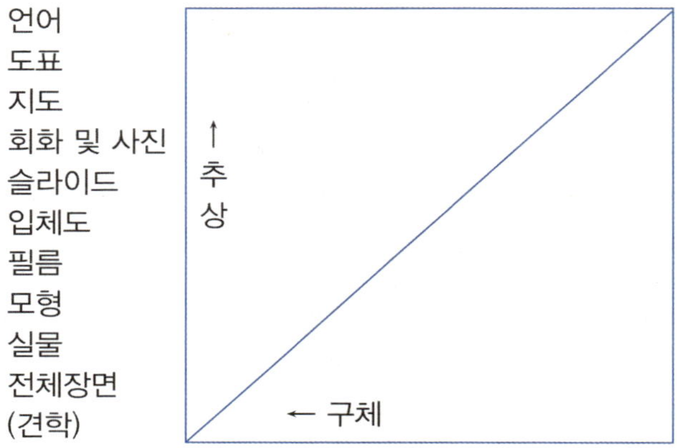

[그림 10-6] 호반의 시각자료 분류 기준

② 데일(Dale)의 분류

데일은 호반의 시각자료 분류 기준을 바탕으로 체계적인 분류 기준을 제시하였다. 데일은 학습자가 지닌 경험을 상징, 영상, 행동의 세 가지 단계로 구분하고 이를 바탕으로 경험의 원추(cone of experience)라는 모형을 제안하였다. 여기서는 학습자의 경험에 위계적인 단계가 있는 것으로 보고, 행동적 단계 → 영상적 단계 → 상징적 단계로 세분화하였다. 예를 들어, 행동적 단계는 학습자의 직접적인 경험에 기반하는 것으로 직접적으로 체험한 경험, 구성된 경험, 극화된 경험으로 분류할 수 있다. 영상적 단계는 학습자가 시청각 자료를 통해 매개한 경험이나 관찰에 기반하는 것으로 시범, 견학, 전시, TV, 영화, 녹음, 라디오, 사진 등을 통한 경험으로 제시한다. 상징적 단계는 학습자가 추상적이거나 상징적인 자료를 통해 이해하거나 개념을 형성하는 것으로 시각기호, 언어기호 등을 통한 경험으로 제시한다. 데일의 분류는 구조화된 지식을 인식하는 학습단계를 행동적, 영상적, 상징적 표현양식으로 구분한 브루너(Bruner)에 의해 보완되었다. 이처럼, 데일의 분류는 호반의 분류를 기초로 제시된 모형으로 대부분 호반의 분류를 체계화한 것으로 보인다. 그런데, 여기서 한 가지 다른 측면이 있다. 잠시, 두 모형을 비교해 보기 바란다. 발견하였는가? 아마 쉽게 발견할 수 있었을 것으로 생각한다. 두 모형의 가장 큰 차이는 학습자의 참여 정도에 있다. 예를 들어, 호반의 모형에서는 학습자의 참여보다는 매체가 지닌 구체성과 추상성 자체에 초점을 두는 경향이 있다. 이에 반해, 데일의 모형에서는 학습자 참여라는 측면을 새롭게 도입하였다. 이에 데일의 모형을 경험의 원추 모형이라고 지칭하기도 한다. 그런데, 여기서 흥미로운 점을 하나 더 발견할 수 있다. 흥미로운 점이 무엇인지 찾아볼 수 있는 시간적 여유가 있으면, 잠시 두 모형의 세부 사항을 비교하여 탐색해 보기 바란다. 찾았는가? 만약 찾았다면, 당신은 비교분석의 역량을 지닌 인재일지 모른다. 두 모형의 세부 사항을 비교해 보면, 몇 항목에서 위계에 차이가 있음을 확인할 수 있다. 예를 들어, 호반의 모형에서는 견학을 가장 구체적인 매체로 분류했지만, 데일의 모형에서는 중간 정도에 위치하는 것으로 나타난다. 또한, '모형'의 경우, 호반에서는 시각 자료의 하나로서 지칭한 반면, 데일에서는 행동적 경험에 위치하는 것으로 제시하고 있다. 다소 시간적인 여유가 있을 때, 두 모형의 공통점과 차이점, 그리고 그것이 의미하는 바를 생각하고 정리한다면, 매체의 분류에 대한 여러분들의 시각을 한 단계 높이는 계기로 작용할 것이다.

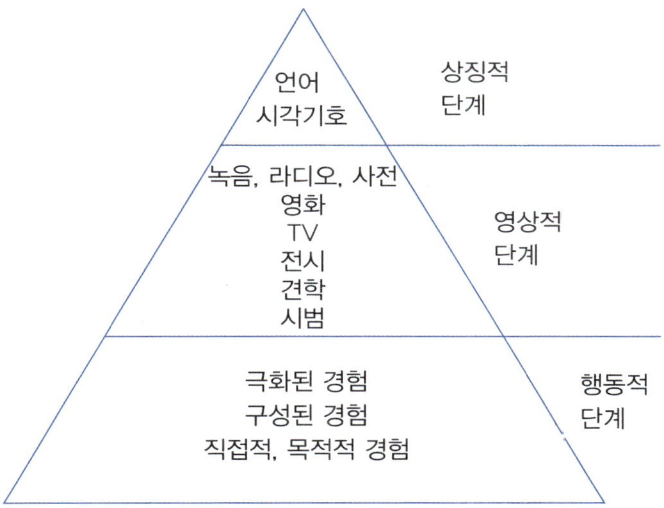

[그림 10-7] 데일의 경험의 원추와 세 가지 단계

③ 상징체계에 따른 분류

상징체계를 기준으로 매체가 사용하는 정보의 형태에 따라 시각, 청각, 시청각, 상호작용으로 구분할 수 있다. 이를 구체적으로 제시하면 다음과 같다.

〈표 10-3〉 상징체계에 따른 분류(유승우 외, 2013, p.266)

분류		종류	주요 특징
시각	비투사	실물, 모형, 차트, 그래프, 포스터, 만화	광학적, 전기적 투사방법 불용
	투사	슬라이드, OHP, 실물화상기	광학적, 전기적 투사방법 사용
청각		CD, 라디오, 녹음기, MP3 플레이어	청각적인 정보 전달
시청각		VTR, 영화, TV, 슬라이드, 녹음기	시각, 청각 정보 동시 활용
상호작용		CAI, 상호작용 비디오, 멀티미디어, 쌍방향 TV	컴퓨터를 기반으로 학습자와의 상호작용 가능

최근에는 인터넷 기반의 다양한 디바이스를 통해 시각, 청각, 시청각, 상호작용 등 모든 정보 형태를 사용할 수 있게 되었다. 따라서, 학교현장에서의 매체는 대부분 인터넷 기반의 디바이스로 일원화하는 경향이 있다. 그러나 우리는 교수자로서 시각, 청각, 시청각, 상호작용 매체가 지닌 특성이 무엇인지에 대해 명확히 파악하면서 인터넷 기반의 디바이스를 활용할 필요가 있다. 특히, 각 상징체계가 지닌 고유한 특성을 고려하여, 수업목표 도달에 효과적인 방향으로 매체를 활용할 필요가 있다.

④ 자료 속성에 따른 분류

매체가 전달하는 자료의 속성에 따라 아날로그와 디지털로 구분할 수 있다. 먼저, 아날로그(Analog)는 연속적으로 변화하고 있는 물리량을 실제와 유사하게 표현하는 것을 의미한다. 아날로그의 의미가 "유사하다"라는 의미를 지칭하는 '아날로거스(Analogous)'에서 유래한 단어라는 점을 유추하면, 아날로그의 속성을 쉽게 발견할 수 있다. 이에 반해, 디지털은 구체적인 물질(atoms)이 아니라, 0과 1로 구성된 이진수 형태로 정확하게 처리된 비트(bits)의 방식으로 전송하는 전자적 정보를 의미한다(최혜실, 1999). 디지털은 사람의 손가락, 또는 동물의 발가락이라는 뜻을 지닌 디지트(digit)에서 유래한 단어이다. 이와 같은 아날로그와 디지털의 의미를 지닌 자료의 속성에 따라 아날로그 매체와 디지털 매체로 구분할 수 있다. 예를 들어, 이전의 아날로그 TV, 라디오, 녹음기, 카메라 등은 모두 아날로그 매체라고 볼 수 있다. 물론, 지금은 기존의 아날로그 매체가 대부분 디지털로 전환되었다. 즉, 기존의 아날로그 TV, 라디오, 녹음기, 카메라 등은 모두 디지털 TV, 라디오, 카메라로 대체되었다. 혹시, 여러분 중 이전에 사용하였던 필름을 넣어 사용하는 카메라를 본 적이나 사용해 본 경험이 있는가? 또는, 인터넷이 아니라 안테나를 연결하여 전파를 수신하는 TV를 본 적이 있는가? 상기와 같은 매체는 모두 아날로그 자료를 사용한 아날로그 매체이다. 이와 같은 아날로그 매체는 점차 사라지고 있으며 유무선 인터넷이 연결된 스마트 디바이스와 같은 디지털 매체로 바뀌고 있다. 또한, 이와 같은 디지털 매체는 0과 1로 이루어진 비트 방식으로 자료를 제작하고 전송, 저장한다. 아날로그 매체의 경우, 자료의 저장과 제작, 전송에 많은 비용이 들었으며 기존 자료를 새롭게 수정보완하는 것이 쉽지 않았다. 이에 반해, 디지털 매체의 경우, 아날로그와 달리 자료의 저장과 전송이 용이하며 기존 자료를 수정보완하여 사용하는 것이 용이하다. 그러나 여기서 우리가 교수자로서 유의해야 할 점이 있다. 자료의 속성 자체에 초점을 두기보다는 해당 자료가 수업목표 도달에 효과적이고 효율적인 도움을 줄 수 있는 자료인지에 중심을 두어야 한다. 또한 해당 자료의 속성에 적합한 매체를 선정하여 활용할 필요가 있다. 특히, 자료와 이를 전달하는 매체는 하나의 수단이며 그 자체가 목적이 아니다. 교수자로서 이 점에 유의하면서 매체를 활용할 때, 정해진 수업목표 도달에 도움을 받을 수 있을 것이다.

나. 수업매체와 수업자료의 선정 시 고려 사항

지금까지 수업매체에 대해 학습을 하면서 매체와 자료의 의미가 다소 혼용되어 사용되고 있음을 인지하였을 것이다. 실제로 학교현장에서는 수업매체와 수업자료의 의미가 구분되기보다는 혼용되는 경향이 있다. 예를 들어, 교수자가 정해진 수업목표의 효율적인 도달을 위해 사진자료를 사용한다면, 그 사진자료는 인쇄매체인 동시에 인쇄자료라고 볼 수 있다. 이처럼, 수업매체와 수업자료가 하나의 개념으로 사용될 수도 있다. 또한, 교수자가 컴퓨터를 통해 '동영상 자료'를 사용한다면, 컴퓨터는 수업매체이며 동영상 자료는 수업자료이다. 그런데 그 수업자료가 컴퓨터 저장소나 인터넷을 통해 연결할 수 있는 교수사이트에 있다면, 해당 매체가 수업자료로 인식될 수 있으며 해당 자료가 매체로 간주될 수 있다. 이와 같은 현실을 고려하면, 앞으로는 수업매체와 수업자료가 하나의 의미로 인식되고 사용될 가능성도 있다. 그러나, 앞에서도 언급한 것처럼, 협의적인 차원에서 볼 때, 수업매체와 수업자료는 의미상으로 명확하게 구분되는 개념이다. 물론, 광의의 의미로 볼 때, 수업매체와 수업자료는 하나일 수도 있으며 함께 사용하는 경우가 많기 때문에 하나의 의미로 볼 수 있다. 그렇다면, 학교교육 현장에서 교수자는 어떤 기준으로 수업매체와 수업자료를 선정할 수 있는가? 수업매체와 수업자료가 수업목표 도달의 효율적이고 효과적인 수단으로 활용되기 위해서 고려할 사항은 무엇인가? 수업매체와 자료의 선정 시 고려 사항을 구체적으로 제시하면 다음과 같다.

① 수업목표

수업매체와 수업자료의 본질은 효과적이고 효율적인 수업목표 도달에 도움을 주는 것이다. 우리가 KTX를 활용하여 광주나 부산에 가고자 한다면, 부산이나 광주는 목적지이고 KTX는 교통수단이다. 여기서 교통수단은 비행기, 자가용, 고속버스, 기차 등으로 바뀔 수 있다. 그런데, 혹시 여러분들 중에서 KTX를 타기 위해서 부산이나 광주를 가려는 분들이 있는가? 아마, 이런 질문을 직접 강의시간에 하면, 다음과 같은 응답이 나올 가능성이 있다. "교수님, 저는 해외여행갈 때, 여행지에 도착하는 것도 중요하지만 비행기를 타고 기내식을 먹거나 또는 면세품울 구매하는 것도 중요하게 생각합니다." 만약, 여러분이 교수자로서 상기와 같은 대답을 듣는다면 무엇이라고 다시 응답해 줄 것인가? 한 가지 확실한 것은, 수단은 목표를 넘어설 수 없으며 목표에 종속된다는 것이다. 아무리, 기내식이 좋고 비행기 타는 것이 좋고, 면세품 구입이 좋아도, 해당 여행지에 도착하지 못하고 중간에 회항한다면, 기분이 어떨까? '목포'에 가기 위해 KTX를 타고 가는 동안의 기차밖 풍경을 즐길 수는 있지만, 해당 KTX가 '목포'에 도착하지 못한다면 기분이 어떨 것인가? 교수자가 교수매체나 자료를 활용할 때도 마찬가지이다. 교수매체나 자료자체가 매력적이고 즐거움을 주는 것은 의미 있지만, 해당 매체나 자료가 정해진 수업목표 도달에 효과적이지 못한다면 추후 동일한 목표 도달을 위해 사용되지 못할 것이다. 따라서 교수자는 수업매체와 수업자료를 선정할 때 해당 수업의 목표가 무엇인지를 반드시 고려해야 한다. 수단은 목표에 따라 달라지며 해당 목표에 종속된다는 점에 유의해야 할 것이다.

② 교수자 역량

교수자의 역량은 수업매체나 자료 활용에서 중요한 전제조건이다. 수업목표 도달에 효과적인 새로운 매체가 있지만, 교수자가 해당 매체를 익숙하게 다룰 역량이 없다면, 해당 매체는 적합하다고 볼 수 없다. 예를 들어, 메타버스를 활용한 수업을 계획하는 교수자가 메타버스라는 새로운 매체에 대한 역량이 부족하다면, 사용하기 쉽지 않다. 교수자의 역량에 따라 활용하는 매체나 자료 등이 다르게 나타날 수 있다. 따라서 교수자는 매체나 자료를 선정할 때, 자신의 역량을 고려할 필요가 있다. 또한, 교수자는 새로운 매체 중 수업에 효과적이고 효율적으로 활용 가능한 매체가 있다면, 해당 매체를 사용하는 방법에 대한 연수와 주변 동료들의 도움을 통해 활용 방법을 습득할 필요가 있다. 교수자는 가르치는 존재인 동시에 수업에 필요한 혁신적인 방법이나 새로운 도구의 사용방법을 배우는 존재이다. 따라서 주변에 효과적으로 활용하고 있는 매체가 있다면, 해당 매체를 다룰 수 있는 활용 방법에 대한 연수를 받을 필요가 있다.

③ 학습자 특성

수업매체나 수업자료는 학습자의 특성에 적합해야 한다. 특히, 여기서는 수업매체 자체보다는 수업자료와 더욱 긴밀한 관련이 있다. 또한, 이와 관련된 학습자 특성은 주로 연령, 학년, 지적 수준 등과 관련이 있다. 예를 들어, 저 연령대나 저학년, 또는 지적 수준이 낮을 경우, 언어나 표와 같은 상징적이거나 추상적인 자료보다는 모형이나 표본 등과 같은 구체적인 자료를 활용하거나 견학이나 직접 체험을 하는 행동적 자료를 사용하는 것이 효과적이다. 또한, 수업매체나 자료는 학습자의 '경험의 장'을 고려하여 친근하고 쉽게 접근할 수 있어야 하며 학습동기를 유발할 수 있어야 한다. 이와 더불어, 교수자는 학습자의 수업몰입을 유발할 수 있는 학습자의 호기심과 상상력을 유발하는 데 효과적인 매체나 자료를 활용하는 방안을 고려할 필요가 있다. 그러나, 앞에서도 언급한 것처럼, 수업매체나 자료는 수업목표 도달을 위한 수단이라는 점에 유의할 필요가 있다. 따라서 교수자는 학습자의 단순한 호기심이나 주의를 유발하는 데 초점을 둔 매체나 자료 사용은 가능한 최소화할 필요가 있다. 교수자는 학습자의 지적 호기심을 유발하고 매체나 자료 사용 후 해당 수업활동에 능동적으로 참여할 수 있도록 도와주는 매체를 선정하여 사용할 필요가 있다. 이를 위해서는 학습자의 특성을 반드시 고려하여 여기에 적합한 매체를 선정할 필요가 있다.

④ 수업방법 및 전략

교수자의 수업방법이나 전략에 따라 수업매체나 자료의 선정 및 활용에 차이가 있다. 예를 들어, 교수자 중심의 강의식 수업인지, 학습자 중심의 프로젝트 기반 수업인지에 따라, 수업매체의 활용은 상이하다. 예를 들어, 문제중심으로 이루어지는 수업, 강의식 수업 등에 따라 활용하는 매체는 다르다. 또한, 학습자의 규모에 따라서도 수업매체의 활용은 다르게 나타날 수밖에 없다. 예를 들어, 수업매체나 자료는 대집단 수업, 소집단 수업, 개별 수업 등에 따라 상이하다. 교수자는 학습집단의 크기를 고려하여 파워포인트를 사용할지 개별 컴퓨터를 사용할지를 결정해야 한다. 특히, COVID-19 등으로 인해 대면수업이 불가능한 상황에서는 100% 원격으로 이루어지는 수업방법에 최적화된 수업방법 및 전략을 탐색하고 여기에 적합한 매체를 사용해야 한다.

⑤ 수업환경

여기서 의미하는 수업환경은 교수자와 학습자가 모두 인식할 수 있는 물리적인 수업장소와 시설 등을 의미한다. 기존의 전통적인 매체와는 달리, 디지털 매체를 사용하기 위해서는 기본적으로 유무선 인터넷과 전기시설을 마련해야 한다. 앞에서 언급한 수업목표, 교수자 역량, 학습자 특성, 수업방법 및 전략 등에 적합하여도 환경이나 시설이 마련되어 있지 않으면, 해당 매체를 활용하기 어렵다. 또는 활용하더라도 해당 매체가 지닌 유용한 기능을 충분히 사용하기는 쉽지 않다. 이와 같은 수업환경은 마치 보다 정확한 과학실험을 하기 위해 과학실험실이 별도로 있어야 하는 것과 같다. 이에 최근에는 디지털 매체 활용에 최적화된 스마트 교실이나 강의실을 구축한 학교들이 있다. 교수자는 이와 같은 수업환경을 고려하여 여기에 적합한 매체나 자료를 활용하는 방안을 간구할 필요가 있다.

⑥ 수업매체와 자료의 속성

지금까지 앞에서 언급한 고려 사항은 수업매체 자체보다는 매체 외 조건이나 상황에 초점을 두고 있다. 교수자는 상기와 같은 조건이나 상황을 고려한 후, 매체 자체의 속성이나 기능을 살펴보고 여기에 최적화되고 효과적인 방향으로 매체를 사용해야 한다. 수업매체는 크게 시각, 청각, 시청각, 의사소통 등으로 구분할 수 있으며 행동적 단계부터 상징적 단계로 세분화하여 제시할 수 있다. 이처럼, 수업매체는 인간의 감각 기관이나 학습자의 직접적인 참여와 관련된 속성을 지니고 있다. 따라서 교수자는 수업매체가 지닌 속성을 제대로 파악하고 여기에 적합한 자료를 선정할 필요가 있다. 또한, 교수자는 전달하고자 하는 수업자료의 속성을 제대로 전달할 수 있는 수업매체를 선정하여 활용할 필요가 있다. 교수자는 시각, 청각, 시청각, 의사소통, 학습자 활동이나 참여 범위, 자료 크기 및 색상 등을 고려할 필요가 있다. 예를 들어, 학습자에게 청각 자료를 제시할 것인지, 시각자료만 제시할 것인지, 자료의 크기는 어느 정도로 할 것인지, 학습자의 참여 수준을 어느 정도로 할 것인지에 따라 수업매체의 선정은 다르게 나타날 가능성이 있다.

다. ASSURE모형

ASSURE모형은 학교교육 현장에서의 수업매체와 자료의 체계적이고 효과적인 활용 방안을 제시한 절차적 단계를 나타낸다(Heinich et al., 2002). 여기서는 앞에서 언급한 '수업매체와 수업자료의 선정 시 고려 사항'을 보다 체계화하여 제시하고 있다. 특히, ASSURE모형은 교실수업 환경에서의 수업매체와 자료 활용에 중점을 두고 있기 때문에 다른 수업체제설계(Instructional Systems Design, ISD) 모형과는 접근 방식이 다르다. 예를 들어, ISD 모형에서는 교수과정의 전체를 다루는 경향이 있지만, ASSURE에서는 수업매체와 자료선정과 관련된 실제적인 교수자의 활동에 초점을 두고 구체적으로 기술한다. 예를 들어, ASSURE모형에서 다루는 학습자 분석이나 수업목표 진술 등은 기존의 ISD와 비슷하다고 볼 수 있지만, 교수자의 수업매체 활용과 직접적으로 연관되어 있다는 점에서 차이가 있다. 이와 같은 ASSURE모형은 ①학습자 분석(Analyze learners), ②수업목표 진술(State objectives), ③수업방법, 매체와 자료 선정(Select methods, media, and materials), ④수업매체와 자료 활용(Utilize media and materials), ⑤학습자 참여 유도(Require learner participation), ⑥평가와 수정(Evaluate and revise)으로 구성되어 있다. 그런데 ASSURE모형을 살펴보면, 수업매체 선정이나 활용 자체에만 초점을 두기보다는 수업과정 전체에서의 수업매체 선정 및 활용을 다루고 있음을 확인할 수 있다. 이에 대한 세부적인 내용을 살펴보면, 다음과 같다(Heinich et al., 2002: pp.53−82).

① 학습자 분석

학습자가 지닌 일반적인 특성, 출발점 행동, 학습양식을 별도의 검사지나 면담 등을 통해 분석하는 단계이다. 먼저, 학습자의 일반적인 특성은 나이, 성별, 지적 특성, 사회경제적 배경, 인지적 특성, 적성, 언어 및 수리 능력 등을 의미한다. 둘째, 출발점 행동은 학습자가 지닌 학습능력으로, 새로운 수업과정을 시작하기 전에 관련하여 이미 가지고 있는 지식, 기술, 태도 등을 의미한다. 셋째, 학습양식은 교실수업 환경에서 학습자의 지각, 상호작용, 정서적 반응 등에 대한 심리학적 특징을 의미한다. 학습자 분석 단계에서의 일반적인 특성 분석은 학습내용과는 직접적으로 관련되어 있지는 않지만, 매체를 활용하는 수업의 수준 결정이나 사례 선정 등 효과적인 수업전략 수립에 도움을 준다. 이에 반해, 출발점 행동 분석은 해당 수업과 직접적인 관련성을 지니며 학습자의 부족한 지식이나 기능이 무엇인지를 확인하는 데 유용하다. 또한, 학습양식 분석은 학습자가 지닌 감각적인 선호도, 불안 수준, 정보 처리 습관, 동기 등과 같은 심리적 측면을 살펴보고 매체를 선정하는 데 도움을 준다.

② 수업목표 진술

수업목표를 구체적으로 진술하고 목표 도달에 적합한 수업매체를 선정하고 이와 관련된 환경 및 평가 준거를 제시하는 단계이다. 여기서는 교수자 측면보다는 학습자의 성취에 초점을 두고, 수업 후 학습자가 무엇을 할 수 있는지의 관점에서 기술해야 한다. 물론, 수업목표는 일반적으로 교과서나 교사지침서 등에서 그대로 추출하거나 교수자가 직접 개발하여 활용할 수 있다. 다만, 여기서 중요한 것은 메이거(Mager)의 목표 진술처럼, 학습자, 행동, 조건, 평가준거 등이 포함되도록 구체적으로 작성해야 한다. 예를 들어, 구체적인 수업목표는 학습대상의 명확성, 관찰 가능한 행동으로 성취목표 진술, 학습목표 도달에 소요되는 자원, 시간 및 제약, 학습목표 도달 여부의 기준 등을 포함한다. 이와 같은 수업목표 진술은 교수매체 및 자료의 활용 방안에 대한 방향 설정에 도움을 줄 수 있다.

③ 수업방법, 매체와 자료 선정

기존에 효과적으로 활용한 수업방법 및 수업매체를 탐색하고 선정하는 단계로, 수업목표에 적합하게 수업매체와 자료를 수정·보완하거나 새롭게 제작하는 단계이다. 학습자 분석과 수업목표 진술 등 앞의 두 단계를 거치면서, 수업의 출발점과 도착점을 수립한다. 예를 들어, 교수자는 상기와 같은 두 단계를 바탕으로, 학습자의 수업목표 도달에 적합한 수업방법을 수립한다. 또한, 교수자는 선정한 수업방법을 시행하는 데 최적의 수업매체를 선정한다. 교수자는 수업매체가 지닌 특성을 파악하고 수업목표 도달과 내용 전달에 가장 효과적인 수업매체를 선정한다. 이와 같은 과정이 마무리되면, 수업자료를 선정한다. 특히, 수업자료 선정은 ASSURE모형의 실제적이고 중요한 과정으로, 교수자는 기존 자료 선정, 기존 자료의 수정 및 보완, 새로운 자료의 설계 및 보완 등의 활동을 한다. 최근, 대부분의 수업매체가 디지털화되었으며 이로 인해 자료의 수정·보완이 이전보다 용이하다. 따라서 교수자는 새로운 자료의 제작보다는 기존 자료를 탐색하고 선정하여 활용하는 것이 효율적일 수 있다. 수업자료의 선정은, 교육과정과의 일치여부, 자료의 정확성 및 최신성, 분명하고 명확한 언어 사용, 학습흥미 유발 및 유지, 학습자 참여 유발, 기술적 품질, 자료의 효과성 검증, 의도적인 편견 배제, 사용자 안내 등을 고려할 필요가 있다.

④ 수업매체와 자료 활용

수업시간에 수업매체와 자료를 직접 활용하는 단계로, 실제 수업에서 수업매체와 자료를 활용하는 세부적인 방법을 계획하고 실행한다. 교수자는 수업매체 및 자료를 활용하기 전에 관련 내용의 확인과 연습을 해야 한다. 예를 들어, 교수자는 수업 전에 수업매체 및 자료를 점검하고 수업 중 어떻게 제시할 것인지에 대해 세부 계획을 수립하고 미리 연습을 한다. 이와 더불어, 교수자는 매체와 자료 활용 관련 교실환경을 사전에 점검하고 정비한다. 특히, 기존과 다른 새로운 수업매체를 활용할 경우, 교수자는 능숙하게 다룰 수 있을 정도로 연습을 해야 한다. 또한, 교수자는 학습자에게도 수업시간에 활용할 예정인 매체에 관한 정보를 사전에 알려주어 낯설지 않도록 배려할 필요가 있다. 상기와 같은 모든 준비가 완료된 후, 교수자는 해당 수업시간에 수업매체 및 자료를 활용한 수업을 실시한다.

⑤ 학습자 참여 유도

수업매체 및 자료를 활용한 수업에서 학습자의 참여 및 활용을 유도할 수 있는 활동을 준비하고 시행하는 단계이다. 앞에서도 언급하였지만, 수업매체 및 자료의 활용은 수업목표 도달을 위한 효과적인 과정이며 효율적인 수단이다. 따라서 학습자의 참여는 수업목표 달성과 밀접한 관련성을 맺으면서 나아가야 한다. 수업은 교수자와 학습자의 상호작용으로, 수업매체 및 자료 활용은 학습자의 능동적인 상호작용 참여에 긍정적인 역할을 한다. 예를 들어, 교수자는 토의, 퀴즈, 연습문제 등을 제공하면서 학습자들이 학습한 내용을 실습할 수 있는 기회를 마련해줄 필요가 있다. 또한, 학습자의 적극적인 반응을 유발할 수 있는 자료를 제공하고 이를 바탕으로 연습의 기회를 제공한다. 교수자는 학습자의 미흡한 부분에 대한 적절한 피드백 제공을 통해 학습자의 수업참여 기회를 높이며 수업목표 도달을 지원한다.

⑥ 평가와 수정

학습자의 학업성취를 측정하고 수업매체 및 활용 방법을 평가하는 단계이다. 교수자는 수업 종료 후 수업의 성과와 더불어 매체 및 자료 활용의 효과성, 미비점 등을 평가한다. 먼저 교수자는 수업매체 및 자료 활용을 통한 수업의 성과를 평가한다. 여기서는 교수자가 수립한 수업목표를 기준으로 학습자들의 달성 정도를 평가한다. 이와 더불어, 교수학습과정, 수업방법의 적절성, 수업매체 및 자료의 효과성 등도 평가한다. 특히, 수업매체와 자료에 관한 평가에서는 수업시간에 활용된 수업매체 및 자료가 수업목표 도달에 어떤 도움을 주었는지를 탐색한다. 또한, 학습자의 학습동기 유발 및 수업참여, 교수자나 동료들과의 상호작용 증진에 도움을 준 측면을 탐색한다. 이와 같은 평가결과를 바탕으로, 미흡하거나 부족한 부분에 대한 수정 및 보완이 이루어지며 추후 매체활용의 소중한 근거 자료로 사용한다. 이처럼, 평가와 수정 단계는 ASSURE모형의 마지막 단계인 동시에, 다음 활용을 위한 시발점이라고도 볼 수 있다. 이처럼, ASSURE모형은 단선형 구조가 아니라 순환적 구조로, 실제 수업 현장에서 유용하게 활용할 수 있다.

5. 2014학년도 중등학교교사 임용후보자 선정경쟁시험 교육학 문항 (1차시험, 20점, 60분)

다음은 A고등학교의 최 교사가 작성한 성찰 일지의 일부이다. 일지 내용을 바탕으로 철수의 학교 부적응 행동의 원인을 청소년 비행이론에서 2가지만 선택하여 설명하고, 철수의 학교생활 적응을 향상시키기 위한 상담 기법을 2가지 관점(① 행동중심 상담, ② 인간중심 상담)에서 각각 2가지씩만 논하시오. 그리고 최 교사가 수업 효과성을 높이기 위하여 선택한 2가지 방안(① 학문중심교육과정 이론에 근거한 수업전략, ② 장학 활동)에 대하여 각각 논하시오.

일지 #1 2014년 4월 ○○일 ○요일

우리 반 철수가 의외로 반 아이들과 잘 지내지 못하는 것 같아 마음이 쓰인다. 철수와 1학년 때부터 친하게 지냈다는 학급 회장을 불러서 이야기를 해 보니 그렇지 않아도 철수가 요즘 거칠어 보이는 동네 친구들과 어울려 다니는 모습을 자주 보게 되어 학급 회장도 걱정을 하던 중이라고 했다. 그런 데다 철수가 반 아이들에게 괜히 시비를 걸어 싸움이 나게 되면, 그럴 때마다 아이들이 철수를 문제아라고 하니까 그 말을 들은 철수가 더욱 더 아이들과 멀어지고 제멋대로 행동한다고 한다. 오늘도 아이들과 사소한 일로 다투다가 갑자기 소리를 지르고 물건을 던지고는 교실에서 나가 버렸다고 한다. 행동이 좋지 않은 친구들과 몰려다니며 그 아이들의 행동을 따라 해서 철수의 행동이 더 거칠어진 걸까? 1학년 때 담임 선생님 말로는 가정 형편이 그리 넉넉하지 않고 부모님이 철수에게 신경을 쓰지 못함에도 불구하고 행실이 바른 아이였다고 하던데, 철수가 왜 점점 변하는 걸까? 아무래도 중간고사 이후에 진행하려고 했던 개별 상담을 당장 시작해야겠다. 그런데 철수를 어떻게 상담하면 좋을까?

일지 #2 2014년 5월 ○○일 ○요일

중간고사 성적이 나왔는데 영희를 포함하여 몇 명의 점수가 매우 낮아서 답안지를 확인해 보았다. OMR카드에는 답이 전혀 기입되어 있지 않거나 한 번호에만 일괄 기입되어 있었다. 아이들이 시험 자체를 무성의하게 본 것이다.

점심시간에 그 아이들을 불러 이야기를 해 보니 학교에서 배우는 내용이 대학 진학을 하지 않고 취업할 본인들에게는 전혀 쓸모없이 느껴진다고 했다. 특히 오늘 내 수업 시간에 휴대전화만 보고 있어서 주의를 받았던 영희의 말이 아직도 귀에 생생하다. "저는 애견 미용사가 되려고 하는데, 생물학적 지식 같은 걸 배워서 뭐 해요? 내신 관리를 해야 하는 아이들조차 어디 써먹을지도 모르는 개념을 외우기만 하려니까 지겹다고 하던데, 저는 얼마나 더 지겹겠어요." 라고 말하는 것이었다. 학교에서 배우는 기초 지식이나 원리가 직업 활동의 근간이 되기도 한다는 것을 어떻게 아이들이 깨닫게 할 수 있을까? 내가 일일이 다 설명해 주지 않아도 아이들이 스스로 교과의 기본 원리를 찾을 수 있게 하려면 어떤 종류의 과제와 활동이 좋을까? 이런 생각들로 머릿속이 복잡하던 중에, 오후에 있었던 교과협의회에서 수업 전문성 개발을 위한 장학 활동을 몇 가지 소개받았다. 이제 내 수업에 대해 차근차근 점검해 봐야겠다.

○ 답안의 논리적 구성 및 표현 [총 5점]

○ 논술의 내용 [총 15점]

- 청소년 비행이론 관점에서의 설명 [3점]
- 행동중심 상담 관점에서의 기법 논의 [3점]
- 인간중심 상담 관점에서의 기법 논의 [3점]
- 학문중심교육과정 이론에 근거한 수업전략 논의 [3점]
- 교사 전문성 개발을 위한 장학 활동 논의 [3점]

6. 기독교사로서 수업매체의 이해와 활용 고찰하기

10장에서는 수업매체, 수업매체와 의사소통, 수업매체의 선정 및 활용 등에 대해 살펴보았다. 10장의 내용을 살펴보면서, 수업매체가 교육현장에서 적극적으로 활용되고 있음을 확인할 수 있었을 것이다. 또한, 10장 처음 기사에서도 언급한 것처럼 교회교육에서도 적극적으로 활용되고 있다. 이에 10장의 내용을 바탕으로, 몇 가지 문제를 제시하고자 한다. 기독교사로서 여러분의 생각을 간략하고 명확하게 제시해 보기 바란다. 그리고 이전보다는 적겠지만, 혹시 아직 수업매체의 이해와 제작에 대한 이해가 부족한 것 같다면, 다시 한번 읽어보고 아래 문제를 생각해 보기 바란다.

가. 교회교육 현장에서 활용되는 수업매체에는 무엇이 있을까? 본인이 경험한 사례를 바탕으로 간략히 기술하시오.

나. 교회학교 교사로서 메타버스와 같은 새로운 매체를 어떻게 활용할 수 있는가? 본인이 경험한 사례를 바탕으로 기술하시오.

다. 기독교교육과 일반교육에서의 수업매체의 적용 및 활용에는 공통점과 차이점이 있을 수 있다. 본인이 생각하는 공통점과 차이점을 구체적인 사례를 들어 기술하시오.

참고문헌

권성호 (1990). 교육공학원론. 서울: 양서원.

김경렬 (2006). 멀티미디어를 활용한 수업이 고등학생의 과학성취도에 미치는 영향. 석사학위논문, 연세대학교.

김명숙 (2006). 초등학교 음악 수업 실태 분석. 음악교육연구, 30, 31-52.

김성욱 (2020). 주일학교 선교교육 통합공과를 위한 선교신학적 기초. 신학지남, 87(1), 227-258.

김수환, 함영주 (2015). 멀티미디어 창작을 활용한 기독교교육의 가능성 연구. 기독교교육정보, 44, 67-97.

김정화 (2003). 초등학교 교사들의 과학과 수업에서 멀티미디어 교수-학습자료 활용 실태 분석. 석사학위논문, 수원대학교.

박주만 (2010). 초등학교 국악 감상수업을 위한 멀티미디어 교수-학습 자료의 개발 및 활용. 예술교육연구, 8(2), 81-98.

박형주 (2005). 초등학교 e-Learning 활용 실태 분석 및 개선 방안. 중앙대학교 교육대학원 석사학위 논문.

신원석 (2011). 테크놀러지 활용에 따른 교육활동의 변화와 교사의 심리적 배경의 영향. 한국콘텐츠학회논문지, 11(9), 536-545.

유미현, 박현주 (2011). 멀티미디어 자료를 활용한 과학수업이 고등학생의 과학에 대한 태도에 미치는 영향. 과학교육연구지, 35(1), 1-12.

임병노, 박인우 (2010). 초등학교 '유러닝교실'에서 교수학습실천의 변화와 문제점. 교육방법연구, 22(4), 237-259.

전숙경 (2013). 대학 수업에서 전자미디어 활용과 소통의 질: 교직 과목 수강 학생을 중심으로. 교육학 연구, 51(3), 161-188.

정한호 (2008). 교실수업에서 나타나는 이러닝에 대한 생태학적 고찰. 교육공학연구, 24(2), 31-69.

정한호 (2012). 교사의 멀티미디어 교수자료 사용 의도에영향을 미치는 요인 연구 -기술수용모형을 중심으로-. 교육과정평가연구, 15(1), 157-186.

정한호 (2014). 계획행동이론과 기술수용모형을 적용한 온라인 기반 교수용 멀티미디어 콘텐츠 활용의도 분석. 한국교육, 41(2), 5-31.

조규락, 김선연 (2006). 교육방법 및 교육공학-교육공학의 3차원적 이해. 서울: 학지사

최성은 (2008). 디지털과 아날로그 디자인의 실체와 연관성에 대한 고찰. 8(2). 21-31.

최윤선 (2003). 초등학교 ICT활용 수업의 이해-초등학교 3학년 수업사례를 중심으로. 한국교육연구, 9(1), 51-69.

최지아 (2005). 멀티미디어를 활용한 수준별 수업이 중학생의 과학 학업성취도와 태도에 미치는 영향 : 중학교 1학년'생물의 구성'단원을 중심으로. 이화여자대학교 대학원 석사학위논문.

최혜실 (1999). 디지털 시대의 문화예술-통합의 가능성을 꿈꾸는 KAIST 사람들. 서울: 문학과 지성사.

Baek, Y. G., Jong, J. & Kimm, B. (2008). What makes teachers use technology in classroom? Exploring the factors affecting facilitation of technology with a Korean sample. Computer & Education, 50(8), 224-234.

Berlo, D. K. (1960). The Process of Communication. NY: Holt, Rinehart, and Winston.

Brown, J. S. (2000). Growing up digital: how the web changes work, education and the ways people learn, Change, March/April, 11-20.

Dale, E. (1969). Audio-visual methods in teaching (3rd ed.). NY: Holt, Rinehart, and Winston.

Finn, J. D. (1964). The revolution in the school: Technology and the instructional process. NY: Holt, Rinehart, and Winston.

Galbraith, J. K. (1967). The New Industrial State. Boston, MA: Houghton Mifflin.

Gayeski, D. M. (1993). Multimedia for learning: Development, application, evaluation. Englewood Cliffs, NJ: Educational Technology Publication.

Gerlach, V. S., & Ely, D. P. (1980). Teaching & Media: A Systematic Approach (2nd ed.). NJ: Prentice Hall, Inc.

Gyselinck, V., Cornoldi, C., Dubois, V., De Beni, R., & Ehrlich, M. F. (2002). Visuospatial memory and phonological loop in learning from multimedia. Applied Cognitive Psychology, 16, 665-685.

Heinich, R., & Molenda, M., Russell, J. D., & Smaldino, S. E. (2001). Instructional media and technologies for learning (7th ed.). Upper Saddle River, NJ: Merrill Prentice Hall.

Hoban, C. F. (1960). The usable reside of educational film research. In New teaching aids for the American classroom. Palo Alto, CA: Stanford University Press.

Hung, K., Li, X., Pan, B., & Petrick, J. F. (2010). Knowledge dissemination in tourism education: A case of tourism marketing. Journal of Travel & Tourism Marketing, 27(5), 519－532.

Kemp, J. E., & & Smellie, D. C. (1989). Planning, producing and using instructional media. NY: Harper & Row.

Schannon, C. E., & Schramm, W. (1964). The mathematical theory of communication. Urbana: The University of Illinois Press.

Smaldino, S. E., Lowther, D. L., Mims, C., & Russell, J. D. (2019). Instructional technology and media for learning (12th. ed.). NJ: Pearson.

Smaldino, S. E., Russell, J. D., Heinich, R., & Molena, M. (2005). Instructional technology and media for learning (8th. ed.). NJ: Pearson Merrill Prentice Hall.

Trowbridge, L. W., Bybee, R. W., & Powell, J. C. (2004). Teaching secondary school science. NJ: Pearson Prentice Hall.

Williams, B. (2004). Participation in on－line courses－how essential is it? Educational Technology and Society, 7(2), 1－8.

Witfelt, C. (2000). Educational multimedia and teachers' needs for new competencies to use educational multimedia. Education Media International, 37(4). 235－241.

Wu, H., Chang, C., Chen, C., Yeh, T., & Liu, C.(2010). Comparison of earth science achievement between animation－based and graphic－bases testing designs. Research in Science Education, 40, 639－673.

기사

기독신문(권병석 기자, 2021.12.10.). 총회교육개발원, 메타버스 활용 국내 최초 주일학교 교재 발간(https://www.kidok.com/news/articleView.html?idxno=213689)

기타

한국교육과정평가원(https://www.kice.re.kr/boardCnts/list.do?boardID=1500212&s=kice&m=030306)

사이트

https://www.managementstudyguide.com/berlo-model-of-communication.htm

CHAPTER

11

수업에서의 테크놀로지 활용

CHAPTER

11

수업에서의 테크놀로지 활용

1. 기독교사로서 수업에서의 테크놀로지 활용 바라보기

테크놀로지의 활용에 대한 효과성이 본격적으로 제시되면서, 교육현장에서의 테크놀로지의 수업활용은 급속도로 증가하였다(강명희, 윤성혜, 2016). 예를 들어, 일반학교뿐만 아니라 대안학교에서도 이러닝, 플립 러닝, 사회매체 등을 활용한 수업을 진행하고 있다. 물론, 이전부터 학교현장에서는 테크놀로지의 수업활용을 통해(Enfield, 2013; Herreid & Schiller, 2013), 수업내용 전달, 자료 탐색, 문제 탐색 및 해결 등 다양한 학습활동을 효율적으로 수행하였다. 그런데, 최근에 나타나는 테크놀로지의 수업활용은 단순한 매체 활용에 국한되는 것이 아니라, 수업방법 자체에 변화를 주는 방향으로 나아가고 있다. 이러한 테크놀로지 활용의 대표적인 예가 바로 플립 러닝이다. 플립 러닝은 대면수업과 비대면수업의 장점을 바탕으로 온오프라인이 결합된 형태의 수업방식으로, 테크놀로지 활용에 초점을 두기보다는 혁신적인 수업방법의 하나라고 볼 수 있다. 예를 들어, 플립 러닝은 오프라인상에서 이루어지는 교실에서의 수업과 방과후 과제 수행을 뒤바꾼 방식의 혁신적인 수업방법이다(Bergmann & Sams, 2012). 이처럼, 수업에서 테크놀로지가 적극적으로 활용하게 배경에는, 교수자와 학습자 간의 원활한 상호작용, 다양한 협력 학습 수행에 효과적인 것으로 드러났기 때문이다(박태정, 차현진, 2015). 특히, 대면수업과 비대면 과제활동을 뒤집은 형태인 플립 러닝의 경우, 자아 효능감(김남익, 전보애, 최정임, 2014), 학업 성취(Schultz, Duffield, Rasmussen, & Wageman, 2014) 등 학습자 측면의 학업에 효과적인 것으로 나타났다. 또한, 교수자 측면에서의 수업성찰, 평가 및 피드백 등에도 긍정적인 것으로 나타났다(Bergmann & Sams, 2012; Fulton, 2012). 이와 같은 측면에서 볼 때, 테크놀로지의 수업활용은 기존의 테크놀로지 활용 및 적용의 연장선상에 있는 테크놀로지의 단순한 활용과 더불어, 기존과 다른 혁신적인 수업방법을 지향하는 방향으로 나아간다고 볼 수 있다.

여러분들 중에 몇몇은 아래와 같은 내용의 기사를 접한 경험이 있을 것이다. COVID-19의 영향으로, 대안학교에서도 기존의 대면수업을 넘어서 테크놀로지를 활용한 비대면수업으로 변화하고 있다. 성경 말씀에 기초한 하나님 중심 교육을 교육의 기본 방향을 설정하고 다음 세대를 가르치는 신앙 중심의 학교인 '꿈의학교'[1] 에서도 COVID-19는 커다란 어려움으로 다가올 수밖에 없었다. 그러나 '꿈의학교'에서는 대면수업의 어려움을 테크놀로지의 활용으로 최소화하였을 뿐만 아니라, 획기적인 수업방법으로 발전시켰다. 아래 본문에서 강조한 단어나 문장 등에 집중하면서 내용을 천천히 살펴보기 바란다.

"예체능 온라인수업 문제 없어요"[2]

[기독신문: 이미영 기자] 2020.04.16

서산 꿈의학교, 창의적 수업 진행에 학생 호응

코로나19로 온라인수업이 본격화된 현재, 가장 큰 고충을 겪고 있는 교육 분야는 바로 '실기가 생명'인 예체능 분야이다. 자녀가 교육비가 비싼 예체능계 사립학교 입학을 예정에 뒀던 일부 학부모들은 전학을 알아보는 사례도 속출하고 있다.

그런데 이 와중에 **온라인으로 예체능 수업을 창의적으로 진행해 학생들의 호응을 얻고 있는 학교가 있다.** 그 주인공은 바로 충남 서산에 위치한 꿈의학교

1) http://www.dreamschool.or.kr/~education_direction

(교장:이은희). 코로나19 확산에 따라 꿈의학교는 3월 중순부터 전 과목을 온라인수업으로 진행하고 있다. 예체능 수업도 예외는 아니다. 중1 음악 수업의 경우, 음악 교사가 실시간 화상 수업 창을 띄워놓고 피아노 반주를 하면 학생들이 함께 노래를 부르는 방식으로 진행됐다. 온라인으로 시간차가 존재해서 소리를 하나로 맞추는 것은 힘들긴 하지만, 친구들의 얼굴을 보면서 합창을 하는 것만으로도 재미있다는 평가이다.

실기 수업 위주로 진행되는 미술 수업의 경우도 꿈의학교 측은 학생들이 집에서도 자유롭게 실습을 할 수 있도록 필요한 미술재료들을 수업에 앞서 상자에 포장해 각 가정에 전달했다. 더불어 모션그래픽, 사진학 등 수업은 Adobe사의 그래픽 편집 프로그램을 사용해 함께 수업을 진행하도록 했다. 그래서 학생들은 미술 수업이 시작되면 실시간으로 과제를 수행하고 그 결과물도 교사와 친구들과 함께 나누고 있다.

이렇듯 꿈의학교가 예체능 수업까지도 온라인으로 가능했던 것은 지난 2017년 고등학생을 시작으로 구글 크롬북을 1인당 1개씩 배분해 구글 클래스룸과 구글 Meet(화상채팅)을 통한 온라인 학습을 진행하고, 등교하지 못하는 학생들을 위해 실시간 수업을 진행해 온 경험을 무시할 수 없다.

꿈의학교 측은 "코로나19 사태 이후 2월 말 전교사를 대상으로 온라인수업 연수를 진행해 3월 초부터 시범운행을 실시했고, 3월 중순부터 모든 학년과 과목에서 온라인 교육이 이루어졌다"며 "기존에 전교생이 사용할 수 있는 인터넷 시설망이 구축돼 있었고 재학생 수만큼 기자재가 구비되어 있어 빠르게 대응이 가능했다"고 밝혔다.

상기 내용을 보면, '코로나19로 온라인수업, 온라인으로 예체능 수업, 전 과목을 온라인수업으로 진행, 실시간으로 과제를 수행, 구글 크롬북, 구글 클래스룸, 구글 Meet(화상채팅), 온라인수업 연수' 등과 같은 단어나 문구를 탐색할 수 있다. 상기 내용을 살펴보면, 학교현장에서는 비대면수업으로, 예체능 과목에 부정적인 영향을 받은 것으로 나타났다. 그런데, 서산에 위치한 '꿈의학교'에서는 예체능 과목을 모두 비대면으로 실시하였다. 그런데, 단지 구글 크롬북이나 화상 채팅을 활용한

2) https://www.kidok.com/news/articleView.html?idxno=206259&page=7&total=1679

비대면수업이 아니라 학습활동, 과제수행, 동료 평가 및 피드백 등 효과적인 수업을 실시하였다. 예를 들어, '꿈의학교'에서는 "모션그래픽, 사진학 등 수업은 Adobe사의 그래픽 편집 프로그램을 사용해 함께 수업을 진행하였으며 학생들은 미술 수업이 시작되면 **실시간으로 과제를 수행**하고 그 결**과물도 교사와 친구들과 함께 나누는 방식**"의 효과적인 비대면수업을 실시한 것으로 나타났다.

이를 위해, 꿈의학교에서는 학년이 시작되기 전에 2월 경에 전 교사를 대상으로 관련 연수를 실시하였으며 학년 초에 시범 운영을 통해 미비점을 보완 후 본격적인 원격수업을 실시한 것으로 나타났다. 이처럼, 테크놀로지의 효과적인 활용을 위해서는 체계적인 준비과정이 필요하며 이를 통해 기존의 수업방법과는 다른 획기적인 방법으로 테크놀로지를 활용할 수 있다. 11장에서는 매체기반의 수업과 관련된 이러닝, 플립 러닝, 사회매체 등의 활용에 대해서 살펴보고 이를 통한 효과적인 수업방법에 대해서 고민해보고자 한다.

2. 이러닝

가. 이러닝의 의미

이러닝은 본래 교수자와 학습자가 전자매체를 활용하여, 계획된 학습목표에 도달하기 위해 다양한 교수학습활동과 교수자와의 효율적인 상호작용이 가능하도록 지원하는 수업방법이다(Moore, Benbasat, 1991). 또한, 이러닝은 매체와 네트워크를 기반으로 교수자의 교수(instruction)와 학습자의 학습(learning)을 지원하는 교수학습방법의 유형이다(Rosenberg, 2001). 이와 같은 이러닝은 교육현장에 컴퓨터와 유선 인터넷을 보급하면서 활성화되었으며 최근에는 모바일 디바이스, 태블릿 등 스마트 기기와 무선 인터넷을 중심으로 획기적으로 발전하고 있다. 이러한 이러닝은 교육현장에서 사이버강의, 온라인수업, 온라인학습, 온라인강의, 사이버가정학습, 인터넷강의 등과 같은 다양한 용어로 활용되고 있으며 초중등교육에서 고등교육으로 범위를 확장시켜 나가고 있다. 2010년대에 들어서면서 이러닝은 Moodle, Blackboard, Blogs, Webcast 등과 같은 다양한 테크놀로지와의 결합을 통한 교육 서비스를 제공하였다(최병수, 유상미, 2013; Giannakos & Vlamos, 2013). 특히, 2020년 상반기에 발현된 COVID-19의 영향으로, 대면수업이 전면 중단된 상황에서 이러닝은 보편적인 수업방법으로 자리매김을 하게 된다. 이와 같은 교육현실을 고려해 볼 때, 이러닝은 최첨단 매체를 활용하여 학습자의 학습활동을 효과적으로 도와주는 수업방법의 하나라고도 볼 수 있다. 교육현장에서의 이러닝의 의미를 수업보조형, 혼합형, 원격수업형으로 구분하여 제시하면 다음과 같다(정한호, 2014).

① 수업보조형: 대면에서 모든 교수학습활동이 이루어지는 수업에서의 수업보조를 지칭하는 것으로, 교수자와의 비실시간 상호작용, 공지사항 전달, 수업자료 제공, 각종 게시판 활용 등과 같은 수업을 보조적으로 지원하는 이러닝을 의미함
② 혼합수업형: 교수학습활동이 대면과 비대면 수업환경에서 혼합적으로 이루어지는 수업을 지칭하는 것으로, 교수자의 모습이 포함된 이러닝 콘텐츠가 전체 수업 분량의 3분의 1 이상을 차지하여 이루어지는 이러닝을 의미함
③ 원격수업형: 온라인 Learning Management System(학습관리시스템)을 기반으로 이루어지는 원격수업을 지칭하는 것으로, 출석, 과제, 평가, 피드백 등 강의 전 과정을 시공간이 다른 물리적 상황에서도 가능하게 진행하는 100% 온라인상에서의 이러닝을 의미함

2010년대 초반에 전국 대학(125개)에서 이루어진 이러닝 유형을 살펴보면, ① 수업보조형 58.9%, ②블렌디드형 17.6%, ③원격수업형이 23.5%로 나타났다(지식경제부, 정보통신산업진흥원, 2012). 물론, 상기와 같은 결과는 대학이라는 고등교육기관을 대상으로 도출된 것이지만, 교육기관에서의 이러닝이 주로 대면 수업을 보조하는 의미로 활용되었음을 확인할 수 있다. 그런데, 이와 같은 수업보조형 이러닝은 교육현장에서 이러닝이 점차 확산하는 시기에 널리 퍼지게 되었으며, 방과 후에도 수업 자료와 정보를 자유롭게 제공할 수 있는 계기를 마련해 주었다. 특히, 교수자와 학습자 간의 상호작용과 소통을 위한 매체의 기본 의미를 고려해 보면, 이러닝은 정해진 시간의 교실에서만 제한적으로 가능했던 교수자–학습자, 학습자–학습자 간 상호작용을 시공간의 구애 없이 가능하게 하였다. 상기와 같은 이러닝의 의미를 통해, 교육현장에서의 이러닝은 수업을 학교뿐만 아니라 학교 밖에서도 가능하게 하는 역할을 하였음을 확인할 수 있다. 그런데 이와 같은

이러닝의 의미는 2020년대에 발현된 COVID-19로 인해 획기적인 변화를 맞이하게 된다.

나. “수업보조형” 이러닝 vs. “원격수업형” 이러닝

앞에서도 언급한 것처럼, “원격수업형” 이러닝은 서로 다른 물리적 시공간에서 100% 온라인으로 시행하는 것을 의미한다. 이와 같은 이러닝은 주로 원격대학이나 온라인교육기관에서 수행하는 비대면 수업방법을 지칭하며 실시간, 또는 비실시간으로 이루어진다. 교육부(2018)에서도 이를 ‘교수학습활동이 서로 다른 시간 또는 공간에서 이루어지는 수업 형태’로 지칭한다. 그런데, 교육부에서는 COVID-19 이전까지 “원격수업형” 이러닝 기반의 수업 운영을 제한하였다. 예를 들어, 다른 학교급에 비해 “원격수업형” 이러닝이 활발하게 이루어지는 고등교육기관인 대학에서도 방송이나 통신에 기반한 이러닝을 개설된 총 교과목 학점 수의 100분의 20을 초과할 수 없게 제한하였다(교육부, 2018). 이에 따라 교육기관에서의 이러닝은 대부분 “수업보조형”을 중심으로 발전해나가고 있었다. 예를 들어, 이러닝은 대면 수업에 기반을 둔 보조적인 수업방법의 하나로 활용하는 경향이 있으며 플립 러닝, 블렌디드 러닝과 같은 혼합형으로 발전하는 양상을 보인다. 또한, “원격수업형” 이러닝은 정규 학교에서의 학업이 어려운 학습 소외 계층이나 직장 생활을 병행하면서 재교육과정을 밟는 성인학습자의 학업 지속을 지원하기 위한 방안으로 인식되며 주로 방송통신고, 방송통신대, 원격대학 등 사이버 교육기관에서 시행하는 대안적인 교육시스템으로 활용되었다.

이와 같은 현실에서, COVID-19는 ‘이러닝을 수업의 보조가 아니라 그 자체로 하나의 완성된 수업방법’으로 인식하고 활용하는 계기를 마련한다. 교육부에서는 기존의 규정과 관계없이 원격수업형 이러닝을 전면적으로 허용한다(교육부, 2020b). 2020년에 발생한 COVID-19로 인한 대면 활동의 축소와 정부의 ‘사회적 거리두기’ 방침에 따라, 교육현장에서 실시되었던 모든 수업이 “원격수업형” 이러닝으로 전환하여 시행된다. 당시 2020학년도 1학기 기준, 초·중·고교부터 대학·대학원 등 총 840만 명의 학습자가 ‘비대면 온라인’으로 개학을 맞이하였으며 100% 원격수업형태로 이루어지는 이러닝을 통해서만 수업에 참여할 수 있게 된다(교육부, 2020a; 연합뉴스, 2020). 특히, 2022년 상반기까지 COVID-19는 기존 교실에서의 교수학습활동을 최소화시키고 이러닝 환경에서의 비대면 활동을 극대화시킨다. 또한, 이와 같은 원격수업형 이러닝의 전면적인 확산은 국내뿐만 아니라 국외에서도 동일하게 나타난다(Cuaton, 2020; Griffiths, 2020; Moawad, 2020; Zhang, Wang, Yang, & Wang, 2020). COVID-19로 인해, 선택지 중의 하나였던 원격수업형 이러닝은 일상적인 수업방법으로 도약할 가능성이 커지게 된 것이다. 특히, 원격기반의 언택트 활동으로 이러닝이 보편적으로 활용되면서, 이러닝은 일상적인 교육방식의 하나로 자리매김할 가능성도 높아지고 있다(Griffiths, 2020). 이처럼, COVID-19로 인해 이러닝이 수업보조형에서 원격수업형으로 획기적으로 확산하게 되었으며 이러닝 자체가 교육현장에서 '새로운 일상(new normal)'으로 다가오는 계기를 마련해 주었다.

다. 이러닝 확산에 따른 문제

COVID-19로 인해, 이러닝에 대한 관심은 이전과 다르게 크게 증가한다. 그러나 이와 동시에, COVID-19로 인해 일시적일 것으로 예상하였던 전면적인 "원격수업형" 이러닝이 2020년, 2021년, 2022년 상반기까지 시행되면서, 효율성뿐 아니라 교육적 품질에 대해 문제점이 제기된다. 특히, "원격수업형" 이러닝이 가장 활발하게 이루어진 고등교육기관에서부터 이러닝의 품질에 의문을 제기한다. 예를 들어, 학습자들은 비체계적인 교수설계, 대면수업의 단순한 이러닝 전환, 이러닝 운영의 변동성 등에 따른 불만을 지니게 된다(김세영 외, 2021). 이와 같은 수업의 질 저하에 따른 불만으로 인해, 일부에서는 등록금에 합당한 콘텐츠의 질 보장과 학습권을 요구하는 목소리(한송이, 남영옥, 2020)도 나타나게 된다. 또한, 일부에서 기존의 대면수업에 비해 현저히 낮은 수준의 질에 따른 등록금 환불을 요구하게 된다(머니투데이, 2020.07.16.). 예를 들어, 원격수업의 질에 따른 어려움과 불만으로 인해, 국내 대학생 중 99% 이상이 등록금 반환에 찬성하였으며 주된 요인(82%)으로 원격수업의 낮은 품질을 언급한다(주라헬, 2021: p.933)는 점을 통해 분명하게 확인할 수 있다. 물론 교육기관에서는 이러닝의 품질을 높이기 위해 다양한 노력을 기울이고 있다(Asvial, Mayangsari, & Yudistriansyah, 2021).

온라인상에서 이루어지는 이러닝의 품질은 다양한 요소와 깊은 관련성이 있다(Kilburn, Kilburn, & Davis, 2016; Waheed, Kaur, & Kumar, 2016). 예를 들어, 이러닝의 품질은 수업내용, 교수자 수준, 행정지원, 부가적 차원의 서비스 등 다양한 측면(Cox & Dale, 2001; Meuter, Ostrom, Roundtree, & Bitner, 2000)을 반영한다. 또한, 이러닝의 품질은 '과정(processes), 대인관계 요인(interpersonal factors), 물리

적 근거(physical evidence)', '교육, 행정, 보조' 등과 같은 측면에서 살펴볼 수 있다(Oldfield & Baron, 2000; Quinn, Lemay, Larsen, & Johnson, 2009). Ehlers(2004)는 이러닝 품질을 교수자 지원, 협력, 기술, 비용, 정보 투명성, 강좌 코스 구조 및 교수법 등 7가지 영역으로 세분화하여 분류한다. 특히 여기에서는 '교수법, 강좌 코스 구조'와 같은 콘텐츠, '교수자 지원, 협력'과 같은 상호작용 측면이 중요하다. 그런데, 이러닝과 같은 교육 서비스의 품질은 눈에 보이지 않는 무형의 것으로(Esmaeili, Nazarpoori, & Najafi, 2013), 여기에 참여한 교수자, 또는 학습자 인식을 통해서 드러나는 특성이 있다. 따라서 이러닝의 품질을 높이기 위해서는 이러닝의 직접적인 수혜자인 학습자 요구에 적합한 학습 시간 및 공간의 자유화, 학습 진도 조절, 다양한 강좌 개발, 학습자 개별 인프라 비용의 최소화 등을 고려해야 한다(Martınez-Arguelles & Batalla-Busquets, 2016). 이와 같은 관점에서 볼 때, COVID-19에 따른 이러닝의 확산과 여기서 드러난 문제점 및 품질에 대한 인식은 이러닝을 보다 발전시키는 계기로 작용할 가능성이 있다.

라. 이러닝의 방향: 이분법적인 사고로부터 탈피

COVID-19와 같은 특수한 상황은 '이러닝을 수업의 보조가 아니라 그 자체로 하나의 완성된 교육활동'으로 현실화하는 계기로 작용하며 기존과 다른 방식으로 접근할 필요성을 제기한다. 그러나 COVID-19 현실에서는, 이러닝을 설계하는 교수자나 이러닝에 참여하는 학습자 모두 이러닝을 하나의 완성된 교육활동으로 인식하기보다는, COVID-19와 같은 불가항력적인 상황에서의 대안적인 수업방법으로 인식하는 경향이 나타난다. 예를 들어, 교수자의 경우 이러닝을 대면 수업과 달리 불완전한 교육활동으로 인식하면서, COVID-19와 같은 어쩔 수 없는 상황에서 불가피하게 수행하는 일시적인 수업방법으로 간주하는 경향이 있다. 비록 COVID-19로 인해 이러닝이 확산되었지만, 이러닝은 그 자체로 효과적인 교육활동이라기보다는 기존의 대면 수업을 온라인화한 것에 불과하다는 인식이 있다. 물론, 이와 같은 현상은 온라인 게임의 초창기에, 오프라인 보드 게임을 온라인화한 것과도 유사하다고 볼 수 있다. 또한, 제품의 질보다는 시간과 비용 측면에 초점을 둔 온라인 쇼핑의 초창기와도 유사하다. 그러나 지금의 온라인 게임은 오프라인 게임과는 다른 차원의 '세계관'을 지닌 활동이며 온, 오프라인을 구분하기보다는 사용자(USER) 기반의 최적화된 게임으로 기존의 오프라인 게임과는 다른 차원의 보편적인 활동으로 그 영역을 넓혀가고 있다. 또한, 온라인 쇼핑도 기존의 양적인 확장에서 벗어나서 점차 질적인 측면도 고려하는 방향으로 나아가고 있다. 물론, 교육활동은 게임이나 쇼핑과는 본질적으로 차이가 있다. 그러나 게임, 쇼핑, 상거래 등이 온·오프라인을 구분하지 않는 현실[3]에서, 교육에서만 유독 온라인, 오프라인으로 구분하는 것은 '하나의 역설'이라고 볼 수 있지 않을까? 조심스럽게 질문해 본다.

마. 이러닝의 역설과 앞으로의 방향

포스트 코로나 시대의 교육은 '언택트'가 '새로운 일상(new normal)'으로 다가올 가능성이 높으며, 온라인 교육플랫폼 개발과 교육산업 육성을 바탕으로, 이전과 다른 방향으로 발전할 가능성이 크다. 비대면 수업의 확대, 원격수업 플랫폼 개발 및 확장, 에듀테크 학습콘텐츠 다양화, 원격수업 협업 툴 시장 확대 등 언택트 혁신 교육 시장이 급성장할 것으로 예상한다(배영임, 신혜리, 2020). 특히, COVID-19로 원격교육에 대한 수요가 급증하면서 이러닝 시장에 대한 교육계의 관심이 고조되고 있다. 그러나 앞에서도 언급한 것처럼, 이러닝은 예상한 방향으로 진행되지 않고 있다. 이러닝은 편의성과 효율성 측면에서는 어느 정도 긍정적으로 평가를 받고 있지만 '질적인 측면'에서는 의문이 제기되고 있다. 특히, 이러닝은 그 자체로 하나의 교육활동으로 인정받기보다 대면수업의 대안적인 활동으로 자리매김할 가능성도 있다. 그러나 COVID-19는 우리 교육계에 교육의 본질이 무엇인지에 대한 근본적인 질문을 유발한다.

교육은 본래 대면 수업, 비대면 수업을 모두 포함하는 활동이며 외적인 형태보다는 교육목표 달성의 효과성과 효율성을 기반으로, 학습자에게 최적의 만족과 서비스를 제공하는 활동이다. 그러나 우리는 아직도 외적인 교육방식에 따른 이분법적인 사고의 틀에 머물러 있다. COVID-19의 역설은 이러닝의 품질에 따른 문제로 볼 수 있지만, 동시에 교육활동을 대면, 비대면 등 외적인 유형에 따라 구

---

3) 온라인 쇼핑과 오프라인 쇼핑은 차별화된 쇼핑이 아니라 하나의 쇼핑이다. 예를 들어, 온라인 쇼핑에서 구입한 특정 '공산품a'와 오프라인 매장에서 구입한 '공산품a'는 품질의 차이가 없다. 물론, 온라인 쇼핑 초창기에는 품질의 차이에 따른 문제가 있었다. 또한, 소비자의 상황 및 성향에 따라 온라인보다는 오프라인 매장을 찾는 경우도 있다. 다만, 점차 온라인 쇼핑과 오프라인 쇼핑의 구분을 사라지고 있다. 소비자는 최적의 만족을 고려할 뿐이다.

분하는 인식의 문제에 기인한다. 이에 우리 교육계는 '대면 수업, 비대면 수업에 따라 교육활동을 구분하는 이분적인 사고'에서 벗어나, 교육활동의 본질이 무엇인지 고민해야 한다. 교육활동이 이루어지는 곳에서는 대면과 비대면 활동이 자연스럽게 공존할 수밖에 없다. 교육활동에서 중요한 것은 대면, 비대면이라는 겉으로 드러나는 모습이 아니라 그곳에서 이루어지는 활동의 교육적 측면이다. 그럼에도 불구하고 아직도 우리는 관습적으로 교육활동을 양분하고 있는 것은 아닐까? 교육활동의 기본은 교수자－학습자, 학습자－학습자 간의 대면 수업이 중심이며 교육의 효율성 차원에서 비대면 활동을 통해 보조한다고 인식하는 것은 아닐까? 우리 교육계에는 아직도 대면 수업 중심의 교육기관과 비대면 중심의 교육기관에 차이를 두고 차별적으로 인식하는 경향이 있다.

이와 같은 성장통을 딛고, 이러닝의 올바른 방향을 제시하면 다음과 같다.

첫째, 앞으로의 수업은 대면, 비대면으로 구분하는 외적인 구분에서 벗어날 필요가 있다. 일반교육기관에서도 "원격수업형" 이러닝을 실시할 수 있으며 원격 교육기관에서도 필요에 따라 대면 수업을 할 수 있다. 다소 조심스럽기는 하지만, 앞으로 일반교육기관, 원격 교육기관의 구분은 최소화하거나 폐지하는 방안도 고민할 필요가 있다.

둘째, 모든 교수자는 대면 수업뿐만 아니라 이러닝에 대한 이해도를 높일 필요가 있다. 또한, 대면 수업에 초점을 둔 교육과정도 대면, 비대면 모두를 고려한 교육과정으로 재편될 필요가 있다. 예를 들어, 대면 수업에 기반을 둔 교원양성기관의 교육과정도 전면 개편할 필요가 있다.

셋째, 이러닝의 최첨단에 있는 교수자들의 성찰이 필요하다. 교수자부터 교육의 본질을 올바로 인식하고 이분법적인 인식에서 벗어날 필요가 있으며, 교육활동은 대면과 비대면이 자연스럽게 공존하는 방향으로 나아갈 필요가 있다.

3. 플립 러닝

가. 플립 러닝의 의미

플립 러닝은 영어 Flipped(거꾸로)와 Learning(학습)이 합쳐져서 만들어진 합성어로, 온라인상에서의 학습활동을 먼저 수행한 후 실제 교실에서는 교수자와 학습자 간 혹은 학습자 간 토론식 강의를 진행하는 '거꾸로 학습'을 의미한다. 따라서 플립 러닝은 교실에서의 교수활동과 방과 후에 이루어지는 교실 외 공간에서의 학습활동을 뒤바꾼 형식의 수업방법을 지칭한다(Bergmann & Sams, 2012). 플립 러닝은 2000년 미국 시더빌대학 베이커(J.Wesley Baker) 교수가 관련 학회에서 'Flipped'라는 용어를 처음 사용하면서 거론되기 시작한다. 이후 2007년 우드랜드 파크 고등학교 화학 수업에 버만(Bergmann)과 샘스(Sams) 교사가 본격적으로 활용하면서, 플립 러닝이 점차 교육 현장으로 확산된다(고은영, 2021). 버만(Bergmann)은 플립 러닝을 '학습자는 학교 수업이 모두 마무리된 방과 후에 교수자에 의해 사전에 제시한 수업자료 및 내용을 가정에서 학습한다. 그리고 교수자는 교실수업에서 일방적인 강의나 자료제시보다는 교수자－학습자, 학습자 간 소통, 토론, 공유 등을 바탕으로 심화 활동을 실시한다(Bergmann & Sams, 2014: p.174)'와 같이 제시한다. 이처럼, 초창기 플립 러닝은 교실 수업과 교실 외 활동을 바꾸는 방식의 역전적인 수업 진행 방식의 변화에 중점을 둔다. 그러나 수업방법의 패러다임 변화라는 의미가 더해지면서, 플립 러닝은 단순한 수업진행 방식의 변화가 아니라 교수자가 사전에 제작한 수업자료를 학습자가 자기 주도적으로 학습한 후 이를 바탕으로 교실수업에서 교수자와 학습자 간의 활발한 소통 및 공유가 유발되는 혁신적인 수업방법으로 발전하게 된다.

그런데 플립 러닝은 기존의 수업방법과 관련 없는 새롭고 혁신적인 방안이라기보다 기존의 교실에서의 대면 활동과 온라인 공간에서의 비대면 활동을 혼합한 블렌디드 러닝(Pardo, Péérez－Sanagustíín, Parada, Hugo, & Leony, 2012)으로 볼 수 있다. 그러나 플립 러닝은 단순히 온라인과 오프라인 활동을 결합한 수업방법이라기보다는, 교실에서의 활동과 온라인에서 이루어지는 사전 학습을 통한 교수자와 학습자 간의 유기적인 상호작용을 바탕으로(Sahin, Cavlazoglu, & Zeytuncu, 2015), 학습목표에 효과적으로 도달하기 위한 수업방법이다(정한호, 2017). 물론, 이전부터 테크놀로지의 교육적 활용을 통해(Enfield, 2013; Herreid & Schiller, 2013), 교수자는 가르칠 내용이나 지식, 자료 및 정보 탐색, 핵심 내용 전달, 문제 분석 및 해결 등을 위해 노력해오고 있다. 이와 같은 관점에서 볼 때, 플립 러닝은 기존의 테크놀로지 활용 및 적용의 연장선에 있는 수업방법이다. 상기의 내용을 종합해 보면, 플립 러닝은 학습자들이 수업 전에 미리 온라인 강좌를 수강하고 이를 바탕으로 교실 수업에서는 교수자와 학습자 간의 다양한 활동을 수행하는 수업방법을 의미한다. 또한, 플립 러닝은 팀학습, 문제기반학습, 프로젝트 기반학습과 결합하여 다양한 유형의 효과적인 수업방법으로 발전해 나갈 수 있다.

나. 플립 러닝의 4가지 핵심 요소

플립 러닝은 '교수자는 수업의 촉진자, 학습자는 스스로 지식을 구성하는 능동적인 참여자(Goodwin & Miller, 2013)'로 바라보는 구성주의 교수전략(Bergmann & Sams, 2012)에 기반을 둔다. 앞에서도 언급한 것처럼, 이와 같은 플립 러닝은 전통적인 교수학습 활동을 뒤바꾼 형태의 수업방법으로, 학습자는 교실수업을 통해 습득한 교수자의 강의를 사전에 제작된 동영상 수업 및 관련 자료를 통해 가정에서 미리 습득하고, 교실에서는 동료와의 협력학습이나 토의 및 토론, 문제를 해결하는 학습 활동을 수행하는 교수방법이다(Bergmann & Sams, 2012). 이와 같은 플립 러닝은 학습자에게 소통 및 협력 증진, 상호작용(Roehl, Reddy, & Shannon, 2013)을 유발시키며, 교수자에게는 다양한 교수전략의 활용 및 적용, 학습자의 자기주도학습역량 강화, 학습자와의 긴밀한 관계 형성 및 유지의 기회(Roehl, 2013)를 제공한다(정한호, 2018a: pp.255-256). 이와 같은 플립 러닝과 관련하여, 버만(Bergmann)과 샘스(Sams)가 설립한 플립 러닝 네트워크(the Flipped Learning Network)에서는 ①유연한 환경, ②학습 문화, ③의도적인 콘텐츠(Intentional Content), ④전문적인 교수자(Professional Educator) 등 플립 러닝 핵심 요소 4가지를 제안한다.[4)]

① 유연한 환경(Flexible Environment)

플립 러닝은 다양한 수업방법을 허용하는 유연한 학습환경을 제공한다. 교수자는 수업을 최적화하고 학습자의 협업이나 개별학습을 위해 학습 공간을 물리적으로 재구성해야 한다. 이를 통해 학습자는 시공간의 제약 없이 자기 주도적으로 학습할 수 있으며 플립 러닝에서는 이와 같은 학습 공간을 제공해야 한다. 이와 더불어, 기존의 교육 패러다임을 획기적으로 바꾸고자 하는 교수자는 학습자의 학습 계획 및 수행, 평가 등에 유연하게 대처해야 한다. 이와 관련하여 교수자는 아래와 같은 사항을 점검할 필요가 있다.

---

4) https://flippedlearning.org/definition-of-flipped-learning/

1-1. 나는 학습자들이 상호작용하고 스스로 자신의 학습을 성찰할 수 있는 시간과 공간을 제공하는가?
1-2. 나는 학습자들이 학습 상황에 따라 적절하게 수정할 수 있도록 학습자들을 지속적으로 관찰하며 모니터링하는가?
1-3. 나는 수업내용을 습득하고 표현할 수 있는 다양한 방법을 학습자들에게 제공하는가?

② 학습 문화(Learning Culture)

전통적인 교수자 중심의 수업모형에서, 교수자의 교수는 정보의 원천으로서의 역할을 한다. 그러나 플립 러닝 수업모형에서의 교수자의 교수는 학습자 중심으로 변화한다. 교수자는 이러한 변화를 통해, 학습자 스스로 학습주제에 대해 깊이 있는 탐색을 하도록 유도하며 풍부한 학습경험이 가능하도록 노력한다. 이와 같은 변화된 학습 문화를 통해, 학습자들은 스스로 다양한 학습활동에 참여함으로써 자신만의 지식 구성에 몰입할 수 있으며 학습자 스스로 의미 있는 방식으로 자신의 학습활동을 평가한다.

2-1. 나는 학습자들에게 교수자 중심이 아닌 학습자에게 의미 있는 활동에 참여하도록 기회를 제공하는가?
2-2. 나는 학습자들의 활동을 조력하며 상이점과 피드백을 통해 다른 학습자들과 접촉할 수 있도록 하는가?

③ 의도적인 콘텐츠(Intentional Content)

플립 러닝을 실행하는 교수자들은 해당 모형 적용의 절차적인 유창함과 더불어, 학습자들의 학습내용에 대한 개념적인 이해를 지원하기 위한 플립 러닝 모형의 활용 방안에 대해 지속적으로 고민한다. 교수자는 학습자에게 가르쳐야 할 내용과 학습자가 자기 주도적으로 어떤 자료들을 탐색해야 하는지를 결정한다. 교수자는 학습자 중심, 활동적인 학습전략, 학년 수준과 교과 적합성 등에 부합하는 최적의 수업방법을 적용하기 위해, 실제 수업시간에서 최적화할 수 있는 의도적인 콘텐츠를 사용한다.

3-1. 나는 학습자들이 스스로 접근할 수 있도록 수업에서 실질적으로 사용되는 개념들을 우선적으로 다루는가?
3-2. 나는 학습자들의 학습에 필요한 관련 콘텐츠(동영상 자료 등)를 제작하거나 재구성하는가?
3-3. 나는 모든 학습자가 접근할 수 있고 관련성을 가질 수 있는 콘텐츠를 구별할 수 있는가?

④ 전문적인 교수자(Professional Educator)

플립 러닝을 시행하는 교수자의 전문적인 역량은 전통적 교실보다 플립 러닝 교실에서 더욱 중요하며 많은 역량을 필요로 한다. 교수자는 수업시간 동안에도 지속적으로 학습자들을 관찰하고 그들에게 매 순간 적절한 피드백을 제공하고, 그들의 학습활동을 평가한다. 전문성 있는 교수자는 자신의 교수활동의 실제를 성찰적으로 바라보며 수업방법을 신장시키기 위해 주변 교수자들과의 관계를 형성하고 상호 건설적인 비판을 수용한다. 반면에 교수자들은 자신의 플립 러닝 교실에서 발생하는 통제 가능한 무질서에 대해서는 인내한다. 전문성 있는 교수자들은 플립 러닝이 시행되는 동안 겉으로 드러나지 않으며, 본인 자신을 플립 러닝이 실행되도록 지원하는 핵심적인 요인(essential ingredient)으로 존재하도록 노력한다.

4-1. 나는 개별 학습자, 소집단, 학급 전체 등 모든 학습자가 필요로 하는 실제 시점에 피드백을 제공할 수 있도록 만반의 준비를 하고 있는가?
4-2. 나는 지속적인 형성평가를 수행할 수 있도록 수업시간 동안 학습자의 학습활동을 관찰하며 다음 수업에 필요한 정보를 기록하고 있는가?
4-3. 나는 다른 교수자과 협력하고 성찰하며, 교수자로서의 교수활동을 변화시키는데 책임감을 갖는가?

다. 플립 러닝의 효과성 및 유의점

플립 러닝의 효과성 및 어려움을 제시하면 다음과 같다(정한호, 2018. pp.254-256). 먼저 효과성을 제시하면, 첫째, 플립 러닝은 토론 및 협력학습에 효과적이다. 예를 들어, 플립 러닝을 적용한 신문활용교육(Newspaper In Education)을 통해, 학습자 간의 협력은 증진되었으며 정답이 정해지지 않은 열린 문제를 다양한 방식으로 '사고하는 것'에 흥미를 느끼며 적극적으로 학습에 참여하고 추가적인 질문 등 활발한 학습참여의 경향이 높아지는 것으로 나타났다(윤은희, 남상준, 2016). 이와 같은 토론 및 협력의 증진은 학습자의 문제 해결력 신장에 도움을 준다. 둘째, 플립 러닝은 수업 집중 및 상호작용에 효과적이다. 플립 러닝은 오프라인수업에서의 수업활동 집중과 토론 및 토의, 심화 및 보충 학습활동에 효과적이며 수업내용의 전반적인 흐름 파악에 도움을 준다(서진영, 2017). 또한, 플립 러닝은 수업에서의 상호작용에 긍정적으로 작용하며 역사적 사건이나 관련 내용을 다루는 학습활동에 효과적인 것으로 나타났다(서진영, 2017). 셋째, 플립 러닝은 학습자의 학업성취에 긍정적인 영향을 미친다. 플립 러닝은 교육현장에서 학습자의 학업성취에 효과적인 수업방법으로 인식된다(서미옥, 2016; 이희숙, 강신천, 김창석, 2015). 또한, 플립 러닝을 통해 교실수업에서의 학습자의 집중도를 높일 수 있었으며 해당 시간에 배울 내용이 무엇인지를 사전학습을 통해 확인하고 오프라인 수업에 참여하기 때문에 수업참여 및 성취도 신장에 도움을 주는 것으로 나타났다(정영식, 서진화, 2015).

앞에서도 살펴본 것처럼, 플립 러닝은 학습자의 학습동기와 태도(서미옥, 2016), 자기조절능력 및 학습 효능감, 그리고 학습참여 증진(김남익, 전보애, 최정임, 2014; 김시원, 임규연, 2016)에 효과적이며, 궁극적으로는 학습자의 성취도 및 학습역량 강화(박경은, 이상구, 2016; 이현구, 2015)에도 긍정적으로 작용한다. 그러나 동시에 플립 러닝의 적용은 현실적인 어려움이 있다. 이와 관련된 플립 러닝의 유의점을 제시하면, 첫째, 플립 러닝은 지식이나 정보 전달보다는 고차원적 학습활동에 초점을 두어야 한다. 예를 들어, 교수자가 플립 러닝을 통해 교과 내용에서 제시된 정보 전달이나 해당 내용에 대한 습득 자체에 초점을 둔다면, 학습자들은 지루함을 느끼게 된다. 이와 같은 준비 없는 플립 러닝은 여기에 참여하는 학습자 및 교수자의 인식에 부정적인 영향을 준다(김민정, 2016). 특히, 플립 러닝을 지식이나 정보 전달, 단순 암기나 내용 습득과 저차원적인 인지 활동을 위해 활용할 경우, 학습자의 동기(박완성, 김효원, 2016; 이정민, 노지예, 정연화, 2016), 학업 성취(신연준, 김진성, 이성희, 하지훈, 2016) 등에 효과적인 도움을 주지 못할 가능성도 배제할 수 없다. 둘째, 플립 러닝은 사전에 철저한 준비 없이 시행되어서는 안 된다. 일부 교수자의 경우, 플립 러닝에 대한 정보 부족, 새로운 시도에 따른 두려움, 사전학습 자료 제작의 어려움 등 관련 정보의 미비로 인해 플립 러닝의 현장 적용을 어려워하는 경향이 있는 것으로 나타났다(엄우용, 이희명, 이성아, 2017). 그런데, 교수자가 철저한 사전 준비 없이 플립 러닝을 실시하게 되면, 학습자 중심의 학습 참여 및 협력, 문제 해결학습 수행 등 플립 러닝 활용의 '본질적인 목적'보다는 '형식적, 선언적인 활용'에 머물 가능성이 있다. 교수자가 소기의 목적 달성에 적합한 플립 러닝을 수행하기 위해서는 동영상 제작, 자료 선정, 수업 활동 계획 및 수립 등에 체계적인 준비를 해야 한다(박태정, 차현진, 2015). 셋째, 학습자의 학습동기 및 흥미를 고려해야 한다. 학습자에게 제공하는 사전학습이 별도의 과제로 인식될 가능성이 있다. 특히, 체계적인 수업설계의 과정 없이 동영상 강의 중심으로 이루어지는 플립 러닝의 경우, 자기조절학습이나 자기주도학습 역량이 낮은 학습자에게는 수업이해도 하락, 수업집중력 감소, 학습동기 저하 등과 같은 부작용이 유발될 가능성이 크다(변호승, 송연옥, 2016). 학습자에 대한 고려 없이 이루어지는 플립 러닝은 도리어 학습자의 동기 저하나 수업참여 및 집중력 감소(변호승, 송연옥, 2016), 보편적인 활용의 어려움(조광주, 김종두, 2016)과 같은 한계를 유발할 수 있다.

라. 플립 러닝을 위한 교수자 역량 강화의 중요성

이와 같은 현실에서 플립 러닝을 수행하려는 교수자는 관련 역량을 지니고 있어야 한다. 첫째, 교수자는 학습자 중심의 학습환경으로 변화시킬 수 있는 수업 전문가로서의 역량을 가지고 있어야 한다. 둘째, 교수자는 플립 러닝을 바탕으로 수업을 효과적으로 설계할 수 있는 역량을 가지고 있어야 한다. 셋째, 교수자는 플립 러닝을 활용하여 수업을 계획하고 진행할 수 있는 실천적인 전략을 가지고 있어야 한다. 넷째, 교수자는 동료 교수자와의 공동체 구성, 효과적인 전략 수립을 위한 방법 탐색, 관련 워크숍 및 연수 참여 등의 노력을 기울여야 한다(Bergmann & Sams, 2012). 따라서, 플립 러닝 관련 교수자 역량 강화를 지원해야 한다. 플립 러닝이 학교현장에서 성공적으로 정착되고 적용되기 위해서는 교수자의 관련 역량을 높이기 위한 연수지원 등 다양한 지원(박태정, 차현진, 2015)이 필요하다. 예를 들어, 플립 러닝을 위한 온라인 플랫폼 구축, 활용 가능한 동영상 및 각종 자료의 지원이 요구되며 동료 교수자와의 공유와 협력을 필요로 한다. 특히, 교원양성기관에서의 관련 교사양성교육 및 프로그램 개발이 필요하다. 예를 들어,

플립 러닝에 대한 이해도 증진 및 인식을 높이기 위한 프로그램 개발 및 수행이 요구된다. 특히 예비교사의 경우, 교육현장에서의 실제적인 교수 경험이 부족하고 교수학습활동에서의 플립 러닝 활용에 관한 이해도 형성에 어려움을 겪을 수 있다. 이에 교원양성기관에서는 '수업방법 혁신, 혁신의 진행과정, 각종 자료 및 정보 지원' 등(강명희, 윤성혜, 2016)을 통해 플립 러닝을 적용한 교과목을 개설하여 운영하고 예비교사의 플립 러닝에 대한 이해도를 증진시킬 수 있는 특별 프로그램을 실행할 필요가 있다.

마. 플립 러닝을 활용한 사례 기반 수업단계

플립 러닝을 활용한 수업단계와 관련하여 학자마다 다양한 주장과 모형들이 존재한다. 여기서는 교수자에게 도움을 줄 수 있는 플립 러닝을 활용한 수업단계를 소개하고자 한다(조영재, 2022: pp.184−186).

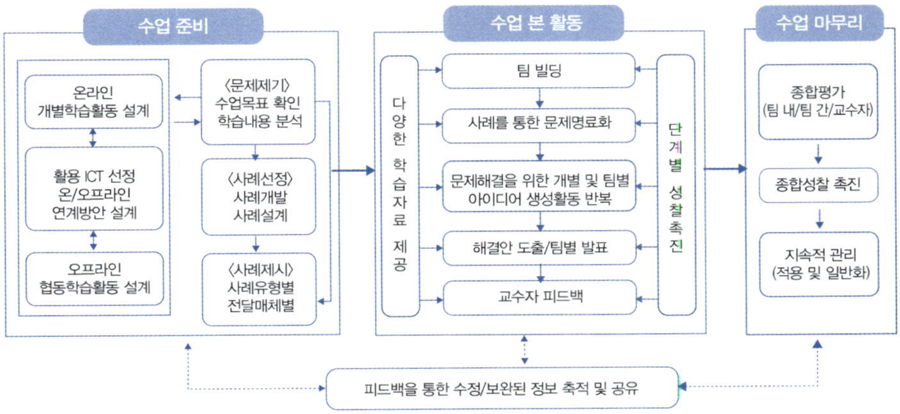

[그림 11-1] 플립 러닝을 활용한 사례 기반 수업 단계(조영재, 2022: p.185)

① 수업준비 단계

사전 학습 자료 제작, 안내/점검 단계와 사례 선정 및 사례 보기를 통합하여 문제의 속성을 가장 잘 드러내는 실생활의 사례를 선정하고 제시한다.

② 수업 본 활동 단계

수업에서의 본격적인 활동은 순차적인 다섯 개의 과정으로 이루어진다. 첫째, 팀 빌딩 과정으로, 문제 해결을 위한 팀을 구성하고 주어진 문제에 대한 팀 내에서의 지식 체계화 및 질의응답 활동을 수행한다. 둘째, 문제 명료화 과정으로, 학습자들은 사례를 분석하고 핵심 문제를 명료화한다. 여기서는 학습자 간의 협력 및 토론 활동이 이루어진다. 셋째, 학습자 개별 및 팀별 아이디어 생성활동 과정으로, 플립 러닝에서의 팀별 협력 및 토론 수업, 발표와 공유·토론 단계, 개별적인 탐구 및 협력 활동을 통합하여 문제를 해결한다. 여기서는 학습자 간의 발표 및 공유 등 실제적인 활동을 수행한다. 넷째, 문제 해결방안 도출 및 팀 발표 과정으로, 팀별로 도출한 문제 해결 방안을 제시하고 발표한다. 다섯째, 교수자 피드백 과정으로, 플립 러닝을 통해 도출된 문제 해결 방안에 대한 교수자 정리 과정이다. 여기서 교수자는 각 팀별로 도출된 방안의 의미 있는 부분, 개선 부분 등에 대해 명확하게 제시하고 팀 의견을 바탕으로 활발한 토론 및 정리 과정을 거친다.

③ 수업 마무리 단계

본 단계는 과제 제출, 수업성찰 및 평가 단계, 사례 기반 학습에서의 과정 및 결과에 대한 평가 단계를 통합한 종합평가, 그리고 성찰의 단계로 구성된다. 이와 같은 통합적인 과정은 온·오프라인의 블렌디드 환경에서의 유기적인 연계를 지원한다. 또한, 교수자는 각 단계에서 수행하는 피드백을 바탕으로, 학습자의 성찰을 이끌어 내고 상호작용과 문제 해결을 촉진하기 위한 지원활동을 수행한다.

이상 플립 러닝을 적용한 사례 기반 학습에서의 세부적인 내용을 정리하면 다음과 같다.

〈표 11-1〉 플립 러닝을 적용한 사례 기반 수업 단계의 세부 내용(조영재, 2022: p.186)

구분	교수활동 프로세스	수업환경	핵심 교수활동	교수활동 내용
수업 준비	문제제기	강의실 밖	수업목표 확인 학습내용 분석	수업목표 확인 및 평가 방법 및 기준 마련

			주요문제 도출	학습범위 및 주제 내용 분석 핵심내용을 담아내는 주요문제 및 안건 도출
	사례선정	강의실 밖	사례개발 사례설계	학습자 특성에 맞는 상황 설정 및 사례 탐색 개발된 사례를 통한 사례 시나리오 및 교안 설계
	사례제시	강의실 밖	사례유형별 제시 사례전달매체 선정	사례유형별(특성/목적/구성/용도/기능) 선정 사례이해에 적합한 매체 선정 및 자료제시
수업 본 활동	팀 빌딩	강의실 안	팀 빌딩 안내 및 구성	팀 구성원 간 관계 형성 촉진 팀 역할 정하기 안내 팀 빌딩 결과 발표 안내
	사례를 통한 문제명료화	강의실 안/밖	문제탐색 촉진(오프라인) 선정된 문제 공유(온라인)	문제발견을 위한 관찰과 인터뷰, 자료탐색 촉진 문제 범위의 수렴을 통한 실제적이고 공감적 문제 선정 유도 선정한 문제의 팀 간 공유 및 명료화 작업/피드백 지원
	문제 해결을 위한 개별 및 팀별 아이디어 생성활동 반복	강의실 안/밖	문제 원인 찾기 촉진(온라인/오프라인) 개별 수집된 정보로 팀 내 토의/토론을 통한 의견수렴 개진 안내(오프라인) 아이디어 생성 촉진(오프라인)	사례를 통한 문제 초점 및 문제원인 제시 다양한 자료(정보) 활동 안내를 통한 아이디어 생성 및 팀 상호작용 안내

	문제 해결안 도출 및 팀별 발표	강의실 안/밖	해결안 정보수집 촉진(오프라인) 우선순위에 따른 해결안 도출(오프라인) 해결안 온라인 공유 안내(온라인) 해결안 발표 안내(오프라인)	해결책 수립을 위한 수렴적 사고 촉진 우선순위에 따른 문제해결안 도출 및 해결방안 온라인 공유 팀 발표(해결안 도출과정 및 방법)
	교수자 피드백	강의실 안	해결안 피드백(오프라인)	팀 발표에 대한 교수자의 구체적 피드백 제시
수업 마무리	종합평가 및 성찰	강의실 안/밖	평가안내 및 종합평가(팀 내/팀 간)(오프라인) 지속적 관리를 위한 성찰 촉진(온라인/오프라인)	개별/팀 내/팀 간 종합평가 실시 및 의견교환 적용 및 일반화를 위한 지속적 관리 방안 제시 및 공유

4. 사회매체 활용 수업

가. 사회매체(Social Media)의 의미

사회매체는 웹 2.0을 기반으로, 사용자가 제작한 콘텐츠를 공유할 수 있는 인터넷 기반 응용 프로그램을 지칭한다(Kaplan & Haenlein, 2010, p.61). 사회매체는 디지털 정보 통신 기술의 발전과 더불어, 시공간의 제약 없이, 개인이 속한 온라인 커뮤니티의 모든 구성원과 소통할 수 있는 유용한 도구로 활용된다(Wang, Lee, & Hua, 2015). 또한, 사회매체는 기존의 오프라인에서 수행된 다양한 활동과의 연계를 바탕으로, 기존의 테크놀로지와는 달리, 빠르게 확산되고 있다. 예를 들어, 페이스북, 트위터, 인스타그램, 카카오톡 등 사회매체는 오락, 금융, 교통, 문화, 교육 등 다양한 분야와의 연결을 통해 범위를 점차 확대해 나가고 있다. 그런데, 이와 같은 의미를 지닌 사회매체는 유사한 의미를 지닌 대중매체(Mass Media)나 사회관계망서비스(Social Network Service)와는 개념상에 미묘한 차이점을 지닌다. 사회매체에 대한 의미를 보다 구체적으로 제시하면 다음과 같다(정한호, 2015).

① 사회매체(Social Media) vs. 대중매체(Mass Media)

사회매체는 개인의 사회적 참여를 기반으로 한다. 또한, 대중매체는 새로운 정보 및 자료를 원하는 다수의 개인에게 정보를 전달하는 측면에 초점을 둔다. 따라서 사회매체는 개인 중심의 쌍방향 매체를 의미하기 때문에 기존의 일방적인 소통을 중심으로 활용되었던 대중매체와는 소통방식에서 본질적인 차이를 지닌다.

② 사회매체(Social Media) vs. 사회관계망서비스(Social Network Service)

사회매체는 개인 대 개인, 개인 대 집단 간의 소통에 초점을 둔다. 이에 반해, 사회관계망서비스는 개인 차원에서의 사회적 관계 형성 및 지속적인 관리에 중심을 둔다. 따라서 사회매체는 개인 중심의 소통, 사회관계망서비스는 관계형성을 중시하는 의미상 차이가 있다.

그런데, 사회매체는 점차 대중매체와 사회관계망서비스의 의미를 모두 지닌 방향으로 나아가고 있다. 이에 따라, 카카오톡, 트위터, 페이스북은 본래 사회매체로 출발하였지만, 점차 사회관계망서비스, 대중매체로 활용되고 있다. 예를 들어, ① 개인 중심의 다른 개인, 또는 집단 간의 쌍방향 소통 자체에 초점을 두면 사회매체, ②주변 지인이나 다수의 개인 간의 관계 형성 및 유지에 초점을 두면 사회관계망서비스, ③개인방송이나 특정 정보를 지속적으로 전달하면 대중매체라고 볼 수 있다. 최근에는 상기와 같은 개념의 벽이 허물어지면서 사회매체는 대중매체, 사회관계망서비스를 모두 포함하는 의미로 사용되고 있다.

이와 같은 사회매체는 점차 하나의 플랫폼으로 발전하고 있다. 또한, 하나의 플랫폼에서 다른 플랫폼을 활용할 수 있게 되면서, 사회매체는 동일 플랫폼의 사용자뿐만 아니라 다른 플랫폼의 사용자들과도 지식이나 정보를 공유하고 가공할 수 있다(Colliander & Dahlen, 2011; Ngai, Tao, & Moon, 2015). 이에 따라 사회매체는 여러 커뮤니티에 있는 다양한 유형의 사용자, 고객, 비즈니스 파트너 간의 상호작용 촉진, 제품의 공동 개발(Mangold & Faulds, 2009; Porter & Donthu, 2008), 협력적 의사소통 구현(Bónson & Flores, 2011), 협동학습 및 창의성 신장(Peppler & Solomou, 2011), 지식의 공유(Fernando, 2010; Kasavana, Nusair, & Teodosic, 2010;

Yates & Paquette, 2011) 등에 효과적으로 활용되고 있다.

나. 사회매체의 특징

사회매체의 특징을 탐색한 정한호 외(2014)에 의하면, 사회매체는 '참여', '개방', '대화', '커뮤니티', '연결' 등의 특징을 지니고 있다(pp.18-22).

① 참여(participation)

특정 신분이나 계층에 상관없이 누구나 참여하여 활용할 수 있는 매체인 동시에 개인의 일상 생활과 관심사 등을 함께 공유하는 플랫폼이다. 따라서 사회매체에서는 모든 사람들의 기여와 사적인 피드백을 가로막는 장애를 모두 해체하여 다양한 사람들이 자유롭게 참여하고 활동할 수 있다. 특정 주제에 관심이 있는 사람들의 참여를 독려함으로써 의견 교환, 공유 등이 용이하도록 다양한 기능을 제공하며, 정보의 생산자와 소비자의 역할을 희미하게 만들어 상호 자신이 보유한 정보와 관심사를 주고받는 것을 자연스럽게 만들었다. 2009년 이후 참여와 공유를 강조하는 '커뮤니티'가 소셜 미디어 서비스로서 초창기에 등장한 사실은 '참여'가 사회매체의 대표적 기능이자 특징임을 보여준다. 이처럼 사회매체는 관심 있는 모든 사람들의 자발적인 기여와 개별적인 피드백, 반응 등을 저해하는 모든 장벽을 해체하여 가능한 많은 사람들이 참여하여 활동할 수 있는 특징을 지니고 있다.

② 개방(openness)

사회매체에서 다루는 정보는 질과 종류에 제한이 없으며, 정보의 교류와 유통 과정이 네트워크상의 모든 사용자에게 공개된다. 또한, 사회매체에서는 각 네트워크 사이를 이어주는 연결자를 기반으로, 한 개인과 직접적으로 연결되지 않은 다른 사용자의 네트워크로도 자유롭게 전달할 수 있는 기능이 있다. 이는 사회매체가 지닌 개방적인 특성에 따른 것이다. 예를 들어, 트위터, 페이스북은 온라인을 통해 자기 자신을 좀 더 적극적으로 드러낼 수 있는 동시에 지인과 직접 만나지 못해도 늘 가까이에서 소통하는 느낌을 준다. 특히, 모바일 디바이스의 활용이 보편화되면서 개인의 소식을 실시간으로 타인과 공유하고 그들의 반응을 얻을 수 있을 뿐 아니라 연예인이나 정치인 같은 유명인과 인맥을 맺거나 그들과 개인적인 의견을 나누며 소통할 수 있다. 이러한 개방성은 사회 여론 형성의 기능, 정보

교류수단의 확장, 집단 지성을 통한 사회적 가치 형성에 효과적으로 활용된다. 그러나, 개방적인 특성의 부작용도 함께 발생하고 있다. 이로 인해, 교육적인 목적으로 활용하는 사회매체의 경우, 대부분 개방보다는 폐쇄적인 형태로 운영하는 경향이 있다. 이처럼, 사회매체에서 유통되는 정보와 자료는 질이나 유형에 관계없이 모든 과정이 동일 플랫폼 내의 모든 사용자에게 공개되며 직접적으로 연결되지 않은 다수의 사용자, 특히 다른 플랫폼에도 공개되는 개방의 특징을 지니고 있다.

③ 대화(conversation)

대화는 커뮤니케이션의 쌍방향성을 의미하는데, 이는 인터넷 기반 미디어의 공통적인 특징이다. 기존의 네트워크 서비스는 정보 생산자가 산출한 자료나 정보를 소비자에게 한 방향으로 전하는 방식을 갖고 있었다면, 사회매체는 정보의 생산자와 소비자 모두 쌍방향으로 소통 가능한 구조로 되어 있다. 앞에서도 언급한 것처럼, 대화의 속성은 사회매체의 본질적인 속성으로, 이는 교육기관, 기업 등의 사회매체 운영에 중요하게 작용한다. 대화의 기능이 단절된 사회매체는 도리어 해당 기관에 부작용으로 작용할 수 있다. 예를 들어, 사회매체가 지닌 대화의 속성을 무시하여 큰 손해를 본 기업이 있다. 유명 자동차를 생산하는 P사는 페이스북을 통해 신년을 맞아 회사에 기대하는 바를 물었다. 그런데 국제환경단체 그린피스 회원들이 페이스북에 몰려들어 '기후변화 관련 입법을 막는 로비를 중단하라', '친환경 자동차를 생산하라'라는 댓글로 도배를 하였다. 이런 댓글이 수천 개에 이를 때까지 P사는 무응답으로 일관했다. 사태가 걷잡을 수 없이 커진 다음에야 P사는 이산화탄소 발생량을 줄이겠다고 발표했지만, 이미 기업의 이미지는 망가진 뒤였다. 이처럼, 사회매체를 활용하는 기관은 대화라는 기본 속성의 중요성을 간과하면 안 된다. 특히, 교육적으로 활용하는 학교나 교육기관에서는 이 점에 유의할 필요가 있다. 이처럼, 사회매체의 본질적인 속성인 대화는 커뮤니케이션의 쌍방향성을 의미하며 인터넷 기반 미디어의 공통적인 특징이다.

④ 자기중심의 커뮤니티(self-centered community)

사회매체는 공통의 관심사에 관해 이야기할 수 있는 온라인 공간이라는 점에서 기존의 인터넷 카페와 비슷하지만, 커뮤니티의 초점이 사용자 개인에게 있다는 점에서 차이가 있다. 즉, 모든 사용자가 개인이 원하는 사용자를 선택하여 하나의 커뮤니티를 구성할 수 있으며 특정 사용자를 배제한 커뮤니티도 만들 수 있다. 또한, 사용자 개인이 해당 커뮤니티를 탈퇴하는 순간 해당 커뮤니티에서 나올 뿐만 아니라 관련 모든 활동 내역도 사라진다는 점에서 기존의 인터넷 커뮤니티와 구별된다. 사회매체는 특정 주제나 관심사를 지닌 이용자들이 특정 집단이나 커뮤니티를 쉽게 형성하도록 도와준다. 또한, 사용자는 사회매체를 통해 커뮤니티 구성원들과 소통하고 공유한다. 다만, 여기에서는 자기 중심성이라는 특성이 있다. 이처럼, 사회매체는 특정 주제나 관심사를 지닌 개인들을 중심으로, 커뮤니티를 쉽게 형성하도록 도와주는 자기중심의 커뮤니티 속성이 있다.

⑤ 연결(connectedness)

사회매체는 연결의 편의성을 제공한다. 대부분의 사회매체는 여러 미디어의 조합, 또는 링크를 통해 연결할 수 있다. 최근에는 모바일 미디어 디바이스를 이용하여 상시로 사회매체에 접속할 수 있다. 또한, 사회매체가 다양한 서비스와 결합하면, 연결의 확장을 통해 영향력을 발휘하게 된다. 예를 들어보자. 숙박 시설 공유 서비스 '에어비앤비(Airbnb)'는 호텔, 리조트 등 숙박업계에서 '공공의 적'이 되고 있다. 에어비앤비는 전 세계 개인 숙박 시설을 하나로 연결해주는 일종의 플랫폼(platform)인데 트위터, 페이스북 등 기존 SNS와 연동돼, 자동 가입이 가능하다. 사용자가 지정한 회원들과 서비스를 공유할 수 있을 뿐만 아니라, 희망 여행지가 비슷한 회원들끼리 정보를 교환할 수 있도록 하는 공간을 사회매체를 통해 마련하는 것이다. 국내에서는 카카오톡이 금융, 쇼핑, 오락, 교통 등 다양한 영역으로 확장하고 있으며 이에 따른 부작용도 나타나고 있다. 이와 같은 사회매체의 연결은 강력한 속성으로 그 영향력을 점차 넓히고 있다. 이처럼, 사회매체는 다양한 플랫폼이나 온·오프라인 미디어의 조합이나 링크를 통해, 불특정 다수와 연결되며 다양한 서비스와의 연결 및 확장을 통해 강력한 영향력을 발휘하는 특성이 있다.

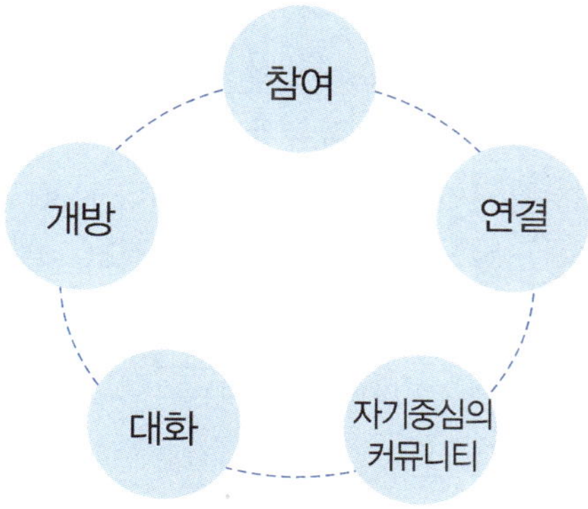

[그림 11-2] 사회매체의 5가지 특징(정한호 외, 2014: p.22)

다. 사회매체 활용 수업의 효과성

앞에서 언급한 사회매체의 여러 특징들은 교육적으로 해당 매체를 활용하는 데 도움을 준다. 예를 들어, 참여, 개방, 대화 등와 같은 특성은 학습자 간의 상호작용 중심의 수업활동을 진행하는 데 효과적이다. 또한, 사용자 간의 커뮤니티 구성, 연결 등과 같은 특성은 다른 학습자와의 공유 및 교류에 초점을 둔 학습활동의 실행에 도움을 준다. 이처럼 사회매체는 교육현장에서 학습자 간의 관계형성, 협업, 정보공유, 피드백 등을 효율적으로 수행하는 데 효과적이며(임걸, 강민석, 신성욱, 2012) 학습자와 학습자, 교수자와 학습자 사이의 의사소통을 위한 효과적인 도구(이준 외, 2013)로 활용 가능하다. 이와 더불어, 사회매체는 과제해결, 토의 및 토론 등과 관련된 소통 및 의견공유와 학습자 개인의 의견을 피력하는 데 효과적으로 활용할 수 있다. 특히, 교수자의 경우, 강의 관련 자료나 정보, 각종 동영상 자료 링크 등을 학습자들에게 제시하면서 수업활동을 진행하는 데 효과적이다.

사회매체 활용 수업의 효과성을 보다 구체적으로 살펴보면, '학습자의 수업참여', '상호작용 및 정보공유', '학습자 간의 협력', '학업에 대한 긍정적 인식 함양' 등으로 제시할 수 있다.

① 학습자의 수업참여

사회매체는 학습자 중심의 수업을 통한 학습자의 참여에 효과적이다. 사회매체를 활용한 수업은 학습자의 학습동기, 흥미와 관심을 유발하는 학습자의 수업참여를 높이는 유용한 매체이다(윤택남, 김병선, 2021). 또한, 학습자는 기존의 매체보다 사회매체 기반의 수업에 더욱 적극적으로 참여하며(Mao, 2014; Roblyer et al., 2010) 학업성취에도 긍정적인 것으로 나타난다(Junco, Heiberger, & Loken, 2011). 이처럼, 초등부터 고등교육에 이르기까지 페이스북, 트위터, 카카오톡 등 사회매체를 활용한 수업이 다양한 교과목에서 이루어지며 효과적으로 활용되고 있다(김희진, 곽정아, 2013; 박혜정, 김지영, 2011).

② 상호작용 및 정보공유

사회매체는 자기주도적인 상호작용, 정보의 획득 및 전달, 공유에 효과적이다. 특히 사회매체는 교실수업뿐 아니라 방과 후 상호작용 및 정보 교류에 효과적이다. 예를 들어, 사회매체는 방과 후에 시공간적으로 분리된 학습자와 학습자, 학습자와 교수자 간의 의사소통과 교류를 촉진한다(임걸, 2011). 이처럼, 사회매체를 활용한 수업은 학습자 간의 상호작용에 효과적이며 이로 인해 학습자의 학업성취에 긍정적인 영향을 미친다(Yang & Chang, 2011).

③ 학습자 간의 협력학습

사회매체는 협력학습에 효과적이다. 사회매체 기반의 의사소통은 소집단 협력학습에서의 학습자 간의 토론, 협의 및 협력에 효과적으로 활용된다(Alaslani & Alandejani, 2020). 예를 들어, 사회매체는 협력학습에 참여하는 학습자들에게 블로그나 마이크로블로그 등에서 개별 포스트를 규정해주는 아이디어를 동반한 작은 정보의 단위인 마이크로콘텐츠(microcontents)[5]를 생성하게 지원한다. 학습자들은 마이크로콘텐츠를 기반으로, 협력 및 협동학습을 수행하며 이를 통해 집단지성을 도출한다. 이처럼, 사회매체는 학습자 간의 협력학습에 효과적이며 기존의 사회적 학습이론을 적극적으로 구현해 줄 수 있는 효과적인 방법으로 활용할 수 있다(임걸, 2011). 특히, 학습자들은 팀 학습에서의 사회매체 활용을 긍정적으로 인식한다(정한호, 2015b). 사회매체는 학습자 간의 의견조율, 의사결정, 역할 수행 및 결과 공유 과정에 긍정적으로 작용한다.

5) http://en.wikipedia.org/wiki/Microcontent

④ 학업에 대한 긍정적 인식 함양

사회매체는 긍정적인 학업 인식 함양에 효과적이다. 사회매체를 통한 정보 획득 및 공유, 다양한 의견 비교, 반성적 사고, 즉각적 피드백과 비평, 사용절차의 간편성 등은 학업에 대한 인식에 긍정적으로 작용한다(Walker, 2009). 예를 들어, 트위터를 활용한 수업을 통해, 학습자들은 긍정적인 학습경험을 하는 것으로 나타났다(Young, 2009). 유튜브나 카카오톡 등을 활용한 수업이 학업에 대한 학습자 인식에 긍정적인 영향을 미친다는 연구결과도 보고된다. 예를 들어, 유튜브와 카카오톡 기반의 사회매체 활용 수업이 학업에 대한 자신감, 태도, 가치, 신념, 흥미 등에 긍정적인 영향을 끼치는 것으로 나타났다(윤택남, 김병선, 2021).

이처럼 사회매체의 교육적 활용은 교수 측면(Chen & Bryer, 2012; Roblyer et al., 2010)과 학습 측면(Hsu & Ching, 2012; Junco, Elavsky, & Heiberger, 2012) 등에서 효과적이라고 할 수 있다. 또한, 사회매체의 활용과 관련된 긍정적인 교육 성과도 보고되고 있다(조진숙, 김미량, 2014, p.304). 사회매체는 Moodle, Blackboard, Webcast, Blogs 등과 같은 플랫폼을 기반으로(Giannakos & Vlamos, 2013) 효율적인 기능을 갖춘 학습 환경(유병민, 박혜진, 차승봉, 2013)을 제공해 주고 있다.

라. 사회매체의 교육적 활용의 어려움

사회매체의 교육적 활용은 학습자의 참여와 경험을 바탕으로 수업방법을 혁신하고자 노력한 2000년대로 거슬러 올라간다(Bradley, 2009; Grosseck, 2008). 사회매체는 앞에서 살펴본, '학습자의 수업참여', '상호작용 및 정보공유', '학습자 간의 협력', '학업에 대한 긍정적 인식 함양' 등을 통해 소정의 학습성과를 유발할 수 있을 것이라는 기대감에서 활용의 범위를 점차 넓혀가고 있다(Peppler & Solomou, 2011). 그러나, 사회매체의 교육적 활용 자체가 교육적인 성과로 직접 연결되는 것은 아니다. 사회매체의 교육적 활용의 어려움을 살펴보면, '효과성에 대한 명확한 증거 부족' '교수자의 우려감', '사회매체는 마케팅 도구', '사회매체 활용에 대한 역설적인 현실' 등으로 나타낼 수 있다.

① 사회매체의 교육적 효과성에 대한 명확한 증거의 부족

사회매체가 학습자의 관계 구축 및 유지에는 도움을 주지만 교육적인 효과가 있다는 명확한 증거를 발견하기 어렵다는 연구결과(Irwin, Ball, Desbrow, &

Leveritt, 2012; Wise, Skues, & Williams, 2011)도 제시되고 있다. 또한, 교수자의 사회매체 활용과 관련된 수업설계의 미흡, 학습자의 사회매체 활용 수업에서의 준비 소홀, 사회매체를 활용한 수업에서의 학업성취 하락 등과 같은 부정적인 결과(Junco, 2012)도 나타나고 있다. 이로 인해, 대부분의 교육기관에서는 사회매체를 활용한 수업을 실행할 수 있는 기본적인 인프라를 구축하였지만, 이를 교육적으로 활용하는 데에는 다소 소극적인 경향을 보이고 있다.

② 교수자의 우려감

사회매체의 교육적 활용에 대한 교수자의 우려감이 나타나고 있으며 적극적인 사용의지는 다소 부족한 실정이다. 교수자는 사회매체의 교육적 활용에 결정적인 요인이다(Cifuentes, Alvarez Xochihua, & Edwards, 2011). 그런데, 교수자 중에는, 이전의 매체나 테크놀로지의 활용처럼(박인우, 2003; 정한호, 2008; Veletsianos, 2010; Zhao & Frank, 2003), 사회매체가 교육적인 효과보다는 편의적인 수단으로 활용될 가능성이 높다는 우려감을 갖고 있다. 또한, 실제 일부 교육현장에서는, 사회매체를 교육적으로 활용할 수 있는 테크놀로지보다는 단순한 자료 전달 수단 정도로 인식하고 있다.

③ 사회매체는 마케팅 도구

사회매체는 본래 교육적인 활용을 목적으로 개발된 도구가 아니다. 사회매체는 회사조직의 비즈니스 마케팅 분야에서 먼저 활용되었다. 예를 들어, 사회매체는 고객 관리 및 유지, 회사 및 브랜드 가치, 그리고 비즈니스 관련 다양한 문제를 개선하고 지속적으로 관리하는 목적으로 활용되고 있다(Hanna & Crittenden., 2011; He, Zha, & Li, 2013; Kaplan & Haenlein, 2010; Laroche, Habibi, & Richard, 2013). 이에 따라, 사회매체는 마케팅을 위한 핵심적인 도구이며 고객 유치 및 관리를 위한 중요한 수단으로 활용되고 있으며(Ngai, Tao, & Moon, 2015), 그 중요성은 점차 커지고 있다. 따라서 사회매체 활용에 대한 교육적인 검증 없이 사회매체가 지닌 기능상의 유용성이나 어포던스(affordance)에 대한 기대감만으로, 수업에서 전격적으로 활용하는 것에는 위험부담이 있다(Friesen & Lowe, 2011; Tess, 2013).

④ 사회매체 활용에 대한 역설적인 현실

사회매체 활용의 실태를 탐색한 정한호(2015b)에 의하면, 학습자들은 과제 유형에 따라 소통중심, 공유중심, 영상중심, 또는 혼합형 중심으로 사회매체를 활용하는 경향이 있다. 그러나, 학습자들은 실제 학습활동에서는 대부분 간단한 메신저 기능 중심의 사회매체인 카카오톡을 사용하였다. 특히, 학습자들은 메신저 위주 활용의 문제점을 알고 있지만, 메신저 기능이 지닌 강력한 편의성으로 인해, 메신저 중심으로 사회매체를 활용하는 경향이 높았다. 이처럼, 교육현장에 사회매체가 도입되고 활용되지만 간단한 소통 중심의 사회매체는 학습자 간의 편의성을 강화하는 단순한 수단으로 전락하여 활용되는 경향이 있다.

상기의 내용을 고려하여, 교수자는 사회매체를 사용할 때 유의할 필요가 있다.

마. 사회매체 활용 수업단계

사회매체는 수업에서 다양하게 사용할 수 있다. 여기서는 사회과 수업에서의 활용 사례를 설명하고자 한다. 사회과 수업에서 적용할 수 있는 사회매체 활용 토론 수업단계를 제시하면 다음과 같다(권영휴, 2012: pp.24－35).[6)]

① 학습 요소 추출

본 단계에서는 사회과에서 학습해야 할 문제 요소를 추출하여 학습자들에게 유의미한 학습이 될 수 있는 학습주제를 소개하는 단계이다. 이를 위해서는 우선 교수자가 개념 과제와 학습자의 학습수준을 분석하고 지적 목표와 협력적 기능 목표 등을 구체화 시키는 노력이 선행되어야 한다.

② 문제제시

교수자가 자신의 사회매체에 수업시간에 학습할 내용 요소를 게재하고 구체적 토론주제를 제시하면 학습자들은 그 내용들을 숙지하여 다음 수업을 위해 기본적인 학습 사전준비에 들어간다. 본 단계는 교수자가 사회매체에 탑재한 주제를 가지고 모둠 구성원들 간에 시공간을 초월하여 수업준비를 하도록 장려하고 그 과정에서 수업목표에 대한 이해도와 협동심을 가질 수 있도록 한다.

---

6) 참고문헌을 바탕으로, 정리 및 보완하여 제시함

단계	토론 학습 설계	교수-학습활동
1단계	사회과에서 학습해야 할 사회 문제 요소 추출	논의하고자 하는 사회 문제 요소 목록 배열
2단계 (SNS 페이지)	구체적인 사회 문제 제시	제시된 사회 문제의 내용, 주장 검토
3단계 (SNS 검색, 그룹)	대립되는 찬반 문제의 확인	사실, 찬반 문제 가치의 원천 가치관련 행동의 서술
4단계 (SNS 검색, 그룹)	입장분석, 입장표명 모둠 내 관점 채택	대립되는 문제분석 경험적 사실의 확인
5단계 (SNS 그룹, 토론)	모둠 간 토론활동 모둠 내 토론활동	반대 관점의 경험 개념갈등, 불확실성 찬반 토론의 논증 대안모색, 결과예측
6단계 (SNS 그룹, 페이지)	입장 선택 및 결론 최종 논점 채택	SNS를 통해 지적 호기심과 논점 채택 재개념화와 통합
7단계 (SNS 페이지)	내면화 및 신념화	결과 발표 후 개별 최종의견 게재하기
8단계	교수자의 피드백	심화 · 보충 피드백 모둠별 수업 피드백

[그림 11-3] 사회매체 활용 토론 수업 단계(권영휴, 2012: p.25)

③ 본격적인 문제 제기

본 단계부터 실제적인 수업이 이루어지는데 교수자는 먼저 사회매체에 게재하였던 모둠별 찬반 토론 주제에 대한 사전 준비 여부를 확인하고 자신이 준비해온 수업과 관련 있는 재미있는 자료들을 학습목표와 연관 지어 설명한다. 그리고 본시 수업과 관련된 선행조직자를 보여주고 사회매체에 탑재했던 사례를 활용하여 문제를 제기한다. 여기서는 문제 요소의 견해 차이가 무엇이고 그 갈등들의 원천(의미, 속성)이 무엇인지를 탐색하는 과정을 수행한다.

④ 토론에서의 입장 분석 및 표명

가치와 사실을 구분하고 대립하는 입장의 차이를 확인하고 나면 가치들을 비교·분석하고 사회매체에 표명하는 단계를 거친다. 학습자들은 교수자가 제시한 사례를 통해 각 집단의 대립하는 가치가 무엇인지, 대립하는 이유가 무엇인지를 파악한다. 그리고 집단들 간에 가치는 어떤 차이가 있고 그 가치들 사이에는 다른 가정과 내용이 전제되어 있는지를 분석한다. 구성원들은 사전에 토론 준비를 해온 내용을 바탕으로 합의된 골격을 구성하고 각자 사회매체 검색기능을 통해 찬반 논쟁 토론을 위한 구체적인 내용들을 붙여 마인드맵을 완성한다. 본 단계의 학습자 활동을 원활하게 진행하기 위해서는 사회매체의 그룹 기능과 페이지 기능을 활용하면 유용하다

⑤ 모둠 간, 모둠 내 토론

본 단계는 모둠 간 토론활동과 모둠 내 토론활동이 교차적으로 이루어지는 단계로 이 수업모형에서 학습자들의 참여가 가장 활발히 나타나는 단계이다. 모둠 간 토론활동을 마친 후에는 다시 모둠 내 토론 활동이 이루어지는데 이 과정은 이전 활동에서 겪었던 경험들을 토대로 내용을 수정·보완하고 찬반 양측의 이견을 조율하여 집단 간 가치갈등을 해결할 수 있는 여러 대안을 모색해본다. 그리고 사회매체 검색기능을 통해 사건 진행 상황을 유심히 살펴보면서 사건의 결과를 예측하여 발표하는 것도 본 단계에서 이루어지게 된다.

⑥ 입장 선택 및 결론

모둠 간 토론활동과 모둠 내 토론활동이 모두 이루어지고 나면 구성원들은 사회매체에 자신이 속한 모둠의 입장을 공식적으로 다시 한번 정리하여 표명을 한다. 교수자는 수업 중에 진행된 찬반 토론 내용들을 평가하고 피드백을 해주는 시간을 가진다. 교수자는 토론과정에서 모둠 구성원들이 주장에 걸맞은 합리적인 근거를 찾았는지, 사실의 경험적 증명이 이루어졌는지, 상대방의 비판에 적절하게 대처하였는지 등을 객관적인 입장에서 평가한다. 그리고 마지막 견해 표명을 위해 각 모둠의 입장을 수정하거나 첨부하는 과정에서 발생하는 오류나 문제점에

대해서도 반드시 피드백한다.

⑦ 내면화 및 신념화

모둠의 구성원에서 벗어나 학습자 각자가 찬반 토론 수업 중에 배운 내용이나 느낀 점들을 자신의 사회매체 페이지 상에 작성하여 올리면 다른 학습자들이 방문하여 글을 읽고 평가를 하는 단계이다. 댓글 기능 외에 '좋아요'나 '추천' 기능을 사용한다. 이 모형에서는 학습자들로부터 가장 많은 '좋아요'나 '추천'을 받은 사람에게 모둠장이 될 수 있는 권한과 함께 차시 수업을 전자칠판에 띄워 소개할 기회를 준다. 여기서는 본시 학습문제에 대해 학습자들이 다시 한번 생각해보고 깊이 느끼는, 내면화와 신념화를 유도한다.

⑧ 피드백

모든 본시 수업이 종료한 후 학습자들의 학습결과를 종합하고 심화·보충학습을 위한 피드백을 제공하는 단계이다. 먼저 교수자는 본시 수업 중 이루어졌던 일련의 모든 활동에 대해 종합적으로 평가하고 과정마다 새로운 지식과 정보습득 관련 사항에 대해서 조언한다. 그리고 모둠별 학습결과를 정리한 내용들을 서로 비교·분석하여 앞으로 좀 더 발전된 토론 준비와 진행을 할 수 있도록 격려한다. 본 단계에서는 학습자들이 서로 간에 친밀감을 형성하여 차시 학습문제에 자연스럽게 공감대를 가지게 한다. 또한, 사회매체 활용 수업을 통해, 학습에 수동적인 경향을 보이는 학습자의 동기유발, 심화·보충학습 등을 통한 학업 성취도 향상에 중점을 둔다.

5. 2022학년도 중등학교교사 임용후보자 선정경쟁시험 교육학 문항 (1차시험, 20점, 60분)

여러분, 지금까지 본서를 통해 많은 것을 학습하였을 것입니다. 1장에서 제시한 2022학년도 1차시험 교육학 문항을 다시 한번 풀어보기 바랍니다. 아마 처음에 볼 때와는 다르게 어느 정도 내용도 이해가 되며 풀 수 있다는 자신감도 생길 것입니다. 자! 그럼, 다시 한번 풀어봅시다!

다음은 ○○중학교에서 학교자체 특강을 실시한 교사가 교내 동료교사와 나눈 대화의 일부이다. 이 내용을 읽고 '학교 내 교사 간 활발한 정보 공유를 통한 교육의 내실화'라는 주제로 교육과정, 교육평가, 교수전략, 교원연수에 대한 내용을 구성 요소로 하여 서론, 본론, 결론을 갖추어 논하시오. [20점]

김 교사: 송 선생님, 제 특강에 관심을 가져 주셔서 감사합니다. 선생님은 올해 우리 학교에 발령받아 오셨으니 도움이 필요하시면 말씀하세요.

송 교사: 정말 감사합니다. 그동안은 교과 간 통합에 주로 관심을 가져왔는데, 김 선생님의 특강을 들어 보니 이전 학습 내용과 다음 학습 내용이 자연스럽게 연결되어야 한다는 수직적 연계성도 중요한 것 같더군요. 그래서 이번 학기에는 교과 내 단원의 범위와 계열을 조정할 계획입니다. 선생님께서는 교육과정을 어떻게 재구성하시는지 함께 이야기할 수 있을까요?

김 교사: 그럼요. 제가 교육과정 재구성한 것을 보내 드릴 테니 보시고 다음에 이야기해요. 그런데 교육 활동에서는 학생에 대한 이해가 중요하잖아요. 학기 초에 진단은 어떤 방식으로 하려고 하시나요?

송 교사: 이번 학기에는 선생님께서 특강에서 말씀하신 총평(assessment)의 관점에서 진단을 해 보려 합니다.

김 교사: 좋은 생각입니다. 그리고 우리 학교에서는 평가 결과로 학생 간 비교를 하지 않으니 학기 말 평가에서는 다양한 기준을 활용해 평가 결과를 해석해 보실 것을 제안합니다.

송 교사: 네, 알겠습니다. 이제 교실 수업에서 사용할 교수전략을 개발해야 하는데 딕과 캐리(W. Dic & L. Carey)의 체제적 교수설계모형을 적용하려고 해요. 이 모형의 교수전략개발 단계에서 개발해야 할 교수

전략이 무엇인지 생각 중이에요.

김 교사: 네, 좋은 전략을 찾으시면 제게도 알려 주세요. 그런데 우리 학교는 온라인 수업을 해야 될 상황이 생길 수도 있어요. 제가 온라인 수업을 해 보니 일부 학생들이 고립감을 느끼더군요. 선생님들이 온라인 수업을 하는 데 필요한 정보를 공유하는 학교 게시판이 있어요. 거기에 학생의 고립감을 해소하는 데 효과를 본 테크놀로지 기반의 교수 · 학습 활동을 정리해 올려 두었어요.

송 교사: 네, 온라인 수업을 하게 되면 활용할게요. 선생님 덕분에 좋은 정보를 많이 얻을 수 있어 좋네요. 선생님들 간 활발한 정보 공유의 기회가 더 많아지길 바랍니다.

김 교사: 네. 앞으로는 정보 공유뿐만 아니라 교사들 간 실질적인 협력도 있었으면 해요. 이를 위해 학교 중심 연수가 활성화되면 좋겠어요

○ 논술의 내용 [총 15점]

- 송 교사가 언급한 교육과정의 수직적 연계성이 학습자 측면에서 갖는 의의 2가지, 송 교사가 계획하는 교육과정 재구성의 구체적인 방법 2가지 [4점]
- 송 교사가 총평의 관점에서 학생을 진단할 수 있는 실행 방안 2가지 제시, 송 교사가 활용할 수 있는 평가 결과의 해석 기준 2가지를 각각 그 이유와 함께 제시 [4점]
- 송 교사가 교실 수업을 위해 개발해야 할 교수전략 2가지 제시, 송 교사가 온라인 수업에서 학생의 고립감 해소를 위해 활용할 수 있는 구체적인 교수 · 학습 활동 2가지를 각각 그에 적합한 테크놀로지와 함께 제시 [4점]
- 김 교사가 언급한 학교 중심 연수의 종류 1가지, 학교 중심 연수를 활성화하기 위해 학교 차원에서 지원할 수 있는 구체적인 방안 2가지 [3점]

○ 논술의 구성 및 표현 [총 5점]

- 논술의 내용과 '학교 내 교사 간 활발한 정보 공유를 통한 교육의 내실화'의 연계 및 논리적 형식 [3점]
- 표현의 적절성 [2점]

6. 기독교사로서 수업에서의 테크놀로지 활용 고찰하기

11장에서는 이러닝, 플립 러닝, 사회매체 활용 등을 기반으로 이루어지는 수업에 대해서 살펴보았다. 11장의 내용을 통해, 교육현장에서의 테크놀로지 활용이 단순히 새로운 테크놀로지의 수업에의 적용이 아니라 수업방법 자체를 변화시키는 혁신적인 시도라는 점을 명확히 파악할 수 있었다. 또한, 11장의 앞부분에 제시한 기사에서도 언급한 것처럼, 새로운 테크놀로지는 일반학교뿐만 아니라 기독교 대안학교에서도 적극적으로 활용되고 있다. 이에 11장의 내용을 바탕으로, 몇 가지 문제를 제시하고자 한다. 기독교사로서 여러분의 생각을 간략하고 명확하게 기술해 보기 바란다. 그리고 이전보다는 적겠지만, 혹시 아직 수업에서의 테크놀로지 활용에 대한 이해가 부족하다고 느끼면, 다시 한번 읽어보고 아래 문제에 답하기 바란다.

가. 교회교육 현장에서 효과적으로 활용할 수 있는 새로운 테크놀로지에는 무엇이 있을까? 본인이 경험한 사례를 바탕으로 간략히 기술하시오.

나. 교회학교 교사로서 새로운 테크놀로지를 기독교교육에 활용하는 것에 어떻게 생각하는가? 본인의 경험을 바탕으로 자기 생각을 기술하시오.

다. 기독교교육과 일반교육에서의 테크놀로지의 적용이나 활용에는 차이점이 있다. 본인이 생각하는 차이점을 구체적인 사례를 들어 기술하시오.

참고문헌

강명희, 윤성혜 (2016). 예비교사의 플립러닝에 대한 관심도 분석: 관심중심수용 모형(CBAM)을 중심으로. 교사교육연구, 55(4), 427-440.

고은영 (2021). 프로젝트 기반의 플립러닝을 위한 교육모형 개발 연구 - 디자인 대학 수업사례를 중심으로 -, 브랜드디자인학연구, 19(4), 206-216.

교육부 (2018). 고등교육법 시행령 제14조의2 관련 일반대학의 원격수업 운영 기준. 대학학사제도과.

교육부 (2020a). 전국 모든 유초중고 신학기 개학 연기 결정 및 중국 입국 유학생 보호 관리 방안 보완 조치 마련(코로나19). 교육부 보도자료(2020. 2. 23).

교육부 (2020b). 체계적인 원격수업을 위한 운영 기준안 다련. 교육부 보도자료 (2020. 3. 27).

권영휴 (2012). SNS를 활용한 사회과 토론 수업 모형 개발 및 적용. 석사학위논문, 영남대학교.

김남익, 전보애, 최정임 (2014). 대학에서의 거꾸로 학습 사례 설계 및 효과성 연구. 교육공학연구, 30(3), 467-492.

김민정 (2016). 플립러닝 사전 예습학습 및 본 학습의 명시적 인지활동 수준 분리가 수업흥미와 학업성취에 미치는 영향. 학습자중심교과교육학회, 16(12), 1279-1300.

김시원, 임규연 (2016). 플립드 러닝(Flipped learning) 환경에서 자기조절, 교수실재감, 인지된 상호작용과 학습성과와의 관계. 교육방법연구, 28(4), 743-766.

김희자 (2013). 소셜(Social) 미디어 시대의 스마트폰을 이용한 교회교육의 U-러닝 활용방안. 총신대논총, 32, 29-54.

김희진, 곽정아 (2013). 이러닝 영어학습에서 페이스북을 활용한 보충학습 교수-학습 설계 및 효과성 연구, 영어어문교육, 19(4), 237-260.

노항규 (2016). 플립드 러닝(Flipped Learning) 적용 성경 교수법 개발 -교실을 뒤집는 교사 되기-. 대학과 선교, 32, 105-127.

박경은, 이상구 (2016). 선형대수학 플립드러닝(Flipped Learning) 강의 모델 설계 및 적용. 수학교육논문집, 30(1), 1-22.

박완성, 김효원 (2016). 플립드 러닝 수업 적용사례 연구: 대학생의 학습 및 비학습 경험과 수업 참여를 중심으로. 학습자중심교과연구, 16(2), 525-546.
박은혜 (2017). 플립드 러닝 수업 방식의 기독교 교양수업에의 적용 사례 연구. 기독교교육논총, 50, 351－384.
박인우 (2003). 생태학적 관점에서 바라본 문제해결학습과 교실환경. 교육방법연구, 15(1), 89－103.
박태정, 차현진 (2015). 거꾸로 교실(Flipped Classroom)의 교육적 활용가능성 탐색을 위한 교사 인식 조사. 컴퓨터교육학회논문지, 18(1), 81-97.
박혜정, 김지영 (2011). 트위터를 활용한 영어쓰기 학습이 대학생들의 영어쓰기 능력에 미치는 영향. 멀티미디어언어교육, 14(3), 254－264.
변호승, 송연옥 (2016). 대학교 역전학습에서 예비교사들의 학습참여에 대한 질적 연구. 교육공학연구, 32(4), 743－769.
서미옥 (2016). 플립드 러닝의 효과성에 대한 메타분석. 교육공학연구, 32(4), 707-741.
서진영 (2017). 초등학교 사회과 수업에서 클래스팅을 활용한 플립 러닝 실행연구. 질적탐구, 3(1), 217-255.
신영준, 김진성, 이성희, 하지훈 (2016). 거꾸로 수업(Flipped Learning)을 적용한 초등학교 과학과 생명 영역 수업의 효과 탐색. 생물교육학회지, 44(1), 60-71.
엄우용, 이희명, 이성아 (2017). 초등교원이 지각하는 플립드러닝 수용 및 활용 의도 분석. 교육정보미디어연구, 23(3), 549-579.
유병민, 박혜진, 차승봉 (2013). SNS 활용 대학수업의 학습효과 관련 변인 간의 구조적 관계 모델. 교육과학연구, 44(3), 133－159.
윤은희, 남상준 (2016). 플립드 러닝(Flipped Learning)을 적용한 초등사회과 NIE 수업 연구. 초등교과교육연구, 24, 1-15.
윤택남, 김병선 (2021). 소셜미디어 활용 영어학습이 대학생들의 인식과 정의적 요인에 미치는 영향 분석, 외국어교육, 28:3, 133－151.
이정민, 노지예, 정연화 (2016). 중학교 과학수업에 적용된 플립드 러닝의 효과. 정보교육학회논문지, 20(3), 263-272.
이준 (2011). 교회 온라인(Online Ministry)을 위한 소셜미디어 활용 방안 탐색: 청소년사역을 중심으로. 기독교교육정보, 28, 285－308.
이준, 구양미, 이윤옥, 김지경, 임진숙 (2013). 초등학교에서 SNS의 교육적 활용 가능성과 효과: 교사와 학생의 인식을 중심으로. 교육정보미디어연구, 19(1), 25－54.
이현구 (2015). 대학 ESP 수업에서 플립드 러닝(Flipped Learning)을 통한 교수

-학습이 학습자의 영어 성취도와 정의적 요인에 미치는 효과. 언어학연구, 20(3), 73-99.

이희숙, 강신천, 김창석 (2015). 플립러닝 학습이 학습동기 및 학업성취도에 미치는 효과에 관한 연구. 컴퓨터교육학회논문지, 18(2), 47-57.

임걸, 강민석, 신성욱 (2012). SNS 활용 요소 개발 및 IPA 방법에 의한 SNS의 교육적 활용 우선순위 규명. 교육공학연구, 28(4), 925-952.

임걸 (2011). 소셜 미디어 콘텐츠 분석에 따른 참여유형 및 학습촉진방안 탐구. 한국콘텐츠학회논문지, 11(6), 495-509.

전영미 (2011). 소셜미디어(Social Media)의 기독교교육적 활용. 기독교교육정보, 30, 101-125.

정기묵 (2010). 소셜 너트워크 공동체와 선교적 과제. 선교와 신학, 26, 311-339.

정영식, 서진화 (2015). 스마트 교실을 활용한 '뒤집힌 교수학습모형' 개발. 정보교육학회논문지, 19(2), 175-186.

정한호 (2008). 교실수업에서 나타나는 이러닝에 대한 생태학적 고찰. 교육공학연구, 24(2), 31-69.

정한호 (2014). 대학에서 강의보조도구로 활용되는 이러닝의 지속적인 사용의도에 관한 연구. 교육공학연구, 30(2), 307-334.

정한호 (2015a). 사회매체(Social Media)의 교육적 활용에 대한 초등학교 교사들의 인식 연구. 한국교육학연구, 21(2), 245-277.

정한호 (2015b). 팀 학습에서 이루어지는 소셜미디어 활용 사례에 대한 질적 고찰: 대학생을 중심으로. 한국교육, 42(1), 197-224.

정한호 (2016). 교회학교에서 이루어지는 소셜미디어 활용에 대한 교사의 사용의도 탐색 연구. 기독교교육정보, 48, 175-206.

정한호 (2017). 대학에서 수행되는 거꾸로 학습에 대한 학습자 충성도에 관한 연구 - 학습동기, 학습참여, 만족도, 충성도 간의 구조적 관계를 중심으로. 교육공학연구, 33(3), 537-565.

정한호 (2018a). 플립드 러닝에 대한 기대일치, 지각된 유용성, 과업기술적합성, 만족도가 초등교사의 지속적인 사용의도에 미치는 영향 탐색. 한국교육학연구, 24(2), 253-278.

정한호 (2018b). 플립드 러닝에 대한 중등 예비교사의 사용의도 탐색. 교육방법연구, 30(3), 147-171.

정한호 (2018c). 교회학교에서 이루어지는 플립드 러닝에 대한 교사의 사용의도 탐색. 기독교교육정보, 57, 185-222.

정한호, 신용태, 송해덕, 신현우, 김수환 (2014). 대학생활의 에센스, SNS! 서울: 한국인터넷진흥원.

조영재 (2022). 대학수업에서의 플립러닝을 활용한 사례기반학습(CBL) 수업모형 개발. 학습자중심교과교육연구, 22(2), 177－195.

조진숙, 김미량 (2014). 소셜 미디어의 교육적 활용을 위한 교사의 태도와 관련 요인 간의 영향력에 대한 실증 연구. 교육정보미디어연구, 20(2), 303－325.

주라헬 (2021). COVID－19 상황에서 대학의 전면적 원격수업에 따른 콘텐츠 품질 비교 및 콘텐츠 품질, 서비스 품질이 학생 만족도에 미치는 영향. 교육공학연구, 36(s), 931－956.

지식경제부, 정보통신산업진흥원 (2012). 2012년 이러닝산업 실태조사. 지식경제부, 정보통신산업진흥원 연구보고서.

최병수, 유상미 (2013). 대학 강의실 수업의 효과성 향상을 위한 Hhud 블렌디드 이러닝 적용 효과 분석. 한국컴퓨터교육학회 논문지, 16(3), 49－60.

함영주 (2015). 플립드러닝(flipped learning)을 활용한 성경교수실행모형개발. 개혁논총, 34, 241－267.

Alaslani, K., & Alandejani, M. (2020). Identifying factors that influence students performance through social networking sites: an exploratory case study. Heliyon, 6(4), 1－12.

Asvial, M., Mayangsari, J., Yudistriansyah, A. (2021). Behavioral Intention of e－Learning: A Case Study of Distance Learning at a Junior High School in Indonesia due to the COVID－19 Pandemic. International Journal of Technology. Volume 12(1), 54－64.

Bergmann, J., & Sams, A. (2012). Flip your classroom eugene. OR: International Society For Technology in Education.

Bergmann, J., & Sams, A.. (2014). Flipped Learning: Gateway to Student Engagement, learning, Learning & Leading with Technology, .41(7), 173－176.

Bonsón, E., & Flores, F. (2011). Social media and corporate dialogue: The response ofglobal financial institutions. *Online Information Review, 35*(1), 34-49.

Bradley, P. (2009). Whither Twitter? Community College Week, 21(19), 6-8.

Chen, B., & Bryer, T. (2012). Investigating instructional strategies for using social media in formal and informal learning. The International Review of Research in Open and Distance Learning, 13(1), 87-104.

Cifuentes, L., Merchant, Z., & Vural, O. (2011). Web 2.0 technologies forge the way for global citizenship. Mustafa Kemal University Journal of Social Science Institute. 8(15), 295－312.

Colliander, J., & Dahlén, M. (2011). Following the fashionable friend: The power of social media. Journal of Advertising Research, 51(1), 313-320.

Cox, J., & Dale, B. (2001). Service quality and e-commerce: an exploratory analysis. Managing Service Quality: An International Journal, 11(2), 121－131.

Cuaton, G. (2020). Philippine Higher Education Institutions in the Time of COVID－19 Pandemic. Revista Romaneasca pentru Educatie Multidimensionala, 12(1), 61－70.

Enfield, J. (2013). Looking at the impact of the flipped classroom model of instruction on undergraduate multimedia students at CSUN. TechTrends, 57(6), 14－27.

Esmaeili, M., Nazarpoori, A., & Najafi, M. (2013). An investigation on loyalty formation model in e–banking customers. Management Science Letters, 3, 903–912.

Fernando, I. (2010). Community creation by means of a social media paradigm. Learning Organization, 17(6), 500-514.

Friesen, N., & Lowe, S. (2011). The questionable promise of social media for education: Connective learning and the commercial imperative. Journal of Computer Assisted Learning, 28, 183-194.

Fulton, K. (2012). Upside down and inside out: Flip your classroom to improve student learning. Learning & Leading with Technology, 39(8), 12-17.

Giannakos, M. N & Vlamos, P. (2013). Educational webcasts' acceptance: empirical examination and the role of experience. British Journal of Educational Technology, 44(1), 125－143.

Goodwin, B., & Miller, K. (2013). Evidence on flipped learning classrooms is still coming in. Educational Leadership, 70(6), 78–80.

Griffiths, J. (2020). E－learning, during the pandemic and beyond. British

Journal of Community Nursing, 25(5), 265－266.

Grosseck, G. (2008). To use or not to use web 2.0 in higher education? Procedia Social and Behavioral Sciences, 1, 478-482.

Hanna, R., Rohm, A., & Crittenden, V. L. (2011). We're all connected: The power of the social media ecosystem. Business Horizons, 54(3), 265-273.

He, W., Zha, S., & Li, L. (2013). Social media competitive analysis and text mining: A case study in the pizza industry. International Journal of Information Management, 33(3), 464-472.

Herreid, C., & Schiller, N. (2013). Case studies and the flipped classroom. Journal of College Science Teaching, 42(5), 62－66.

Hsu, Y.－C., & Ching, Y.－H. (2012). Mobile microblogging: Using Twitter and mobile devices in an online course to promote learning in authentic contexts. The International Review of Research in Open and Distance Learning, 13(4), 211-227.

Irwin, C., Ball, L., Desbrow, B. & Leveritt, M. (2012). Students' perceptions of using Facebook as an interactive learning resource at university. Australasian Journal of Educational Technology, 28(7), 1221-1232.

Junco, R. (2012). Too much face and not enough books: The relationship between multiple indices of Facebook use and academic performance. Computers in Human Behavior, 28, 187-198.

Junco, R., Elavsky, C. M., & Heiberger, G. (2012). Putting twitter to the test: Assessing outcomes for student collaboration, engagement and success. British Journal of Educational Technology, 44(2), 273－287.

Kaplan, A. M., & Haenlein, M. (2010). Users of the world, unite! The challenges andopportunities of Social Media. Business Horizons, 53(1), 59-68.

Kasavana, M. L., Nusair, K., & Teodosic, K. (2010). Online social networking: Redefin－ing the human web. Journal of Hospitality and Tourism Technology, 1(1), 68-82.

Kilburn, B., Kilburn, A., & Davis, D. (2016). Building collegiate E－Loyalty: The role of perceived value in the quality－loyalty linkage in online higher education. Contemporary Issues in Education

Research, 9(3), 95–102.

Laroche, M., Habibi, M. R., & Richard, M–O. (2013). To be or not to be in socialmedia: How brand loyalty is affected by social media? International Journal of Information Management, 33(1), 76-82.

Mangold, W. G., & Faulds, D. J. (2009). Social media: The new hybrid element of the promotion mix. Business Horizons, 52(4), 357-365.

Mao, J. (2014). Social media for learning: A mixed methods study on high school students' technology affordances and perspectives. Computers in Human Behavior 33, 213-223.

Martınez–Arguelles, M., & Batalla–Busquets, J. (2016). Perceived service quality and student loyalty in an online university. International Review of Research in Open and Distributed Learning, 17(4), 264–279.

Meuter, M., Ostrom, A., Roundtree, R., & Bitner, M. (2000). Self–service technologies: Understanding customer satisfaction with technology–based service encounters. Journal of Marketing, 64(3), 50–64.

Moawad, R. (2020). Online Learning during the COVID– 19 Pandemic and Academic Stress in University Students. Revista Romaneasca pentru Educatie Multidimensionala, 12(1), 100–107.

Moore, G. C., & Benbasat, I. (1991). Development of an Instrument to Measure the Perceptions of Adopting an Information Technology Innovation. Information Systems Research, 2(3), 192–222.

Ngai, E., Tao, S., Moon, K. (2015). Social media research: Theories, constructs, and conceptual frameworks. International Journal of Information Management 35, 33-44.

Oldfield, B., & Baron, S. (2000). Student perceptions of service quality in a UK university business and management faculty. Quality Assurance in Education, 8(2), 85–95.

Pardo, A., Péérez–Sanagustíín, M., Parada G., Hugo A. & Leony, D. (2012). Flip with care. SoLAR Southern Flare Conference, Sydney.

Peppler, K. A., & Solomou, M. (2011). Building creativity: Collaborative learning andcreativity in social media environments. On the Horizon, 19(1), 13-23.

Porter, C. E., & Donthu, N. (2008). Cultivating trust and harvesting value in virtual communities. Management Science, 54(1), 113-128.

Quinn, A., Lemay, G., Larsen, P., & Johnson, D. (2009). Service quality in higher education. Total Quality Management & Business Excellence, 20(2), 139－152.

Roblyer, M. D., McDaniel, M., Webb, M., Herman, J., & Witty, J. V. (2010). Findings on Facebook in higher education: A comparison of college faculty and student uses and perceptions of social networking sites. Internet and Higher Education, 13, 134-140.

Roehl, A. (2013). Bridging the field trip gap: Integrating web-based video as a teaching and learning partner in interior design education. Journal of Family and Consumer Sciences, 105(1), 42-46.

Roehl, A., Reddy, S., & Shannon, G. (2013). The flipped classroom: An opportunity to engage millennial students through active learning strategies. Journal of Family and Consumer Sciences, 105(2), 44-49.

Rosenberg, M. J. (2001). E－Learning: Strategies for delivering knowledge in the digital age. NY: McGraw－Hill.

Sahin A., Cavlazoglu, B., & Zeytuncu, Y. (2015). Flipping a college calculus course: A case study. Educational Technology & Society, 18(3), 142－152.

Schultz, D., Duffield, S., Rasmussen, S., & Wageman, J. (2014). Effects of the flipped classroom model on student performance for advanced placement high school chemistry students. Journal of Chemical Education, 91(9), 1334－1339.

Tess, P. A. (2013). The role of social media in higher education classes (real and virtual) - A literature review. Computers in Human Behavior, 29, A60-A68.

Veletsianos, G. (2010). Emerging technologies in distance education. Edmonton: AU Press, Athabasca University.

Walker, L. (2009). Nine reasons to twitter in schools. Technology & Learning, 29(10), 50.

Wang, C., Lee, M., & Hua, Z. (2015). A theory of social media dependence: Evidence from microblog users. *Decision Support Systems, 69*, 40-49.

Wise, L. Z., Skues, J. & Williams, B. (2011). Facebook in higher education promotes social but not academic engagement. Paper presented at the Changing Demands, Changing Directions. Proceedings ascilite, Hobart.

Yang, C., & Chang, Y. S. (2011). Assessing the effects of interactive blogging on student attitudes towards peer interaction, learning motivation, and academic achievements. Journal of Computer Assisted Learning, 28, 126-135.

Yates, D., & Paquette, S. (2011). Emergency knowledge management and social media technologies: A case study of the 2010 Haitian earthquake. International Journal of Information Management, 31(1), 6-13.

Young, J. R. (2009). 10 high fliers on twitter. The Chronicle of Higher Education, 55(31), 10.

Zhang, W., Wang, Y., Yang, L., & Wang, C. (2020). Suspending ClassesWithout Stopping Learning: China's Education Emergency Management Policy in the COVID−19 Outbreak. Journal of risk anf financial management, 13(3), 1−6.

Zhao, Y. & Frank, K, A. (2003). Factors affecting technology uses in schools: An ecological perspective. Amerrican Educational Research Journal, 40(4), 807−840.

기사

기독신문(이미영 기자, 2022.04.16.) "예체능 온라인수업 문제 없어요" (https://www.kidok.com/news/articleView.html?idxno=206259&page=7&total=1679)

연합뉴스(이효석 기자, 2020.04.6.) 사상 초유 840만명 원격수업(https://www.yna.co.kr/view/AKR20200424111100004).

머니투데이(오진영 기자, 2020. 7.16). '2학기도 비대면' 뿔난 대학생들… "등록금도, 월세도 아깝다" (https://news.mt.co.kr/mtview.php?no=2020071609180392358)

기타

한국교육과정평가원(https://www.kice.re.kr/boardCnts/list.do?boardID=1500212&s=kice&m=030306)

사이트

http://www.dreamschool.or.kr/~education_direction

https://flippedlearning.org/definition-of-flipped-learning/

http://en.wikipedia.org/wiki/Microcontent

CHAPTER

12

교육의 새로운 방향

CHAPTER

12

교육의 새로운 방향

1. 기독교사로서 교육의 새로운 방향 바라보기

정보통신기술의 급속한 발달과 무선 인터넷, 스마트 패드의 보편화로 인해, 우리 사회는 혁신적으로 변화하고 있다. 2007년, 미국 애플사에서 스마트폰(아이폰)이 출시되면서 기존 통신 체제와 다른 혁신적인 통신 체제가 시작되었다. 국내에서도, 2009년 삼성전자에서 안드로이드 기반의 스마트폰을 출시되면서 본격적인 모바일 기반의 통신이 가능하게 되었다. 그리고 휴대용 전화기에서 시작한 스마트폰은 무선 인터넷, AI(Artificial Intelligence), IoT(Internet of Things), 다양한 애플리케이션 등과 결합하면서 우리 삶의 필수적인 도구로 활용되고 있다. 혹시, 여러분 중 스마트폰 없이 일주일 정도를 지낼 수 있는 분들이 있는가? 물론, 개인적인 소신이나 여러 사정으로 스마트폰을 사용하지 않는 분들도 있을 것이다. 그러나, 대부분은 스마트폰 없이는 2-3일 정도도 지내기 어렵고 불편할 수 있다. 그 이유는 간단하다. 이전에는 우리의 생활에서 오프라인과 온라인에서 모두 서비스를 제공하는 경우가 많았지만, 점차 온라인 중심의 서비스를 제공하고 있기 때문이다. 예를 들어, 국민 생활과 밀접한 관련이 있는 시중은행의 경우, 오프라인 점

포수를 매년 줄이고 있으며 온라인 기반의 비대면 서비스를 강화하고 있다. 이와 같은 상황에서 스마트폰 사용은 선택이 아니라 필수가 되고 있다.

2021년 6월, 한국갤럽에서 전국 만 18세 이상 1,003명을 대상으로 스마트폰 사용 여부를 조사한 결과[1], 전체의 95%가 사용하는 것으로 나타났다. 국내 성인의 스마트폰 사용률은 2012년 50%를 돌파한 이래로 2016년 하반기에 90%를 넘어섰다. 우리가 이처럼 모바일 기반의 스마트폰을 사용하는 근본적인 이유는 편하기 때문이며 스마트폰 없이는 일상생활이 불편하기 때문이다. 최근에는 모바일 기반의 스마트 디바이스 활용이 우리의 삶에 깊숙하게 들어와 있다. 아마 스마트폰을 처음으로 대중화한 애플사나 삼성전자에서도 지금과 같은 모바일 세상을 예측하지는 못하였을 것이다. 특히, COVID-19로 인해, 비대면이 새로운 일상이 되면서, 기존에 오프라인이 중심이었던 쇼핑, 교육, 의료 분야에 이르기까지 모바일 기반으로 점차 변모하고 있다. 이와 같은 현실에서, 포스트 코로나 시대의 교육은 어떤 모습으로 우리에게 다가올 것인가? 아마, 기존과 다른 방향에서의 원격수업의 실행, 온라인 콘텐츠의 활성화, 오프라인 중심의 교육에서 온, 오프라인이 공존하는 수업이 일상화될 가능성이 크다. COVID-19 이전까지는 교육을 대면과 비대면으로 이분화하여 바라보았다면, COVID-19 이후에는 대면, 비대면의 구분 없이 바라볼 가능성이 크다. 물론, 이와 같은 움직임(Moving)은 게임, 쇼핑, 상거래, 배달 등 온라인이 대세가 된 분야와는 달리 서서히 이루질 가능성이 있다. 그러나, 일정 시기, 임계 시점에 도달하면 급격하게 변하게 될 가능성도 배제할 수는 없을 것이다.

온라인 기반의 교육체제는 기존의 전통적인 교육기관에도 변화를 주고 있다. 벤처 기업가 벤 넬슨이 2014년 세운 '혁신대학'인 미네르바 스쿨을 벤치마킹한 '태제 대학'처럼, 온라인 교육 체제가 기존의 오프라인 교육을 넘어서는 방향으로 나아가고 있다. 물론, 아직은 일부에서의 일시적인 현상으로 나타나지만, 앞으로 이러한 방향성이 우리 교육계에 커다란 영향을 미칠 가능성을 배제할 수 없다. 예를 들어, 오프라인 캠퍼스 없이 전 세계 7개국을 한 학기씩 순환하면서 온라인 중심의 교육활동을 실시하는 미네르바 스쿨의 경우, 2020년 신입생(200명 정원) 모집에 전 세계 180개국 2만5000명이 지원하는 기현상이 발생하였다. 특히, 미네르

1) http://www.madtimes.org/news/articleView.html?idxno=8334

바 스쿨의 졸업생들이 구글, 애플 등 세계적인 기업에 취업하면서 해당 교육 체제에 대한 관심이 높아지고 있다. 물론, 미네르바 스쿨의 교육체제는 온라인으로 이루어지지만, 온라인수업에 초점을 두기보다는 6개월씩 거주하는 해당 국가의 현실 탐색, 관련 과제 수행, 학습자 주도적인 문제해결 등 실제적인 교육활동에 중심을 둔다. 그런데, 이와 같은 학습자 중심의 교육활동이 가능하게 된 가장 큰 동력은 '온라인 기반의 교육활동' 이었다. 이와 같은 일반교육에서의 새로운 방향은 교회교육에서도 동일하게 이루어지고 있다.

여러분들 중에 몇몇은 아래와 같은 비슷한 유형의 기사 내용을 접한 경험이 있을 것이다. 여러분들은 교회교육에서의 메타버스 활용에 대해 어떻게 생각하는가? 찬성하는가 반대하는가, 아니면 신중히 사용하는 것에 찬성하는가? 아래 기사에서 강조한 **단어나 문구**에 집중하면서 내용을 정독하기 바란다.

교회교육 "메타버스 활용하되 신중해야"[2)]

[기독신문: 이미영 기자] 2022.03.03

주일학교사역자연구소, 메타버스 '다음세대와 소통 도구'로는 인정

코로나19 장기화에 따라 많은 교회들이 주일학교에서 **교회교육의 도구로서 메타버스 플랫폼을 활용**하고 있다. 다수의 주일학교 교사와 교역자들은 비대면 상황에서 주일학교 예배와 소모임, 수련회 등에 메타버스를 '신중하게 활용'하고 있는 상황이지만, 코로나19가 종식된 이후 메타버스 활용에 대해서는 **메타버스를 다음세대 교회교육의 대안으로 적극 활용하자는 의견과 대면 예배와 모임이야말로 기독교공동체의 본질이라는 의견이 맞서고 있는 상황**이다.

주일학교사역자연구소(소장: 고상범 목사)는 지난 1월 28일부터 2월 6일까지 연구소 소속 전국 110명의 주일학교 교사 및 교역자들을 대상으로 메타버스 인식에 대한 설문조사를 진행하고, 그 결과를 발표했다. 조사 결과, 주일학교 교사 및 교역자 절반가량이 주일학교 교육현장에서 메타버스 적용에 있어 '**일부 활용하되 신중해야 한다**'고 답변했다. 반면, 적극 활용해야 한다는 응답은 21.8%였다. 아직 시기상조라는 의견도 13.6%로 확인됐다.

더불어 메타버스의 필요성에 대해서는 “필요하기는 하나 가상 세계인만큼 조심해야 한다”(42.7%)가 다수 의견으로 나타났다. 이어 “교회와 주일학교가 시대에 맞춰 적극 활용해야 한다”(23.6%), “소그룹 모임, 성경공부, 수련회 등 프로그램을 메타버스를 통해 활용하고 싶다”(14.5%), “현실과 가상의 나라는 정체성 혼동이 있어서 받아들여서는 안 된다”(9.1%) 등의 의견이 뒤따랐다. 메타버스 활용에 신중해야 한다고 답한 응답자 중 한명은 “어디까지나 주일학교 예배에 대체제가 아닌 도구적 관점에서 활용해야 한다”며 “앞으로 메타버스가 신학적으로 어떻게 해석되고 의미가 될 지를 기대한다”고 답했다.

메타버스 활용을 적극 찬성하는 응답자들은 “주일학교 아이들의 관심과 성향에 맞게 활용이 필요하다”, “어린 친구들의 관심이 많아 교회 내에서 시대를 앞서가는 주도적 교육방법으로 필요하다”고 이유를 밝혔다. 반대로 반대하는 입장은 “최대한 대면으로 만나고 나누며 예배를 통해 공동체 안에서 하나님을 만나야 한다”, “예배를 대체할 수단으로 생각하지 않는다”, “미디어가 대면 만남의 깊음을 대체할 수 없다”, “주님과 대면하도록 지혜롭게 예배에 모이기에 힘써야 한다” 등의 의견이 제시됐다.

이러한 의견은 메타버스 예배에 대한 의견에서도 차이를 보였다. 응답자의 절반 이상인 54.5%의 응답자가 “가상현실교회에서의 예배는 신학적인 해석이 필요하고 위험하다고 생각한다”고 답했다. 반면, “메타버스가 비대면 시대에 새로운 예배의 기준이 될 수 있을 것이다”라는 의견은 응답자의 25.5%로 나타났다. 반면 “잘 모르겠다”고 답한 응답자도 20%에 이르렀다. 이러한 응답은 메타버스가 대면예배에 미칠 영향에 대한 의견 차이로도 나타났다. 메타버스의 긍정적인 측면을 잘 활용해야 한다고 답한 한 응답자는 “메타버스는 목사님들과 그리스도인들에게 무엇보다도 더 하나님께 드려지는 예배의 개념이 무엇이며, 하나님을 믿는다는 것이 무엇인지를 묻는 중요한 해결책이 되기도 한다”며 “메타버스는 세상의 삶을 살아가면서 그리스도인의 삶과 다시 한번 신앙을 점검하는 계기가 될 것”이라고 예측하기로 했다. 반면 역효과를 우려하는 한 응답자는 “시대에 맞춰 활용할 수는 있지만, 메타버스가 주가 되어서는 견고한 믿음으로 서기 힘들며 개인의 편의와 안락함의 선택으로 대면예배를 기피하게 될까 우려스럽다”며, “말씀대로 지킬 것은 지키면서 보조적인 역할로 활용하되 주가 되어서는 안 된다”는 의견도 제시했다.

이와 관련, 소장 고상범 목사는 "설문조사에서 나타났듯 메타버스 플랫폼은 복음을 전하는 또 다른 도구로 활용되고 있지만, 예배가 가상현실 속에서만 이루어지는 것에 대해서는 매우 신중하게 접근할 필요가 있다"며 그 대안으로 '바이블버스'(Bibleverse)를 제시했다. 성경(바이블)과 세계(유니버스)의 합성어인 바이블버스는, 불변하는 진리인 성경의 말씀을 시대의 필요에 따라 다음세대들에게 전하는 하나의 '수단'으로 활용해야 한다는 의미다. 더불어 앞으로 메타버스에 대한 신학적인 정립 또한 필요한 시점이라고 강조했다.

"교회교육은 성경의 원리에 따라 진행되어야 하며, 교회교육은 하나님의 형상을 회복하는 교육이자 예수님을 닮아가는 교육이어야 합니다. 메타버스 플랫폼 안에서 교회교육을 찾지 말고, 교회교육 안에서 메타버스를 어떻게 하면 복음의 도구로 활용하면 좋을지 고민해야 합니다."

상기 내용을 보면, '교회교육의 도구로서 메타버스 플랫폼을 활용, 메타버스를 다음세대 교회교육의 대안으로 적극 활용하자, 대면 예배와 모임이야말로 기독교 공동체의 본질, 활용하되 신중해야 한다, 필요하기는 하나 가상 세계인만큼 조심해야 한다, 소그룹 모임, 성경공부, 수련회 등 프로그램을 메타버스를 통해 활용, 현실과 가상의 나라는 정체성 혼동, 도구적 관점에서 활용, 주일학교 아이들의 관심과 성향에 맞게 활용, 시대를 앞서가는 주도적 교육방법으로 필요하다, 시대에 맞춰 활용, 개인의 편의와 안락함의 선택, 보조적인 역할로 활용, 메타버스 플랫폼은 복음을 전하는 또 다른 도구로 활용, '바이블버스'(Bibleverse), 앞으로 메타버스에 대한 신학적인 정립 또한 필요한 시점' 등과 같은 단어나 문구를 볼 수 있다.

특히, 교회교육 "메타버스 활용하되 신중해야"라는 기사 제목을 통해서도 알 수 있지만, 교회교육에서의 새로운 방향은 일반교육현장과는 다르다고 볼 수 있다. 예를 들어, "설문조사에서 나타났듯 메타버스 플랫폼은 복음을 전하는 또 다른 도구로 활용되고 있지만, 예배가 가상현실 속에서만 이루어지는 것에 대해서는 매우 신중하게 접근할 필요가 있다"와 같은 주일학교사역자연구소 소장 고상범 목사님의 언급은 교회교육에서의 새로운 방향에 대한 기본 입장을 제시하고 있다. 또한,

2) https://www.kidok.com/news/articleView.html?idxno=214658

"메타버스가 주가 되어서는 견고한 믿음으로 서기 힘들며 **개인의 편의와 안락함의 선택**으로 대면예배를 기피하게 될까 우려스럽다"며, "말씀대로 지킬 것은 지키면서 **보조적인 역할로 활용**하되 주가 되어서는 안 된다"는 언급처럼, 교회교육에서의 새로운 방향은 신중한 접근을 필요로 한다.

앞으로, 교회교육에서 비대면교육 비중이 점차 높아질 것으로 예상한다. 그러나 앞에서도 언급한 것처럼, 이러한 교육방법의 변화는 긍정적인 측면과 더불어 부정적인 측면도 존재한다. 이에 12장에서는 MOOC, 미네르바 스쿨, 메타버스 등을 중심으로 교육의 새로운 방향에 대해서 살펴보고 이를 통해 교육의 본질과 새로운 방안에 대해 고민해보고자 한다.

2. MOOC

가. MOOC(Massive Open Online Course)의 의미

MOOC는 교육에서의 혁명이라 불리며 전 세계적으로 급속도로 확산한 새로운 교육 체제이다(변문경, 조문흠, 2017; Wang & Baker, 2015). 당초 대학 이상의 학습자를 대상으로 시행된 MOOC는 대학과 더불어 초중등학교까지 확산하고 있다. 또한, 대학에서는 MOOC에서 제공하는 강좌를 정규 교과로 포함하여 학점을 부과하는 경우도 나타나고 있다(변문경, 조문흠, 2017; Najafi, Evans, & Federico, 2014). 이처럼, 전 세계적으로 확산하고 있는 MOOC의 의미를 살펴보면 다음과 같다. 첫째, MOOC는 개방성(free access), 적응성(adaptation), 혼합성(remixing), 공유성(sharing), 협력성(collaboration) 등의 특성을 지닌 대형 온라인 공개 강좌를 의미한다(Chiappe-Laverde, Hine, & Martinez-Silva, 2015). 둘째, MOOC는 이러닝을 확장한 개념으로, 콘텐츠의 공유와 확산에 초점을 둔다. 이러닝이 '시공간의 한계 없이 온라인 학습에 참여하고 학습목표에 효율적으로 도달하는 교육 시스템'을 의미한다면(Moore, Benbasat, 1991), MOOC는 여기에 '공유', '개방성(무료)'을 추가한 의미를 지닌 개념으로 볼 수 있다. 셋째, MOOC는 대형 온라인 공개 교육 서비스를 의미하는 이러닝 유형의 하나이다(Huang, Zhang, & Liu, 2017). 그러나 이러닝이라는 기존의 교육 콘텐츠에 단순히 '개방성'과 '공유'를 추가한다고

MOOC가 되는 것은 아니다. 여기에는 다수의 학습자들이 어려움 없이 접속하고 학습활동에 참여할 수 있는 플랫폼이 추가적으로 요구된다. 넷째, MOOC는 기존의 공개 강좌와는 달리, 대학 수준의 고급 콘텐츠를 무료로 제공하는 온라인 교육 서비스를 의미한다. MOOC는 지역 사회, 세계 여러 나라에 양질의 교육 콘텐츠를 무료로 제공하고 학습 소외 계층에게 교육 기회를 제공하는 새로운 유형의 교육 서비스라고 볼 수 있다. 특히, 양질의 교육 콘텐츠를 제공하는 MOOC의 등장은 여러 나라의 교육 시스템에 커다란 영향을 미치고 있다(주영주, 김동심, 2017). 이처럼, MOOC는 불특정 다수에게 개방하고 공유할 수 있는 이러닝 콘텐츠로, 수많은 학습자가 어려움 없이 동시 접속 및 학습참여를 할 수 있는 대형 온라인 공개강좌를 의미한다. 따라서 MOOC는 이러닝과 구별되는 새로운 형태의 학습환경이라기보다 불특정 다수의 학습자에게 자유롭게 학습에 참여할 수 있는 기회를 제공한 '교육체제'라고 볼 수 있다. 이와 같은 MOOC는 국내외에서 그 범위와 영향력을 점차 넓혀 나가고 있다.

나. 해외에서의 MOOC 활용 사례

해외에서의 MOOC 활용은 주로 대학을 중심으로 이루어지고 있으며 정규 학점이나 학위 과정과 연계하여 운영하는 경향이 있다. 여기서는 MOOC 강좌를 이수하면 학점을 인정하거나 학위 과정의 일부로 운영하는 사례를 중심으로 살펴보도록 하겠다. 이와 같은 해외에서의 활용 사례는 크게 세 가지 유형으로 구분할 수 있다. 첫째, MOOC 강좌에서 요구하는 모든 학습활동을 이수하면 학습자에게 소정의 학점을 부여하는 방식으로 활용한다. 해외에서 MOOC를 활용하는 보편적인 방법으로, MOOC 수료증을 제출하면 학점을 인정받는다. 그런데, 학점을 인정하는 방식은 크게, 자교 강좌만 인정하는 경우와 타교 강좌까지 인정하는 경우로 구분된다. 둘째, MOOC 강좌 이수를 학위 과정의 중요한 조건으로 활용한다. 물론, MOOC 강좌만 이수하면 학위를 수여하는 것이 아니라, 대학에서 요구하는 몇몇 코스를 모두 이수하면 이를 학위과정의 주요한 코스웍의 하나로 인정하는 것이다. 이와 같은 해외에서의 MOOC 활용 사례를 구체적으로 살펴보면, 다음과 같다(박시용, 임지영, 2018)

① 폐쇄적인 MOOC 활용 사례: 자교 강좌의 MOOC 공개 및 학점인정

자교에서 개발한 강좌를 MOOC를 통해 공유하고 학생들이 해당 MOOC 사이트에서 강좌를 수강하는 형식으로 활용하는 것을 의미한다. 예를 들어, 미국 애리조나 주립대에서는 글로벌학부 1학년생을 대상으로 총 10개의 강좌를 edX를 통해서 공개하고 학습자들은 학교 플랫폼이 아닌 MOOC 플랫폼을 통해 강좌를 이수하여도 학점으로 인정을 받는다. 이와 같은 형태는 MOOC 강좌보다는 해당 플랫폼을 이용한 사례로, 다소 폐쇄적인 MOOC 활용 사례라고 볼 수 있다.

② 개방적인 MOOC 활용 사례: MOOC에 공개된 타교 강좌의 학점인정

자교뿐 아니라 타교에서 개발한 강좌를 학점으로 인정하는 개방적인 형태의 MOOC 활용 사례를 의미한다. 예를 들어, 미국 원격공립대학인 차터오크 주립대의 경우,[3] UC Berkeley에서 개발하고 edX에 공개한 2개 강좌를 정규 학점으로 인정한다. 이와 같은 사례는 미국 외 다른 국가에서도 볼 수 있다. 호주 디킨대에서는 2017년부터 영국 'FutureLearn'을 활용하여 Cyber Security 등 6개 강좌를 인정한다. 독일, 프랑스 등 일부 유럽 국가에서는 MOOC 수강을 학점으로 인정한다. 이와 같은 활용 사례는 앞으로 증가할 것으로 예상한다. 다만, 이를 위해서는 MOOC 강좌의 질 관리 및 공인 인증과 같은 조치가 필요하다고 볼 수 있다.

③ 혁신적인 MOOC 활용 사례: MOOC 강좌와 연계된 석사과정 운영

학점이 아니라 일반 학위과정에 MOOC를 연계하여 활용하는 것으로, 혁신적인 MOOC 활용 사례라고 할 수 있다. MIT, 일리노이 주립대, 조지아 공대 등 미국의 몇몇 대학에서는 MOOC 강좌와 연계한 석사과정을 운영한다. 예를 들어, 미국 MIT의 경우, 학교에서 인정하는 edX 강좌 6개 이수 후 'MicroMaster' 자격증을 수여받아야만 블렌디드로 개설된 물류경영 석사과정에 입학할 수 있다. 여기서는 오프라인에서 16학점만 이수하면 석사학위를 취득할 수 있다. 일리노이 주립대에서도 MIT 물류경영 석사학위 과정과 비슷한 iMBA 과정을 운영한다. 또한, 조지아 공대의 경우, Udacity를 통한 MOOC 코스를 모두 이수한 후 석사학위를 부여하는 프로그램을 운영한다. 여기서는 컴퓨터 사이언스 관련 학사 학위 소유 입학생이 석사과정 입학 후 1년 이내에, 정해진 2개의 강좌에서 B 이상의 성적을

3) https://www.charteroak.edu/

받고, Udacity에서 제공하는 Online Master Science(OMS)[4]를 통해서 30학점을 획득하면 석사학위를 취득할 수 있다.

상기와 같이 국외에서의 MOOC 활용은 대부분 미국을 중심으로 이루어지고 있다. 또한, 기존의 온라인 공개강좌의 범위를 넘어서 학점 취득부터 학위 취득까지 가능한 혁신적인 방향으로 나아가고 있다. 앞으로, MOOC의 활용은 미국을 넘어서 전 세계로, 학위과정을 포함한 고등교육, 특정 자격 부여 등의 포괄적인 방향으로 나아갈 가능성이 있다. 그런데, MOOC의 운영은 미국의 소위 명문대를 중심으로 이루어지고 있으며, 전 세계 온라인 교육을 실질적으로 통제하는 방향으로 나아갈 우려도 있다. 이에 국내에서는 K－MOOC라는 별도의 시스템을 통해, 대한민국 MOOC의 자생력을 높이기 위해 노력하고 있다.

다. 국내에서의 MOOC 활용 사례: K-MOOC[5]

MOOC 기반의 온라인 교육서비스가 본격화되면서, 국내 대학을 비롯한 교육기관에서는 온라인 강좌 제공 및 공개에 관심을 두기 시작하였다. 물론, 국내 대학에서의 온라인 강좌 제공 및 공개는 KOCW를 통해 이전부터 시행되었지만 MOOC를 통해 급속히 퍼지게 되었다. 특히, 국내에서의 MOOC는 고등교육의 현실적인 기회의 균형을 실현하며 온라인 평생학습의 체제를 구축하는 방향으로 나아가고 있다. 그러나 국내에서의 MOOC는 해외와 달리, 교육부 주도로 이루어지고 있다. 또한, 강좌의 개발은 대학을 중심으로 이루어지는 반면, 활용은 주로 평생교육 차원의 성격이 강하게 드러나고 있다. 물론, 국내에서의 MOOC는 평생학습 차원에서의 대학 강좌의 공개와 활성화라는 기본적인 방향 외에, 대학교육을 활성화시키려는 목적도 포함한다(정한호, 2017: p.316). 이처럼 국내에서의 MOOC는 교육부의 주도와 대학을 중심으로 시작되었으며 평생교육차원으로 확산되고 있다. 또한, 국내에서는 K－MOOC라는 명칭으로, 범위를 넓혀가고 있다.

K－MOOC는 Korean MOOC를 지칭하며, 온라인을 통해서 누구나, 어디서나 원하는 강좌를 무료로 들을 수 있는 온라인 공개강좌 서비스로 2015년에 시작된 한국형 대형 온라인 공개강좌를 의미한다. 오프라인 강의에 참여한 대학생들만

---

4) https://www.udacity.com/blog/2016/05/please－welcome－the－newest－members－of－the－oms－cs－alumni－community.html

5) http://www.kmooc.kr/courses

[그림 12-1] K-MOOC에 있는 공개 강좌 예시

[그림 12-2] KOCW에 있는 공개 강좌 예시

해당 강의를 수강할 수 있었던 기존의 대학 수준의 교육 콘텐츠를 온라인 학습 동영상으로 제작 및 공개하고 질의응답, 토론, 퀴즈, 과제 제출 등 양방향 학습활동이 가능한 한국형 대형 온라인 공개강좌를 의미한다. 고등교육의 개방이라는 세계적 흐름에 발맞춰 시작된 K-MOOC는 최고 수준의 강의 공개를 통한 대학 수업의 혁신과 고등교육의 실질적 기회 균형 실현, 그리고 고등교육에 대한 평생 학습 기반 조성을 목표로 한다. 또한, 국내 우수한 명품 강의 콘텐츠를 개발하여 글로벌한 브랜드로서 거듭나기 위해 노력하고 있다. 이와 같은 K-MOOC는 교육부와 사업주관기관인 국가평생교육진흥원 외에 4년제 대학, 전문대학, 방송대학, 출연연구기관, 기업, 기업부설연구소, 직업능력개발훈련시설, 공익법인 등 관계기관과 긴밀한 협력을 통해 교육 서비스를 제공하고 있다. 이와 같은 K-MOOC 서비스는 2015년 10개 대학 중심의 기관에서 제공하는 27개 강좌를 시작으로, 2018년 87개 기관, 2019년 116개 기관, 2022년 4월 기준 140개 기관, 무료 강좌 900개, 수강신청자 170만 명을 돌파하였다. 또한, 매년 개설강좌 수와 참여기관을 확대해 나가고 있으며 참여기관의 자율성을 바탕으로 학습자의 수요가 높은 우수 콘텐츠를 개발·운영할 수 있도록 추진하고 있다.

이와 같은 MOOC와 K-MOOC는 대학뿐만 아니라 유초중등교육으로 확산할 가능성도 있다. 다만, MOOC의 본래 취지인 고등교육의 개방과 공유차원에서 볼 때, 앞으로도 대학기관을 중심으로 이루어질 가능성이 크다. 그러나, Youtube와 같은 소셜미디어를 통해, 다양한 형태의 교육 콘텐츠를 무료로 제공하는 현실을 고려해 볼 때, 현재와 같은 운영 방식의 K-MOOC의 지속성은 다소 불안한 측면이 있다. 미국과 같이, MOOC 자체 생존을 위해서는 특화된 서비스 범위와 명확한 운영 목적, 활용 등이 필요하다. 이에 따라 국내 MOOC는 무료 공개 대형 강좌라는 의미와 더불어, 앞으로도 지속가능할 수 있는 방향으로 혁신될 필요가 있다. 특히, K-MOOC는 이전부터 서비스를 하는 KOCW(Korea OpenCourseWare)[6]와는 차별화된 방식으로 나아갈 필요가 있다. 만약, K-MOOC가 KOCW와 비슷한 방식으로 운영된다면, K-MOOC도 KOCW와 비슷한 전철을 밟을 가능성도 배제할 수 없다.

6) http://www.kocw.net/home/index.do

라. MOOC의 본질적인 문제 및 대안

대규모 학습자를 대상으로 서비스하는 MOOC의 특성상, 학습자는 의미 있는 학습참여 및 활동보다 '거대한 군중'의 하나로, MOOC를 통한 학습 참여 '시늉'만 하는 사례도 발생한다(양단희, 2016). 특히, 불특정 다수를 대상으로 설계하고 개발하는 MOOC 강좌의 경우, 학습자의 문화적 배경, 지적 수준, 학습 동기와 같은 특성을 고려하기 어려우며, 이로 인해 MOOC를 통한 학습참여 및 활동을 지속하는 것은 쉽지 않다. 예를 들어, MOOC 강좌당 평균 등록생 수는 약 43,000명 정도인 반면, 수료율은 약 5%로 정도로 등록생의 95%가 중도 탈락한다(양단희, 2015; Gütl et al., 2014). 이처럼, MOOC를 통해, 학습에 참여하고 이수하는 것은 쉽지 않으며 대부분의 수강생은 중도에 포기하게 된다. 또한, MOOC의 질적인 측면을 살펴보면, MOOC를 통해 학습자가 습득한 내용은 지식이나 정보의 습득 등 단순 지식이나 정보를 획득하는 수준의 학습활동을 경험하는 경향이 있는 것으로 나타났다(박태정, 나일주, 2016). 물론, 앞에서도 살펴본 것처럼, MOOC는 비용 대비 효율적인 교육시스템으로, 파급효과 및 활용 측면에서 발전가능성이 높다. 그러나 이전의 온라인 교육과 마찬가지로, MOOC와 같은 온라인 교육시스템에서의 질적 문제는 아직 해결하지 못하고 있는 실정이다. 특히, 외부의 통제가 거의 없는 MOOC는 기존의 이러닝이나 온라인 교육보다 해당 문제가 더욱 크다고 볼 수 있다. 그런데, 정보통신기술의 발달이 교육 외 다른 분야, 예를 들어 제조업, 서비스업, 마케팅 분야에서는 비용 대비 효과성 증대에 초점을 둔 혁신적인 방향으로 나아가고 있다. 그런데, 교육분야에서는 이러한 공식이 성립되지 않고 있다. 이에 따라 MOOC가 교육 비용의 절감 효과는 있을 수 있지만, 질적인 측면의 문제로 앞으로 교육이 나아갈 혁신적인 대안이 될 수 없다는 주장도 제기되고 있다(임진혁, 2014). 이에 여기서는 MOOC가 지닌 본질적인 문제들(양단희, 2015: pp.295–296)에 대해서 살펴보고자 한다.

① 상호작용, 감독 및 평가의 문제

MOOC는 100% 온라인 강좌를 대규모 학습자에게 제공하는 교육 서비스다. 또한, MOOC의 기본적인 수업 방식은 동영상 기반의 지식이나 정보 전달에 초점을 두기 때문에 추론, 비판, 창의력 등을 함양하는 데 본질적인 한계가 있을 수 있다

(Baggaley, 2014; Fischer, 2014). 이와 더불어, 온라인으로 이루어지는 MOOC의 학습과정에서 교수자－학습자, 학습자－학습자 간의 상호작용 기회는 극히 제한적이다. 학습과정에 따른 평가의 경우, 온라인상 자동화된 평가 시스템에 기반을 두기 때문에 교수자의 직접적인 평가나 피드백은 없다. 이에 따라, MOOC에 참여하는 학습자에게 교수자나 동료들 간의 만족할 만한 상호작용, 공정한 학습과정 평가가 보장되지 않으면, 앞으로 지속가능하기는 쉽지 않을 수도 있다. 따라서, MOOC를 통해 기대하는 교육 혁신이 이루어지기 위해서는 AI, 메타버스 외 최신 기술을 온라인상에서 완벽히 구현할 수 있는 공학적 기술이 필요하다. 다만, 교육이라는 활동의 독특한 특성을 고려할 때, 일반 AI, 메타버스의 공학적 기술이 아니라, 교육적 측면을 고려한 공학적 기술이 요구된다.

② 강좌당 학생 수 문제

교수자 1인이 지도하는 학습자의 수는 교육의 질을 객관적으로 가늠할 수 있는 지표로, 대학평가 등에서 교육의 질을 평가할 때 사용한다. 일반적으로, '교원 1인당 학생 수'는 인문·사회 계열 25명, 자연과학·공학·예·체능 계열 20명, 의학계열 8명으로 규정한다. 또한, 원격대학의 경우, 교원 1인당 학생 수를 200명 이내로 규정한다. 그런데, 교수자 1인이 수천 명에서 수만 명, 또는 수십만 명을 담당하는 MOOC의 경우, 객관적인 교육의 질을 담보하기는 불가능하다. 이에 따라, MOOC에 참여하는 학습자 측면에서 볼 때, 학습자 1인은 '수많은 군중 속에 보이지 않는 1인'으로 수업에 참여한다. 또한, 교수자는 거대한 학습자로 인해, 학습자를 개인이 아닌 전체 집단으로 접근하고 인식할 가능성이 크다. 따라서, MOOC에서 개별적인 학습자는 존재하기 어려우며 집단적인 측면에서 군중의 일원으로 존재하는 경향이 높다. 이처럼 MOOC는 대단위 원격교육으로, 현재와 같은 정보통신기술 수준에서 대면 교육이나 일반 사이버교육과 동일한 교육적 성과를 도출하는 것은 어렵다고 볼 수 있다. 따라서, MOOC를 통해 기대하는 교육 혁신이 이루어지기 위해서는, 교수자가 수만 명의 학습자와 동시에 소통하고 평가할 수 있는 교수자의 역할이 가능한 멀티태스킹(multi－tasking)방식의 AI, 메타버스 외 최신 기술을 온라인상에 완벽히 구현할 수 있어야 한다. 다만, 앞에서도 언급한 것처럼, 교육의 독특한 특성을 고려하여, 일반 AI, 메타버스의 공학적 기술이 아니라, 교육에 특화된 공학적 기술이 필요하다.

③ 맞춤형 교육에 역행

MOOC가 지향하는 개방이라는 개념의 이면에는 개별 학습자에게 처방적으로 이루어지는 맞춤형 교육에 역행한다는 본질적인 문제가 상존한다. 수천 명, 수만 명, 또는 수십만 명의 학습자가 하나의 강좌를 수강하여도, 학습자 측면에서는 개인의 학습이 가장 중요하다. 예를 들어, 교수자와 1대1 수업활동에 참여하든지, 1대1000 수업에 참여하든지, 학습자에게는 자기 자신이 가장 중요하며, 여기에 모든 초점을 둔다. 그런데, 교육 외 다른 분야의 활동들 중에는 주변의 많은 사람들과 함께 참여할 때 동기가 유발되는 경우도 있다. 예를 들어, 스포츠 경기를 관람할 때, 관중석에 아무도 없고 홀로 경기를 관전한다면 어떤 느낌이 들까? 물론, 스포츠 경기는 직접 참여하여 체험하는 것이 아니므로, 교육활동과는 본질적으로 다르다고 할 수 있다. 그렇다면, 수만 명을 수용하는 콘서트홀에서 다른 팬들 없이 홀로 입장하여 가수들에 맞추어 노래를 부르고 춤을 춘다면 어떨까? 물론, 이와 같은 사례는 거의 없겠지만, 주변에 아무도 없다는 것을 알게된 사람은 어색하고 당황스러운 경험을 하게 될 가능성도 있을 것이다. 그런데, 교육이라는 활동은 다른 활동과 달리, 주변의 동료나 사람들과 함께 응원한다거나 '떼창'을 통해 감동을 받는 행위는 존재하지 않는다. 물론, 협력학습과 같이 동료와 함께 팀을 구성하여 학습하는 경우는 있지만, 이 역시 교수자의 직접적인 지도와 피드백이 요구된다. 이와 같은 교육의 특수성으로 인해, 세계적인 교수자의 강의를 무료로 수강할 수 있는 MOOC의 강좌가 당초 기대와 달리, 학습자의 동기를 끌지 못하는 경우가 발생하고 있다. 이처럼, 교육은 학습자 수와 관계없이 여기에 참여하는 학습자 특성을 고려하여 설계되고 수행하는 맞춤형 활동이다. 따라서 최고의 강의라고 하더라도, 학습자에게 양질의 강의로 인식되고 수용되기 위해서는 학습자 개인의 지적 수준, 학력 수준, 문화적 배경, 동기, 연령 등 다양한 요인들을 고려한 강의 내용 및 수준, 교수법 등이 필요하다. 이와 같은 측면을 고려할 때, MOOC는 본질적인 문제를 지니고 있다고 볼 수 있다.

이상 간략히, MOOC가 지닌 본질적인 문제점을 살펴보았다. '본질적인'이라는 형용사를 사용한 것은, 현 시점에서 이와 같은 문제들이 해결되기는 어렵기 때문이다. 따라서, 앞으로는 학습자가 MOOC 강좌를 선택한 후, 자신의 수준과 역량, 특성 등을 고려하여 세부 강좌를 선택할 수 있는 방안 마련이 필요하다. 이에, 여기서는 '기성복 치수 맞추기'에 착안하여, MOOC 강좌를 개별 학습에게 맞추는

'기존강좌에 학습자 수준 맞추기'를 대안으로 제시하고자 한다. 예를 들어, 우리가 백화점이나 옷 가게에서 기성복을 구입할 때, 먼저 마음에 드는 디자인, 색상, 옷감 등을 토대로 1차 선택하고 자신의 치수에 적합한 옷을 요청한 후 직접 입어보고 구입한다. 그리고, 길이와 일부 치수 등 세밀한 부분은 '옷 수선'을 통해서 최종적으로 맞춘다. MOOC와 같은 온라인 교육에서 이와 같은 과정과 절차가 필요하다. 여기서는 이와 같은 과정과 절차를 'MOOC 강좌 개인 맞춤형 과정'으로 칭하도록 하겠다. 앞으로 'MOOC 강좌 개인 맞춤형 과정'을 구체화할 수 있는 방안이 나오기를 기대한다.

마. 학습자에게 요구되는 사항

MOOC에서는 보편적인 이러닝이나 온라인 학습과는 달리, 교수자의 직접적인 통제나 지도는 거의 없으며, 학습자가 자율적으로 수강하고 학습을 수행해야 한다. 따라서 MOOC를 통한 학습활동 참여는 전적으로 학습자의 의지에 달려있다(김명랑, 김도희, 2017)고 볼 수 있다. 이에 MOOC에 참여하는 학습자에게는 몇 가지 요구되는 사항들이 있다. 이와 같은 요구 사항이 충족되었을 때, MOOC는 효과적으로 활용될 수 있다. MOOC를 활용한 학습활동이나 과제활동, 또는 기타 교육활동을 계획하는 경우, 반드시 MOOC 참여를 위한 학습자의 전제조건이 충족되었는지를 확인해야 한다. MOOC 활용을 위한 조건이 충족되지 않은 상태에서의 활용은 긍정적인 효과보다는 도리어 부정적인 문제만을 유발할 가능성이 있다. 특히, MOOC 참여와 관련된 수강 준비도 및 학습자 역량과 관계없이 의무적으로 시행되는 MOOC의 경우, 형식적인 온라인 학습 콘텐츠로 전락하거나 참여 중심의 비효과적인 방식으로 활용될 수 있다. 특히, 대학에서 획일적으로 시행하는 MOOC는, 학점 획득 수단으로 전락할 우려(박태정, 나일주, 2016)도 있으며, 궁극적으로 교육현장에서 사라질 수 있다. 이 같은 현실에서 MOOC 참여와 관련된 몇 가지 요구되는 사항을 확인하고 효과적인 활용 방안을 모색할 필요가 있다. MOOC 참여에 요구되는 몇 가지 주요 사항을 제시하면 다음과 같다.

① 학습자의 온라인 자기조절 학습역량

MOOC에서는 학습자의 온라인 자기조절 학습역량 중요하다. 자기조절학습은 본래 메타인지, 동기, 행동 전략을 바탕으로, 학습자 스스로 학습활동에 적극적으로 참여하는 것을 의미한다(Zimmerman, 2008). 이와 같은 자기조절 학습역량은 MOOC와 같은 온라인 학습활동 참여에도 중요하다. 특히, 출석 시간, 학습 진도, 참여 시간, 학습활동, 과제 수행 등을 학습자가 스스로 결정해야 하는 MOOC에서는 다른 학습유형에 비하여 자기조절 학습역량이 절대적으로 요구된다. 학습자의 온라인 자기조절 학습역량은 온라인상에서 이루어지는 학습활동을 통해 도출되는 학업성취에 영향을 미친다(정한호, 2022). MOOC에서도 자기조절 학습역량이 있는 학습자에게 적절하며 스스로 학습의 전 과정에 책임을 질 수 있는 학습자에 효과적이라고 볼 수 있다. 만약, 자기조절 학습역량이 미흡한 학습자의 경우, MOOC를 활용한 학습을 계획하고 있다면 사전에 체계적인 수강 계획 및 방안을 구체적으로 마련한 후 수강할 필요가 있다.

② MOOC에 대한 수강목적

MOOC에서는 학습자의 학습목적이 명확해야 한다. MOOC 등록, 수강신청, 학습활동 참여 등 전체적인 학습과정 참여는 어렵지 않고 용이하다. 문제는 수강신청 후 학업을 지속적으로 수행하는 것이다. 여기서 중요한 것이 바로 학습자가 지닌 학습목적이 무엇인가 하는 것이다. 예를 들어, 강좌 이수가 목적인지, 아니면 특정 내용을 참고하는 것이 목적인지에 따라 수강방법이 다를 것이다. 특정 내용을 참고하는 경우, MOOC보다 다른 콘텐츠나 참고자료가 더욱 유용할 수 있다. 무분별한 MOOC 수강신청은 도리어 학습자에게 부담으로 다가오며, MOOC를 멀어지게 하는 원인으로 작용할 수 있다. MOOC 수강신청 전, 학습자는 반드시 자신의 수강목적이 무엇인지를 명확히 확인하고 여기에 적합한 강좌를 선정하여 수강할 필요가 있다.

③ MOOC에 대한 수강동기

학습자의 학습동기는 학습활동 참여와 지속에 결정적인 요인으로 작용한다. MOOC에서도 학습자의 학습동기는 중요하다. 앞에서 살펴본, 학습자의 자기조절 학습역량이 우수하고 수강목적이 명확하더라도 동기가 유발되지 않으면 학습을 지속하기는 쉽지 않다. 물론, MOOC에 대한 동기는 다양하며 앞에서 언급한 수강목적과도 일부 연결되어 있다. 예를 들어, 학습자들은 MOOC 수강과 관련하여, 자신의 미래 준비, 학습욕구 충족, 호기심 및 만족감 충족, 사람과의 연결성 등 다양한 유형의 동기를 지니고 있는 것으로 나타났다(Zheng et al., 2015). 일부 학습자 중에는 MOOC를 통한 수준 높은 강의 참여나 과제 참여 자체에 동기가 부여되는 경우도 있는 것으로 나타났다(Nikola, 2014). 따라서 MOOC에 참여하려는 학습자는 MOOC 수강이 자신의 학습욕구를 충족하는지, 호기심과 만족감을 충족할 수 있는지 등을 먼저 확인할 필요가 있다.

3. 메타버스

가. 메타버스의 의미

메타버스(Metaverse)는 초월과 가상 공간을 지칭하는 메타(Meta)와 세계, 우주 공간을 의미하는 유니버스(Universe)의 합성어로, 누구나 접근 가능한 현실 세계와 결합된 가상의 공유된 온라인 공간을 의미한다(Lee, 2021). 메타버스는 물리적 현실 세계와 증강 및 가상세계의 융합을 통해 구축된 새로운 환경으로(Smart, Cascio, & Paffendorf, 2007), 오프라인과 온라인의 이분화된 '경계'가 사라진 현실 세계 기반의 온라인 공간을 의미한다. 이와 같은 의미를 지닌 메타버스는 여러 디지털 미디어와 연결되고 게임, 산업, 여행, 쇼핑 등 다양한 분야에서 새롭고 흥미로운 접근이 가능해지면서 널리 사용하게 되었다. 그런데, 메타버스는 본래 기술적 차원이 아니라, 1992년 '스노우 크래쉬'라는 소설에서 3차원 가상세계를 지칭하는 용어로 등장하였다. 미국의 미래학연구협의회인 Acceleration Studies Foundation(ASF)에서 2006년 메타버스로드맵을 발표하면서, 메타버스를 단순한 가상공간이 아닌 현실 세계와 가상세계의 융합된 공간으로 제안하였다. 이를 기점으로, 메타버스의 개념에 대한 다양한 논의가 있었지만, 크게 주목을 받지 못하다가 로블록(Roblox), 제페토(ZEPETO) 등이 인기를 끌면서 재조명되었다. 이와 더불어, COVID－19로 인한 비대면 활동이 보편화하면서 가상공간에 대한 관심과 더불어 메타버스에 대한 관심이 높아지게 되었다(계보경 외, 2021).

교육분야에서의 메타버스도 COVID－19로 인한 비대면 온라인 수업이 보편화하면서, 새로운 교육 도구로 주목을 받게 되었다. 예를 들어, COVID－19 시기의 비대면 온라인 수업은 크게, '비실시간 동영상 수업'과 '실시간 온라인 수업'으로 구분할 수 있다. 그런데, '비실시간 동영상 수업'은 시공간의 제약 없이 수업이 자유롭게 진행된다는 편의성 대신에 교수자와 학습자 간의 실시간 소통, 상호작용의 부재 등이 문제점으로 대두되었다. 또한, 줌이나 구글미트와 같은 화상시스템을 활용한 '실시간 온라인 수업'은, 교수자와 학습자가 실제 서로의 얼굴을 보면서 수업을 진행하고 소통한다는 장점은 있었지만, 교수자와 학습자 모두 자신의 모습을 온라인상에 그대로 노출해야 하는 부담감이 있었다. 이와 같은 현실에서, 메타버스는 가상공간에서 자신의 아바타를 통해 자신의 본래 모습을 드러내지 않으면서도 실재감(presence) 있게 학습에 임할 수 있다는 점에서 널리 퍼지게 되었다. 예를 들어, 교수자와 학습자는 메타버스를 활용하여 가상의 공간에서 자신의 아바타를 이용하여 서로의 얼굴을 마주하지 않고 자유롭게 소통하며 활동할 수 있게 되었으며, 이를 통해 교육분야에서의 메타버스가 새롭게 조명을 받게 되었다.

이처럼, 메타버스는 소설의 명칭, 기술의 발달에 따른 재조명, COVID-19로 인한 활성화로 인해, 새롭고 혁신적인 교육활동의 하나로 부각되었다. 특히, 3D 기술, 증강현실 기술 등이 발전하면서 메타버스의 개념도 조금씩 발전해나가고 있다. 특히, 이와 같은 메타버스의 의미는 교수자를 포함하는 기성 세대보다는 학습자를 포함하는 MZ 세대(Millenial Z Generation)에게 보다 친근하게 다가오게 되었다. 예를 들어, MZ 세대는 모바일 디바이스를 활용하여 게임, SNS 활동을 하며 TV나 지상파보다는 유튜브, 넷플릭스 등을 통해 여가시간을 보낸다. 또한, MZ 세대는 대면보다는 현실 세계와 가상 공간을 오가면서 생활을 한다. 특히, 메타버스와 같은 가상 공간에서 자신의 캐릭터나 부캐를 바탕으로 다양한 활동을 경험한다(박상준, 2021). 앞으로의 미래 사회는 현실의 물리적 공간과 메타버스와 같은 가상 공간의 획일적인 구분보다는, 사람들의 흥미를 유발하는 공간에서 다양한 활동이 이루어질 가능성이 있다. 물론, 이에 따른 부작용과 반발도 나타날 것이다. 그러나 교육이 이루어지는 공간은 게임이나 쇼핑 등 흥미 중심의 공간과는 달리, 교수자와 학습자가 만나서 상호작용을 하면서 교육활동을 하는 장소로, 단순한 흥미 중심의 공간 활용에 초점을 두어서는 안 된다. 따라서 교수자, 교육전문가, 교육학자들은 메타버스가 지닌 의미보다는 교육적 차원에서 메타버스의 의미를 이해하고 이를 교육적으로 활용하는 방안을 간구할 필요가 있다. 특히, 새로운 디지털 기술과 이에 따른 메타버스 활용에 능동적으로 대처하면서 미래의 주역인 학습자들을 가르치고 지도하는 역량이 요구된다. 또한, 메타버스를 비롯한 새롭고 혁신적인 매체나 도구에 대한 올바른 이해와 이를 교육적으로 활용할 수 있는 교수역량을 갖출 필요가 있다.

나. 메타버스의 핵심 기술

메타버스를 통한 가상공간에서의 현실감 및 몰입감, 아바타 간의 상호작용 등을 위해서는 다양한 기술이 필요하다. 예를 들어, 메타버스라는 용어가 처음 등장한 1992년 소설 '스노우 크래쉬'에서는 스마트 고글의 기술이 요구된다. 또한, 메타버스가 교육을 비롯한 다양한 영역에서 활용되기 위해서는 AR, VR 외 관련 기술이 필요하다. 예를 들어, '가상세계 속 거울 세계 지도'(mirror world map), '헤드업 디스플레이 AR 시스템'(heads-up display AR system), 거울, 가상세계 속 사물, 또는 '사용자 라이프로그'(user lifelog) 등이 필요할 수 있다. 여기서는 상호작용 컴퓨팅 인프라(Communication Computing Infrastructure), 기초기술(Fundamental Technology), 가상현실 객체 연결(Virtual Reality Object Connection), 가상현실 공간 융합(Virtual Reality Space Convergence) 등의 측면에서 살펴보도록 하겠다(Mozumder et al., 2022: pp.256-259). 다만, 기술 자체에 대한 구체적인 이해보다는 이와 같은 기술로 제작된 메타버스의 속성을 파악하고 이를 교육현장에 어떻게 활용할 수 있는지에 대해 초점을 두고 살펴보고자 한다. 또한, 메타버스는 다른 분야에 비해 교육 분야에서의 효과성이 아직은 명확하다고 볼 수 없으므로, 이를 고려할 필요가 있다.

① 상호작용 컴퓨팅 인프라(Communication Computing Infrastructure)

메타버스는 인터넷을 기반으로 발전하고 있으며, 6G와 같은 지능형 IoT를 기반으로 더욱 확장될 것으로 예상한다.

1-1. 인터넷: 메타버스에서의 연결의 기반은 인터넷으로, 빠르게 발전하고 있음. 앞으로 6G 등 혁신적인 테크놀로지를 기반으로 더욱 확장된 서비스가 가능할 것으로 예상

1-2. 인프라: IoT와 여러 가지 핵심 하드웨어로 구성

② 기초기술(Fundamental Technology)

메타버스는 기술적인 측면에서, AI 기술을 기반으로 한다. AI를 토대로 실제 세계를 모방한 3D 디지털 개체 및 3D 가상 아바타 간의 상호작용을 하고 자동 번역 AI 기술이 발달하면, 전 세계 사용자가 자유롭게 접근하고 소통할 수 있을 것으로 예상한다.

2-1. 정교해진 아바타: AI를 통해, 2D 사용자 사진 또는 3D 스캔을 바탕으로 실제와 같은 시뮬레이션된 복제물을 생성할 수 있음. 또한, 다양한 표정, 감정, 헤어스타일, 노화 특징 등을 세밀하게 묘사할 수 있음

2-2. 디지털 휴먼: 메타버스에 존재하는 챗봇의 3D 버전. 디지털 휴먼은 AI를 토대로 구성되며 메타버스의 필수적 요소

2-3. 시공간 알고리즘: 메타버스에서 구현한 가상 도시에서 위치를 탐색하고 자유롭게 이동하는 데 도움. 시공간 알고리즘을 통해 가상 도시를 설계하고 관리 가능

2-4. 보안 및 개인정보 보호: 메타버스 플랫폼 사용자의 데이터와 아바타는 전 세계의 서로 다른 서버에 저장. 또한, AI 기술을 사용하여 국가별로 다르게 데이터 처리

③ 가상현실 객체 연결(Virtual Reality Object Connection)

메타버스는 디지털 아이덴티티 모델링, 분산기술, 소셜 컴퓨팅 기술을 기반으로, 각 객체를 연결한다.

3-1. 아이덴티티 모델링: 메타버스의 디지털 아이덴티티와 개인화 기능. 3D 세계에서 디지털 ID를 시각적으로 가능하게 함

3-2. 분산 기술: 분산 컴퓨팅, 분산 스토리지, 탈중앙화 데이터베이스 기능. 가상현실에서의 모든 것은 데이터이고 발생하는 모든 사안이 컴퓨팅. 메타버스 데이터 저장소는 분산되어 모두가 소유하고 관리함. 분산 데이터베이스는 각종 데이터를 통해 풍요로운 가상 세상을 구축하는 기반 제공. 메타버스에서는 이러한 분산된 특성을 보장하기 위해 인프라의 핵심 기술인 블록체인 사용. 블록체인은 탈중앙화된 데이터의 보안, 사용자들의 가상 공간에 존재하는 사물의 소유권을 보장함

3-3. 소셜 컴퓨팅: 아바타 설명, 식별, 상호작용 및 조직 작업을 지원함

④ 가상현실 공간 융합(Virtual Reality Space Convergence)

메타버스는 가상현실(Virtual Reality), 증강현실(Augmented Reality), 두뇌－컴퓨터 DB, 실시간 렌더링 기술을 기반으로 공간을 융합한다.

4-1. 메타버스 확장 현실: AI 기반의 AR, VR 등의 기술을 사용하여 국가별로 다른 개인 데이터를 처리함. 예를 들어, 소프트웨어와 하드웨어를 통해 물리적 세계에 대한 시각을 디지털로 제작된 장면으로 대체하는 VR, 디지털 세계와 현실 세계를 혼합하는 AR, VR과 AR를 혼합한 하이브리드 기술 등이 사용됨

4-2. 두뇌-컴퓨터 인터페이스: 뇌에서 수집된 자료를 디지털 자료로 변환하여 추가 해석이 가능한 시스템으로 보내는 기술. 특징 추출, 기능해석, 출력 등의 하위 기술 포함

4-3. 실시간 렌더링: 실시간으로 이미지를 분석하고 생성하는 데 중점을 둔 그래픽 기술. 예를 들어, 3D 렌더링은 컴퓨터에 저장된 3차원 데이터를 기반으로 이미지를 생성하는 프로세스. 사실적이거나 현실에 가까운 효과를 내기 위한 기술 포함

다. 메타버스의 4가지 유형

미국 ASF에서 발행한 "Metaverse roadmap: pathways to the 3D Web"[7]에 의하면, 메타버스는 다음과 같이 4가지 유형으로 구분할 수 있다(p.5). 여기서는 메타버스의 시나리오 세계 구성을 위해 메타버스가 전개되는 방식에 영향을 미칠 가능성이 있는 두 가지 핵심 연속체를 선정하여 영역을 구분하였다. ①증강(Augmentation)에서 ②시뮬레이션(Simulation)에 이르는 기술 및 응용 프로그램의 스펙트럼, 정체성에 초점을 둔 ③내부(Intimate)에서 세계에 중점을 둔 ④외부(External)에 이르는 스펙트럼을 통해 4개 영역을 제시하였다. 먼저, ①증강기술은 현실에 있는 실제 시스템에 새로운 기능을 추가하는 것을 의미한다. 메타버스 맥락에서의 증강기술은 물리적인 환경에 새로운 제어 시스템 및 정보를 자연스럽게

7) https://www.academia.edu/266307/A_Metaverse_Roadmap_Pathways_to_the_3D_Web_2007

겹쳐서 제시한다. ②시뮬레이션은 완전히 새로운 환경을 제공하는 현실(또는 병렬 현실)을 모델링하는 기술이다. 메타버스 맥락에서의 시뮬레이션된 세계는 상호작용을 위한 다양한 기술을 포함한다. ③내부 기술은 개인이나 사물의 정체성과 행동에 초점을 둔다. 메타버스 맥락에서의 내부 기술은 사용자(또는 반지능형 개체)가 환경에서 대리인을 갖는 기술을 의미한다. 여기서는 사용자가 자신의 아바타/디지털 프로필을 사용하거나 아니면 배우(actor)로 직접 등장할 수 있다. ④외부 기술은 밖의 세계에 초점을 둔다. 이것은 메타버스 맥락에서 사용자 주변 세계에 대한 정보와 제어를 제공하는 기술을 의미한다. 이와 같은 구분을 통해, ASF에서는 메타버스의 유형을 증강현실(Augmentation), 라이프로깅(Lifelogging), 거울세계(Mirror Worlds), 가상세계(Virtual World)로 제시하였다.

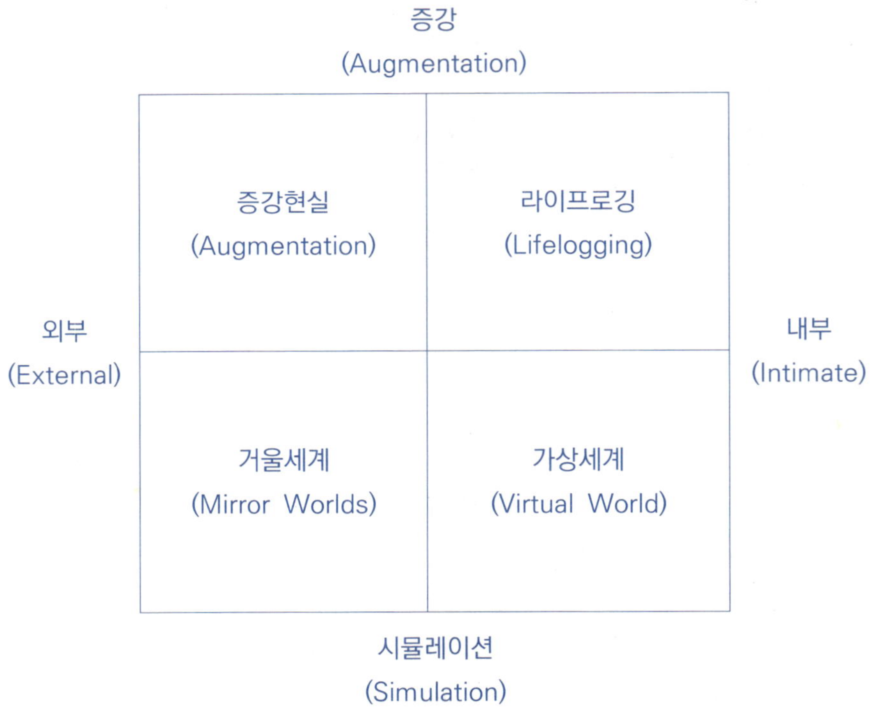

물론, 메타버스의 복잡성을 고려할 때, ASF에서 명시적으로 다루지 않은 메타버스 개발에 영향을 미칠 수 있는 기술이나 기능들이 존재한다. 예를 들어, 인터넷 TV(Internet Television) 및 화상 회의(Video Conferencing) 등은 메타버스에 영향을

미칠 가능성이 있다. 또한, 대화형 인터페이스(Conversational Interface) 등 다른 기술들도 로드맵의 핵심 동인(Key Drivers)이 될 수 있다. 다만, 여기서는 상기와 같은 네 가지 유형을 교육적 활용에 초점(계보경 외, 2021)을 두고 살펴보고자 한다.

① 증강현실(외부-증강)

증강현실은 외부 세계를 증강시키는 것으로, 일상에서 경험하는 물리적 공간 위에 위치 인식 시스템과 인터페이스 기술을 통해 디지털화된 정보를 겹쳐 현실 세계를 확장시키는 것을 의미한다(ASF, 2007). 예를 들어, 'Pokémon GO'와 같은 모바일 게임은 증강현실의 대표적인 사례로 볼 수 있다. 그런데 증강현실은 직접 관찰하기 어렵거나 이해하기 어려운 학습내용, 지속적인 실습 및 체험을 요구하는 분야, 고비용과 고위험이 따르는 학습활동에 효과적인 것으로 평가된다(한송이, 임철일, 2020). 예를 들어, 인간의 신체 내부를 관찰할 수 있는 증강현실 티셔츠인 'Virtuali-Tee'를 통해, 인간의 신체를 입체적으로 관찰하면서 학습할 수 있다. 교육적 측면에서의 증강현실의 대표적인 사례는 AR BOOK, AR 활용 시뮬레이션, 위치기반 AR 교육 콘텐츠 등이 있다.

[그림 12-3] Pokémon GO 게임[8)]

8) https://pxhere.com/ko/photo/565223

② 라이프로깅(내부-증강)

라이프로깅은 내부 세계에 증강시키는 것으로, 스마트 디바이스를 활용하여 자신의 일상을 인터넷이나 SNS, 모바일 디바이스 등에 기록으로 남기는 것을 의미한다. 예를 들어, 트위터, 페이스북, 인스타그램을 통해 자신의 삶이나 생활에서 얻은 데이터를 공유하거나 건강을 위한 웨어러블 기기를 통해 축적된 신체정보를 질병예방 및 치료에 활용하는 것을 대표적인 사례로 볼 수 있다. 따라서, 취미, 건강 및 여가 생활 등 개인의 일상에서 생성되는 다양한 데이터를 기록, 정리, 보관, 공유하는 일상의 디지털화는 라이프로깅의 하나라고 볼 수 있다. 소셜미디어를 통해 일상의 느낌, 삶 등에서 얻은 여러 데이터를 온라인상에서 타인과 공유하여 여기서 형성된 관계와 알고리즘을 바탕으로 타인과 교류하고 소통할 수 있다(계보경 외, 2021). 유튜브에 자신의 일상이나 학습활동 및 과정을 실시간으로 공유하는 것도 라이프로깅의 하나이다.

③ 거울세계(외부-시뮬레이션)

거울세계는 외부 세계의 시뮬레이션으로, 정보가 강화된 가상 모델 또는 물리적 세계의 "반사"를 의미한다. 거울세계에는 정교한 가상 매핑, 모델링 및 주석 도구, 지리 공간 및 기타 센서, 위치 인식 및 기타 라이프로깅 기술이 포함된다

[그림 12-4] 가상의 교육 공간

(메타버스 기반으로 시행한 2021 한국교육공학회 추계학술대회 모습)

(ASF, 2007). 거울세계는 실세계의 모습과 정보, 구조 등을 거울에 반사하는 것과 같은 실제와 유사한 가상세계를 의미한다. 따라서, 거울세계에서는 현실의 물리적인 세계에 기반을 두며, 이를 효율적인 차원으로 확장한 것을 의미한다(김상균, 2020). 예를 들어, GPS(Global Positioning System)를 기초로 지도정보와 현실의 물리적 세계에 존재하는 다양한 데이터를 연결하는 매핑 기술의 발달로, 거울세계는 점차 확장해 나간다. 예를 들어, 구글지도나 네이버 맵과 연동된 숙소 검색, 맛집 예약, 택시 호출, 택배 위치 확인 등은 거울세계의 사례라고 볼 수 있다. 이처럼, 거울세계는 현실 세계에 초점을 두고 삶과 생활의 편의성을 높이는 방향으로 발전하고 있다. 이와 같은 거울세계의 교육적 측면을 살펴보면, 구글어스, 디지털 실험실, 가상의 교육 공간 등이 있다.

④ 가상세계(내부-시뮬레이션)

가상세계는 내부 세계를 시뮬레이션하는 것으로, 3D 그래픽, 아바타, 통신 기술을 포함하는 VR 기술을 적용하여 실제와 유사한 세계를 느끼도록 하는 것을 의미한다. VR은 인간의 시각원리를 기반으로 평면 이미지를 입체로 인식하게 하며(정은진, 김남희, 2021) 시각적으로 그려진 세계를 실재감, 몰입감 있게 인식하게 한다. 예를 들어, 가상세계에서 사용자는 실제 자신의 신체를 움직이거나 물체를 만지는 등 실재감 있는 활동을 할 수 있으며 해당 세계에서 다양한 활동을 할 수 있다. 이와 같은 가상세계 메타버스에는 현실과는 이질적인 공간과 시대 문화적 배경, 등장인물, 제도 등이 설계되고 그 속에서 사용자의 아바타가 다른 AI 캐릭터나 다른 사용자, 또는 아바타와 가상 공간을 탐험, 소통, 성취하는 특징이 있다(계보경 외, 2021). 생활형 가상세계의 초기 모형에는 세컨드 라이프, 제패토, 로블록스 등이 있다.

라. 교수자 측면에서 메타버스 활용

학교교육현장에 교수용 컴퓨터가 도입되었을 때, 교수자들은 해당 매체를 교육적으로 활용하는 방법을 새롭게 습득하였다. 또한, 2000년대 전후에 시행된 교단선진화사업으로, 모든 학교에 전용망이 설치되면서 인터넷을 교육적으로 활용하고 적용하는 방법을 배웠다. 특히, 교수자의 경우, 일반적인 차원의 매체활용 리터러시가 아니라, 학습자의 학습을 지원하는 측면에서의 매체활용 방법을 습득해야 하기 때문에 기존 매체에 익숙한 일부 교수자들의 저항도 존재한다. 이와 같은 현상은 새로운 매체가 교육현장에 도입될 때 자연스럽게 나타나는 현상으로, 메타버스와 같은 혁신적인 매체에도 적용된다. 이에 여기서는 교수자 측면에서 메타버스의 교육적 활용에 요구되는 관련 역량 및 요소(박상준, 2021)에 대해서 살펴보고자 한다. 다만, 본서를 집필한 2021년 하반기에서 2022년 상반기는 메타버스의 교육적 관심이 조금씩 일어나는 시기로, 메타버스가 교육적으로 활용될지, 아니면 사라질지를 명확히 판단할 수 없는 시기였다. 이점에 유의하면서 내용을 살펴보도록 하겠다.

첫째, 교수자는 메타버스에 관해서 학습해야 한다. 예를 들어, 메타버스에서 소통하고 사회적 경제적 활동을 하는 방법에 대해서 학습해야 한다. 특히, 메타버스가 현실과 어떻게 연결되고 상호작용하는지에 대한 이해가 필요하다. 교수자는 메타버스에 대한 정보와 지식을 습득하는 메타버스 자체에 대해 학습을 해야 한다.

둘째, 교수자는 메타버스로 소통하는 기본적인 방식을 습득해야 한다. 교육 이외의 영역에서 메타버스가 빠른 속도로 전파되고 있으며 교육현장에서도 그 영역을 확장하고 있다. 이에 교수자는 메타버스에서 이모티콘, 사진, 동영상 등을 기반으로 학습자와 소통하고 상호작용하는 방법을 배워야 한다. 또한, 메타버스의 규칙과 행동 방식 등도 새롭게 습득해야 한다.

셋째, 교수자는 메타버스를 통해 새로운 교육용 콘텐츠나 아이템을 창출할 수 있는 역량을 가져야 한다. 예를 들어, 메타버스에 관한 지식, 소통방식에 대한 학습을 토대로 메타버스에서의 회의와 수업, 콘텐츠 제작, 학습자와의 소통 관련 역량을 함양해야 한다. 특히, 교실이라는 물리적 공간에서 수행하기 어려운 활동이나 실험 등을 메타버스에서 학습자와 함께 구현하고 실험할 수 있는 역량을 길러야 한다.

넷째, 교수자는 교육용 메타버스에서 학습자와 자유롭게 소통하고 학습자를 가르칠 수 있는 메타버스 교수역량을 지닐 필요가 있다. 물론, 교수자는 교실이라는 물리적 공간에서 학습자를 효과적이고 효율적으로 교수하는 역량을 최우선적으로 지니고 있어야 한다. 그러나 이와 동시에, 메타버스라는 공간에서 학습자와 소통하고 교수학습활동을 하는 역량도 지닐 필요가 있다. 전화, 이메일, 문자, 메시지 등으로 소통을 한 것처럼, 앞으로는 메타버스로도 소통할 수 있어야 할 것이다.

COVID-19로 인한 비대면의 새로운 일상으로, 메타버스의 교육적 활용이 다양하게 이루어지고 있다. 일부 기업에서는 신입사원 연수를 메타버스로 시행하거나 랜선 회식, 화상 멘토링 등의 비대면 활동을 실시하고 있다. 이와 더불어, 교육기관에서는 메타버스 입학식, 증강현실을 활용한 실습 등을 실시하고 있다. 물론, 오프라인 교육기관이 존재하는 한 교수학습활동은 대면활동을 중심으로 이루어질 가능성이 크다. 그러나, 우리 주변에는 온라인 게임, 온라인 쇼핑 등 대면보다 비대면 활동이 활성화된 분야가 있다. 또한, 비대면 진료, 라이프로깅을 활용한 질병 예방 등의 의료활동도 일부 시행되고 있다. 이와 같은 현실에서, 포스트 코로나 시대의 교육은 이전과는 다른 차원으로 이루어질 가능성이 크다. 따라서 그 어느 때보다 교수자의 준비와 역량이 요구된다.

4. 미네르바 스쿨 사례

가. 미네르바 스쿨 소개

미래 혁신과 4차 산업혁명 관련 세계 주요 대학의 혁신 정도와 방향성을 평가하는 '혁신대학 2021 랭킹'에 의하면,[9] 미네르바 스쿨은 미국의 MIT, 스탠퍼드 대학에 이어 3위를 차지하였다. 미네르바 스쿨은 미국의 벤처투자자 벤 넬슨(Ben Nelson)이 미국 대학연합체(Keck Graduate Institute, KGI)의 인가를 받아 설립된 온라인 혁신 대학이다. 아마, 여러분들 중에는 미네르바 스쿨에 대한 정보를 접한 경험이 있는 분들이 있을 것이다. 여기서는 일반적으로 알고 있는 미네르바 스쿨 자체에 대한 소개보다는 교육적 차원에서 살펴보고자 한다. 앞에서도 언급했지만, 미네르바 스쿨은 벤처 자본으로 투자된 학교로, 일반적인 대학에 비해 규제에서 자유로운 KGI의 승인을 받은 고등교육기관이다. 따라서 미네르바 스쿨에 대해서 올바로 알기 위해서는 KGI에 대해서 살펴볼 필요가 있다. KGI는 산업 프로젝트, 실무 경험 및 팀 협업에 중점을 두고 생명 및 건강 과학, 비즈니스, 약학, 공학, 의학 및 유전학을 통합하는 혁신적인 학위 및 인증서를 제공하는 대학 연합체이다. 그런데 KGI에서는 기업가적 접근 방식과 산업체와 연계를 기반으로, 의료 및 응용 생명 과학 분야의 리더를 양성하는 것을 목적으로 교육을 시행한다.[10] 따라

9) http://news.unn.net/news/articleView.html?idxno=510625
10) https://www.kgi.edu/

서 이와 같은 KGI에 기반을 둔 미네르바 스쿨은 우리가 인식하는 일반적인 학문 분야와는 달리, 특정 분야에 강점을 지닌 실무형 인재를 양성하는 대학이라고 볼 수 있다. 그런데, 미네르바 스쿨의 설립과 관련하여 흥미로운 점은 설립자의 학교 개교 취지이다. 벤 넬슨은 1990년 말 와튼 스쿨 학생으로 교수자 중심의 대학교육에 문제점을 직접 겪으면서 대학 측에 강의 개선을 요구하였다고 한다. 그런데, 대학에서는 이러한 개선 요구를 거절했으며 이것이 추후 미네르바 스쿨을 설립하는 계기가 되었다고 한다. 미네르바 스쿨은 학습자의 교육을 최우선에 두며, 이로 인해 학습자의 학습활동과 직접적인 연관성이 떨어진다고 인식되는 학교 건물, 행정 인력 등을 최소화한 대학이다. 이와 같은 관점에서 볼 때 미네르바 스쿨에서의 수업 방식이 오프라인이 아닌 온라인에 초점을 둔 이유를 명확히 파악할 수 있다. 또한, 미네르바 스쿨이 대학 건물 없이 전 세계 7개 나라를 한 학기씩 이동하면서 해당 국가의 주요 기업과의 인턴십, 실무형 과제 등 현장실습형 교육(장준호, 2020)을 중심으로 이루어지는 이유를 확인할 수 있다.

미네르바 스쿨의 설립 초기에는 온라인 교육 기반의 실무형 인재를 양성하는 교육기관으로, 고등교육기관으로 지속적으로 발전할 수 있는가에 대한 의구심이 있었다. 또한, 미네르바 스쿨 설립 초기에는 우리나라에서도 크게 관심을 지니고 있지 않았다. 그러나, 미네르바 스쿨의 학습자 중심 온라인 교육, 예를 들어, 20명 미만의 세미나 형식의 토론과 문제 해결 중심의 수업방식에 대한 국내 방송사(EBS)와 한국교육학술정보원(KERIS)에서의 보도와 컨퍼런스 개최, 이에 따른 교육현장의 교수자와 학자들의 관심으로, 미네르바 스쿨이라는 명칭이 국내에도 조금씩 알려지게 되었다. 물론, 당시만 해도, 미네르바 스쿨이 지금과 같은 명성을 갖게 되리라고는 예상되지 못하였다. 그런데, 2019년 5월 첫 졸업생들이 미국 아이비리그 대학의 석사과정에 진학하고 세계 유수의 기업체에 입사했다는 성과가 발표되면서, 국내외적으로 미네르바 스쿨에 대한 관심과 지원자가 급속히 증가하게 되었다. 예를 들어, 2020년의 경우, 미네르바 스쿨 지원자 2만 5,000여 명 중 200명이 합격(합격률 0.8%)하여 하버드나 예일 등 미국 아이비리그보다 입학이 더 어려웠다고 한다.[11)] 특히, 국내의 경우, 한 학생이 서울대 진학을 포기하고 미네르바에 입학한 것으로 알려져 화제가 되기도 하였다.[12)] 이와 같은 미네르바 스쿨의

11) https://www.sedaily.com/NewsVIew/22RHKATN39
12) https://www.hankyung.com/it/article/201901097147g

인기에 힘입어, 국내에서는 미네르바 스쿨을 벤치마킹한 한국판 미네르바 스쿨인 태재대학이 설립될 예정이다.[13] 물론, 이와 같은 기업 실무형 온라인 대학인 미네르바 스쿨에 대한 비판의 목소리도 나오고 있다. 예를 들어, 미네르바 스쿨의 교육은 철저하게 졸업생이 무엇을 할 수 있어야 하는지에 대한 특별한 관점에 의해 이루어지지만, 이와 동시에 산업계나 고용주의 요구 사항과 우선 순위에 확고한 기반을 두고 있다. 또한, 서구 중심의 신자유주의적인 리더와 혁신가 '특성'에 기반한 교육을 실시하고 있다(Verrill, 2020). 실제로 미네르바 스쿨에 대한 세부적인 사항을 정리한 'Building the Intentional University Minerva and the Future of Higher'의 내용을 살펴보면(Kosslyn et al., 2017) 미네르바 스쿨은 엄격하게 관리되는 비즈니스 모델로 운영되며 연구 또는 학술 활동 또는 구성원의 교육역량 및 개발 상태는 불명확하다. 특히, 비용의 최소화를 위해 실험실, 도서관 등 대학의 핵심 시설은 아웃소싱되어 있기에 재학생들은 자신이 기반을 두고 있는 도시의 공공시설을 활용해야 한다(Verrill, 2020). 이와 같은 측면에서, 혁신적인 미래 교육의 대안으로 떠오르고 있는 미네르바 스쿨의 지속가능성은 지켜볼 필요가 있다.

나. 미네르바 스쿨의 교육과정[14]

미네르바 스쿨의 교육과정(Minerva® curricula)은 파트너[15]의 목표와 학습자를 모두 충족시키는 방향으로 설계되었다. 교육과정은 정의된 일련의 실용적인 학제간 기술(a defined set of practical, transdisciplinary skills)을 도입하고 지속적으로 강화하는 맞춤형 학업(customized academic) 및 체험 학습(experiential learning) 과정으로 구성된다. 이러한 기술 분류(Skills Taxonomies)는, ①교육과정을 프로그램 목표 매핑(mapping), ②수업 계획, 수업 중 활동 및 경험적 프로젝트 기반 프로그래밍을 포함하여 코스 시퀀스(course sequences) 전체에 체계적으로 결합(interwoven)한다. 특히, 교육과정은 내용(content) 대신 기술(skills)을 강조함으로

---

13) https://www.chosun.com/national/people/2021/09/16/BI7BUHT3SRAI5NVDEF57TUTW7Q/

14) 여기서는 미네르바 스쿨의 교육과정이 지향하는 바를 보다 실제적으로 제시하기 위해, 미테르바 스쿨 홈페이지에 게시되어 있는 내용을 중심으로 살펴봄. 세부적인 내용은 사이트를 참조 바람. https://www.minervaproject.com/our-approach/curriculum-design/

15) partner, 다양한 의미로 사용된 것 같음. 미네르바 스쿨은 벤처 투자를 받았으므로, 투자자를 의미할 수 있고, 프로젝트 관련 산업체를 지칭할 수 있음. 다만, 한 가지 확실한 것은 일반적인 교육과정의 구성요소(학문, 사회, 학습자 측면 고려)와는 다름

써, 미네르바 스쿨은 특정 학문 분야를 아우르는 역량에 초점을 맞추면서 파트너의 주제별 전문 지식을 수용한다. 또한, 교육과정은 지식 전달을 촉진하기 위한 목적에 부합하도록 구성하며 다양한 상황에서 적용할 수 있는 학습자의 실용적인 역량 신장에 초점을 둔다. 미네르바 스쿨에서 지향하는 교육과정의 기본 구조는 아래 [그림 12-5]와 같다. 전체적인 구조는 일반적인 교육과정과 큰 차이는 없지만, 그림 정중앙에 포럼(Forum)이라는 '명칭'이 인상적이다. 여기서 포럼이 정중앙에 위치하고 있다는 점은 교육과정, 수업방법, 평가 등을 포럼이라는 교수자와 학습자 간의 소통 방식을 통해 모두 아우르고 있음을 의미한다고 볼 수 있다.

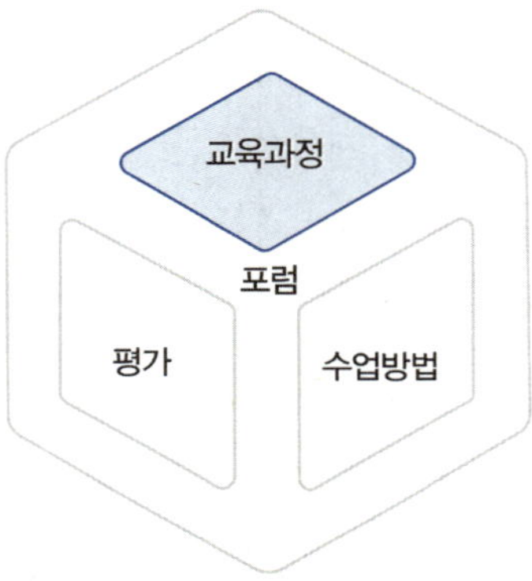

[그림 12-5] 미네르바 스쿨 교육과정의 기본 구조(미네르바 스쿨 홈페이지 참조)

① 강화 및 전이를 위한 구조화된 실행(Structured Practice for Reinforcement and Transfer)

학습 과학(learning science)의 핵심 원리(tenet)는 시간에 따라 간격을 둔 의도적인 연습이다. 학습자가 학습한 내용을 회상하고 연습하고 처리하고 반영할 시간이 많을수록 학습은 심화된다고 본다. 미네르바 스쿨의 교육과정은 학습이 진행됨에 따라 복잡성이 증가하고 개념이 계층화되면서 이를 허용하도록 구축되었다. 이러한 방식으로 교육과정을 구성하는 것 외에도 미네르바 스쿨에서는 학습자가 익숙하지 않은 상황과 완전히 새로운 맥락에서도 학습에 적용할 수 있도록 복잡한 과제 및 프로젝트 등 다양한 유형의 문제중심학습에 자주 노출되고 이를 해결할 기회를 수시로 제공한다. 이를 통해 학습자는 복잡한 문제에 대한 창의적인 솔루션을 개발할 수 있는 방식으로 지식을 전달하는 역량을 지니게 된다. 이와 같은 의도적이고 간격을 둔 학습자 중심의 학습은 대부분은 실습을 통해 이루어지며 학습자의 기능 숙달과 인지적 민첩성 증진에 기여한다. 특히, 미네르바 스쿨에서는 온라인상에서의 강화와 전이를 통해 학습자의 실제적인 학습활동을 촉진한다. 이와 같은 미네르바 스쿨만의 교육과정을 통해, 학습자들은 학기가 지날수록 틀에 박힌 문제 해결, 정보에 입각한 분석 및 의사결정뿐만 아니라 빠른 변화를 탐색하고 관리하는 역량을 함양하게 된다.

② 맞춤형 설계 및 모듈식 과정(Custom Design and Modular Courses)

미네르바 스쿨은 사전 설계된 교육과정 모듈뿐만 아니라 학습자 중심의 맞춤형 교육과정 설계를 통한 학습자의 실제 역량 강화에 초점을 둔다. 미네르바 스쿨은 교육과정에서 파생된 이러한 모듈식 과정을 통해 새로운 프로그램이나 전공을 신속하게 구축할 수 있다. 모듈은 짧거나 긴 순서로 제공될 수 있으며 다양한 단계와 교육환경에서 학습하는 학습자에 적합하게 구성할 수 있다. 예를 들어, 하나의 교육과정이 기존 프로그램에 통합하거나 미네르바 스쿨이 아닌 교육기관에서 제공하는 교육과정에 의해 보완되거나, 또는 완전한 세트(complete set)로 제공할 수 있다. 맞춤형 설계와 마찬가지로 모듈식 과정은 읽기, 과제, 체험 프로그래밍을 포함한 파트너별 콘텐츠도 수용할 수 있다. 완전한 맞춤형이든 코스 모듈로 구성되든 미네르바 스쿨은 파트너와 긴밀하게 협력하여 교육과정을 목표에 맞게 조정하고 기술이 적절하고 교육내용(content)이 관련성이 있으며 탁월한 성과를 보장하는 측면에 초점을 둔다.

③ 교육과정 모듈(Curriculum Modules)

미네르바 스쿨의 기초는 학제 간 기술과 지식을 가르치기 위해 고안된 일련의 일반교육과정이다. 이 과정은 교육 및 직업적 성공의 핵심 요소인 4가지 핵심 역량, 즉 비판적 사고, 창의적 사고, 효과적인 의사소통 및 효과적인 상호작용을 육성하는 데 중점을 둔다. 특정 학습자 또는 기관의 필요에 따라 이러한 과정의 다른 순서가 제공되는 특별한 교육과정이 제공될 수 있다. 각 학기 과정은 약 13주 동안 진행되며(공휴일 제외) 일반적으로 기관 인증 정책에 따라 4학점을 제공한다.

코스는 10주 일정에 맞게 3학점 단위로 수정할 수도 있다.

상기와 같은 내용을 기반으로 이루어진 미네르바 스쿨의 학부 교육과정의 세부적인 내용을 제시하면 다음과 같다.

〈표 12-1〉 미네르바 스쿨의 학부 교육과정(김보경, 2021: p.10)

<table>
<tr><td>교육
목표</td><td colspan="4">리더십, 혁신, 폭넓은 사고, 글로벌 시민의식</td></tr>
<tr><td rowspan="5">역량</td><td>핵심역량</td><td colspan="2">하위역량</td><td>학습목표(예시)</td></tr>
<tr><td>비판적 사고</td><td colspan="2">–의견 평가하기
–추론 분석하기
–판단에 가중치 두기
–문제 분석하기</td><td>#비평 #연역
#귀납 #매몰비용
#의사결정나무
#갭분석 #게임
이론</td></tr>
<tr><td>창의적 사고</td><td colspan="2">–발견 촉진하기
–문제 해결하기
–제품, 과정, 서비스 창출하기</td><td>#사례연구 #최적화 #시뮬레이션
#휴리스틱편향
#디자인씽킹</td></tr>
<tr><td>효과적 의사소통</td><td colspan="2">–언어를 효과적으로 사용하기
–비언어적 의사소통 효과적으로 하기</td><td>#프리젠테이션
#함축 #표정
#몸동작</td></tr>
<tr><td>효과적 상호작용</td><td colspan="2">–협상하기, 중재하기, 설득하기
–타인과 효과적으로 일하기
–윤리적 문제 해결과 사회적 합의에 이르기</td><td>#BATNA #당근과채찍 #메타지식 #윤리적갈등
#공정성</td></tr>
<tr><td>학년별
교육
과정</td><td>1학년(코너스톤과정)
4대 핵심역량 강화,
학습 초석 마련</td><td>2학년(핵심 과정) 관심분야 설정(지도교수 도움), 전공 선택, 전공 기초 과정</td><td>3학년(집중 과정) 전공 심화 과정</td><td>4학년(종합 과정)
자신의 학습을 종합하고 완성</td></tr>
<tr><td>전공
및
교과
목</td><td>• 형식적 분석
• 실증적 분석
• 다중양식 커뮤니케이션
• 복잡계</td><td>전공(예술 및 인문학, 컴퓨터 과학, 자연과학, 사회과학, 경영학)</td><td>전공 관련 주제를 정하여 캡스톤 프로젝트 시작</td><td>캡스톤 프로젝트
완성 및 평가</td></tr>
</table>

기숙	샌프란시스코	서울 하이데라바드	베를린 부에노스아이 레스	런던 타이베이

다. 미네르바 스쿨의 역량체계

미네르바 스쿨에서는 기존 교육기관에서 초점을 둔 이론적 지식의 이해와 적용이 아니라 실제 현실에서 일어나는 문제를 풀고 해결할 수 있는 기술과 지식의 함양에 중점을 둔다. 미네르바 스쿨은 기존의 대학교육 체제에서 배출된 인재들이 사회에 기여하는 정도에 대한 회의적인 질문과 분석을 통해 설정된 기본 원칙을 기반으로 학습자를 지도한다(김진숙, 2017: p.51). 이와 같은 기본 원칙을 간략히 살펴보면, 첫째, 졸업 후 진로성취를 기반으로 실제 현장에서 적용할 수 있는 교육 경험 제공, 둘째, 학습자 중심의 교육 실현, 이 과정에서 교수자 및 교직원은 보조자로서의 역할 수행, 셋째, 체험 중심, 실증 경험기반의 교육과정 운영 등으로 제시할 수 있다. 이와 같은 기본 원칙은 미네르바 스쿨의 역량 체계에서도 확인할 수 있다. 미네르바 스쿨의 역량 체계는 핵심 목표(key goals), 핵심능력(core

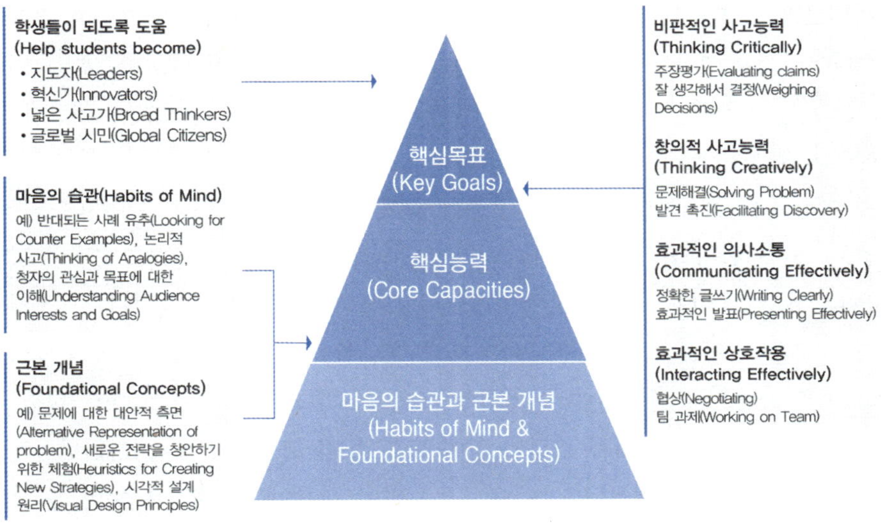

[그림 12-6] 미네르바 스쿨의 역량 체계(김진숙, 2017: p.52)

capacities), 마음의 습관과 근본 개념(habits of mind & foundational concepts)으로 구성된다. 미네르바 스쿨에서 추구하는 역량의 핵심은 학습자를 지도자, 혁신가, 넓은 사고가, 글로벌 시민이 되도록 지원하는 것이다. 이를 위해, 미네르바 스쿨에서는 앞에서도 언급한 것처럼, 비판적인 사고 능력, 창의적 사고능력, 효과적인 의사소통 능력, 효과적인 상호작용 능력을 강조한다.

미네르바 스쿨의 역량 체계를 도식화하면 [그림 12-6]과 같다.

라. 미네르바 스쿨의 특징

미네르바 스쿨에서는 학습자 토론에 기반한 온라인 수업을 바탕으로, 비판적이고 창의적으로 사고, 효과적인 의사소통, 주변 동료나 관계자와의 협력 등 실제적인 역량강화에 초점을 둔다. 앞에서도 언급한 것처럼, 미네르바 스쿨의 기본 목표는 파트너의 요구를 충족시키는 현실적이고 실질적인 역량을 학습자가 습득할 수 있도록 지원하는 것이다. 미네르바 스쿨은 원격수업으로도 상기와 같은 교육활동이 가능하다는 점을 실제 교육과정 운영을 통해서 일정 부분 증명하였다. 미네르바 스쿨의 특징을 구체적으로 살펴보면 다음과 같다(김보경, 2021).

① 실천적 지식 습득과 학습에 대한 과학적 접근

미네르바 스쿨은 교실이라는 제한적이고 이론적인 학습맥락에서 지식을 습득하기보다는, 세계 7개 도시의 상황과 맥락에 따른 지식의 적용(cross-contextual curricula)을 실천적 측면에서 접근하고 습득하도록 지원한다. 또한, 미네르바 스쿨에서의 학습은 데이터 분석에 기반하여 미시적이고 과학적 접근을 취하며, 학습자 개인에게 최적화할 수 있는 맞춤형 교육과정을 제공한다. 미네르바 스쿨의 수업은 근거기반학습(evidence-based learning)의 고등교육 사례라고 할 수 있다(Kosslyn et al., 2017). 이와 같은 미네르바 스쿨의 실천적 지식 습득과 과학적인 학습 접근을 바탕으로, 모든 수업은 자체 개발한 '능동학습포럼(Active Learning Forum)'을 바탕으로 진행된다. 여기서의 포럼은 교육과정 및 수업의 핵심적인 요소로, 학습자의 포럼 참여와 관련된 양적 또는 질적 자료는 모두 시각화한 후 교수자에게 실시간으로 제시된다. 이때, 포럼 참여 시간이 미흡한 학습자에게는 교수자가 즉각적으로 개입하여 포럼 참여를 독려하고 2일 이내에 교수자 개별 면담 시간을 통해 학습자에게 관련 피드백을 제공한다.[16] 특히, 포럼을 통한 학습 참여에 미흡하거나 역량이 부족한 학습자에게는 추가적인 학습과제가 부과되며 다음 학습 참여는 일시적으로 제한될 수 있다.

② 정교하게 설계된 역량기반 교육과정

미네르바 스쿨에서 시행되는 교육활동의 가장 큰 특징은 원격수업임에도 학습자 중심 역량기반 교육과정의 정교한 설계, 효과적인 운영이라고 할 수 있다. 미네르바 스쿨에서는 비판적인 사고, 창의적인 사고, 효과적인 의사소통, 효과적인 상호작용을 4대 핵심 역량으로 선정하였다. 또한, 4대 핵심 역량이 실제 교과목 수업에서 개발되고 함양될 수 있도록 사고습관과 기초개념으로 이루어진 120여 개의 학습목표를 구성하여 운영한다. 특히, 미네르바 스쿨에서 이루어지는 학습자에 대한 평가는 철저하게 학습자별 체득된 역량을 중심으로 이루어진다. 예를 들어, 1학년 성적을 기준으로 이후 학습목표 달성 정도를 확인하고 학년에 따라 발전 정도를 점수로 가감하는 방식으로 역량 성장을 평가한다. 이와 같은 방식은 기존 대학에서의 평가 기준과는 전혀 다른, 학습자 맞춤형 평가 준거라고 할 수 있다. 물론, 모든 평가는 온라인으로 이루어지지만, 여기서의 평가는 문제 해결역량에 초점을 두고 실제 사회에서의 문제를 해결하는 방식과 유사하게 인터넷 활용, 오픈북, 협업 등을 통해 달성한 정도를 평가한다. 이처럼 미네르바 스쿨은 원격기반의 교육임에도 불구하고 정교하게 설계된 역량기반 교육과정을 통해 수업부터 평가까지의 전 과정을 체계적으로 운영한다.

③ 능동학습과 철저한 플립 러닝

미네르바 스쿨에서의 교육은 학습자 중심의 철저한 능동학습과 플립 러닝에 기초한다. 미네르바 스쿨의 재학생은 반드시 모든 수업에 적극적으로 참여하며 포럼을 통해 능동학습(active learning)을 해야 한다. 특히, 교수자는 학습자의 효과적인 학습 참여 및 활동을 위해 사전학습 확인, 온라인 토론학습에서의 활동 정도, 보충학습 등을 철저하게 운영한다. 또한, 학습자는 온라인으로 진행되는 수업에서의 토론에 적극적으로 발언하고 참여하기 위해 미리 수업시간에 다룰 주제 및 관련 내용을 습득해야 한다. 이에 따라, 미네르바 스쿨에서는 교수자의 일방적

---

16) https://www.youtube.com/watch?v=Gk5iiXqh7Tg, 이하 Minerva(2015)로 제시

인 지식 전달을 학습자의 학습 참여를 수동적으로 만드는 주요 원인으로 간주하고 이를 철저하게 금지한다. 이에 따라, 미네르바 스쿨의 수업은 학습자의 능동적인 학습과 이를 기반으로 7개 도시에서 발생하는 실제 문제를 해결하는 장기적인 프로젝트 학습으로 이루어진다. 학습자는 이와 같은 학습 참여를 통해, 동일한 지식이 7개 도시의 다른 맥락에서 어떻게 적용되는지를 체득할 수 있다. 이를 위해 각 7개 도시에는 현지인으로 구성된 학생경험지원팀(student experience team)을 구성하여 현지 프로젝트를 도와준다. 이처럼, 미네르바 스쿨에서는 학습자 능동학습과 플립 러닝의 지원을 중시한다. 이와 같은 현상은 교원 채용에서도 나타난다. 미네르바 스쿨에서는 기존의 대학과 달리, 학습자의 능동학습과 플립 러닝에 실제적인 도움을 줄 수 있고 온라인상에서의 학습자와의 관계가 좋으며, 원격수업에서의 티칭 역량이 높은 교원을 채용하는 경향이 있다.

④ 학습분석과 실재감 향상을 위한 온라인 플랫폼

미네르바 수업의 핵심은 포럼이며 이것은 학습자의 원격수업 참여도를 높이는 방향으로 구안하였다. 미네르바 수업의 포럼 시스템은 학습분석학에 근거하여 자체 개발한 소집단 화상 세미나 플랫폼이다. 이와 같은 화상 시스템은 Zoom이나 Webex와 같이 회의 목적의 화상 시스템과는 달리 학습의 실재감에 초점을 두고 개발된 원격수업 플랫폼이다. 이에 따라 포럼 방식으로 진행하는 수업은 일반 오프라인 포럼 중심 수업과 크게 다르지 않으며(Minerva, 2015) 실재감 있게 진행할 수 있다. 예를 들어, 물리적으로 같은 공간인 교실수업에서 교수자와 학습자, 학습자 간의 소통처럼 편리하고 역동적이며 수업 진행에 효과적으로 설계되었다. 여기서는 학습자의 발언 등 학습 참여 수준을 분석해 시각화하여 제시하고 교수자는 실시간으로 파악하고 학습자에게 적절한 피드백을 제공하고 지원한다. 예를 들어, 수업참여 수준이 낮은 학습자의 경우, 교수자가 해당 학습자의 학습활동에 직접 개입하고 지원한다. 미네르바 스쿨에서의 모든 수업은 녹화되며, 수업을 마친 직후(1~2시간 이내)에 원격 플랫폼에 탑재된다. 또한, 수업참여에 대한 개별 학습자에 대한 활동 및 관련 피드백은 수업 종료 후 2일 이내에 학습자에게 개별적으로 전달된다. 이와 같은 학습분석 및 피드백 등은 학습자의 학습 참여 및 실재감 증진에 도움을 주며 개별적인 성취도 신장에 효과적으로 작용한다.

⑤ 형평성과 효율성에 근거한 엘리트 교육

미네르바 스쿨의 학비는 미국 IVY 리그의 30% 수준이며 장학금 등의 재정적 혜택을 80% 이상의 재학생에게 제공한다.[17] 미네르바 스쿨에서는 미국에서 부유한 계층에게 주로 주어지는 엘리트 교육의 장벽을 최소화하고 잠재된 역량은 우수하지만, 경제적인 어려움으로 엘리트 교육이 어려운 학습자를 선발하고 재정적으로 지원한다. 이와 관련하여, 설립자인 벤 넬슨은 기존 미국 대학교육에서 엘리트 교육의 의미 및 개념에 대한 현실적인 정의를 다시 할 것을 요구한다. 그는 역량이 우수한 학습자들을 기존의 교육을 통해 순응적이고 수동적인 인재가 아니라 사회의 건강한 리더와 혁신가로 성장시키기 위해 혁신적인 학부교육을 제공해야 한다고 언급한다(Minerva Project, 2012). 이를 위해, 기존의 대학 캠퍼스라는 오프라인 공간의 한계를 넘어, 전 세계를 캠퍼스로 여기고 학습자들이 교수자의 수업뿐만 아니라 현지 기업과의 협력 프로젝트를 수행하도록 교육과정을 구성하였다. 이와 더불어 방학 동안, 학습자들에게 다국적 기업인 구글, 아마존, 우버나 비영리 단체, 사회기관 등에서의 인턴십을 제공한다. 특히, 기존의 표준화된 평가가 지닌 공정성과 형평성의 문제를 역량기반 평가로 보완하는 방안을 고안하고 실천하고 있다. 또한, 이와 같은 역량 평가를 통해, 기업과 사회에서 요구하는 인재를 양성할 수 있음으로 보여주기 위해 노력하고 있으며 가시적인 성과를 도출하고 있다.

상기와 같은 미네르바 스쿨의 특징은 기존 대학교육, 보편 교육에서의 문제 및 혁신 방안에 대한 본질적인 고민을 유발한다. 물론, 미네르바 스쿨에 단점 및 문제점이 없으며 이 시대에 적합한 미래 지향적인 교육의 모범적인 사례라고 보기는 어렵다(전종희, 2021). 다만 미네르바 스쿨의 교육은 포스트 코로나 시대에 보편화되고 있는 원격수업에서 효과적으로 활용할 수 있는 수업모형을 제시한다. 특히, 원격수업에서의 창의적이고 논리적인 사고, 현실 문제에 대한 탐색 및 문제해결에 초점을 두었다는 점에서, 원격교육에서 벤치마킹할 수 있는 사례 중에 하나라고 볼 수 있다. 미네르바 스쿨의 교육은 기존 교수학습활동에서 고착화된 문제점들을 성찰하고 혁신적인 방향으로의 교육에 대해 고민할 기회를 제공한다(이혜정, 임상훈, 강수민, 2019). 미네르바 스쿨의 교육은 원격수업에 최적화된 시스템과 전 세계의 여러 도시를 순환하면서 이루어지는 새로운 방식의 블렌디드 교육

17) http://www.leaders.kr/news/articleView.html?idxno=127525

의 하나이다. 이와 같은 미네르바 스쿨의 교육과정, 역량중심 교육 체계, 수업의 특징 등을 국내에 그대로 적용하는 것은 큰 의미가 없다. 다만, 이를 기반으로, 국내 교육에 최적화된 교육방법에 대한 논의가 필요하다. 특히, 포스트 코로나 시대에 공학(technology)과 교육(education)의 방향에 대해서 고민할 필요가 있다.

5. 기독교사로서 교육의 새로운 방향 고찰하기

12장에서는 MOOC, 메타버스, 미네르바 스쿨의 사례 등에 대해 살펴보았다. 12장의 내용을 통해, 우리 교육의 앞으로의 방향에 대한 고민을 하였을 것이다. 특히, 교회교육과 기독교교육이 어떻게 나아가야 할지에 대한 고민이 있었을 것이다. 이에 12장의 내용을 바탕으로, 몇 가지 문제를 제시하고자 한다. 여러분들의 생각을 간략하고 명확하게 작성해보기 바란다. 그리고 이전보다는 적겠지만, 아직 교육의 새로운 방향에 대한 이해가 부족한 것 같다면, 다시 한번 읽어보고 아래 문제를 생각해 보기 바란다.

가. 교회교육은 앞으로 어떤 방향으로 나아갈 것으로 예상하는가? 본인이 경험한 사례를 바탕으로 간략히 기술하시오.

나. 교회교육에서도 미네르바 스쿨과 같은 사례가 나올 수 있을까? 본인이 경험한 사례를 바탕 기술하시오.

다. 지금 일반교육과 기독교교육은 모두 혁신적으로 변화하고 있다. 그러나 변화하지 않는 부분도 있다. 본인이 생각하는 변화하는 부분과 변화하지 않는 부분이 무엇인지를 구체적인 사례를 들어 기술하시오.

참고문헌

계보경, 한나라, 김은지, 박연정, 조소영 (2021). 메타버스(Metaverse)의 교육적 활용: 가능성과 한계. KERIS 이슈리포트. 연구자료 RM 2021-6.

김명랑, 김도희 (2017). K-MOOC 운영 및 성과평가 사례 연구-S여자대학을 중심으로. 2017년 한국교육정보미디어학회 춘계학술대회자료집(http://www.kaeim.or.kr/board03/view.asp?key=12)

김보경 (2021). 자기구조화학습환경과 미네르바스쿨이 학교 온라인 수업설계에 주는 시사점. 열린교육연구, 29(2), 1-30.

김상균 (2021). 메타버스(metaverse)는 HRD에 날개를 달다. 동아비지니스리뷰, 랜비디자인.

김진숙 (2017). 미네르바 스쿨의 성공 가능성을 탐색하다. 교육개발, 44(3), 50-55.

박상준 (2021). 미래 사회에서 메타버스 교육의 방향. 미래융합교육, 2(2), 61-81

박시용, 임지영 (2018). 고등교육에서 활용 가능한 MOOC 활용 교육 모델. 예술인문사회융합멀티미디어논문지 8(5), 847-855.

박태정, 나일주 (2016). 한국 대학생의 K-MOOC 학습 경험에 대한 내용 분석. 한국콘텐츠학회논문지, 16(12), 446-457.

변문경, 조문흠 (2017). K-MOOC 수강 완료자의 초기 수강 동기와 수강 지속동기 분석. 학습자중심교과교육연구, 17(3), 125-154.

안영혁 (2019). 유발하라리의 4차산업혁명 형이상학 및 그 비판과 기독교 교육의 방향. 기독교교육정보, 61, 33-85.

양단희 (2015). MOOC(Massive Open Online Course)의 근원적인 문제점들에 대한 비판적 고찰. 한국융합학회논문지, 6(6), 293-299.

양단희 (2016). MOOC(Massive Open Online Course)의 교육적 문제점과 개선책, 그리고 대학과 융합 방안. 한국융합학회논문지, 7(3), 121-129.

이창호 (2018). 4차산업혁명 시대의 기독교교육 방향성 제고. 기독교교육논총, 56, 11-44.

이혜정, 임사훈, 강수민 (2019). 4차 산업혁명 시대 대학교육 혁신 방안 탐색: 미네르바스쿨 사례를 중심으로. 평생학습사회, 15(2), 59-84.

전종희 (2021). 4차 산업혁명시대 대학의 미래교육 방향 연구: 미네르바스쿨의 설립 취지 및 성과 등을 중심으로. 문화교류와 다문화교육, 10:5, 23－58.

정은진, 김남희 (2020). 직업교육에서 VR · AR 활용 양상과 주요 이슈 분석. 교육정보미디어연구, 27(1), 79－109.

정한호 (2017). MOOC 수강에 대한 대학생의 지속적인 사용의도에 영향을 미치는 요인에 관한 연구－기술수용모형, 기대일치모형, 과제기술적합모형을 기반으로. 교육정보미디어연구, 23(2), 315－343.

정한호 (2022). 대학 비대면 수업에서 지각된 관계성, 온라인자기조절학습, 인지된 학업성취, 만족도 간의 관계 분석. Global Creative Leader: Education & Learning, 12(1), 47－73.

한송이, 임철일 (2020). 국내 증강현실(AR) 기반 교육 연구동향 분석: 2008년~2019년을 중심으로. 교육공학연구, 36(3), 505－528.

허계형 (2017). 제4차 산업혁명시대를 주도하는 기독교 유아양성 교회교육 실천방안 연구. 신앙과 학문, 22(4), 227－252.

Acceleration Studies Foundation (2007). Metaverse roadmap pathway to 3D web(https://www.w3.org/2008/WebVideo/Annotations/wiki/images/1/19/MetaverseRoadmapOverview.pdf)

Baggaley, J. (2014). MOOCS: Digesting the facts. Distance Education, 35(2), 159－163.

Chiappe－Laverde, A., Hine, N., & Martínez－Silva, J. A. (2015). Literature and practice: A critical review of MOOC. Comunicar, 44, 9－17.

Fischer, G. (2014). Beyond hype and underestimation: identifying research challenges for the future of MOOCs. Distance Education, 35(2), 149－158.

Gütl, C., Rizzardini, R. H., Chang, V., & Morales, M. (2014). Attrition in MOOC: lessons learned from drop－out students, in L. Uden, J. Sinclair, Y. Toa, and D. Liberona (ed.). Learning Technology for Education in Cloud: MOOC and Big Data. Zurich: Springer.

Huang, L., Zhang, J., & Liu, Y. (2017). Antecedents of student MOOC revisit intention: Moderation effect ofcourse difficulty. International Journal of Information Management 37, 84-91.

Kosslyn, S. M., & Nelson, B. Kerrey, B. (2017). Building the intentional university: Minerva and the future of higher education. MA: The MIT Press.

Lee, J. (2021). Metaverse transformation: The metaverse is comming. Kindle Edition을 박상준 (2021). 미래 사회에서 메타버스 교육의 방향. 미래융합교육, 2(2), 61－81에서 인용.

Minerva Project. (2020). Maybe we need to rethink our assumptions about 'online' learning. (https://www.minervaproject.com/solutions/forum－learning－environment/)

Mozumder, M. A. I., Sheeraz, M. M., Athar, A., Aich, S., & Kim, H (2022). Overview: Technology roadmap of the future trend of metaverse based on IoT, blockchain, aI technique, and medical domain metaverse activity. International Conference on Advanced Communications Technology (ICACT), Phoenix Park, PyeongChang Gangwon－do, Korea.

Najafi, H., Evans, R., & Federico, C. (2014). MOOC integration into secondary school courses. The International Review of Research in Open and Distance Learning, 15(5), 306－322.

Nikola, S. (2014). Effects of motivation on performance of students in MOOC. In International Scientific Conference of IT and Business－Related Research－SINTEZA (pp. 418－422).

Smart, J., J. Cascio & J. Paffendorf (2006). METAVERSE ROADMAP: Pathways to the 3D Web. A Cross－Industry Public Foresight Project. Acceleration Studies Foundation.

Verrill, P. (2020). (Book Review) Building the intentional University: Minerva and the future of higher education. INNOVATIONS IN EDUCATION AND TEACHING INTERNATIONAL, 57(5), 625-627.

Wang, Y., & Baker, R. (2015). Content or platform: why do students complete MOOCs? Journal of Online Learning and Teaching, 11(1), 17－30.

기사

기독신문(이미영 기자, 2022.03.03.). 교회교육 "메타버스 활용하되 신중해야" (https://www.kidok.com/news/articleView.html?idxno＝214658)

기타

한국교육과정평가원(https://www.kice.re.kr/boardCnts/list.do?boardID＝

1500212&s =kice&m=030306)

사이트

http://www.madtimes.org/news/articleView.html?idxno=8334
https://www.charteroak.edu/
https://www.udacity.com/blog/2016/05/please-welcome-the-newest-members-of-the-oms-cs-alumni-community.html
http://www.kmooc.kr/courses
http://www.kocw.net/home/index.do
https://www.academia.edu/266307/A_Metaverse_Roadmap_Pathways_to_the_3D_Web_2007
https://pxhere.com/ko/photo/565223
http://news.unn.net/news/articleView.html?idxno=510625
https://www.kgi.edu/
https://www.sedaily.com/NewsVIew/22RHKATN39
https://www.hankyung.com/it/article/201901097147g
https://www.chosun.com/national/people/2021/09/16/BI7BUHT3SRAI5NVDEF57TUTW7Q/
https://www.minervaproject.com/our-approach/curriculum-design/
https://www.youtube.com/watch?v=Gk5iiXqh7Tg

인명색인

ㅈ

ㅊ

ㅎ

사항색인

ㅈ

ㅊ

저자 소개

서울교대에서 초등교육(B.A), 서강대에서 교육공학(M.ed), 고려대에서 교육공학을 전공하였으며 '생태학적 관점에서 본 교실수업에서의 이러닝에 관한 연구'로 박사학위(Ph.D)를 받았다. 또한, 한국연구재단 지원으로 미국 Florida State University에서 박사후과정(Post doc.)을 밟으면서, 교육혁신, 미래교육, 테크놀로지의 교육적 활용방안 관련 의미 있는 학업과 연구방법을 습득하였다. 이와 같은 교육학자로서의 기본과정을 마무리하고, 고려대, 연세대, 중앙대 등에서 시간 강의를 하였으며 광운대 교수학습개발원 연구교수, 숭실사이버대 교육과학과 조교수를 거쳤으며, 현재는 총신대 교수(교육공학)로 기독 예비교사를 양성하고 있으며 한국교육공학회 부회장, 한국교육방법학회 부회장, 한국교육정보미디어학회 이사 등으로 활동하고 있다. 또한, 한국국제협력단(KOICA)의 교육전문가로 과테말라, 동티모르, 모로코, 베트남, 솔로몬군도, 아이티, 아프가니스탄, 우간다, 이라크, 인도네시아, 케냐, 코트디부아르, 팔레스타인, 파라과이 등 세계 여러 나라의 교육발전을 위해 일하고 있다. 저서로는 <대학생활의 에센스, SNS(공저)>, <교육막방－교육은 무엇이든지 막을 수 있는 방패인가?>가 있다. 특히, <교육막방>을 계기로, 공교육과 사교육을 아우르는 대한민국 교육개혁 방안에 대한 글을 집필하고 있으며, KCI 및 SSCI를 포함한 국내외 학술지에 대한민국의 교육현실 및 개혁, 미래교육 관련 100여 편의 논문을 발표하고 있다. <기독교사를 위한 교육과 공학> 출간과 더불어, 기독교사에게 도움이 되는 교육학 저서를 집필 중에 있다.

기독교사를 위한 교육과 공학

초판발행 2022년 8월 22일

지은이 정한호
펴낸이 노 현

편 집 김민조
기획/마케팅 정연환
표지디자인 이소연
제 작 고철민·조영환

펴낸곳 ㈜ 피와이메이트
서울특별시 금천구 가산디지털2로 53, 210호(가산동, 한라시그마밸리)
등록 2014. 2. 12. 제2018-000080호
전 화 02)733-6771
f a x 02)736-4818
e-mail pys@pybook.co.kr
homepage www.pybook.co.kr
ISBN 979-11-6519-296-9 93370

정 가 29,000원

박영스토리는 박영사와 함께하는 브랜드입니다.